のさばる悪をなんとする
天の裁きは待ってはおれぬ
この世の正義もあてにはならぬ
闇に裁いて仕置する
南無阿弥陀仏

『必殺仕置人』オープニングナレーション　作・早坂暁

必殺シリーズ異聞

27人の回想録

高鳥都

立東舎

はじめに

高鳥都

2022年9月、必殺シリーズ50周年を記念した『必殺シリーズ秘史　50年目の告白録』の刊行から7ヶ月あまり、本書は必殺シリーズの関係者をめぐるインタビュー集の第2弾である。1972年9月に『必殺仕掛人』がスタートし、翌73年4月に『必殺仕置人』の放映が始まったのと軌を一にすることとなった。前著では現場を支えた京都映画（現・松竹撮影所）のスタッフ中心に取材を行ったが、今回はプロデューサーや脚本家ほか視野を広げて多岐にわたるラインナップに。予想を上回る反響からさっそく実現した続編であり、発売日も『仕置人』の第1話「いのちを売ってさらし首」の放映日と同じ4月21日と相成りました。

まずは『仕掛人』から『仕置人』にいたる状況を簡単に説明しよう。作家の池波正太郎が生み出した〝仕掛人〟――金をもらって恨みをはらす裏稼業に着目し、〝必殺〟という二文字を加えた『必殺仕掛人』は、当時フジテレビ系で人気を誇っていた『木枯し紋次郎』に対抗すべく企画されたアウトロー時代劇である。朝日放送と松竹の共同制作であり、浪人の西村左内（林与一）、鍼医者の藤枝梅安（緒形拳）、元締の音羽屋半右衛門（山村聰）と殺し屋集団を主人公に毎週のドラマが展開。原作の江戸情緒を関西風のギトギトに味つけして、エログロの要素まで加味された。光と影の映像美にマカロニウエスタン調の音楽がマッチ、当時の世相も反映されたパワフルな時代劇は高視聴率を記録し、やがて原作なしのオリジナルシリーズとして継続が決定する。

第2弾『必殺仕置人』では念仏の鉄（山﨑努）、棺桶の錠（沖雅也）、中村主水（藤田まこと）が登場。元締不在のフリーダムな世界が構築された。江戸の治安を預かる町奉行所の同心でありながら上役・同輩からはバカにされ、家では妻と姑にイビられる——「昼行灯」の「ムコ殿」こと中村主水は、梅安や鉄といった自由で享楽的な主人公とは一線を画したサラリーマン的キャラクターだ。それゆえ裏の顔との落差は抜群、やがて中村主水という存在が『必殺』の代名詞となっていく。その後のシリーズの変遷は、巻末の作品リストをご参照いただきたい。

さて、本書は前回同様の四部構成となっている。ロール1の櫻井洋三プロデューサーを筆頭にロール2では脚本家、ロール3では題字、音楽、タイミング（色彩調整）ほか、ロール4では出演者と監督にインタビューを行った。なお脚本家に関してはすでに亡くなられている方も多く、初公開の貴重な取材や各シリーズのLD解説書に収録されたインタビュー、さらにエッセイを関係各位のご厚意により掲載させていただいた。各章の合間には京都映画のスタッフによる座談会を収録。あらためて現場の気概を感じることができるだろう。

中村主水誕生50周年を祝して『必殺仕置人』を中心に『翔べ！必殺うらごろし』まで——シリーズ第15弾の『必殺仕事人』から始まる大ブーム前夜の試行錯誤と充実をあらゆる視点から味わっていただきたい。補足を兼ねてさかのぼると、朝日放送の山内久司プロデューサーには『必殺シリーズを創った男　カルト時代劇の仕掛人、大いに語る』、仲川利久プロデューサーには『秘録必殺シリーズの舞台裏　カルト時代劇に賭けた男たち』という著書が存在する。おふたりとも故人だが、いずれも洋泉社の映画秘宝レーベルから刊行された聞き書き本だ。

いわばこの2冊は朝日放送サイドからの「正史」ともいうべき貴重な原典であり、本書は「異聞」とあるように、読み比べると食い違いも見られる。そもそも同じ本のなかでさえ矛盾はあり、人それぞれ作品や関係者への評価も異なる。どこに光を当てるかで、まったく印象は変わるもの。そのあたりも昔々を振り返る回想録としてお楽しみいただきたい。それでは、参ります——。

CONTENTS

R-1

R-2

R-3

R-4

京都映画座談会

表記について

『新必殺仕置人』などの〝新〟がつく作品に関して、ナカグロありの『新・必殺仕置人』と表記される例も多いが、本編タイトルにナカグロが存在しないことと朝日放送テレビの公式指定に従って『新必殺仕置人』とする。

「カメラ」「キャメラ」、「カメラマン」「キャメラマン」に関してはインタビュイーの発言を優先して表記の統一は行わない。

R-1

16ミリフィルムで撮影される「テレビ映画」は、
テレビ局から大手映画会社やその流れを汲むプロダクションに
外部発注されることが主流であった。
まずロール1ではプロデューサー、
現場を統括した総責任者にご登場いただこう。

プロデューサー　櫻井洋三

プロデューサー

櫻井洋三

「必殺の櫻井か、櫻井の必殺か」と言われるほど人生を捧げましたな

松竹のプロデューサーとして『必殺仕掛人』から一貫してシリーズに携わった櫻井洋三は、朝日放送の山内久司とのコンビで多くの作品を送り出してきた。映画界を引退したのち初となるインタビューが実現したのは２０２１年の秋のこと。雑誌『映画秘宝』の連載に加筆・再構成を施して、たっぷりとお届けしよう。

山内さんとぼくとのコンビでずっとやってきた

櫻井　昭和7年の11月16日生まれ、こないだ89歳になりましたわ。(『映画秘宝』の千葉真一追悼特集をめくりながら）このおっさんもなぁ、ぐじゃぐじゃ大きいことばっかり言いよんねん。一緒に映画作ったときに……そう、『リメインズ　美しき勇者たち』（90年）、大コケや。こいつはかなわんかったで、ほんま。しかし、よう調べてある雑誌やな。よし、ぼくもね、いろいろあって表に出るんはずっと断ってきたんやけど、もう今日はなんでも話しましょう。もうすぐ90やから、どんな話でも通りまんねん。でも、全部は書いたらあきまへんで。

——よろしくお願いします。

櫻井　まず『必殺』といえば、朝日放送の山内久司さんです。山内さんとぼくとのコンビでずっとやってきた。

社内きってのドラマの理解者である山内さんから「洋ちゃん、洋ちゃん」とものすごく信頼されて……ただね、予算のやりくりには苦労しました。『必殺』も最初はものすごい赤字が出た。深作欣二や工藤栄一といった監督がどんどん粘りよるから、ええシャシンできましたが、もう会社からクビになるくらい……役員連中に呼ばれて「なんや、この赤字は!」と怒られた。

赤字赤字赤字で、溜まった赤字が6000万円。「えー!」って、さすがにびっくりしまんがな。役員会で経理が議題にして、そしたら営業が「再放送で売れてんのやから、これからも売るのやから」と言い返したみたいで、いまも再放送やらなんやらで稼いでまっしゃろ。こっちは社員や、なんにもあらへん(笑)。

――そのあと予算は?

櫻井　山内さんとぼくはものすごく仲良かったんです。だから「ええかげん上げてぇな」とお願いして、次からドーンと上がった。もっと早うに言うたらよかった(笑)。あれはシリーズの5本目……そう、『必殺必中仕事屋稼業』(75年)かな。もう朝日放送の看板番組でしたから。そこで取り戻して、そのあと土曜ワイド劇場の2時間ものを受注するようになってさらにペイして、松竹の本社に呼ばれてテレビ部の部長から役員になったんです。テレビ東京の仕事もよう取ったし、フジテレビで中村吉右衛門の『鬼平犯科帳』(89〜16年)も立ち上げたし、同時に各局から5本受注したこともありまっせ。京都の撮影所は、わたしがいなかったら潰れていたでしょうね。

仕掛人という題材を選んだのは、わたしです

――この勢いで必殺シリーズの話をどんどんうかがいたいのですが、せっかくの機会なので櫻井さんがプロデューサーになるまでの軌跡を教えてください。

櫻井　松竹に入ったのが昭和30年です。最初は大阪市内の映画館で見習いやって、2年目から営業部のセールスマンになりました。滋賀から始まって四国、だんだん慣れてきて「もっと大きな県を回れ」ということで最後は岡山と広島を任された。要するに映画館に松竹のシャシンを売り込むんです。広島なんて大映さんも東宝さんも各社ベテランで、ぼくだけ若造ですが、行くところ行くところで館主さんに接待してもろうて、よう遊んだ。悪いこともしましたがな。四国は徳島から回って、最後が香川……そこで嫁はんもろうたんです。

——おっと！

櫻井　高松の旅館の娘や。そのころちょうど『喜びも悲しみも幾年月』（57年）のロケーションやってて、木下恵介さんや松山善三さん、高峰秀子さんが来てたんです。で、えらい人はええ旅館に行って、うちの家内の旅館にはスタッフが泊まる……まぁ、いうなれば二流の上ですわ。そこに松山さんもおった。まだあの人が助監督の時代でっせ。その旅館で知り合った。

——そもそも松竹入社のきっかけは？

櫻井　親父が「入れ！」言うて。うちの親父は櫻井新太郎という松竹の重役で、白井松次郎さん・大谷竹次郎さんの創業者兄弟に見初められた男なんです。ぼくの兄貴（櫻井秀雄）も松竹で監督になりました。大学は同志社で、とある会社の就職試験に通ってたんですが、親父に怒られて大騒ぎ……仕方ないから辞退して、けっきょく松竹ですわ。兄貴が助監督やから、お前は売るほうやと勝手に人事まで決めよった。

——営業のあとテレビの部署に？

櫻井　セールスを5年やって、1年だけ京都のボウリング場に行きました。営業、労務管理、次は作るところ……そのころ上司だった梅津（寛益）さんに引っ張られて大阪のテレビ部、当時まだテレビ室ですけど、そこに移ったんです。最初はアシスタントプロデューサーで『亜矢子』（66年）、小林千登勢と中山仁のメロドラマにつかされて、女優さんを口説いたりしてましたなぁ。大きな企画ばっかり出しては「あかん」の連続。もう太秦の京都撮影所は閉鎖されていて、下鴨にあった傍系の京都映画で撮る現代劇が中心でした。

それからテレビ室の時代劇は太秦で撮ってええという組合との話がついて、大瀬康一の『鞍馬天狗』（67〜68年）なんかは太秦です。松山善三プロダクションのドラマもようやりました。撮影所を貸してくれ、松竹からもプロデューサーを出してくれと言われてやったんが、三益愛子さんの『がめつい奴』（70年）。それから八千草薫と山本陽子の『口紅と鏡』（71年）、『遠い夏の日』（71〜72年）と立て続けにやりましたな。

――そして1972年に『必殺仕掛人』がスタート。フジテレビの裏番組『木枯し紋次郎』を倒すために企画されたアウトロー時代劇です。

櫻井　もともと東映と、松竹の別のプロデューサーがコンペで朝日放送に企画を出してたんですが、要は普通……オーソドックスだったんでしょうな。山内久司さんのアクの強さから言えば、おもしろくない。「もっとえげつない、ひねり倒した時代劇はないか？」と、そのあとぼくが参加して出したのが、金をもらって恨みをはらす、ワルがワルを殺す仕掛人や。ちょうどね、池波正太郎さんと親しかったし、わたし自身もともとが不良タイプですから、ヘトロドックスな企画が得意やったんです。「洋ちゃん、これやで！　これを待ってましたんや！」と、よろこびましたがな、山内さん。

――朝日放送サイドからの企画ではなかったのでしょうか？　山内久司、井尻益次郎、仲川利久、村沢禎彦の各氏が旅館に集まり、時代小説を読みあさって見つけたというのが定説です。

櫻井　仕掛人という題材を選んだのは、わたしです。最初の概要も自分で書きました。そこにテレビ界きってのアイデアマンである山内さんが現代的なアレンジをした。「裸もあるし、殺しもあるし、よろしいんか？」「かまへん、かまへん、企画はこっちで通すから」と。

——たしかに原作とはずいぶん違うテイストの映像になりました。

櫻井　もうグルっと変えた。池波正太郎という人は古き良き時代劇、季節感や江戸情緒を大事にする……それを現代的に、かつ関西風のギトギトに、男と女のドロドロした話にしてくれと山内さんが言ったもんやから、ぼくもそういうのが好きやし、ふたりの思うような映像にしたんです。第1話が完成したら試写会や。それまで現代劇やった枠が時代劇にポーンと変わって、朝日放送の重役さんがみんな撮影所に試写を見にきて、終わったら「おぉぉぉぉ！」ちゅうて手ェ叩いた。こんな時代劇は見たことない、と。視聴率もよかった。だんだん上がって、ついに『紋次郎』を越した。シリーズになった。それまで、もう京都映画は細々やってて潰れそうだったのが『必殺』で生き返りましたがな。ボロボロの撮影所、オープンセットもステージも手直しや。

——監督も実力派ぞろいです。

櫻井　深作欣二、三隅研次、工藤栄一、蔵原惟繕……この4人と『必殺』やれたのは、ほんまによかった。相手は緒形拳とか山村聰とか、うるさい役者ばっかりや。ひとつ間違えたら作品もどうなるかわからん。それに対しては力のある監督を厳選しました。『必殺』というのはね、キレイキレイで済む話とちゃいまんねん。ホンもそうでしょ。汚いところをさらけ出していく……それに真っ向から立ち向かわんとダメです。「お前もういっぺんホン読んでみぃ！」っちゅうて、監督ともよう喧嘩しましたで。しかし、この4人だけはラッシュ見て、文句のつけようがなかった。いや、工藤さんとだけは喧嘩しましたな。妥協せえへんと決めたら、ビッと突っ走りよる監督ですから。

——『仕掛人』の1・2話に深作欣二監督を起用したのは？

櫻井　ぼくです。「これは深作でないと、あの〝ちょこちょこしたおっさん〟でないとできんわ」と思いました。あの人ちょうど『軍旗はためく下に』（72年）でロシアの映画祭に行ってて、空港で待ちましたがな。「松竹の櫻

『必殺仕掛人』第1話「仕掛けて仕損じなし」の撮影現場。左から林与一、深作欣二監督、緒形拳、山村聰

井と申しますが、ちょっと変わった時代劇があるんですけど、やってもらえまへんか？」……2枚か3枚のシノプシスを見せたら「やる！」。即答や。

とにかくえげつない作品にしないと視聴者には受けない、東映の二の舞じゃ勝てない。「あんたの思うとおりにやりなはれ」と深作さんにお願いしました。役者は緒形拳と山村聰で、もうひとりはまだ決まってなかった……林与一になったら、「にこやかな顔だから、キツい山村聰やそれ以上にキツい緒形拳とええバランスになりますな」と言ってましたよ。

――林与一さんが演じた浪人の西村左内は、もともと竹脇無我さんにオファーしたそうですね。

櫻井　断られましたなぁ。うちの兄貴の映画に出てて、そのあとも兄貴が撮った『おやじのヒゲ』（86～96年）に出るんやからけったいな話や。ほかにもオーソドックスな連中は元締役に「東映の市川右太衛門はどうや？」とか言ってくる。そんなセンスじゃ通用しませんがな。あと、いちばん最初に交渉したのが渡哲也、あれが梅安でしたんや。

――えっ！　本当ですか？

櫻井　それがペケで緒形になったんです。京都の渡さんの定宿に行って交渉して「ぼくね、悪いんですけど汚れ役ができないんです。ごめんなさい」と、きっぱり断られた。時代劇は合わないと言われましたよ。

――撮影の石原興さんと照明の中島利男さんのコンビによる光と影のコントラストも必殺シリーズの見どころです。「ほう、こういう撮り方があったんか」

櫻井　あいつら横着でね、「櫻井さん、今日ちょっと遅刻しまっせ」みたいな遊び好きのワルや。8時スタートが9時ごろ来まんねん。「どうなってんねん！」っちゅうて何度も怒鳴りましたよ、ほんまに。しかし腕は達者や。なんで達者かいうたら松山善三さんのドラマのキャメラマンとして志願してきたのが石原で、照明は中島……「お前ら、ふたりで一人前じゃ」と、よう言うてました。ところが、わりかし大胆なことをする。石原が手持ちでね、ダーッと長回しで動き回って撮った映像がものすごく迫力あった。松山さんも「櫻井さん、あんたとこのキャメラマン、若いのにいい腕ですな」と褒めてくれた。石原と中島は下鴨の京都映画、テレビで育った若手だったんです。

キャメラマンは監督以上にアイデアを出さんといかんと言ったらどんどん出して、あの光と影のどぎつい映像で成功しました。それで途中から石原が監督もやるようになった。あいつら若いときからクセがあったからね。監督がオーソドックスな（カメラ）ポジションを決めたら、「いやー、ちょっとだけ直させてくれまっか」みたいなこと、ようやってましたんや。

――初期のカメラワークやアングルは、とにかく大胆で攻めてますね。

櫻井　「ほぅ、こういう撮り方があったんか」と毎回ラッシュで感心しました。あそこまでは、よう口出しできませんわ。ところが、あいつらは叱っとかんとあかんねん。そうでないと、なにしよるかわからん。光と影はええけども、やりすぎたら人の顔が見えんようになる。なんべんも「こんなん撮り直しや！」となったことありまっせ。石原はね、女を撮るのが下手だったの。女の裸なんて、わざわざ服を着せてキレイキレイに撮る。「バカもん！」っちゅうて、それであんた、もっと太もも出させたり……そのときの女優がね、ええ女優になってますねん。誰やったかな、名前忘れたけど。

――あのライティングもベテランの映画人からは〝邪道〟と批判されたそうですが。

櫻井　中島は論理的やなく体験的にものすごくセンスがあったんです。あの石原を指導して「こういう画でいこう」とリーダーシップを取ってましたな。どうしてもキャメラが注目されますけど、照明主体です。助手もピカピカしてて、ええ技師になりましたがな。林利夫、中山利夫……中山は亡くなってしもうたけど、林はいまも現役で『必殺仕事人』のスペシャルをやっとる。どっかで一人前にしようと見込んでた男や。

――『仕掛人』の第1話「仕掛けて仕損じなし」ですが、ワルの作事奉行（室田日出男）が斬られて血を吹き出すシーンが鮮烈です。

櫻井　もっと出てましたんやで。どんだけ切りましたか、朝日放送からはもっと切れ切れ言われるし。深作さんは「人間ね、殺されたら血が出るのは当たり前」ってマトモなことばっかり言ってきまんねん。いやいや、あんたの場合は「出・し・す・ぎ・や!」。もう予算オーバーの常習犯で東映クビになって『仕掛人』も時間かかったけど、ええもんにしてくれました。正直ね、ホンのゆるい部分を演出でビシッと決めてくれたんです。

――脚本は東映集団時代劇の代表作『十三人の刺客』（63年）などを手がけた池上金男さん。のちに池宮彰一郎の名で時代小説家として活躍します。

櫻井　たしか東映の人の紹介で頼んだんじゃなかったかな。いや、松竹の映画部は関係ない。ぼくの選択です。池上さんは時代劇のベテランですが、どうも『必殺』とは折り合わなくて、最初だけでしたね。

――鍼医の藤枝梅安も1話目からギラギラとエネルギッシュです。

櫻井　緒形拳はね、「櫻井さん、この部分ちょっと不合理でしょ？　ちょっと考えて」ってホンに注文をつける。それに対して正確な返事を出さんことには納得しよらへん。藤田まことは自分で直しよる。それで「こう撮れ」って言いまんねん。おかげで話がむちゃくちゃになって、監督に「へえへえと言われるままにやったらいかんやないか！」と怒ったこともありますよ。

――その監督は？

櫻井　松野宏軌。あの人はね、みんな下手や、下手くそや言うてね、太秦の松竹で長いこと助監督やってた人で、監督になってもあんまり評価されんと、仕事も少なくなって「松野さん、あんた時代劇やってきた人やし『必殺』どうや？」「そりゃ撮りたいですぅ」「あんたのこと、みんなが頼りない言うてんのやで。しっかり撮ってくれるか？」「はいっ！」……そうしたらキチーッと上手いこと撮りましたんや。朝日放送からも「櫻井さん、松野宏軌ってええ監督でんなぁ。どんどん撮らせておくれやす」と頼まれた。

――最終的にシリーズ最多の230本以上を演出しています。

櫻井　もう困ったときの松野宏軌や。深作が断ったホンも器用に撮ってくれてね、完成したあとに見せたら「えっ、こんなにええもんになるの!?　どんな監督、いっぺん紹介して」って、深作欣二と松野宏軌を会わせましたがな。ほんならもう、べた褒めに褒めてましたよ。松野さんという監督は、カット割りが細かい。1から10まで丁寧に撮って、辛気くさいところもあるけども、そのわかりやすさが「最高にテレビ的な監督でっせ」と山内さんに評価されたんです。

――大熊邦也監督、松本明監督と朝日放送のディレクターも『仕掛人』から参加して映画畑の演出陣とは違った魅力がありました。

櫻井　山内さんに「うちのが2人、なんや撮らしてくれ言いよるんや」と相談されて、「そら、あんたとこの会社のシステムやったらしょうがおまへんがな。その代わりちょっと後ろに回しまっせ」。それで1・2話が深作さん、3・4話が三隅さん、そのあとに撮ってもらった。

――とても細かいところまで覚えていますね。

櫻井　自分のしたことや、そら覚えてますがな。もうテレビ局の人間やから目先のおもしろさにこだわって好き勝手やるし、カネかかってしょうがなかった。ほかにも『仕掛人』では松竹の監督がね、セットがああだこうだ、こうするべきだとゴチャゴチャ言うてきて、イン前に降ろしたこともある。もう松竹の監督なんて、ぬるま湯で育ってますから、そんなのには任されへん。局のディレクターでも松本はワルやからまだ話が合うけど、大熊は堅物のマジメ人間でほんまにかなわんかったで……。

――三隅研次監督はいかがでしたか？

櫻井　あの人は時代劇の〝通〟ですわ。大映のベテランで、そら厳しい監督やった。『必殺仕置屋稼業』（75～76年）のときセットで倒れて入院して、亡くなる直前にぼくが呼ばれたんです。そしたら、あの大映の女優さん……そう、藤村志保が「先生！」って泣きながら入ってきよった。それが夜の11時で、12時か1時に息を引き取られた。まだ54歳や。そのあと三隅さんの奥さんと息子さん、どないして生きていくか困りますわな。そやから奥さんを鮎川いずみの付き人にして、月給ずっと渡して面倒見させてもらったんです。息子さんの保証人にもなりました。まぁ恨んどるやつもおるし、あることないこと散々言われてきましたが、ええことしてまんのやで、わたし。

裏と表の二面性……それは藤田さんがいちばんですな

――第2弾『必殺仕置人』（73年）では中村主水が登場、シリーズを代表するキャラクターへと成長します。

櫻井　主水は山内さんと深作主導ですわ。とにかくありきたりな名前をつけようと、平凡な名字と平凡な武士の名前を組み合わせた。表向きはヘラヘラしてて裏ではものすごく怖い男、ありきたりな中年のサラリーマン……梅安よりも平凡な男が殺し屋というのがおもしろいという話になりました。脚本の野上（龍雄）さんも入れた7～8人がホテルに集まって話し合ったんです。

――主水の表稼業を同心にしたのは？

櫻井　「普通のポリさんにしよう」と、わたしが言った気がしますな。交番の巡査……決して刑事やおまへん。それが時代劇なら同心や。その場で「同心の中村主水、決定！」って山内さんが言いましたがな。同心だとドラマも作りやすい。体制側にいて、事件の裏をいちばんよう知ってますから。そんで婿養子の恐妻家という設定に決まったら、誰か忘れたけど「櫻井さん、あんたの家と一緒や！」と言いよった。嫁はん、嫁はんのおかあはんと同居して年がら年中いびられてる男……モデルが櫻井家と言われて、そら嫁はん怒りよったで。

――そして藤田まことさんが中村主水役に。

櫻井　あれは山内さんのキャスティング。芝居の上手い人でね、最初「主水の役なんてできるのかいな？」と思ってたんですが、それはもう細かい。きめ細かい芝居の上手さですな。苦労ばっかりしてきた男ですから、いろんな経験が役に立ったんでしょう。喜怒哀楽を出すのが的確で、そこに視聴者も感情移入する。『必殺』というのは、他人の恨みをはらす話ですから、そういう〝乗せる〟技術が必要なんです。怖い顔をしたと思ったらワンカットのなかでニコッと笑ったり、裏と表の二面性……それは藤田さんがいちばんですな。

深作さんも「藤田まこと、よろしいな。あれは芝居が上手い！」と大いによろこんだ。ところがあの人、東映で『仁義なき戦い』（73〜74年／五部作）を撮るのに忙しゅうなって、「あんた『仕置人』は？」「いまもうなんも言わんといて！」。スケジュールが空いたら撮ってもらう約束やったけど、実現したのは映画の『必殺４　恨みはらします』（87年）、十何年後や。

――『仕置人』の1・2話は松竹の貞永方久監督、とくに第1話「いのちを売ってさらし首」がすばらしい。

櫻井　うちの兄貴が松竹の監督でしょう。そのころ仲良かったから東京に電話して「腕のええやつはおるか？」って聞いて、貞永に決めたんです。ええシャシン撮ってくれましたがな。京都の出身やし、ちょうど大船撮影所の中でも「力のある若手監督」という評判が立ってたんです。映画の１本目の『必殺！』（84年）も貞永で、ずいぶん客が入ったんですよ。脚本はまた野上さんや。

――野上龍雄さんも『仕置人』が初参加です。

櫻井　あの人のホンがいちばん上手かった。ほんまに上手かった。脚本家だと野上龍雄、安倍徹郎、国弘威雄、村尾昭……あのときは東京の野上さんの家まで行きましたがな。奥さんが「いやぁ『仕掛人』おもしろかったわ。あんた、櫻井さんがせっかく来てくれたんだからお書き！」、これで決まり。「あんまり東大出のアタマのええホンじゃ困りまっせ」「そんなん時効じゃ」とか言いながら野上さんを連れて京都に行って、「かんのんホテル」に入れた。

――必殺シリーズの脚本家が合宿したという旅館ですね。

櫻井　10部屋を松竹で押さえて、脚本家10人を放り込んで、ぼくがあっちの部屋、こっちの部屋と回って、それぞれとホン作りですわ。もう家に帰られへん。晩になったらみんなですき焼き、一緒に飲んで食って、その費用は全部こっち持ち。かんのんホテルは、ほんま重要やった。

『必殺』はスケジュールがギリギリで、だから台本も当時起こった事件なんかをすぐ反映していったんです。それとね、ホテルの女中さんが「○○さんのホンができました」って電話くれた。全部そういうの知ってまんねん。できあがったらみんな寝たり、遊びに行ったりしますやろ。もう女中さんもスタッフみたいなもんや（笑）。

――脚本家のみなさんの思い出は？

櫻井　安倍さんは柔らかい、男と女の話が得意でキチッとしたホンを書いてくれる人でした。国弘さんは共産党の……党員かどうかは知りまへんけど、えげつない頭脳の持ち主でしたな。橋本忍の弟子やから妥協もせんし、脚本の直しは具体的に指摘して、代案を持っていかないとダメでした。ずいぶん激論を交わしましたよ。村尾さんは最終回をよく書きましたな。あの人はね、理解度が早い。ぼくが「こういうストーリーはどうですか？」と言ったらすぐ理解してくれて、書いたらバシッとええホンや。その代わり、まぁ長い！

――シナリオが長い？

櫻井　いやいや、時間がかかる。村尾さんがいちばんで、逆に早かったのは安倍さん。あと遅いのは早坂暁……あれは〝おそさか〟や。とうとう台本が間に合わんまま蔵原さんが撮ったことまであった。

――『必殺からくり人』第12話「鳩に豆鉄砲をどうぞ」（76年）ですね。もともと早坂暁さんが全話を執筆する予定だった13回の異色作です。

櫻井　そう。しかし、ええホン書きよる。すばらしい。早坂さんは七条のお豆腐屋さんの二階に下宿しとって、なんべんも行ったがな。細かいことまで、よう覚えてまっしゃろ。しゃべってるうちにどんどん思い出してくる（笑）。

――そこでお聞きしたいのですが、必殺シリーズに謎の脚本家がおりまして、松田司さん。『仕掛人』から参加して、トリッキーな脚本をコンスタントに書きながら正体不明の存在です。

櫻井　松田司はね……もう亡くならはったからええか。朝日放送の山内久司さんのペンネームなんです。

――あ、やっぱり！

櫻井　友達の名前を借りてはんねん。京大の文学部を出てるだけあって、アタマはええし、発想はすごいし、歌舞伎や時代劇も詳しいんでっせ、あの人は。最初のころ「こういうストーリーはどうや。こういう展開はどうや」と、なんや知らんけど、しつこうしつこう聞いてくる。そのあと「松田司っちゅう脚本家に書かせてもええか？」「そらよろし。ホンはなんぼあってもええのやから」……なんてことはない、自分で書いてましたんや。あとでわかった。

主役ですけど、じつは裏に回ってるんですよ、山﨑さんは

——藤田まことさん演じる中村主水ですが、この役に関しては最初から藤田さんで決定だったのでしょうか?

櫻井　そうです。ほかの候補はおらんかった。山内久司さんと監督は深作さんと、もうひとりおったな。たしか三隅さんだったと思うわ。4人か5人で集まって「緒形拳の梅安がキツかったから、今度の中村主水は〝とぼけたキャラクター〟がええやろ」と、それで誰が合うかという話で、藤田さんになりました。

——山﨑努さん演じる念仏の鉄は、『仕掛人』の藤枝梅安を引き継いだ坊主頭の享楽的なキャラクターです。

櫻井　山﨑さんもアタマから「この人!」と確定やったね。なんせ芝居が上手い。二重にも三重にも顔を変えられる。でもね、あのキャラクターをあんまり表に出すと失敗するんです。主役ですけど、じつは裏に回ってるんですよ、山﨑さんは。東映だとああいうドギツいキャラクターを前面に出して、ワルを成敗する。それは当たり前。だから『仕置人』は最初に出てくるのが中村主水で、そのあとに鉄……あの第1話は野上龍雄さんのホンが抜群ですな。いろんな設定も野上さん、だからナレーションまで書いてもろうた。

——鉄による骨外しのレントゲン映像も話題になりました。

櫻井　骨つぎ師という設定はこっちで決めましたけど、レントゲンはキャメラマンの石原、あいつのアイデアです。あの映像にはびっくりした。非常に具体的でええなぁと思った。一目瞭然でしょう。

——沖雅也さん演じる棺桶の錠をふくめた組み合わせが抜群で、沖さんはその後も『必殺仕置屋稼業』の市松などシリーズの常連になります。

櫻井　なにより色気があった。そのあと三田村邦彦や村上弘明が『仕事人』で出てきたけど、やっぱり沖雅也がいちばんやったね。当時は松竹に所属してましたが、それはぜんぜん知らんと、沖雅也個人のマネージャーが売

『必殺仕置人』第1話「いのちを売ってさらし首」の準備風景。左から貞永方久監督、藤田まこと、山﨑努。
山﨑演じる念仏の鉄に口ひげが生えており、坊主頭ではないことからクランクイン前に撮影されたもの

り込んできた。現場では「こうしたらどうでしょう」と自分でアイデアを出す人で、丁寧でしたよ。でもね、あの人の印象ってものすごく少ないの。亡くなって初めて知ったこともいろいろあるし、もっと出てほしかったですね……。

──『仕置人』から工藤栄一監督と蔵原惟繕監督が参加し、それぞれシリーズを代表する監督になりました。

櫻井　工藤さんとは喧嘩しましたな。そらもうホン触るいうたら全部触りよる……「あんた東映でなにを習ってきたのか知らんけど、やりすぎでっせ！」とボロクソに怒ったこともありますよ。尺も収まらん、予算も収まらん、あんまりにも言うこと聞かんから、とうとう奥さんに電話した（笑）。「あんたとこの旦那、なんとか止めておくれやす」、そしたら「櫻井ちゃん、嫁さんには言わんといて」と泣きが入った。毎日おもしろかったでっせ！

でも、ええもん作りますからね。ぼくも半分は文句よう言わんかった。ドーンと予算かかっても納得できる。局から来たディレクターなんかは、余計なもん撮りすぎよんねん。工藤さんの場合は「切ったらもったいないな」と思わせるシーンを撮ってくれるんですな。だから仕上がりがちゃいますよ。

──工藤監督が参加したきっかけは？

櫻井　東映に翁長（孝雄）さんという製作部長がおって、ぼくとものすごく意気投合していたんです。その翁長さんが「櫻井さん、工藤栄一はいいよ」と推薦してくれた。あの人も深作さん同様、予算オーバーの常習犯や。だから東映のシステムと合わんで、そのころ映画はあんまり撮ってないでしょう。

蔵原さんも「時代劇やってくれるのかな？」と思ってたんですが、えらいノッてくれて……あの人は日活の現代劇、（石原）裕次郎の映画で売り出した監督やけど、もとは松竹京都の助監督だったんです。だから古巣の太秦で撮れることをよろこんでくれて、あんまりよろこびすぎて奥さんまで撮影所に連れてきた（笑）。

蔵原さんにはお世話になったよ。アイデアをどんどん出してくれてね、「今回の底流はこれだから、その底流を逃さんようにしながら、こうしたらどう？」みたいな提案をしてくれたのは蔵原さん。あの人がいちばん話しやすかった。論理的でね。工藤さんなんか「1聞いたら10」でパーッと突っ走りよる（笑）。そのころからですよ、蔵原さんが『南極物語』（83年）を考えとったのは。「どう思う？」って相談されてね、「しかし南極で犬の話って、そんなん映画になりますんかいな？」とか言ってましたけど、大ヒットや。

――後年、蔵原監督は映画『必殺！三味線屋・勇次』（99年）への登板を予定されていましたが、実現しませんでした。

櫻井　あれは松竹のゴタゴタでいっぺん中止になって、そのあと蔵原さんが病気になってしもうた。それでもう任せられる監督おらんから石原にした。あの人は京都の病院で亡くならはったんや……。蔵原さんの紹介で、誰やったかなぁ、ロマンポルノの監督に『必殺』のオファーしたこともありますよ。

――あっ、神代辰巳監督でしょうか？『必殺からくり人　血風編』（76～77年）に脚本家として参加しています。

櫻井　そうそう、神代さん。たしか日活の仕事が忙しくてスケジュールが合わなかったんじゃないかな。実現しませんでした。喧嘩した監督もいっぱいおりまんがな。下手くそか、上手いか、如実に言いますから、ぼくは。高橋繁男、あの人はフィルムが長い、長すぎる。どんだけ回すんや。石井輝男も1本だけやけど、忙しかったんです。もっと撮ってほしくて、次もお願いしようと思ったんですが、断られてしまいました。森﨑東、あの人は上手い。芝居にもこだわる。だけど、松竹の大船のほうだったか別の会社からか、「森﨑を戻してくれ」と話があったような気がしますな。

――『仕掛人』『仕置人』を手がけた松竹の長谷和夫監督もローテーションから外れています。

櫻井　「この人は現代劇のほうがいい」と、ぼくが大船撮影所に推薦したんです。長谷さんは大人しい監督で、喧嘩するような人とは違います。そのあと、サスペンスとかよう撮ってるでしょう。向き不向きはありますから、プロデューサーはそういうことも考えんとね。しんどい仕事でっせ。シリーズの人気が出たら、いろんな監督が

『必殺』やりたい言うてきた。間接に、直接に。大映の監督でも「こいつは雑であかん！」とか、ホームドラマの監督をお断りしたりね。作品だけでなく、監督にとってもマイナスになりますから。

——大映京都出身の田中徳三監督は『仕置人』から参加し、松野宏軌監督に次いで70本以上を演出しています。

櫻井　あの人もまとめるのは上手いけど、やっぱり力強いまとめ方じゃないね。『必殺』の前から京都映画で撮ってて、器用なんです。非常に器用な人でね、ただ「うわぁ、すごいなぁ」という感じではない。まとめるのは上手いし、やわらかい人やから、現場はスムーズに進めてくれる。ぼくも田中さんとは親しかったですよ……というのは、家が近所だったから（笑）。

プロデューサーとして一人前にしてくれたのは松田定次監督

——『仕置人』の放映中に『仕掛人』の映画版が公開されて、合計3作のシリーズになります。これは京都映画ではなく松竹大船の作品ですが、どういう事情だったのでしょうか？

櫻井　ぼくをテレビ室に引っぱってくれた上司の梅津さんが「あれ映画にしてもええか？」と聞いてきた。あの人が当時の映画担当重役だったんです。ぼくは映画のほうは関わってませんが、「朝日放送が池波さんと揉めたから、わたしの名前は出さんほうがいいですよ」と自分からお断りして、でも裏に回って原作者のアフターケアはしました。いやいや、大船で映画にされてどうこうより、まずは梅津さんに認められたうれしさでしたね。

——作品そのものは、いかがでしたか？

櫻井　見てない（笑）。そのころ忙しかったんや。あれは本社の映画部のプロデューサーが……えーっと、誰やったかな？

――織田明さんです。

櫻井　そうそう、織田さんがいろいろぼくのところに聞きにきて、こんな話にしたいと言われたけど、忙しくてね、中途半端に聞いとった（笑）。田宮二郎で1本目やったけど、次から緒形拳になったでしょう。そら、梅安いうたら緒形さんですよ。最初から梅津さんには推薦してたんです、「緒形拳でいったほうがええよ」と。

――映画版の『仕掛人』を演出した渡邊祐介監督もそのあとテレビシリーズに参加しています。

櫻井　けっきょくストーリーに慣れてるから、説明が半分で済むんですわ。でも、あんまり撮ってないでしょう。というのは、渡邊祐介は現代劇のほうが上手いんです。あのころ来た監督だと、倉田準二は上手かったですよ。あの人は東映で松田定次さんの弟子やったんです。ぼくは松田さんと一緒に『鞍馬天狗』やってましたから、「倉田準二は上手いよ」と紹介されたんです。それで倉田さんもきっちりおもしろく撮ってくれた。でも、あの人も忙しかったから、また頼んだら東映が断ってきよった。

――なんと、松田定次監督の紹介とは意外なつながりですね。

櫻井　ぼくをプロデューサーとして一人前にしてくれたのは松田さんなんです。あの人にテレビ習うたようなもんや。そら厳しいことも言われて、修行させられましたがな。カット割りでも細かく計画的で、ほんでラッシュ見たら「なるほど、これやったんか」と、感心させられる。やっぱりアタマがええわ。工藤さんもそうやけど、東映の時代劇の監督はみんな松田さんに学んでるでしょう。だから上手いんですわ。

――松田監督は『新吾十番勝負』（66～67年）でプロデューサーと監督を兼ねており、『鞍馬天狗』以降も『風』（67～68年）、『黒い編笠』（68～69年）と京都映画を拠点に松竹のテレビ時代劇を手がけています。

櫻井　いちばん学んだんは、作品全体のテンポですな。グーッと押すところと、ポンポンポンっと流すところのバランス、それから「これは大事や！」というところは長回しで見せていく。そういうメリハリ。

ぼくがテレビ室で京都映画を引き継いだころには、なんにもなかったの、レギュラーが。太秦の撮影所は閑散としてるし、半年ほど悩んで、あっちのテレビ局、こっちのテレビ局といろいろ営業して、ようやく毎日放送で大瀬康一の『鞍馬天狗』をやった。これが視聴率よくて、最初2クール（全26話）の予定やったんが1年半になりましたがな。それで電通がよろこんでしもうて、ぼくの宣伝をしてくれたんです。あれは大きかった。だから山内さんからも『仕掛人』のとき連絡がきたんです。

――そう言われてみると、必殺シリーズにも松田定次作品に通じるテンポのよさがあります。

櫻井　辛気くさいことが嫌いやからね、ぼくは。ドライにせんといかん。

――編集は園井弘一さんが最新作までずっと担当しています。

櫻井　園井の弘ちゃんはね、「あれは辛気くさいのが嫌いなおっさんや」と、ぼくのことをよう知ってるし、ええ繋ぎをしてくれました。もともとはね、いうなれば普通の編集者でしたな。それが名だたる監督と『必殺』をやって「弘ちゃん、これはあかんで」とか言われながら回を重ねるにつれて、いろんな技術を身につけて……あの人がいちばん勉強してはったよ。「この監督はここを押す」とか、それぞれのクセもよう知ってる。全部やっとるから『必殺』の裏の裏までわかる。「弘ちゃん、弘ちゃん」って、ぼくはものすごく信頼してました。

脚本家からは〝京都のドン〟、現場からは〝悪徳プロデューサー〟

――『仕置人』に話を戻しますと、工藤栄一監督初登板の第7話「閉じたまなこに深い渕」の放映中に、いわゆる「仕置人殺人事件」が起きて、メディアから批判が集まりましたが、制作現場に影響はありましたか？

櫻井　あんまり記憶にないんですわ。それで現場がどうこうというのは……ただ『必殺』はキツい、ドギツいという噂がバーッと立って、山内さんが「洋ちゃん、どうする？」「ちょっと正統な時代劇にして、あかんかったら戻しましょう」という話になりました。それで〝必殺〟の看板を外した作品を何本かやりつつ、山内さんのハラは「どこで戻そうか」ということだけですわな。

——シリーズ第3弾『助け人走る』（73～74年）の主演は松竹出身の田村高廣さん、父・阪東妻三郎さんを彷彿させる浪人の中山文十郎役でした。

櫻井　『仕掛人』にゲストで出て、「いっぺん（レギュラー）やりたいやりたい」言うてたんですわ、高廣さんが。ノッてくれましたなぁ。

——『助け人』の第1話「女郎大脱走」は脚本・野上龍雄、監督・蔵原惟繕という組み合わせです。さっそく蔵原監督がメインに。

櫻井　それだけ腕がよかったということですな。野上さんは当時ほとんど京都に泊りがけでね、家に帰ったんが半年に1回くらい。自宅にうかがったとき奥さんに「櫻井さん、もうちょっと帰らせて」とお願いされましたよ。「かんのんホテル」を10部屋借りて脚本家をみんな入れて、ホンも行き詰まったらお互いに相談して、野上さんが「そうじゃないんだよ、『必殺』というのは」ってアドバイスしたりね。ボツになったホンも1本2本ちゃいまっせ。もう間に合わんからぺーぺーに書かせて、やっぱり出来が悪くて、それを強引に撮ったこともありますし、あまりにボロボロでバーンと捨てたホンもありました。脚本家も憎んでたと思いますよ、ぼくを。そらもう志向としては初期のシリーズが、自分の考えたセオリーでしたわな。

——脚本家からは〝京都のドン〟、現場のスタッフからは〝悪徳プロデューサー〟という愛称で呼ばれていたという櫻井さんらしい厳しさですね。

櫻井　なんやそんなふうに言われて（笑）、往生しまっせ、ほんま。

——かんのんホテルには東京から来た監督も宿泊していたそうですが。

櫻井　みんなで合宿や。夕飯も当番で買い出し係とか決めてね。麻雀もようやった。野上さんは「これ家に送る分なんだけど……」と、ギャランティまで賭けて（笑）。いちばん下手なんは藏原さん、やれば負けてた。だから、いつでも麻雀できるように麻雀専用の部屋をひとつ押さえましたよ。

——とくに麻雀が強かった人は？

櫻井　だぁれもおらん。みんな下手くそ（笑）。かんのんホテルを経営しとったんはあるお寺の偉い人で、そのおっさんがまた生臭坊主なんですわ。料金も安い。気にしてないから、経営のことを。ええ旅館でしたよ。

——撮影現場でのシナリオ改訂が必殺シリーズの日常茶飯事だったそうですが、プロデューサーとしてはどのような思いでしたか？

櫻井　変えるのを許可したのは、監督と藤田さんだけ。あとは絶対にダメ。それも変えるのは事前に全部言えと現場に伝えてました。それでも勝手に直しよったけどね。やっぱり脚本家を預かってるのはぼくですし、なるべくケジメつけるようにしないと。脚本家というのは必ず理屈持っとるし、監督は映像面が第一やけど、なかなか伝わらんから、そこで衝突が起きる。現場がホン直して、よう怒ってたのは吉田剛……あの人も上手かったよ。そういう真ん中におったから忙しかったでっせ。だから、家に帰るのは月に1回か2回、ホテルにぼくの部屋もありました。

——撮影にはどのくらい立ち会うのでしょうか？

櫻井　1話につき1日か2日、細かい部分は現場に任せます。それこそ助監督がついてるから現場でのホン直しもそっちから連絡がくる。枠から出るのは困るけど、枠内でおもしろいことをやるんやったら、それは現場の自由ですわ。黙って、なんにも言わんで、ラッシュを待ってましたよ。

左から緒形拳、草笛光子、そして山内久司、仲川利久、櫻井洋三。朝日放送と松竹のプロデューサーが勢ぞろいして談笑中。『必殺必中仕事屋稼業』のセット前での一コマ

あと、プロデューサーの仕事でいちばん大事なんはキャスティング。ホンに合うた役者を選んで、電話で交渉する……それを毎回毎回やらされてましたな。監督の意向もあるし、この脚本でこの監督ならこの女優がいいなぁとか、そら計算しますよ。マネージャーとの交渉もね、いろんなテクニックがあるんです。急ぎのときなんか相手にゴチャゴチャ言われたら「じゃあ、けっこうです」と、スッと引く。そうしたら今度は向こうから連絡してきますがな。

――歴代のゲスト女優では、『仕置人』第1話に出演した今出川西紀さんがとくに印象に残っています。

櫻井　よう出てもらいましたな。大人しい真面目な性格でね、あの人は山田五十鈴さんとも共演してるでしょう。そのとき山田さんに見込まれて「あの子はものすごくいい女優よ」と、それで何本も出てもらったんです。

――悪役のキャスティングも見どころですが、とくに思い出深い方は？

櫻井　遠藤太津朗、あの人のワルは最高やった。そらもう憎々しくて、『仕掛人』で梅安に殺される役なんて、よかったでっせ。遠藤さんいうたら土曜ワイド、藤田さんとやった『京都殺人案内』（79〜10年）の課長役や。京都弁丸出しでね、「音やん、そんなことしたらあかんで〜」と暗いドラマの緩衝材になってくれた。あの人がおらんかったら、藤田さんのしたい放題になってたかもしれん。菅貫太郎も芝居が上手い。どんな役でもこなしてくれて、よう出てもらいました。ワルの、もうひとつ上の……汚いワルを殺すところが『必殺』の魅力ですな。そいつらを殺しますわというカタルシスがウケた。やっぱり悪役が立たんことには、あきまへん。

――『仕置人』第1話の大滝秀治さんもインパクトがありました。

櫻井　あの人は劇団民藝でしょう。ぼくは芦田伸介さんと仕事してたんですよ。五木寛之が原作の『恋歌』（69年）っちゅうドラマで、芦田さんと岸恵子さん、あれは『必殺』をやる前ですな。「櫻井くん、民藝頼むよ」と芦田さんに言われとった。そのとき大滝さんも推薦されて、その縁です。だから民藝の人もよく出てもらいましたよ。わりあい芦田さんとは親しかったんでっせ。

――芦田伸介さんは『からくり人』の第1話「鼠小僧に死化粧をどうぞ」に元締役でゲスト出演しています。

櫻井　あの人はね、1話目とか目立つところにしか出てくれないの（笑）。自分の立たせ方をよう知っとる。『大忠臣蔵』（89年）では吉良上野介ですよ。これはテレビ東京から初めて受けた正月の12時間ドラマで、歌舞伎と映画の松竹オールスターや。ぼくが役員になってすぐの株主総会、ぎょうさん株を持っとる怖い人らが「忠臣蔵をやれ！」「はい〜」、それがきっかけ（笑）。ほんで、それまで東映がやっとった12時間ドラマより視聴率がグンとよかった。金一封もらいましたんや。もうテレビ東京の社長と常務と、日本経済新聞の社長と、えらいさんが5、6人……正月明けて早々に来ましたよ、松竹に。わりあいに金一封もろうてまんねんで。それからもテレビ東京とは、いろいろやりましたがな。

「櫻井さん、殺生なことするなぁ」

――幕末を舞台にした『暗闇仕留人』（74年）で中村主水が再登場しますが、もともとシリーズ第4弾として中村敦夫さん主演の『おしどり右京捕物車』（74年）が予定されながら別枠での制作になったとも伝えられています。

櫻井　いや、別の企画です。それは記憶にない。敦夫さんは『木枯し紋次郎』をやってて、『仕掛人』が始まったら視聴率がドーンと下がった。『仕掛人』がボーンと追い抜いた。そのころから敦夫さん、撮影所に遊びに来てて「櫻井さん、殺生なことするなぁ」と言われましたよ。大映と京都映画は裏表で近所ですから、何回も来てました。「ほなゲストで『必殺』出てぇな」と言ったら「ゲストよりレギュラーがいい」。もう『紋次郎』もワンパターンになって嫌気が差してたみたいでね。山内さんに相談したら「中村敦夫ええやんか。やりまひょ！」、そこから生まれたんが『おしどり右京』。台湾ロケなら任せてよとジュディ・オングが言いよったけど、そんなんできる話やおまへん（笑）。

——その後、中村敦夫さんは『必殺仕業人』（76年）、『翔べ！必殺うらごろし』（78〜79年）に主演します。

櫻井　とても円満な男ですよ。理論派で、知識もあるし、かといって冗談も言うしね、ユニークな人でした。しかし、しんどいでっせ。『必殺』と2本同時にやるのは。やっぱりね、役者を扱うのがしんどい。敦夫さんとジュディは性格も正反対やったし……ほんでジュディっちゅうのは、よう食べんねん。そんで食べるだけならええけど、ええもん食べまんねん（笑）。

——弟の中村勝行さんも脚本家として必殺シリーズに参加します。

櫻井　敦夫さんの紹介ですな。「しっかりしたもん書くから、櫻井さん頼むよ」と、そうしたらええホン書いてくれました。よう頼みましたね。勝行も大人しい性格で、部屋に籠もってじっと考えてるような人やった。

——『おしどり右京』の次に制作された近藤正臣さん主演の『斬り抜ける』（74〜75年）は、プロデューサーから櫻井さんが外れています。

櫻井　さすがに手が回らんかった。忙しくて手が回らんで、本社のテレビ部の佐相（惣一郎）に任せました。あれは数字が出んかったなぁ。地味な話で、ああいうのは〝東京のドラマ〟なんです。ふんわりしてて、シャープさがない……それを好む視聴者もいますが、『必殺』いうのは関西風のエゲツないドラマですから、色合いが違いますな。

——キャストの話に戻しますと、野川由美子さんと津坂匡章（現・秋野太作）さんは『仕掛人』から『仕留人』まで4作連続で出演しています。

櫻井　野川由美子、あれはキツい……キツい女やで。役のまんまや。

左から中村敦夫、三隅研次監督、櫻井洋三。『おしどり右京捕物車』の準備風景

——鉄砲玉のおきんですね。

櫻井　ぼくが喧嘩したのは、あの人くらい。ほかの女優さんを大事にしてたらね、ひとりで撮影所の部屋に乗り込んできて「櫻井さん、なんであの女にばっかり見せ場があるの、おかしいじゃないですか！」。また、それをバックアップするのが石坂浩二や。たまたま新幹線で会って……あのころ石坂浩二の全盛期ですから、ぼくも大人しくしましたよ。しかし、野川由美子も芝居が上手い。ええ役者はうるさかったね。

——津坂さん演じるおひろめの半次は、『仕留人』の途中で突如として姿を消してしまいます。

櫻井　東京から現代劇のオファーがあったんです、主役の。「櫻井さん、どうしてもやりたい」「それじゃあ、やりなさい」……そういう理由で降りた。ぼくの記憶だと、そうですな。揉めたんはひとりだけ、野川由美子だけや。

ぼくがいちばん好きなのが、『必殺必中仕事屋稼業』

——1975年のシリーズ第5弾『必殺必中仕事屋稼業』では、緒形拳さんが知らぬ顔の半兵衛として戻ってきます。

櫻井　ぼくがいちばん好きなのが、この作品ですよ。梅安もええけど、『仕事屋』の緒形拳はもっとよかった。最高の役者や。あの人はね、ニヤァと笑うでしょう。普段も作品そのままの笑顔でやってきて、それで言うことはキツい（笑）。だけど憎めない。そこらの交渉に長けてますわ。ニヤァと笑いながら「櫻井さん、こうしたい」と自分のやりたい方向を示してくる。『仕事屋』は博打をテーマにして、緒形と林隆三のヒリヒリとした芝居がものすごく上手い。三隅、工藤、蔵原……ええ監督みんな参加してますやろ。充実してましたがな。ただ、ものすごく忙しい作品で、スケジュールに追われて、追われて、あれは深作さんのスケジュールに追われたんですな。

——えっ！　深作欣二監督が『仕事屋』を撮る話があったんですか？

櫻井　はい。「サクさんとまたやりたい」と、緒形拳が言ってきた。でも、とにかく東映の映画のほうで忙しくて、ちょっともスケジュール空けてくれまへんのや。けっきょくダメやった。

――いや、びっくりしました。『仕置人』に続いてオファーしていたんですね。『仕事屋』の嶋屋おせい役は草笛光子さん。シリーズ初となる女性の元締ですが、キャスティングのきっかけは？

櫻井　お母さん。

――えっ？

櫻井　草笛さんはお母さんがマネージャーやねん。そのお母さんと、うちの兄貴が親しかったんです。東京から電話があって「草笛光子のお母はんと会うてくれへんか」と言われてね、ほな会うわ、と京都で会うた。そんで草笛さんはＳＫＤ……松竹歌劇団の出身でしょ、懐かしいがな。そのあと会社の重役からも電話が入って「草笛光子、頼むよ」という話になったんです。

　そんで山内さんに「いっぺん女の元締で草笛光子どうでっか？」と提案したら「ええなぁ！」とよろこんでくれた。だから『仕事屋』は草笛さんありきの設定ですわ。ざっくばらんな人で、そのあとのシリーズも出てくれた。市川崑さんが『必殺』を評価してたね、草笛さんから「あの映像は現場でどう撮っているのか、しつこく何度も聞かれたわよ」と教えてもらいました。

――必殺シリーズといえば光と影のコントラストが強い映像だけでなく、フラットな照明で女優さんをきれいに撮るという評判もあったそうですね。

櫻井　それはわりあいに有名やったね。山田五十鈴、京マチ子、高峰三枝子……往年の大女優が次々と出てくれたでしょう。あの時代に女が殺し屋の元締をやるというのが、ものすごく魅力あったんですよ、本人にとって。それまで恋愛物語に出てたような女優さんがそういう役をテレビでやるなんてなかった。めそめそ泣くような役から、殺し屋の大将で「ブスッ!」とワルを殺す……それが大きかった。
きれいに撮るというのは結果的なもんであって、前座は女の殺し屋という魅力ですな。いままでにない芝居ができますから。山田五十鈴さん以外は、みんなニコニコしたやわらかい女性でしょう。それが殺し屋にポンっとなる。それこそ『必殺』の表と裏ですよ。山田さんは「こらアタマからなんかやるで」という感じやけど(笑)。

――『仕事屋』は高視聴率を記録しますが、放映途中に朝日放送のネット局がTBSからNET(現・テレビ朝日)に移るという、いわゆる〝腸捻転解消〟が起きました。土曜22時から金曜22時に時間帯が変更されて、視聴率も下落してしまいます。

櫻井　ややこしかったんよ、あれ。ぜんぜん社風が違うでしょ。わりあいにテレビ朝日は自由なほうで、TBSいうたら官僚に近いんです。その違いのなかでの変更やから現場的にはよかった。楽でしたけどね。朝日放送の番組やから、テレビ朝日も山内久司さんにはなんにも言えんのですわ。あの人は京大の文学部を出てて、口は立つし、アタマはええし……ただ、ちょっとルーズや。
企画が決まったら、あとはもう「洋ちゃん任せた!」。でも、任せてもらえると、がんばりますわな。お互いええパートナーでしたよ。山内さんの下のプロデューサーがいろいろ言ってきましたけど、基本はこっちにお任せです。俳優も脚本も監督も全部ぼくですわ。朝日放送からは「キャスティングはどうなった?」「試写はいつ?」、その2つだけ。ほんで毎回できあがったもんを「おもしろいなぁ」「おもしろくないなぁ」と判断してもらう。なんでも「自分でやりました」みたいな顔する局プロと違うて、山内さんは「大変やろうけど、頼むわ」、そういう人ですよ。

『必殺』を支えたプロフェッショナル

——TBSの必殺シリーズ枠だった土曜22時から毎日放送と東映が『影同心』（75年）をスタートさせますが、なにか思い出はありますか？

櫻井　やりよった、やりよった。いちばん最初の回を見たけどね、「こら視聴率あかんわ」と、ピンときた。見慣れた『必殺』を真似てるのに、目新しいところないもん。失敗やなぁと思った。東映の翁長さんにも「あんなもん作ったらあきまへんで」と言いましたよ。ところが、ぼくがなんでそんなこと言えたかというとね、岡田（茂）社長とものすごく仲良かったんです。京都で、どんだけ飲みに行きましたか。

これも裏がありまんねん。とあるプライベートな夜の付き合いからね、岡田さんを紹介してもらって、バーで初めて会うたんがきっかけです。ぼくが松竹と喧嘩して辞めたときも、岡田さんが心配して本社に呼んでくれた。行きましたがな。東映で拾ってくれるんかな思うてたら「ええ企画あったら持ってきて」（笑）。そんな水くさいことできまっかいな。

——『仕事屋』あたりから予算がアップしてゲストも豪華になり、撮影所のセットを改修した話を先ほどうかがいましたが、必殺シリーズの現場を支えてきた製作主任の渡辺寿男さんについて教えてください。

櫻井　ナベさんはね、太秦が松竹京都の撮影所やったころからのベテランで、映画全盛期からバリバリやってた人や。いうなれば、やくざもよう知ってるし、ロケ地も俳優さんも知ってるし、エキストラもこの人が仕切ってたし、ぼくは「ナベさん、ナベさん」いうて頼りにしてました。ナベさんも、ぼくにものすごく忠誠を尽くしてくれたんです。「困ったことがあったら言うておくれやっしゃ。わたしが全部おさめまっせ！」、もうやくざからなにから……あの人は、ほんまにようやってくれた。普段は温厚なんですけど、予算に関しても製作部長がうじゃうじゃ文句つけるのに、ナベさんが上手くやりくりして京都映画に100万残したこともあった。そらシビアな人でっせ。いろいろ慣れてますわな。あの人こそ『必殺』を支えたプロフェッショナルですわ。

――最初のころは赤字が出たという話ですが。

櫻井　そらもう予算が少なかった。役員会でも怒られましたがな。ところが、京都映画の幹部が最後ぼくを裏切ってね、櫻井を降ろせとかなんとかクーデター起こそうとしたんや。「発注金額が少ない、こんなことでは現場やれまへん」、そういう手紙を松竹の専務宛に出しよったんです。しかし、その専務というのが、ぼくをものすごく買うてくれてる方で、その手紙を見せてくれた。お金の話、女の話、こんなプロデューサーいらない……あることないこと書きよって、もう悪口百万遍や。そんな事件がありました。その前にも京都映画が松竹抜き、櫻井抜きで『必殺』を受注しようと画策したことがあって、朝日放送に一蹴されてますんや。「そんなんあんた、櫻井さん抜きにできまっかいな！」と。いろいろ裏がおまんねん。予算の話でいうたら東映は〝2話持ち〟という2本同時に撮る合理的なシステムですが、『必殺』はホンもギリギリだから1班体制で、毎週1話ずつ撮っていく。カネかかりまんねん。スケジュールもギリギリで朝日放送に待ってもろうて、「こら間に合わん！」というときは別班を立てました。

――『必殺仕置屋稼業』のときはA班が撮り終わって、B班が現場入りする前に火事が起きて風呂屋のセットが全焼したそうですね。

櫻井　あのときはね、ぼく高校のクラス会があって飲んでてん。そしたらバーンと電話が来て「撮影所が火事や！」、どんだけびっくりしましたか。そのときの松竹の会長が、怖い怖い城戸四郎さん。「櫻井くん、原因はなんだ！」と聞かれて、「はーい、あの……知りまへん！」。それでまた怒られた（笑）。

藤田さんも自分が主役やとは思ってなかった

――1975年から翌年にかけての1年間、藤田まことさんが『必殺仕置屋稼業』『必殺仕業人』に連続出演し、中村主水が必殺シリーズの顔として定着します。しかし名前のクレジットはずっとトメでした。シリーズ第10弾の『新必殺仕置人』（77年）でトップになりますが、クレジットの順列に関するやり取りはありましたか？

櫻井　最初のほうはね、藤田さんも自分が主役やとは思ってなかった。ほかの役者……山﨑努や石坂浩二、沖雅也のほうが看板やったし、ぜんぜん揉めたりはなかったですよ。本人も「ぼくはいちばんで出るような役者と違いまんねん」と言ってました。ぼくも「そうやそうや、あんたは裏で支える人間でっせ」、だからずっとトメで、いざポーンとトップに出したら「これでよろしいのか？」と逆に聞いてきましたで。あの人は「ええ芝居をやらせてもろうて、ええギャラもろうたら、それでけっこう」という、根っからの役者なんです。

――クレジットがトップになった『新仕置人』のころ、藤田さんは渡辺プロダクションから独立します。

櫻井　あの人の所属、わからへんのや。ちょろちょろ窓口が変わってて……。ギャラの交渉も本人でしたし、最後は自分のプロダクション作ったけど、その前から3回か4回は変わってて「藤田さん、あんたどこに所属してまんねん？」と聞いたことがありますよ。ナベプロと本人の間に、そういう窓口があって。

藤田さんもクセはある人やけど、ぼくの言うことはものすごく聞いてくれました。同世代だし、困ったことがあったら、全部ぼくが処理しましたから。『仕事人』のシリーズで共演者のクレームを出してきたこともあった。表向きは、あの人のこっちゃ、ええ顔しまんねんけど、ところが裏で「外して……」。そういうシビアな人ですわ。あの人は本（『必殺　男の切れ味』）を出してて、ぼくに対しての評もある。ええこと書いてるんでっせ。

――必殺シリーズの成功で櫻井さんのプロデューサーとしての立場もステップアップし、松竹の関西テレビ室の室長に就任します。

櫻井　でも松竹らしくない企画やからね、最初どんだけ反対しよったか、えらいさんが。そういう連中が映画部にもおった。で、最初は赤字やったから「ほれ見てみぃ」みたいなこと言われた。だけども視聴率がいいから週刊誌がボンボン騒いで、そのへんから黙りよった。『必殺』の反響はすごかったですよ。とくに深作さんの作品……最初の『仕掛人』は大学生なんかからガーッと支持されて、映画の『必殺4』がまたものすごい評判でした。ワーッと電話がかかってきて「あれはおもしろかった!」と、ぜんぜん知らん人からよ(笑)。直接かけてきよった。かなわんわ。

――撮影所にまで電話が!

櫻井　自宅ですがな(笑)。どこで調べたんか、熱心なファンの人から電話がきました。ぼくが東京に転勤したときもね……ま、これは自慢話みたいになりますけど、9時開始の9時半か10時には「あの櫻井洋三が本社のテレビ担当になった!」ということで各プロダクションのマネージャーが、ウワーッと行列ですよ。それを10時半ごろに社長が聞いたんやろうな。降りてきて、視察に来た。そしたらマネージャーがわんさわんさで、朝からこんだけの人数がテレビ部に来て、社長びっくりして廊下に立っとった(笑)。それくらい、やっぱり『必殺』というのは影響力がありましたな。

"戦慄"の中村家コント

――中村主水が必殺シリーズの看板となり、中村家の「ムコ殿いびり」も人気を博します。せん、りつを演じた菅井きんさん、白木万理さんのキャスティングについて教えてください。

櫻井　こんなこと言うたらいかんけど、「いちばんキツいオバハンを主水の姑にしよう。とにかく気の強い人を嫁はんにしよう」……いうなれば、おふたりともそういう役に定評があったんですな。菅井さんは俳優座(映画放送）の佐藤正之さんの奥さんで、もともと佐藤のまあちゃんとは仲良かったもんですから、オファーしたら「あんなんでよろしいのか？」、もうゲラゲラ笑いながらキャスティングしました。あのコンビはみんなに褒めてもらいましたよ。ぼくが東京行って交渉しましたけどね、菅井さんから言われたのは「櫻井さん、徹底的に藤田まことをイジメてもいい？」。もう台本関係なく好き放題です、あのシーンは。3人の気分が合うたんですな。1日でパッと撮りますから毎週、わざわざ東京から来て一晩泊まってサッと帰らはるんです。

――まさに〝戦慄〟の中村家コントですが、おふたりの素顔は？

櫻井　やっぱり性格はキツい（笑）。まぁ、ふたりとも厳しいでっせ。菅井さんも白木さんも古風というのかな、いにしえからやってる空気をまとってて、藤田さんはそのへん上手いこと持ち上げて、同時に喜劇出身ですから、芝居で出てきた人への尊敬の念があるんです。悪く言ったらコンプレックスですな。藤田まことという役者は、そういう気持ちがものすごくありました。

山﨑努とぴったり合うたんも、藤田さんは山﨑さんを尊敬してましたから……かたや新劇、かたや喜劇、藤田さんはお父さん（藤間林太郎）が松竹の俳優でしたやんか。「小さいころから太秦の撮影所に遊びに行ってた」言うてましたし、やっぱり芝居がやりたい人だったんです。裏と表の芝居ができて、さらに笑いも取れるから『必殺』への熱の入れ方は違いましたな。京都映画の仕事は格別にノッてくれました。

ナンバーワンになる女優は違いまっせ

――1976年のシリーズ第8弾『必殺からくり人』から山田五十鈴さんがレギュラー出演し、新たな必殺シリーズの顔になります。

櫻井　山田さんは昔々松竹にいたんですが、ある時期から東宝に移られたんです。ずーっと東宝の専属で舞台をやられていた。たまたまね、山田さんと帝国ホテルでお目にかかったんですよ。ロビーで「お茶飲みませんか」と言われて、ついて行ったんが最初。そのとき山田さんが「わたし『必殺』が大好きなの。毎週見てるのよ」という話からゲストに出てもろうて、それから緒形拳と一緒に『からくり人』をやったんです。山内さんもよろこんでくれた。そのあとですよ、松竹の会長になった永山（武臣）さんから「櫻井くん、いっぺん新橋の演舞場に山田さん出てもらえないだろうか?」という相談があって、松竹の舞台にも戻ってきてくれた。

――山田さんの娘である瑳峨三智子さんがその前に『仕事屋』の第16話「仕上げて勝負」にゲスト出演していますが、覚えていますか?

櫻井　いや、それは覚えてない。覚えてるのは、あの人はタイに渡って、そっちで亡くなられたんです。そしたら山田さんが血相を変えて、バーっと撮影を止めて行かれたのは覚えています……大変だったんですよ。

――山田五十鈴さんの思い出は?

櫻井　わがままなオバハンでんがな（笑）。ナンバーワンになる女優は違いまっせ。一流の芸を持つ男に目をかけて、生涯〝おんな〟でしたなぁ。それで自分の芸を磨いていくんです。化粧品の会社からぼくのところにコマーシャルの依頼があって、ギャランティの交渉までしましたよ。いうなれば3〜4年は、ぼくが山田さんのマネージャーみたいなことやってました。着物屋さんの展示会とかタイアップとか、そんなんもよう連れて行かされましたで。

――続いて『必殺からくり人　血風編』（76〜77年）は山﨑努さんと草笛光子さんの主演ですが、撮影や製作主任などのメインスタッフが従来のシリーズと異なります。菅井きんさんの出演トラブルで『新仕置人』が延期になって急きょ作られたという逸話や『からくり人』と同時に撮影していたという証言がありますが。

櫻井　たしか並行して作ってたんですよ。あれはね、菅井さんがゴネたんと違いますねん。病気になったんですわ。佐藤のまあちゃんから電話かかってきて「家内が病気になった。櫻井さん、ちょっと延ばしてくれるか?」と。山﨑さんを使いたいというのはかねてから思ってたし、草笛さんも「また出たい」言うてたし、前もってローテーションに入ってましたな。急場しのぎという感じでもなかった気がする。あのときは別班立てて、1クールずつやったんかな。

いちばん困ったんは正平、あれに勝るやつはおらん!

――1977年の『新必殺仕置人』では、中村主水と念仏の鉄がふたたびコンビを組みます。それまでのシリーズの総決算的な人気作です。

櫻井　ぼくは山﨑努の芝居、リアルな芝居が好きだったんです。山﨑さんもぼくを慕ってくれて、いろんな意見を出してくれて、なかなかの人物ですよ。「なんでも言ってくださいね。パッと聞いて、こなせるかどうか自分で考えますから」と、そういう柔軟な俳優さんでした。お互いに信頼関係がありましたな。クレジットもぜんぜん問題ない。「山﨑さん、今回はトメに回るよ」「はい、どうぞ」ってなもんや。鉄が死んだんは……山﨑さんのスケジュールですわ。ほかの作品が立て込んできたんで、「櫻井さん、迷惑かけるなぁ。もう殺してもらっていいよ」みたいな話になった。そういう律儀な人ですよ。

――もうひとりの仕置人、巳代松役は中村嘉葎雄さん。

櫻井　嘉葎雄さんに決めたんは、ぼくですけどね、あんまり接触なかったんです。撮影中いろいろ会話をしたりとか、そういう記憶はないですな。

――もともと萩原健一さんが巳代松の候補だったという話もありますが。

櫻井　ショーケン？　いや、そんな案は出てない。マスコミの飛ばしでしょう。中尾ミエはいつもニコニコして、会えば「櫻井さん、お小遣いちょうだい」、そんな人（笑）。あの人にもよう出てもらいましたな。現場におって、気持ちがええ女優さんですよ。

――正八を演じた火野正平さんの自由な演技も見どころです。

櫻井　正平！　あいつには往生しましたで、ほんまに。「かんのんホテル」に泊まっとったんですけど、年がら年中もう相手を代えてね、女優を片っ端からですわ。「ええ加減にせえ！」と怒ったこともありますよ。あいつは星野事務所なんですけど、「あんたな、正平ええ加減に押さえたらどうや」と、だいぶ星野（和子）さんに言いましたな。また正平は、そういうことをベラベラしゃべるんですわ。「お前さんな、『必殺』やってるときはそういうことするなよ」と、なんべん言いましたか、ほんまに。

ただ芝居は上手いでっせ、好きにアドリブも入れながらね……ぼくは芝居が上手い役者が好きですから。正平は和田アキ子とも喧嘩して、あの人は率直なタイプで、正平がだらしない男やから、まぁ喧嘩というよりは現場の芝居に関して和田さんが「こうしたい」、それに正平が反抗して、お互いバチバチやってましたな。そらもういちばん困ったんは正平、あれに勝るやつはおらん！

――『仕業人』の終盤で助監督から一本立ちした高坂光幸監督が『新仕置人』で活躍し、正八三部作の「代役無用」「夢想無用」「愛情無用」など印象深い回を手がけています。

櫻井　高坂も一定の腕は持ってました。阿波おどりの話（第32話「阿呆無用」）、あれの徳島ロケで観衆がワーッと集まってきて、もう収拾つかんから藤田さんたちを逃したんですが、ぼくのセールスマン時代の担当が徳島や。歌舞伎座という映画館があって、そこの館主が匿ってくれた。えらい騒動でしたよ。

――能登ロケの第35話「宣伝無用」も高坂監督でした。

櫻井　藤田さんの奥さんのご実家が輪島で、何度かロケーションに行きましたな。地方ロケでこじんまり固めるのは若い監督じゃないとあかんのです。一流の監督やったら文句ばっかり言うて、時間もカネもかかる。そういうところは助監督をやってきた人間に任せると、現場の条件に合わせてくれる。あとは監督としての腕前も見れますわな。予算的にも彼らは京都映画のスタッフですから監督料が発生しない……それまで高い人ばっかり使ってましたから。まぁ、高坂も黙ってちょろちょろ予算オーバーしよったけどね。

――工藤栄一監督を引き継ぐような見事な演出が目立ちます。

櫻井　ただ、ゆるいんですわ。ここを押したらおもしろくなるのに、というところで押さない。ひとつ、ふたつの押しが足りまへんねん。その前で満足してやめるから「お前は考えが足らん！」と怒りましたよ。ほんで高坂が喧嘩売ってきよった。「なんでもっと撮らせてくれないんですか！」「お前は下手やからや！」、そうしたらカーッとなって、プーッとして出ていきよった。その前からホンを断ってきたり、いろいろありましたがな。

――その後、高坂監督は製作主任に転身して現場を支えていきますが、もっと必殺シリーズの監督作を見たかったという思いがあります。

櫻井　製作主任にしたのは、ぼくですねん。当時、ナベさんと黒田（満重）しか『必殺』の製作がおらんで、クロちゃんというのも優秀ですが、あまり積極的なタイプではない。そこに土曜ワイドの2時間ものやら、たくさん作品が入ってきて、高坂に「お前、製作主任になるか？」と声かけたら「やります」。それからナベさんの下について、立派な製作主任になったんです。

――原田雄一監督が『新仕置人』から参加し、さっそく傑作として名高い最終回「解散無用」を送り出します。

櫻井　この人は器用ですな。こちょこちょした部分がものすごく上手い。ところがホンの大筋がよくないと、出来が左右される。テクニックはあるけど、ドーンという太い幹がない。いうなれば、原田雄一も松野宏軌流ですわ。工藤栄一流じゃない。ただ、やっぱり現場で助監督やってる人間は工藤さんを見習いよるんですな。だから松野さんを軽く見ている助監督もおった。現場では「ハイ、ハイ」みたいに言うこと聞いて、でも腹の底は違いまっせ。ぼくはね、石原にも怒ったことがある。現場中に「松っちゃん、これあかんで!」って、監督に向かって「松っちゃん」言いよりましたんや。それでいっぺん石原をポーンと外して、反省させたことがありますよ。

——なるほど。殺し屋組織「寅の会」の元締・虎として元阪神タイガースの藤村富美男さんがレギュラー出演し、最終回で壮絶な死を遂げますが、櫻井さんは阪神ファンですか?

櫻井　いや、ぼくは巨人。山内さんは阪神、もう根っからの阪神ファンですな。住んでたところも尼崎やから。巨人と阪神で、パッと対立する部分もあったのが合うたんかもしれまへん。山内さんがひとことポーンと言うたら、ぼくが「こうこうで、こういうことでしょう」と具体的に返す。「あんた、なんでそこまでわかってまんねん?」「そら、あんたの考えてることくらいわかりまんがな!」と年中そんな感じ(笑)。ツーカーでしたな。

——山田さんは真行寺君枝と今出川西紀のことは気に入ってました

——主水シリーズの合間は『新必殺からくり人』(77~78年)、『必殺からくり人　富嶽百景殺し旅』(78年)と山田五十鈴さん主演の旅ものが続きます。

櫻井　山田さんから電話かかってきて「櫻井さん、次なにやるの?　わたし出ますわよ」と。そう言われたら作らんわけにはいきまへん(笑)。もう「ハイ、ハイ」ですよ、大女優ですから。浮世絵を手がかりにするというストーリーは山内さんのアイデア、そこから毎回の話を作っていったんです。

――『からくり人』に続いて、両作とも第1話の脚本は早坂暁さん。

櫻井　あの人は麻雀が好きで、撮影所に電話かけてきては「櫻井さん、メンバー集めて」。あの人は名前が暁ですから〝ギョウさん〟って呼んでましたが、まぁ二晩徹夜で麻雀打って、あとは寝る。「ギョウさん、いつ書くんだよ！」って言ったことありまっせ。ものすごい日数かかりましたな。しかし書くのはええホンで、唸りました。朝日放送のすぐ前に「ホテルプラザ」っちゅうのがあって、そっちでギョウさんが書いてたのは麻雀の仲間が見つけやすいから（笑）。

――『仕事屋』から参加した保利吉紀さんや中村勝行さんも当初はホテルプラザで執筆していたそうですね。

櫻井　保利さんは朝日放送の推薦ですが、ぼくとは合いましたな。ツボにハマったら上手い。「どこどこが悪い！」と、はっきり言うたら直してくれるし、『必殺』だけでなく『京都殺人案内』もようやりました。それでまた、おもしろい人なんです。のんびりした、ええ人間で、あの人は北海道の出身や。また会いたいなぁ。

――シリーズ初の女性脚本家である南谷ヒロミさんは？

櫻井　あの人も朝日放送から。仲川利久さんの推薦で、上手いんか下手なんかようわからん人で、1本か2本は深く話し合って、だいぶ直しを入れました。仲川プロデューサーの紹介やから、できるだけ直さんようにしようと思ったけど、わりあいに理屈が多い女性だった気がしますな。だいたい仲川さんが推薦してくるのはスタジオのシナリオライターで、フィルムのテレビ映画とVTRのドラマは違いまんがな。それで断ったんも何人かいます。「仲川さん、こんなんあきまへんで」言うたら、しっぺ返しされたこともありまっせ。

――『富嶽百景殺し旅』の第1話「江戸日本橋」は、ATG（日本アート・シアター・ギルド）の映画で活躍していた黒木和雄監督です。

櫻井　黒木さんはね、誰かを経由して「『必殺』を撮らしてほしい」と、あの人のほうから申し込んできたんです。

でも、ちょっと合わんかった。京都映画というより、時代劇と合わんかったね。わりあいに論理的な人やから。

――レギュラーのうさぎ役が高橋洋子さんから真行寺君枝さんに途中で交代した理由は？

櫻井　高橋洋子が早い段階で降ろしてくれって自分から言うてきたんです。真行寺君枝は、わたしが掘り出した子ですが、よかったですよ。アタマがええから芝居が上手い。山田さんがものすごく褒めてたね。芝居にしても勘がよくて、すぐ反応があるから「あの子は仕事ずっと続けたら、いい女優になるわよ」と。そのあともゲストで出てるでしょう。

――たしかに翌1979年に『必殺仕事人』第17話「鉄砲で人を的にした奴許せるか？」で山田五十鈴さん、中村鴈治郎さんと共演しています。

櫻井　山田さんのご指名ですよ。真行寺君枝と今出川西紀のことは気に入ってましたから。このシリーズだと、ぼくは古今亭志ん朝が好きやったな。セリフはきっちりしてるし、おしゃべりを使ってワルを殺しますからね。あのへんは短い作品やし、だいぶ忘れてしもうた。

――シリーズ第12弾『必殺商売人』（78年）では、りつ懐妊による主水の苦悩が描かれます。

櫻井　あれは失敗でしたな、わたしからしてみれば。草笛さんはノリにノッてたけど、作品的にはあきまへん。生ぬるい。『必殺』いうのはシャープさが必要なんですが、梅宮辰夫にもそれが足りんかった。

――アダルトな雰囲気の作品ですが、梅宮辰夫さんのキャスティングは？

櫻井　東映の……梅宮みたいにポチャッと肥えた、口が達者な男……そう、山城新伍！　あの人が紹介してくれたんです。東映の役者は大体そうですよ。山城さんも『必殺』出てくれて、テレビ東京では山本陽子の『付き馬屋おえん』（90～95年）をずいぶんやりましたな。愉快な人で、さりとて繊細で、なかなか役者として値打ちのある人ですよ。「監督やらせてくれ」言うてきたから、１本だけ撮ってもらいました。

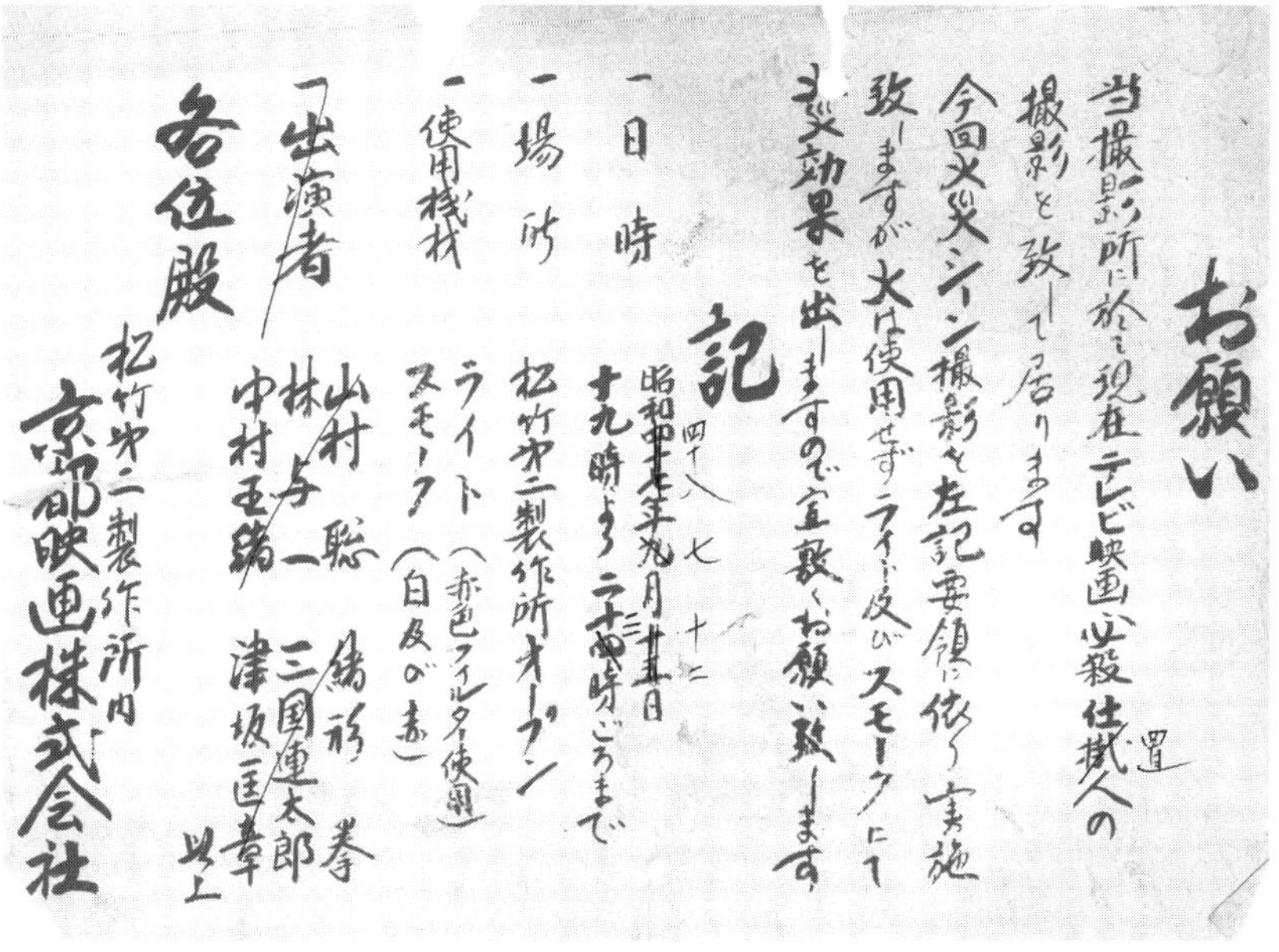
お願い

当撮影所に於て現在テレビ映画「必殺仕掛人」の
撮影を致して居ります
今回火災シーン撮影を左記要領に依り実施
致しますが火は使用せずライト及びスモークにて
火災効果を出しますので宜敷くお願い致します

記

一 日時　昭和四十七年九月十五日（四十八　七　十二）
十九時より二十四時ごろまで
一 場所　松竹第二製作所オープン
一 使用機材　ライト（赤色フィルター使用）
スモーク（白及び赤）
一 出演者　山村聡　緒形拳
林与一　三国連太郎
中村玉緒　津坂匡章
以上

各位殿

松竹第二製作所内
京都映画株式会社

『必殺仕置人』火災シーン撮影のお知らせ文。『必殺仕掛人』のものを流用、太秦の撮影所は当時「松竹第二製作所」という名称であった

撮影しとる人間の喜怒哀楽は画面に出ます

――シリーズ300回記念の『商売人』第18話「殺られた主水は夢ん中」では、撮影技師として光と影の映像美や大胆なカメラワークを駆使してきた石原興さんが監督になります。

櫻井　あれは別に抜擢やなくて、監督が足らんかったから石原で間に合わしただけで、ぼくはキャメラマンが監督やるのは反対だったんです。だけど、いまの『必殺』もずっと石原がやってますわな。木村大作さんもええ画を撮るけど、監督したらやっぱり押しが足りまへん。キャメラマンあがりの監督はきれいな画ばっかりでストーリーを大事にしない。ぼくの在任中、なんべん石原にリテイクさせましたか。あの宝塚の女優さん、刑事もんのドラマに出てる、背の高い……。

――天海祐希さん？　『必殺！　三味線屋・勇次』に出演しています。

櫻井　そう！　あのとき、台本に書いてある大事なシーンを、すらっと流しよった。それで石原を怒って「もういっぺん天海祐希を呼べ！」と、リテイクさしたんです。裸にまではできんけど、ギリギリのセンで撮り直した。そうせんことにはストーリーが成り立っていかん。そのシーンをしっかり押さんことには、いろんなドラマが発展しないんです。

『必殺』というのは、まずストーリーですよ。画だけ先に目立ってもあきまへん。石原は奥さんが女優やったから、女優に甘い。ものすごい遠慮しよるんですわ。そういうところがあって、すらっと流しよる。ものによっては、それがいい場合もありますよ。だけど死ぬや生きるや、まして〝殺し〟なんて話のときには押してもらわんと。そうでっしゃろ。

——しかし、照明の中島利男さんと一緒に必殺シリーズを映像面から牽引してきた石原さんの功績は大きいです。

櫻井　もちろんキャメラマンとして、いろんなアイデアを出すのは優秀ですよ。石原がええ度胸してるなと思ったのは、松山善三さんのドラマでカメラを手持ちで撮って、助手にポーンと投げよって、その助手が藤原三郎……三郎が受け取ってパーっとまた動くような長回しをやった。2〜3メートルでっせ。このコンビネーションには「すごいキャメラマンがおるな」と、松山さんもびっくりしてた。だから石原が尾崎奈々と結婚したときの仲人は善三さんなんです。あと、あいつは男前や。山本陽子も田宮二郎が死んだあと、ぼくと飲んだときに「石原さんってタイプなの」みたいなこと言うてましたよ。

——ちょうどお名前が出ましたが、藤原三郎さんも若くして技師デビューして活躍します。

櫻井　あいつも上手いでっせ。三郎は抜群だったと思う。映像の明暗やカメラアングルなんか石原以上の部分もありました。しかし、亡くなってしまいよった……。残念やね。頑固なところはあったけど、そうでもない。ぼくが理詰めでびっしり言うたら「そうですか、わかりました！」と聞いてくれましたよ。

三郎は故郷が広島なんです。ある時期ね、ずっと憂鬱な顔してて、そのときだけは「お前やるな」と撮らさんかった。撮影しとる人間の喜怒哀楽は画面に出ますから。長年やってると、わかりまんねん。なんぼ監督が気合い入れて「よーい、ハイ！」やってもキャメラマンが暗かったら、そういう部分は出てきますよ、画のなかに。

山内さんも「これ音ええなぁ」とよろこんでました

——必殺シリーズは画だけでなく音も見事です。

櫻井　効果音はええのを作ってましたで。本田文人……ホンちゃん、ホンちゃん言うてね、ぼくの家にまで遊びに来とったのが、ある日、忽然と撮影所から去ってしまったんです。ええ技術を持っとったミキサーで、音楽の選択も上手い。「櫻井さん、この音楽入れまっせ」と、編集の弘ちゃんと一緒にそのシーンの画と音だけ先にチェックさせてくれたり、まぁ熱心でしたよ。それがまたピタッと合いよるんですわ。ダビングでの盛り上がり、ドラマの哀しみを引き立てる……いきなりおらんようになってびっくりしましたがな。

――音の仕上げ作業を担当する技師を「整音」ではなく「調音」とクレジットするのが松竹の伝統です。ダビングにこだわる監督はいましたか？

櫻井　そら工藤栄一ですよ。あのおっさんはうるさい、うるさい。「ここにこの曲や！　いや、やり直し！」。工藤さんだけは何時間もかかった。早いのは松野宏軌。音楽なんでもええねん。ホンちゃんが上手いことやりよる。「松っちゃん、これ入れまっせ！」ってね。ホンちゃんのあとを継いだ鈴木信一も真面目で実直な子で、いろいろ聞きにくるから「お前、もっと自分の好きにやれや！」と言ったことがありますよ。音は途中でね、ミキシングの機械を新しいの買って入れ替えたんです。それからものすごくよくなって、山内さんも「これ音ええなぁ」とよろこんでました。あの人も音楽が好きやから。

――初期の必殺シリーズを劇場のスクリーンで鑑賞したとき、他社のテレビ映画に比べてセリフがクリアで、現場の録音技術の高さを実感しました。

櫻井　あれは広瀬浩一がええねん。この人も早うに亡くなってしもうた。広瀬が録る音はシャープで、ピシッとセリフがフィルムにノッてきよるんです。そのセリフを生かしつつミキサーがバランス取って音楽やら効果音を入れて仕上げる……いまでも「ええ曲やなぁ」と思うもん、あの平尾昌晃の音楽は。なんや有名なジャズのトランペット奏者がアメリカでレコーディングしたのをぼくだけ立ち会って、取りに行ったこともありまっせ。

――殺しのシーンなどマカロニウエスタン風の音楽も名物です。

櫻井　いちばん最初に会うたときは平尾さん、渋谷の横丁を入ったところの古いビルの3階にポツンとおった。もう「わたしの城下町」「瀬戸の花嫁」がヒットしてた時期ですよ。「ぼくも金持ちになれそうなんですよ」とか言うてたらポーンと『必殺』が当たって大もうけ、ええビル建てましたがな。

――ずっと平尾さんの音楽でしたが、『商売人』『富嶽百景殺し旅』で森田公一さんに交代した理由は？

櫻井　喧嘩したんです。

――えっ？

櫻井　平尾さんとこの事務所とぼくが喧嘩した（笑）。あそこのマネージャーの女性、お金の管理してる人と揉めて「もう、やめや！」。バーンと、それから何本か蹴ったんです。だけど、そのあとで「まぁまぁ櫻井ちゃん、そんなに怒らないでよ」と平尾さんが詫び入れてきて、一生懸命またいい曲を作ってくれたしね、あの人の顔に免じて仲直りです。

――音楽家の変更について朝日放送が難色を示したりは？

櫻井　なんにもありません。現場のことは一切ぼくに任せてくれましたから。

なくなることは絶対ないと思ってました

――1978年スタートの『翔べ！必殺うらごろし』は、超常現象をモチーフにしたオカルト時代劇です。森崎東監督が1・2話を演出し、脚本は特撮やアニメで活躍していた山浦弘靖さんが多くを執筆、音楽担当は比呂公一さんとスタッフ編成まで異色でした。

櫻井　あれは山内さんがものすごく自分の趣味でやらはった作品。こなし切れんかったなぁ。難しかった……。

市原悦子さんも嫌がってましたで。「櫻井さん、もっとスマートな殺し方ないかしら?」って、そんなん殺し方にスマートもへっちゃくれもありまっかいな(笑)。

――市原悦子さん演じる〝おばさん〟がブスッと悪人を刺し殺すのがリアルで、中村敦夫さんや和田アキ子さんの殺し技もワイルドです。しかし視聴率は低迷してしまいます。

櫻井　山内さん、あとで「あんなもん、よう企画したなぁ」とこぼしてましたよ。あの人は市原悦子が大好きで、自分でキャスティングして張り切ってたんです。たしか市原さんのご主人と京大の先輩後輩かなにかで親しくて、山内さんが飛びついた。飛びついたんはええけど、「洋ちゃん、どうしよう?」と迷いもあったんですな。ぼくは市原悦子を押さえてるのは知りませんから、この人なに考えてんのやと思ったけど、もう任せてたら『うらごろし』ができた(笑)。

――『うらごろし』のあと、原点回帰で中村主水が復活したシリーズ第15弾『必殺仕事人』(79〜81年)が高視聴率を記録し、仕事人ブームのきっかけとなります。山内久司と櫻井洋三、おふたりのコンビから『必殺』は始まり、さまざまな危機を迎えながら人気シリーズとして定着したのですね。

櫻井　なくなることは絶対ないと思ってました。ある日ね、山内さんが「洋ちゃん、ぼくは『必殺』を5年間延長したい」と言ってくれた。ふたりだけの密約や。なにがあっても5年やる、できれば10年続けたい、と。けっきょくは30代の終わりから50代まで……「必殺の櫻井か、櫻井の必殺か」と言われるほど人生を捧げましたな。まだまだ、おもしろい話はナンボでもありまっせ!

初出:『映画秘宝』2022年2月号〜5月号

櫻井洋三

［さくらい・ようぞう］

1932年京都府生まれ。同志社大学卒業後、55年に松竹入社。営業部などを経て関西テレビ分室のプロデューサーに。『必殺仕掛人』から始まる必殺シリーズを一貫して手がけ、2時間スペシャルや劇場版も担当する。そのほか『京都殺人案内』『大忠臣蔵』『鬼平犯科帳』『忠臣蔵外伝　四谷怪談』などをプロデュース。松竹の取締役としてテレビ・映画の両部門を統括し、退任後は松竹京都映画（現・松竹撮影所）の取締役を務めた。

現場スナップ集1

『必殺仕置人』第20話「狙う女を暗が裂く」。左から沖雅也、山﨑努、野川由美子、田中徳三監督

『必殺仕置人』第26話「お江戸華町未練なし」。上半身裸で演出中の工藤栄一監督、右端に山﨑努

『助け人走る』第12話「同心大疑惑」。左から撮影の中村富哉、藤田まこと、三隅研次監督

『助け人走る』の今宮神社ロケ。左から田村高廣、津坂匡章（現・秋野太作）、右端の椅子に蔵原惟繕監督

京都映画座談会1

石原興（撮影）
＋
園井弘一（編集）

本当はやったらいかんことをやってます

必殺シリーズの映像を作り上げたキャメラマンにして、現在は監督として活躍する石原興。すべてのシーンを繋いで再構築してきた編集の園井弘一。前作『必殺シリーズ秘史』に登場した大ベテランが『必殺仕置人』を語り合う。出演者や監督の思い出に第1話「いのちを売ってさらし首」を鑑賞しながらの解説も！

近くて遠い俳優との距離

──1973年に始まった『必殺仕置人』の50周年ということで、藤田まことさん演じる中村主水も誕生から50年になります。

石原　このときは無精髭はやしてたんやな。ギラギラしてますね。

園井　しかし最初に藤田さんが出ると聞いたときは「えっ」と思うたなぁ。あの役にキャスティングした山内（久司）さんはすごいですよ。それまでの藤田さんいうたらコメディアンのイメージしかなかったのに。

石原　山内さんがね、姓名判断で「中村主水」という名前を見てもらったら最悪の結果やったって。それはおもしろい話だと思いました。

園井　原点はジェームズ・ボンドでしょう？

──いくつかの説があるようです。八木節の鈴木主水など。

園井　そうなん？　ぼくはそう聞いたなぁ。

──『仕置人』は山﨑努さんの念仏の鉄、沖雅也さんの棺桶の錠、津坂匡章（現・秋野太作）さんのおひろめの半次、野川由美子さんの鉄砲玉のおきん、そして藤田さんの中村主水という五人組が主人公。『必殺仕掛人』（72〜73年）に続く第2弾ながら、その後のシリーズの原点のような作品です。

石原　『仕置人』というのは、最初は殺すだけじゃなかったんですよ。橋のたもとで恥をかかすとか、そういう仕置をしていた。このときは山﨑さんと沖くんが主役で、やっぱり藤田さんも勝負してはる感じはありましたね。

園井　とくに山﨑さんやろうな。

石原　藤田さんと山﨑さんとのお芝居でも、ずいぶんバチバチしたもんがあって、それが上手くマッチしていた感じがする。いまの俳優さんはすぐ仲良くなるけど……まぁ、そういう世の中なんでしょうね。

園井　山﨑さんも好き勝手にやってたから。

石原　後半はそうだけど、最初のころはあまり覚えてない。わりあいこっち側の言うことを聞いてくれてたような気がする。たとえば顔半分だけのアップを撮っても「半分！　半分！」と、ノッてくれましたね。で、殺しのときに手のアップがありますけど、これは腕を縛って血を止めるんです。血管が浮き出るように、山﨑さんがアイデアを出して自分でやってました。

園井　津坂くんもおもしろかったなぁ。ぼくら編集は俳優さんとしゃべったりすることが少ないんでね。だからフィルムに映った芝居を見て……津坂くんなんか現代劇を見ているような感じやった。

石原　ぼくはね、あまり俳優さんと付き合わないんです。藤田さんとも長いことやってるけども、ほとんどプライベートな付き合いはしない。監督ともそうです。終わったら早よ家に帰りたい。結果的には「仕事終わってから、あんたとは付き合いえん」ということになります（笑）。

園井　ぼくも芝居をホカしたりするほうやから、あんまり親しくはね。でも野川さんは撮影所で会っても気さくな感じやった。

石原　あの人はスピード感があって、歯切れがいい。ぼくも付き合い古いですけど、野川さんは生まれが京都ですから、普通に友達みたいな感じ。それこそ「石原さん」ではなく「石っさん」で「石っさん、あんなぁ、昨日なぁ……」って、そういう会話が多かった。
園井　野川さんと津坂さん、あのコンビはものすごうおもしろかった。
――沖雅也さんはいかがでしたか?
石原　非常に身体能力のある俳優さんだったですね。あとで三田村（邦彦）くんが出てきますけど、沖くんの場合はね、体が大きいし、すごく迫力がありました。アクションでも吹き替えなし、トランポリンでもやらしたらすごかった。自分の意見も出すし、ぼくは好きな俳優さんでしたよ。

『必殺仕置人』監督列伝

――『仕置人』には貞永方久、松本明、三隅研次、大熊邦也、松野宏軌、工藤栄一、國原俊明、蔵原惟繕、田中徳三、長谷和夫と合計10人の監督が参加しています。
石原　やっぱり最初の貞永さん、それと三隅さん、蔵原さん。あとは工藤さんも初めてだったからよく覚えてますね。
園井　貞永さんはおもしろかったな。なんでもさしてくれたし。
石原　『仕置人』を撮ってるときの貞永さんは、ピークですわ。最高です。この前に松竹で映画を撮られてましたが、とてもよかった。後年になると「石っさんの好きにやって」、それでOKということでしたけど。
園井　現場ではどうやったか知らんけど、貞永さんは「なんかやりたい」「こんなことしよう」という意欲がものすごくあった監督やったと思います。編集のときでも「こういうことするには、どうしたらええんやろ?」というような話をようしましたね。
石原　しかし山﨑さんと貞永さんは最初から合わなかった。そやから「石やん、石やん」って、山﨑さんがこっちに来るから、また貞永さんが不機嫌に。松本明さんは何話目を撮ったのかな?
――第3話です。「はみだし者に情なし」。
石原　松本さんというのは、非常に斬新な芝居や撮り方を求める監督でした。同じ朝日放送でも大熊さんのほうがオーソドックスです。しかし、大熊さんは血の気が多かったな。おふたりともテレビ局の演出家ですから、やっぱり俳優さんにはわかりやすい表現を求めていましたね。
園井　わりと編集は任せてくれるタイプやった気がします。
石原　三隅さんも最初のほうで（第4話「人間のクズやお払い」）、このときはゲストで黒沢年雄さんが出てました。夜間ロケで妙顕寺に行って、藤田さんが夕方からスタンバイして……出演しはったのが夜中の2時ごろ。
園井　妙顕寺って堀川のところ?　裏千家の近所の。
石原　そうそう。で、そのときだったか、別のときだったのか、三隅さんが藤田さんに「あんたおもしろいなぁ。この役、がんばったらものになるで」というようなことを仰ったそうです。けっきょく6時か7時からスタンバイして、なかなか出番がこないから藤田さんがイライラしてはったことだけは覚えています。とにかく三隅組っちゅうのは時間が読めなかった。
園井　「ちょっと違う」言うて（笑）。
石原　三隅さんはノッてくると「よーい、スタート!」なんて言わないんですよ。「よーい、スタ〜……」いうような小さい声でね。

で、「カット!」は「キャット!」。でもね、それはそのシーンに合わせた掛け声なんです。掛け声やカチンコの音でスタッフが現場の雰囲気を作るという。

園井　三隅さんとは、ごはん行ってご馳走してもろうたけど、上手にアップを撮る人やなぁという感じやったですね。フルショットで長く見せてから、ポンとアップに寄る……そのタイミングが本当に効いていた。

石原　大映の大監督でしたからね。

園井　それから蔵原さんは優しい人でしたよ、ぼくらには。

石原　クラさんも大監督やけど、あの人の最初は、大雨の中で宿に閉じこもる話（第15話「夜がキバむく一つ宿」）で、殿山泰司さんなんかがゲスト。その前にクラさんとは東京で1回打ち合わせをしたんかな。現場では助手の藤原三郎がキャメラを持って障子を突き破って、それをぼくが受け取る。そんなバカなワンカットの長回しをやりました。クラさんもかなりノッてはりましたね。

園井　工藤さんは大変やった（笑）。もう尺のことは考えずに撮ってきはるから。映画やったらプラスマイナス3分や5分はなんとかなるんやけど、テレビは尺が決まってるからカットするしかない。

石原　あの方は北海道の苫小牧から初めて慶応大学に受かった人で、保利（吉紀）さんも苫小牧。だから保利さんは工藤さんにぜんぜん頭が上がらなかったという。

園井　尺といえば、ラッシュを見て照明の中やん（中島利男）から「あそこまであかんか?」というリクエストがときどきありましたね。照明の効果が出るところまで使ってほしいとか。逆に「このあとは影が出るから切って」と、意図したんと違う影が出てしまったからカットということもありました。

当時のプロデューサーの気質

――現場の責任者である松竹の櫻井洋三プロデューサーは、どのような方でしたか?

石原　だいたいがイケイケですわ。けっきょく「かまへん、かまへん。いけ、いけ」ですから。

園井　「やってまえ」ってね。

園井弘一

石原　初期の作品はね、はっきり言って全部赤字ですわ、たぶん。それでも現場のわれわれの自由にやらせてくれました

園井　とにかく毎週毎週あるから回ってたんやね。

石原　いま現在があるのは櫻井さんと山内久司さん、おふたりのおかげですから。まぁＡＢＣ（朝日放送）のプロデューサーもたくさんいらっしゃいましたけど、やっぱり会社の意向に合わせる方もいましたし。

園井　（仲川）利久さんも熱心やったな。

石原　当時のプロデューサーちゅうのは「一発当てたろか！」という、みなさんそういうハートをお持ちでした。

園井　山内さんとは、そんなにしゃべりはせんですけど……オールラッシュを見られて、どうするかという話は積極的でした。お任せではなく。

石原　山内さんは「園井さん」とは言わなかったですね。「弘ちゃんなぁ」って。で、ぼくの場合は「石やんなぁ」という。ＡＢＣに打ち合わせに行くと、必ず降りてきて、ぜんぜん上の人ですけど、仲間みたいな意識がありました。

園井　かわいがってもらいましたね。

石原　大熊さんでも松本さんでもイケイケでしたから。櫻井さんの場合もサラリーマンではなかった。サラリーマンやったら「予算がなんやかんや」ということですけど、そういうことは一切なかった。で、山内さんも櫻井さんもわれわれがやってることに、あんまり口出しはしなかったですね。でも『仕掛人』で深作（欣二）さんのときの、血の吹き出すシーンだけは揉めたんやな。

園井　やいやいなったな、あれは。

石原　三隅さんなんてズボンがね、もうあっちこっち赤いんですよ。血がついてて。わりあい自分でつけにいくタイプなんです。「このほうがいいだろう」ということで、女優さんの顔なんかでも血をつけに……でも三隅さんはスネると、しつこかった。

園井　朝までやってたからなぁ（笑）。

麻雀しながらキャスティング？

石原　野川さんはなんでレギュラーになったかというと、『仕掛人』にちょっとだけ出てたでしょう。そのころ岡崎に「かんのんホテル」というのがあって、そこに脚本家のみなさんが集まってホンを書いてるわけです。で、誰が監督になるか、誰がレギュラーになるか、プロデューサーと脚本家が麻雀しながら話す（笑）。だから野川さんも「野川由美子、おもしろいやん。次のレギュラーにしようか」って。三島（ゆり子）さんもそうですよ。会議ではなく、めし食ったり麻雀しながら「あいつええで」と、そういうので決まっていく。

――おふたりも麻雀のメンバーだったそうですね。

園井　遊んでばっかりでした。「なんでぼくらがここにいるんだろう？」って（笑）。ぼくの場合、まぁ家が近くやったということもあって、なんだかゴロゴロっと寄ってたけど。最初は櫻井さんが連れて行ったんかなぁ。

石原　だいたい櫻井さんが全部仕切ってるから。山内さんや仲川さんもときどき来てたかな。キャスティングは櫻井さんが担当してたみたいですから。白木万理さんもたし

か『仕掛人』にゲストで出ていて、やっぱり麻雀ですよ。「ええんちゃうか?」って(笑)。本人に言うたら怒られますけどね。
——麻雀が強かった方は?
園井　それはもう村尾(昭)さんやな。ぼくはそこそこ。いまはもう手が震えて積めへんと思うけど。
石原　野上(龍雄)さんや保利さんとも、よく麻雀しましたね。保利さんはもう友達みたいなお付き合いですから。
園井　「みんな早よ書いてえなぁ」って思いながら打ってた(笑)。
石原　野上さんには「石やんなぁ、あのセリフな、3日かかって考えたセリフだぞ」って、カットされたセリフの愚痴を聞かされたり。ホン屋さんもいろいろ特徴がありました。

国弘(威雄)さんは台本が非常に真面目なんです。もう全部セリフで進めていく。だからホンに動きがないんですよ。説明をしないといけないから。で、安倍(徹郎)さんはちょっとちゃらんぽらんなところがあるけども、おもしろい。とくに撮り終わったら「こんなにおもしろいのか」と。ぼくがいちばん好きやったのは安倍さんのホンでしたね。
園井　初期のシリーズは、みなさんそれぞれ個性があって。
石原　(資料を見ながら)浅間虹児さんっていたなぁ。いっこもセリフしゃべらへん作品があったような気がするけど……。
——『白頭巾参上』(69~70年)に「声なき戦い」という回がありました。仲川利久さんがプロデュースした30分時代劇で、浅間虹児さんが脚本と監督を兼任しています。
石原　なんかそんなんやったね。
園井　それは知らないなぁ。
石原　こうやって見ると懐かしい名前がいっぱいある。弘ちゃん、技師はもうあんたと俺しか残ってへんで。林(利夫)も中路(豊隆)も助手やったから。

印象深い作品は……

——前回インビューした際に園井さんは『必殺仕掛人』の第1話「仕掛けて仕損じなし」がいちばん思い出深い回ということでした。ほかに印象に残っているエピソードはありますか?
園井　やっぱり『仕掛人』ですけど、三隅さんの「秋風二人旅」という天知茂さんが出た回は印象に残っています。そのとき最短のコマ数でフラッシュバックをしたことがあって……ワルの顔やったと思うんですけど。2コマしか繋がらないんですよ。2コマで20回ほどフラッシュバックしたことがあって、「これはおもしろいな」と思いました。三隅さんが「おっちゃん、ここはなぁ、短こう繋いどいて」と仰ったんだと思いますけども。
石原　「おっちゃん」なぁ(笑)。
園井　2コマより短くは繋げなかったんですよ。フィルムの前後があるんで。現像所にオプチカルに出せば「このコマ」「このコマ」と1コマずつにできるんです。でも、それは3日もかかるということで、そのまま2コマずつにしようと思ってやったんは覚えてますね。
——ご自身の仕事はどんどん忘れるという石原さんですが、歴代の必殺シリーズでとくに思い出深い作品は?
石原　いや、ぼくはないですね。いまも再放送を見て「このカット、ほんとに俺が撮ってんのかな？」という感じですから。ただ、監督が貞永さんで、どの作品かわかりませんけど、雨が降ってきてオープンセットの撮影ができなくなり、第2セットで「とにかく水を流せ」と。板の橋を作って、上から霧雨を降らせた。その撮影は非常に印象にありましたね。セットが水だらけ、それがオープンでの水流しにもつながったのかなと。

――『必殺仕事人』第3話「仕事人危うし！あばくのは誰か？」（79年）に板の橋と川のセットが出てきますが、もっと前のエピソードかもしれませんね。

石原　そういう撮影が『必殺』の原点なんです。けっきょく放送に間に合わないから「雨が降ってどないしよう」というときに、セットに樽だけ置いたり、障子と梁で町家の一面だけこしらえたりとか。

「いのちを売ってさらし首」鑑賞会

――『必殺仕置人』の記念すべき第1話「いのちを売ってさらし首」を鑑賞しながら、おふたりにシーンの解説をしていただきます。まずはオープニングのワンカット目のきらめく水面、これは石原さんの撮影ですか？

石原　そうです。ここまで赤くはないんですけど、兵庫県の姫路の向こうに新舞子浜というところがあって、たぶんそこですね。

園井　よう行ってましたな。新舞子には。

石原　だいぶ様子は変わったけど、いまでもロケで使いますよ。オープニングに関しては、監督さんは知らん顔ですわ。ぼくと弘ちゃんとで相談して、好きにやってました。監督が立ち会ったのは最初の深作さんだけです。

――本編を見ていきましょう。まず大雨の処刑場での斬首シーンから始まります。この真俯瞰は宮川一夫さんが撮影した大映の『続悪名』（61年）をヒントにしたそうですね。

石原　そうです。雨が真下に落ちていくのが非常におもしろい。大滝（秀治）さんも古い人で、やっぱり味があるね。この処刑場のオープンは撮影所の奥、いまの奉行所があるあたりです。いや、パーマネントではなく、この撮影用に作ったものだったと思いますね。

――そして葉っぱの雫から画面奥へのピント

石原興

送り。今出川西紀さん演じる百姓娘おさきが登場し、身代わりで処刑された父親のさらし首を目撃します。
石原　ぼくのいつもやる手ですね。望遠レンズの深度を利用して……まぁ遊びですよ。今出川さんはそんなに強い印象があるわけじゃないんですが、一生懸命やる人でした。薄幸の役が多かったですね。これを撮ったのは第2セットで、もうないです。第5セットの隣にありました。
園井　いまは更地になってるとこ。
石原　この大滝さんのさらし首はね、顔は本人ですけど、下は鏡なんです。こっち側に植木を置いて、それを鏡に映して下半身を消してるんです。いまならCGで簡単にできますけど、当時はオプチカルも手間かかるし、その場合は35ミリでやらなあかんかったよね、弘ちゃん。
園井　16ミリでは、なかなか細かいことはできひんかったな。
石原　いまだとセットにこれだけの植木を入れるということもね、めちゃくちゃお金がかかるんですよ。この時代はエキストラも豊富やったし、わりあいにお構いなしにやってました。
園井　『仕掛人』の視聴率がよかったから予算を取れたんやと思いますけど。
——そしてタイトルが出て「観音長屋」のシーンに。半次から始まって、主水と鉄が登場します。
石原　この場所も、もうないですね。オープンの川の先です。『必殺』の初期は道路を挟んだ向こう側に南オープンいうのもあって、そこはたいがいあばら家ですわ。いまは住宅地になってます。山﨑さんの顔半分を木札で隠したり、まぁ自由に勢いだけで撮ってますね、この時代は。
園井　石原さんがよう言いますけど、こういうことをやってもフィルムだと2日後くらいにしか見れへんわけですよ。だから監督も心配かどうか知らんけど、もう撮ったら撮ったもん勝ちやね。

「コマ伸ばし」は勝手に

——おさきがワルに追いかけられ、錠が助けるシーン。画面をびっしり屋根瓦で覆うのも望遠レンズを駆使した石原さんの得意技です。
石原　これは黒谷（金戒光明寺）やな。
——錠の飛び蹴りでは少しだけ画面の動きがゆっくりになりますが、この処理は？
園井　編集でフィルムを1コマずつ伸ばしたらこうなるんです。
石原　これは監督の指定？　弘ちゃんが勝手にやったの？
園井　勝手にやったんちゃうかな。勝手にやって編集したものをラッシュで見てもらい、そこで監督がなにも仰らなかったらOKだと思ってましたから。
——「コマ伸ばし」の作業は現像所に頼むのでしょうか？
園井　そうです。だからコマを伸ばすのだけで2～3日はかかる。そういう処理は撮影が終わるまでにもうやってるのが多いですね。監督さんたちがすぐラッシュを見れるように。まずはお任せですから。
石原　まぁ、あんまり深く考えてやってるわけではないけども、わりあい好き勝手に撮ってますね。いまはモニターがあるから、「いや〜、それはちょっとやりすぎや」という話になりますけど、このころはもう好きにやってました。だから影で「あのガキゃあ！」と思ってる監督もいたかもわかりません（笑）。でも、三隅さんや工藤さんは絶対に仰らなかったです。

——アングルにこわだる監督もいましたか？

石原　そんなにいなかったですね。ときどきね、田中徳三さんがキャメラのぞきに来たり、松野（宏軌）さんものぞいたかな。でも「もうちょっとサイズ詰めてくれ」とか「引いてくれ」とか、そういう注文ではなかったです。

ただ三隅さんの場合はね、ロケハンで下見に行きますよね。そうしたら必ず1ヶ所でアングルを見はんねん。その姿を見て「あぁ、最初はあそこからか」というのを理解して、ロケに行ったらそこにキャメラ置けば、もう間違いない。つまり監督とキャメラマンというのは、信頼関係なんでね。最初に「これは合わんな」と思ったら、もうずっと合いませんから。

『仕置人』にアップが多い理由

園井　こうやって映像を見ると、あらためて石原さんは〝アップの人〟やなぁと思いますよ。おでこのところで切るアップとか。

石原　サイズというのは生理的なものもありますが、『仕置人』のころはね、キャメラがエクレールだったんです。エクレールというのはファインダーをのぞいたとき、画面が小さく感じられるんです。本能的に。だからどうしてもワンサイズ大きく撮ってしまう。そういう傾向があります。レンズはアンジェニューの10倍、12ミリから１２０ミリまでのやつ。のちには15倍、ときどき20倍を借りたりしますけど、どうしてもぼくは望遠が好きですね。

——望遠のカメラアングルが好きな理由は？

石原　映画の場合「10」表現できても、テレビの場合は「4」しか表現できないんですよ。つまり映画なら5人出たら、その5人のフルショットを撮れる。ところが当時のテレビの、4：3の狭いフレームでそれをやると、ちょっと画が悪いんでね。だからアップで撮っちゃえ、なるべく流れで撮っちゃえという。

園井　しかしピントは大変やね。望遠やから。

石原　ピントを送るのはセカンドの助手なんですけど、芝居を覚えていくというプロセスのひとつなんですね。それでキャメラマンになっていく。いまはもうモニターがあるから、ただのオペレーターですけど。

——石原さんご自身が監督する際もモニターを使いますか？

石原　監督するときは、ストレスたまりますよ。「ちょこっと違う」というのがいちばん堪えるんです。「あ、こういう撮り方もあるんか」というのはいいんですけど、アップをもうちょっと……モニターを見てるでしょう。そうしたらアップを撮るとき、自分で勝手にモニターを動かしてる（笑）。いや、もうちょっと右やろとか。それがいちばんのストレス。やっぱり育ちがキャメラマンなんで、アップならアップで、もう画ができてるんですよ。

園井　技師もみんな、石原さんの助手やったしな。

石原　いまの『必殺』というのはビデオになって、やっぱりずいぶん変わりましたね。なかなか昔のような画は撮りづらい。奥行きの問題があるんですよ。ビデオの場合どうしても電気的に合わそうとする力があって、背景でもフィルムと違って中途半端なボケになる。最近の外国のテレビドラマなんかボケを上手いこと使ってますけど……韓国映画でも画に力がありますから、日本はちょっと遅れを取りましたね。

カット割りはリズムの問題

——鉄とお島（三島ゆり子）のシーンは、ふたりの動きに合わせてズームインしたり、パンしたり、またズームバックしたりと複雑な長回しです。石原流の〝時短〟を兼ねた撮影ですが、こういう場合はテストで演技を見ながら「ここまでワンカットでいけるな」と判断するのか、それとも台本の時点である程度決めるでしょうか？

石原　だいたい台本の時点ですね。シーンというのは、ロングのカットとアップの表情と、そういうのがわかればいいんでね、別にカットを割る必要はないだろうと。で、ときにはカメラに合わせて「こういう動きにしてくれ」と監督に注文するわけです。

カット割りというのはリズムの問題で、パッといくのも大事ですが、シーンによってはワンカットで流したほうが俳優さんも芝居がやりやすい。監督も早よ帰りたいから、すぐノッてきました。田中徳三さんなんか「あぁ、いけるか？　いけるか？」って（笑）。

——芝居に合わせたカメラワークのタイミングなど、やはり技術が必要です。

石原　パンやズームは運動神経ですね。ぼくはあんまりカメラでNG出しませんし、長回しのほうが俳優さんもノッてくれるんです。俳優さんはオンエアなんかを見るわけですから、画の仕上がりをチェックして、だんだん信用を得てくる。監督さんもそうですよ。信用を得ると、こっちの言うとおりに動いてくれる。だから「みなさん気持ちよく仕事してください」ということです。

——カメラワークのコツはありますか？

石原　やっぱりね、セリフを覚えんといかんわけです。この先はこうして、あの人が動いたら次この人を捉えてという。ぼくは家で物事を考えないんで、現場でバババっとその状況でやる。極論を言ってしまうと「バックなんてどうでもええやん。顔さえわかったらええやん」という。いや、極論ですよ。

——レールを引いた長回し撮影の場合だと、移動車を押すスタッフとの連携も大切です。

石原　最初のころ特機は久世商会だったんですが、途中からは大映にいらした年配の方、村若（由春）さんとよくやってました。移動車も芝居がわからないとできない。やっぱりキャメラマンと特機がタイミングを合わさないといけないんで、押されたときに自分の体が動いちゃうとダメなんです。

ズーム嫌いの監督は誰だ？

石原　昔の映画というのは50ミリとか30ミリとか単レンズを使い分けてましたが、当時のテレビ映画は、だいたいズームレンズ1本ですね。東映の監督で「ズームしないでくれ」という方もいましたけど。

園井　松竹の三村晴彦さんじゃなくて？

石原　いや、東映。

園井　ズーム嫌いの監督……倉田さんか

な？　東映の監督いうたら倉田さんしか思いつかへん。
石原　倉田準二さんや。「じゃあ単レンズでいきます」って、ズームせずにやった記憶があるんやけども。
園井　三隅さんもどっちかいうとズームはないですね。
石原　だからいま現在、われわれがあるのは、いろんな監督とやった経験の積み重ねですよ。「手はいっぱい持ってますよ」という。当時のテレビ映画のキャメラマンというのは〝助監督〟ですから。キャメラの動きで演出を補って、監督の意図をできるだけ活かすという考え方が中心になっています。ただ東京から来られた監督なんかだと、あまり時代劇をご存じない。そういう方とやると、やっぱりみなさん不満を持ってお帰りになったと思います。
園井　「京都は怖い」言うて（笑）。
石原　高橋繁男さんという監督が東京から来られて「京都の連中に時代劇を教えてやる」。まぁ「ハイ、ハイ」って、教えてもらいましたけど（笑）。
園井　そんな人いはったなぁ。ぎょうさん来はった。長谷和夫さんやとか。
石原　けっきょくね、ここだけの話ですけど、監督としてのプライドが高いんです。「俺が監督だ」という。だから全部言うとおりにやってほしいんだけど、ぼくらそんなん構ってられませんから、右から左でチャッチャと。逆に大熊さんなんて非常に気が短い監督で、すぐ「あいつ殴ったりましょか？」とか言うてましたけど、この人とはめちゃめちゃ仲良かったですよ。
　けっきょく、ぼくも園井さんも照明の中島も、やっぱりシリーズを守っていかなあかんという考え方があるんですよ。初めての監督がやって、あまりにも流れが変わっちゃうとね、それは作品としてマズいですから。

上下に揺れない舟

――では、本編に戻ります。主水と天神の小六（高松英郎）による処刑場のシーン、ここではフレームの上半分が屋根で、右下に2人を置く……非常にグラフィカルな構図が作られています。
石原　こういうのは昔の時代劇ではダメです。やらないです。だから「石原の撮り方はむちゃくちゃだ！」と批判されて、こっちとしては「雰囲気がよければええやん」と。この屋根瓦はね、きれいやったからそうしただけ。普通のツーショットでもいいんですよ。いいんだけど、牢屋の雰囲気を出すには……いまはもう瓦も汚いから、こんなのはできませんけどね（笑）。
園井　16：9のサイズやとなかなか撮れへんわな。横がガラ空きになってしまうから。それこそ手前になんか置くかしとかんと。
――闇の御前（大滝秀治）と牧野備中守（菅貫太郎）、ワルの密談シーンでは手前の人物を大きく入れ込んで、いわゆる「深ナメ」の画を作っています。当時さまざまなテレビ映画で使われていた手法ですが、パンやズームのカメラワークとともに時代の流行だったのでしょうか？
石原　これはね、「アップに匹敵するだろう」ということなんです。パッと見て、大滝さんの顔に目が行くじゃないですか。サイズが引きでも十分いけるということです。アップの芝居ではないけども、大滝さんを見てくれと。

園井　このおじさん……菅貫太郎さんもよう出たなぁ。

石原　菅さんは京都から東京まで歩いて帰ったことがある。ぶらぶらと歩き始めて、東京まで帰ったという話を本人から聞きました。現場ではやっぱり〝役者〟っちゅう感じでしたね。〝俳優さん〟ではなく〝役者〟。

――「どう仕置してくれようか」と、鉄、錠、主水が怒りとともに歩くシーン。この鳥居はロケですか？　それともセットでしょうか？

石原　これは吉田山の竹中稲荷です。このころはね、まだ伏見稲荷は撮影させてくれなかったんです。

園井　鳥居も少ないし、細いね。

石原　このころの奉行所の門は御所ですよ。

園井　ぼくら小さいころは、よう御所に映画の撮影を見に行ってたんや。美空ひばりやら嵐寛寿郎やら。

――そして鉄による骨外しのレントゲン映像を経て、霧雨が降りそそぐ夜の河原で主水と錠が殺しを披露。こちらはセットですね。

石原　そう。レールを引いて、移動車の上に舟を乗せて動かしてますね。

園井　上下に揺れへん（笑）。

石原　このセットは一面しか作ってないから、切り返しでもなんでも全部同じとこでやってるんですよ。場所を変えたように見せかけて、何回も何回も。こういうのは、たぶん監督はわからないはずです。われわれの主導でやりますから。

――そういうテクニックもふくめて、撮影と照明と美術の絶妙なバランスですね。昼間の野っ原だと「いかにもセット」という感じになるときもありますが。

園井　デイシーンは向こうも見せなあかんからね。厳しいときもある。

石原　けっきょく時代劇というのは全部〝作りごと〟です。俗な意味では劇画の世界ですから。嘘ばっかりですよ。

園井　誰も見たことないのやし。

石原　その時代に生きてへんのやから。まぁ『必殺』でもコマを止めて、絵を描いてもうてセリフをつけたら、そのまま劇画でいけるわけですけど。

園井　テンポもふくめて劇画みたいなもんやな。

石原　沖くんのジャンプ、これだけオープンかどこか外に出てトランポリンを使って撮ってるんです。だからこのカットだけ雨がない。「かまへん、かまへん、わからへん！」って（笑）。

園井　やっぱり若いな、藤田さん。このころは、よう走ってた。

石原　藤田さんは立ち回り上手いですよ。運動神経がいいですから。だんだん歳いってからは、あまり動かない立ち回りになりましたけど。なんでもできる俳優さんでした。

園井　いちばん親しくなった俳優さんやろうなという感じはありますね。長いですから。大した話はしてませんけど、よく気さくにおしゃべりもしました。

石原　お父さんは往年の二枚目スターで、藤間林太郎さんというめちゃめちゃ上品な方です。ぼくはテレビ映画で仕事した記憶があります。

「まぁ、好きも嫌いもあらへんかな」

――仕置が終わり、錠の長屋に全員が集合します。

石原　これ全部接近戦やからね。非常に暑苦しい画になっている。もうバックなんて関係なく、望遠で役者さんを追いかけている。

――おさきを探すために錠が飛び出す。右から左から右から、走るカットが何度も繰り返されます。

園井　本当はやったらいかんことをやってますな。「あれ？　どっち走ってるんや」と、わからんようになる（笑）。監督の指示だったのかな。たぶん勝手にしてたんやと思いますよ。普通はあんな撮り方も入り方もしないんですけど、「何日までに仕上げなあかん」という状況で、勢いだけです（笑）。

――ふたたび錠の長屋に集まるシーンは真上からの俯瞰です。冒頭の処刑場、中盤の屋根越し、そしてこのカット……第1話は俯瞰の画が随所でポイントになっています。

石原　ぼくはあまり好きではないですけどね。現代劇はいいんですが、時代劇の場合どうしても地面が多くなってくると……このへんは部屋にものがいっぱいあるからまだ大丈夫ですけど、時代劇の場合は地面が多いというのはあんまり画にならないんです。

俯瞰といえば、このころオープンに新しい町家を建てたとき「屋根にコンクリートで移動車を引けるように作ってくれ」と頼んで、そこからレールで撮ったようなこともありますね（第2話「牢屋でのこす血のねがい」の市中引き回しシーンなど）。

園井　俯瞰も雨降りもよう撮ってきたよね。でも石原さんはやっぱり望遠でしょう。ワイドはサブちゃん（藤原三郎）が多かった。

石原　まぁ、好きも嫌いもあらへんかな（笑）。とにかく「早よ撮って、早よ帰ろう」というのがテーマやから。園井さんは別にして、われわれは。

――さて第1話のラストカットは鉄や主水ら五人組を望遠レンズで捉えて、仕置人結成の瞬間をストップモーションにします。

園井　画を止めるのもそうやけど、とにかくコピーすると音や画は荒れるんですよ。とくに16ミリは。それにお金もかかるし。1回だけ2時間ドラマで、山内さんが「地名とか役名とかを全部入れてくれへんか」と。1枚入れるのに焼き付けで2000円かかるということで、そんなん時間はかかるわ、お金はかかるわで大変なんですって。向こうはビデオでやってはるからね、1枚入れてもお金はかからない。で、こっちは当時まだフィルムで撮ってフィルムで納品ですから、それはご勘弁を願った記憶があります。

石原　このエンディングの太陽は、ぼくじゃないですね。どっかから流用したフィルムかな。途中で尺が足りなくなってストップするでしょう。ぼくだったらもっと長く、最後まで撮ってますよ（笑）。

――というわけで、『仕置人』第1話があっという間に終わってしまいました。50年前のご自身の仕事をあらためてご覧になっていかがでしたか？

石原　まぁ、わりあい真面目に撮ってるなという感じはしますね。

園井　しかし、こんなに主水さんのシリーズが続くとは思わなかった。それでぼくらもずっと仕事ができたもんなぁ。

印象に残った『必殺からくり人』

――『仕置人』以降で、とくに印象に残っている作品はありますか？

園井　（資料を見ながら）ぼくはこれ、『必殺からくり人』（76年）ですね。初めて山田五十鈴さんがレギュラーやったやつ。このときは早坂（暁）さんが全話書くということを入る前に聞いて、「それはおもしろいな」と思いましたから。それまでのシリーズと違って、お金をもらわない話でしたし。

雑誌に掲載された『必殺仕置人』の広告

石原　早坂さんの原稿が毎日ペラで届くから大変やったな。でも、ぼくも『からくり人』がいちばんおもしろかった。緒形（拳）さんが非常によかったし、山田先生には勉強させていただきました。ぼくは「この女優さん上手いな」というようなことは現場で思わないタイプなんですが、先生の芝居を見て「あぁ、なるほど」ということが何度もありました。お芝居によってキャメラのサイズも変わってくるという。

園井　存在感が違いましたね。山田さんのフィルムを見てると。

石原　最初なかなか上手いことといかなかった女優さんもいます。大谷直子さん。哀しいシーンで、「もうちょっと哀しい芝居をしてくれへんか」ってお願いしたんです。そうしたら「わたし、心の中が哀しいから哀しいはず」と。いやいや、それは違う。映像っていうのはそんなものやないねん。もちろん最後には仲良うなりましたけどね。そういう女優さんもいました。

園井　映ってるもんがすべてやからなぁ。

石原　どこかのシリーズでね……ビキさん（綿引勝彦／当時・綿引洪）がゲストで出ていて、これは強烈に覚えています。山田先生との共演で。

――山田五十鈴さんが初めてゲスト出演した『必殺仕置屋稼業』第15話「一筆啓上欺瞞が見えた」（75年）ですね。

石原　あのときのビキさんは、やっぱり印象がありました。山田先生との長いシーンがあって、それがいちばん「あぁ」と……だいたい俳優さんというのは、個性的なボコボコした顔の人が残るんですよ。イケメンの二枚目よりもそっちが残る。やっぱり芝居が上手いですからね、みなさん。

――蔵原惟繕監督が手がけた「一筆啓上欺瞞が見えた」ですが、山田さんと綿引さんによる7分以上の長回しシーンがありました。

石原　その前に舞台かなにかを一緒にやられていたのかな。それで山田さんが綿引さんを連れてきたんです。「この子、おもしろいのよ」というようなことで。30そこそこでしょうけど、当時は「この子」ですからね。まだ初々しかった。ビキさんはいい俳優でしたね。それと本田博太郎さん、この人は体が小さいのにパワーがありました。いまや怪優ですけど。
園井　ええ芝居するもんなぁ。
石原　米倉斉加年さん、この人も好きでしたね。米倉さんは貞永さんを通じてだったかな。これくらいのね、絵を……あの方は絵を描かはるんですが、それをいただいたことがあります。

仕事をやめようと思ったことはない

――必殺シリーズにずっと携わってこられたおふたりですが、この仕事をやめようと若いころなどに思ったことはありますか?
園井　それはなかったですね。まぁ別の仕事してたらどうなんやろうって思ったことはありますけど。おかげさんで、いままでずっと仕事があったというのは奇跡のような感じですね。
石原　ぼくも別にないですね。松竹出身の、(日本映画テレビ)照明協会の会長をしていた佐野武治さんという方がいて、ぼくはペーペーのころからかわいがってもらってたんです。その佐野さんから、CMが主流になってるころ「出てこいや」って言われたけど、いやもうちょっと京都でやりますわということで、現在に至っているという。
園井　中やんと3人で東京に出ようかという話もあったし。
石原　だいたいが『必殺』始まる前でしたけどね。ぼくはわりあい仕事関係はツイてるというか……前にも言ったかもわかりませんが、「自分はベターである。ベストではないけどもベターである」という。
――あ、それは初めて聞きました。
石原　東京に行ってたらベストになってたかもわからんけど(笑)。まぁ『必殺』をやってたおかげでこの歳になっても仕事があるし、2007年に『必殺仕事人』が東山(紀之)さんで復活して、それが続いているわけですから。自分の人生としてはベターだったと、普段からそのように考えているんです。私生活でも、いろいろ病気になったりはしたけども、まだ死んではいない。自分がやってきたことはね、決して一番ではないけど二番目くらいにはいいんじゃないかと、そう思っています。

石原興(いしはら・しげる)
1940京都府生まれ。日本大学芸術学部中退後、京都映画の撮影助手を経て65年に『かあちゃん結婚しろよ』で技師デビュー。『必殺仕掛人』から始まる必殺シリーズの撮影を手がけて劇場版も担当。90年代以降は監督として本格的に活動し、『必殺仕事人2007』以降のシリーズも一貫して演出を務める。

園井弘一(そのい・こういち)
1943年京都府生まれ。高校卒業後、京都映画の編集助手を経て67年に『おんな川』で技師デビュー。『必殺仕掛人』から始まる必殺シリーズの編集を手がける。そのほか『京都殺人案内』『鬼平犯科帳』『剣客商売』などを担当。映画も『必殺! THE HISSATSU』『忠臣蔵外伝　四谷怪談』ほか多数。

R-2

「一スジ、二ヌケ、三ドウサ」という映画界の格言がある。
スジ＝筋、すなわちストーリーの重要性は当然ながら
テレビ映画においても変わらない。
必殺シリーズのシナリオを生み出してきた
９人の脚本家が創作の秘密を明かす。

脚本　野上龍雄
脚本　国弘威雄
脚本　安倍徹郎
脚本　石堂淑朗
脚本　早坂暁
脚本　村尾昭
脚本　松原佳成
脚本　保利吉紀
脚本　田上雄

脚本

野上龍雄

中村主水は無政府主義のゲリラなんだよ

『必殺仕置人』第1話「いのちを売ってさらし首」を手がけた野上龍雄は、必殺シリーズを代表する脚本家であり、藤田まこと演じる中村主水を生み出したキーマンである。2013年に亡くなられた氏だが、晩年の貴重なインタビューが残されていた。聞き手を務めた春日太一氏の協力のもと、本書で初公開。　取材・文：春日太一

この野上龍雄氏へのインタビューは、2008年7月17日に行われた。筆者はかつての名作時代劇にたずさわった関係者から証言を集める研究活動をしており、野上氏にもその一環として取材させていただいた。

実際の取材では、東映時代劇、任侠映画、『鬼平犯科帳』、大作映画など、野上氏の脚本家経歴に沿ってうかがい、その流れの中で必殺シリーズにも触れている。本稿は計4時間近くのインタビューから『必殺』とその周辺に関する内容をピックアップし、再構成したものだ。

ただ残念ながら、野上氏はテレビシリーズに関して記憶が薄れている部分が多く、必殺シリーズに関しても詳細な創作秘話までは、聞き出すことはできなかった。また、野上氏は人前で話すことがあまり得意ではなく、しかもご本人の望みで飲酒をしながらのインタビューとなっている。そのため、うかがえる内容には限界があったが、それでも、その状況下でうかがえる最大限はうかがったつもりではいる。この点は、あらかじめご容赦願いたい。

山内さんに声をかけられて、深作と3人で始めたんだ

――必殺シリーズに参加することになった経緯を教えてください。60年代半ばから70年代初頭にかけて野上さんは、「日本侠客伝」シリーズや「日本女侠伝」シリーズなど東映の任侠映画でご活躍されていました。

野上　やくざ映画にはずいぶんと食わせてもらったけど、だんだんとイヤになっちゃったんだ。なんでイヤになったかというと、プロデューサーの俊藤浩滋さんがうるさいんですよ。たとえば呼び方ひとつでも「オジキとオジゴは違うんだ」とか。俊藤さんが実際のやくざをどの程度知っているのか、それとも耳学問かはわからないけど、そういう言葉遣いが違うと言われてもね。脚本家はやくざじゃないんだから、そんなことを細かく言われても、困るんだ。

それから俊藤さんは「やくざはこんなことしない」とか言うんだよ。そんなこと言われてもね。「ない、と言われても、ぼくはこう思う」と返しても「ないものはない」と受け付けない。それで2回か3回、ぶつかった。でも、ぼくは俊藤浩滋の映画を作っているわけではない。観客の目線で作っているんだよ。それで、やくざ映画は行き止まりだと思った。あと、やくざ映画に飽きたというのもある。パターンだからね。人間があんまり描けないんだ。パターンが決まっているから。

それは俊藤さんというよりは、東映のパターンなんだ。東映の京都撮影所には、みんな「東映なりの常識」というのがあるから。中島貞夫なんかはそこに抗っていたけど、けっきょくは巻き込まれて同じようなのを撮るようになった。ぼくは、そのへんから映画というのに疑問を持つようになった。それでテレビに行ったんだ。テレビは自由だった。『必殺』は楽しかったよ。初めて束縛のない創作ができたから。

――まずは『必殺仕置人』第1話「いのちを売ってさらし首」（73年）を担当しています。野上さんを最初に誘った

のは、どなただったのでしょう。

野上　深作欣二。やくざ映画をイヤになっちゃっているころに、深作と仲良くなった。彼は最初からやくざ映画を嫌がっていたから。深作はのちに『仁義なき戦い』（73年）をやったけど、俊藤さんのいうところの「本格的」なのはやったことがなかったんだ。それで「俺もイヤになっちゃった」と深作に言ったら、朝日放送の山内久司さんを紹介してくれて、「テレビをやらないか」という話になった。

それまでもぼくはテレビをちょこちょこやっていたから、山内さんもぼくのことを知っていたんじゃないかな。深作とは、仕事はしていなかったけど、映画界ではみんなゴチャゴチャになって飲むんだよ。とくに京都は広いようで狭いから。それで、ぼくはいつも京都では宿屋を転々としているんだけど、たまたま深作の泊まってる宿屋と同じになったこともある。その宿屋をやっていた女将さんが中島貞夫と結婚するんだ。本当に狭い世界だよね。

――『必殺仕掛人』（72〜73年）に続くシリーズ第2弾ですが、『仕置人』には企画のスタート時から参加していたのでしょうか？

野上　そう。山内さんに声をかけられて、深作と3人で始めたんだ。山内さんには最初から「殺し屋をやらないか」と言われていた。というのも、その前の『仕掛人』で池波正太郎さんの原作を使い切っちゃったんだ。池波さんとしては「自分が原作やってないのに名前を出すのはイヤだ」ということで、やれなくなった。山内さんがぼくのところに深作と来たのは、ちょうどそんなときだったと思う。「なにをやるんだ」と聞いたら「殺し屋だ」と。「じゃあ、『仕掛人』とは似ていても、違う殺し屋をやろう」ということで、それで考えたのが中村主水だった。

『必殺仕置人』の中村主水、藤田まこと演じる町奉行所の同心はシリーズを代表するキャラクターに

中村主水の設定は全部、ぼくが作った

――シリーズの代名詞となる中村主水のキャラクターは、どのようにしてできたのでしょうか？

野上　中村主水の設定は全部、ぼくが作った。こういうところは脚本家の仕事ですよ。婿養子という設定もそう。中村主水については、ぼくの中にいろいろある。ぼくはどっちかと言うと無政府主義者なんだ。で、ちょうどそのころ、無政府主義の波がずっと下に下がっちゃっていた。だから、ぼくはゲリラをやりたかった。ぼくの発想では、中村主水は無政府主義のゲリラなんだよ。

普段は一般人の中に混じっていて、しかも家では嫁と姑のケツにしかれて、姑には名前すら呼んでもらえない。「ムコ殿」としか呼ばれない。これはいいなと思った。普段はなるべく目立たなくしていて、なにかあったらガラッと変わる。それこそがゲリラだから。それを誇張していくと中村主水になる。「あいつは昼行灯だ」とバカにされながら、ゲリラであることを隠して暮らす存在。もともと、そういうのを作りたかったから、発想はどんどん浮かんだね。それで山内さんと深作とで、でっち上げたんだ。これなら池波さんも文句言わないんじゃないかと思った。そしたら、それが当たっちゃったんだよ。

――ほかの仕置人……念仏の鉄、棺桶の錠はどなたの発想ですか？

野上　沖雅也を棺桶屋にしたのは、ぼくだね。そしたら、深作が「あれをどうしても沖縄出身にしたい」と言うんだ。それならそれでいいとしたよ。あとは、ぼくが脚本で「背中に沖縄を背負っている」というのをどう出すかの問題だから。でも、上手くいかなかったね。設定が活きてないよな。ただセリフで言ってるだけで。

深作はいつも、突飛な思いつきを考えては、上手くいかなくなってこっちに投げてくるやつなんだ。『柳生一族の陰謀』（78年）もそう。あのとき、ぼくは別の仕事をしていたから、深作が先行して誰かとホンを作っていた。

そしたら深作が「どうしてもできねえんだ。まとまんないんだよ」と言ってくるんだよ。「どういう話にしたいんだ?」と聞いたら――あいつもアナーキーだからね――「将軍の首をぶった斬る。これをテーマにしたいんだけど、どうしてもできないんだ」と。

これはおもしろいなと思った。それでふっと思い浮かんだのが「夢でござる!」というセリフ。柳生但馬守が将軍の首を抱えて「これは夢でござる!」と言えば、できるんじゃないかということで、話がまとまったんだ

――深作監督は脚本段階で粘りに粘るので、「脚本家泣かせ」と言われることがあります。野上さんのときはいかがでしたか?

野上　ぼくとはなにもなかったな。ぼくが2つ年上だったのもあるのかな。いや、あいつは歳なんて関係ないやつか。ただ、そもそもぼくは途中でホンを監督に見せないんだよ。あらかじめ「こうなるよ」とは言ってるけどね。できてないうちから読ませると、いろいろ言われるんだよ。そうなると、進まなくなる。監督とは、できあがったホンで話す。これは長い経験で覚えたことだね。

――必殺シリーズでいうと、工藤栄一監督もいます。野上さんとはシリーズで何度も組んでいますが、東映時代劇のころからのお付き合いですよね。

野上　工藤とは長かったね。脚本家からすると、ひどい監督だよ。たとえば、こっちがあるシーンを作るでしょう。どんな脚本家だって、すべての場面がよく書けているわけではないよ。でも、「これは我ながらうまくいった」というシーンもあるじゃない。監督に脚本を渡すとき、そういうシーンを「このシーンはよくできたよ」とはわざわざ言わないけど、普通の監督は読めばわかってくれるから、そういうシーンはよく撮ってくれるんだ。

でも、工藤はそうじゃないんだ。できて初号を見ると、大まかな中身は同じなんだけど、シーンの中身が脚本とぜんぜん違うんだよ。「よくできた」と思ったシーンも、まったく別の中身に変わっている。それで工藤にある

とき、「お前、どういう感覚なの。ホンを読めば、これはこういうシーンだとわかるだろう。なんでそう撮らないんだ」と言ったんだ。そしたらね、「カメラをのぞいているうちに、別のが浮かんじゃうんだ」って言うんだ。あれは、のぞいているうちに変わっちゃうんだ。それでもう止まらなくなる。「なるほど」と思ったね。監督の発想と脚本家の発想は違うんだと。だから、工藤との仕事には、いつもそういう葛藤があった。東映で里見浩太朗の時代劇とかをやっているころは、ホンに忠実に撮っていたんだけどね。

笠原和夫にも「お前は女が上手いな」と言われた

——必殺シリーズの名匠といえば、蔵原惟繕監督もいます。

野上　クラさんがいちばん仲のいい監督だったね。記憶にあるのは、クラさんと「三國志」をやろうとしたこと。クラさんとは『南極物語』（83年）をやって、これが当たったんだ。それでクラさんは2億近いギャラをもらった。そして自分で事務所を構えて「三國志」をやることになった。彼個人の金で、だよ。

ぼくも関羽や張飛を子供のころから知っていたから、おもしろそうだと思った。それで3週間くらい中国に行ったのかな。揚子江をずっと船旅で下って、すごく楽しかった。帰って脚本も書いた。それで上海の撮影所で作ることになった。そしたら突然、中国共産党から「待て」と言われたんだよ。三國志と、あとなんか3つは「中国の古典だから外国には作らせない」というんだ。それで、製作は中止になった。クラさん、がっかりしてたね。

——映画『必殺！三味線屋・勇次』（99年）は当初、蔵原監督が撮るという話でした。野上さんが脚本を担当したのは、蔵原監督からのオファーでしょうか？

野上　いや、松竹から話が来たと思う。クラさんは根がナマケモノだからね。「三國志」みたいに自分のとこでやる映画でない限り、自分でそういうことはしないよ。

――中条きよしさん演じる勇次といえば、初登場となる『新必殺仕事人』（81～82年）の第1話も野上さんが担当しています。

野上　勇次はどうやって作ったかな……。たしか、あの回は京都にいてホンができなかったのは覚えているよ。どうしても書けなくなっちゃった。それでホテルのバーで飲んでたら、そこに山田五十鈴さんがいたんだ。山田さん、そのホテルに泊まってたんだな。それで目が合っちゃったから、思わず「ホンができないんです。もうちょっと待ってください」と言ったんだ。そしたら、笑顔で「いいわよ、いつでも」って言ってくれてね。うれしくなっちゃってね、それで楽になった。

――あの回もそうですが、野上さんは哀しい過去を負った女性のドラマを描くのが抜群だという印象があります。

野上　それは、やくざ映画のときからそうだね。ぼくのやくざ映画は笠原和夫や村尾昭のやくざ映画とは違うんだ。ぼくのは新派の味わい。といっても新派はそんなに見てないんだけど。花柳界で育ったから、根底にそういうのが流れてるんじゃないのかな。笠原にも「お前は女が上手いな」と言われたけど、これは花柳界で育ったからというのがきっとあると思う。

主水がUFOを見るとか、ぼくはそれだけでは脚本は書けないよ

――シリーズ屈指の異色作『翔べ！必殺うらごろし』（78～79年）の第1話も担当しています。

野上　これも覚えてないなあ。手相をみるヤツだっけ――？

――中村敦夫さん演じる主人公の〝先生〟が、超能力を使う行者という設定でした。かなりオカルトな展開で。

野上　あぁ。あれはたしか、中村敦夫を主役になにか作ってくれと言われて書いたんじゃないかな。「オカルト」という言葉は使わなかったね。「怪奇なもの」とか「霊的なもの」とか、そういう発想だった。でも、あれは単発のネタだね。山内さんはなんでもシリーズにしたがるんだけど、ああいうのは無理なんだよ。

――思い入れを込めて創作された中村主水ですが、『必殺仕事人Ⅳ』（83〜84年）の第9話以降はテレビシリーズの脚本を担当していません。

野上　シリーズのラストのほうは、ぼくはほとんどやってないんだよ。というのも、シリーズがヤワになっちゃったんだ。主水がＵＦＯを見るなんてね（第27話「主水未知と遭遇する」）。こんなのが出てきたらダメだと思った。はじめの発想が『必殺』からなくなっちゃったよ。主水がＵＦＯを見るとか、ぼくはそれだけでは脚本は書けないよ。

それで山内さんに「昔の凄みがなくなったね」と話をしたら、「テレビシリーズは視聴者に合わせて変わるものなんだ。観客も変わるし、時代も変われば、内容も変わるんだ」と言うんだよ。「テレビとはそういうもんだ。変わらないとテレビではない。いつまでも最初に作ったころの精神でやっていても、続かないんだ」と。それでぼくも「なるほど、テレビとはそういうものか」と思っちゃった。「それじゃあ、ぼくはやめるわ」ということで、やめたんだ。主水がＵＦＯを見るような話は、ぼくにはとても書けないから。

そしたら、そのころたまたま若いころから面倒を見てくれていたプロデューサーの市川久夫さんから「池波正太郎さんのをやるから書いてくれ」と言われて、それで書いたのが中村吉右衛門の『鬼平犯科帳』なんだ。ただ、みんな昔の話だからね。ぼくは「何年に何があった」というのが苦手なんだ。だから、時系列はゴチャゴチャしているかもしれない。

２００８年７月17日取材

野上龍雄

［のがみ・たつお］

1928年東京都生まれ。東京大学卒業後、大映脚本家養成所を経て58年に映画『紅蝙蝠』でデビューし、東映の時代劇を数多く手がける。60年代半ばからは『日本侠客伝』『日本女侠伝 侠客芸者』をはじめとする任侠路線で活躍し、その後は『柳生一族の陰謀』『南極物語』などの大作映画に参加。『三匹の侍』『鬼平犯科帳』『必殺仕置人』ほかテレビ時代劇も多く、必殺シリーズは劇場版も執筆した。2013年死去。享年85。

脚本

国弘威雄

初期の『必殺』くらい充実していた仕事はなかった

『必殺仕掛人』第2話「暗闘仕掛人殺し」から必殺シリーズを多く執筆した国弘威雄は、橋本忍に師事したのち映画『幕末残酷物語』などで注目を集めた時代劇の匠である。武士道の理不尽を衝く作劇はお手のもの、残念ながらすでに故人だが『仕掛人』ＬＤの解説書に収録されたインタビューを再録する。

取材・文：坂井由人

——シリーズ第1弾『必殺仕掛人』（72～73年）に参加したきっかけを教えてください。

国弘　ＡＢＣ（朝日放送）の新番組制作を松竹が引き受けて、櫻井洋三さんが声をかけてきた記憶があります。最初、池上金男さんとぼくが呼ばれたのかな。大人気の裏番組『木枯し紋次郎』（72～73年）をなんとかひっくり返すのがＡＢＣの狙いで……。具体的な話を山内久司さんから聞いたときはびっくりしましたよ。〝お金もらって人を殺す〟というのがテレビで受け入れられるのかって。だから最初のほうはきちんとかたちが決まらなかったんじゃないかな。少し蛇行した気がするけど。番組の最後のほうに行くに従ってだんだんスタイルができてきたっていうか。たしかＡＢＣさんとの付き合いは、それ以前はありませんでした。なにかやってたかもしれませんけど、山内さんと組むのは初めてでした。

——池波正太郎さんの原作は、すでに読んでいましたか？

しかも藤枝梅安を緒形拳がやるっていうから、記憶が薄れちゃったけど、ライターではまず池上さんと2人で話して、安倍（徹郎）さんとか山田（隆之）さんたちが参加してきたのは、そのあとだったな。

国弘　読んでいたと思いますけどね、まぁ地味なものですから。しかも藤枝梅安を緒形拳がやるっていうから、原作とは違うキャラクターにしなければならないということは、討論した記憶があります。記憶が薄れちゃったけど、ライターではまず池上さんと2人で話して、安倍（徹郎）さんとか山田（隆之）さんたちが参加してきたのは、そのあとだったな。

企画の当初は手探りだったけど、やってみてノッてきて、なにかすごくおもしろがって始めたのを覚えてるね。もう言い尽くされてるだろうけど、こういうものは権力を持った人間が主人公だったりするじゃないですか……ところが、まったくそうじゃない。金をもらって人を殺すアクの強さがよかったのかもしれませんね。

――もともと橋本忍門下として脚本家のキャリアを始めていますが、橋本さんから受け継いだことはありますか？

国弘　第7回のシナリオコンクールで1位になり（受賞作「屠殺部落」）、シナリオ研究所の課程を半年間経たあと橋本さんに目をかけられました。デビュー作は『空港の魔女』（59年）。そこで修業しているときに東宝からも声がかかって……。橋本さんの引き合わせですが、東宝のプロデューサーの田中友幸さんが1本書かせてくれました。このときの企画の主役が加山雄三と夏木陽介と佐藤允。まだ彼ら新人でね、脚本もどんなのかわからないけれど使ってみようと……で、書いたらこれがけっこう評判がよくってね。『紅の海』（61年）という作品で3人とも売れたけれど、ぼくの評価も上がりまして。これで脚本家としてようやく軌道に乗ったかな。

でも、ぼくは不器用でね。あんまり本数を書けない。『風林火山』（69年）なんかも、あれは映画になる7～8年前に、橋本さんがやるっていうんで、ぼくが先行してシナリオを書いたんだけど、これが上手くいかない。こんな厚いシナリオができちゃって……。こりゃダメだってんで、そのときは映画にならなかった。撮影に必要な馬も集まらないし。けっきょく完成までに、それだけ時間がかかった。

映画からテレビのほうに仕事の場を移すときには、スムーズにいったかどうかより、映画をやってる連中には

「テレビは格下だ」という変なプライドがありましてね。実際にテレビの初期は電気紙芝居的なところがありましたから、そういう風潮だったんです。で、ぼくたちは映画出身なもんだから〝テレビは頼まれればやる〟的な面もあった。ところがそれが逆転してきて、テレビというものはすばらしいものではないかってね。橋本さんが芸術祭参加作品の『私は貝になりたい』(58年)で初めてテレビを執筆したのも早い時期でした。

橋本さんは黒澤明監督の仕事も多くやっているし、ぼくが教えられたのは「とにかく脚本は的確に表現をするように書け」って……曖昧じゃなくて、的確に。シナリオは計算だからね。それで思い出したのは、早坂(暁)さんが書かれた『必殺』の冒頭の文句(オープニングナレーション)があるでしょ。ぼくなんか初めのシナリオでは、非常にくだらない書き方をしていました。「仕掛人とは江戸時代の暗黒街に生まれた人殺しの請け負い人である……」みたいな。できたものはこうじゃありませんよね。短いんだけど、非常にインパクトがある。あの早坂さんのナレーションができたことは大きかったと思いますよ。

それとぼくが思うのは、平尾(昌晃)さんの音楽が非常によかった。それまでにもシナリオライターの仕事をやって長かったけれど、音楽を最初に聞かされたのは初めてだった。

――脚本の執筆前に、音楽を先に?

国弘　正確に言うと、『仕掛人』のときだったかそれ以降だったかは覚えてないんだけど、初期の『必殺』はオープニング、ブリッジふくめて、重要なところにいい音楽があるじゃないですか。〝忍び寄って〟のテーマとかね。ひとつのシリーズが終わるとライターは「今度のシリーズはこうだ」って、じっくり聞かされましたよ。そのあとで打ち合わせをしました。もちろん、ただ流すんじゃなくて「これはサスペンスの曲です。これがテーマ曲です」とか、そういうイメージワーク作りですね。

プロデューサーの山内さんか、仲川(利久)さんあたりのアイデアだったと思うけど、これが書いていく上で非常にプラスになりましたね。「そうか、こういう音楽か、今度はこういう感じか」って。みんなもぼくと同じような気持ちじゃなかったかしらね。で、みんなで寄り集まって、人物の名前から、性格の設定から作り上げましたから。みんなの気持ちをひとつにするため、音楽を使うというのは大変な着想だったと思います。これは京都の「かんのんホテル」でやったこともあるし、局で聞いたこともあったような気がするな。とにかく鮮明に覚えてるのは、音楽のことですね。

――とくに親交があったプロデューサーや脚本家は？

国弘　設定は山内さんで、それから番組の細かいところでは仲川さん。決定稿のホン読みのときは、櫻井さんと仲川さんというシフトだったと思うな。ライター仲間では、野上（龍雄）さんは『必殺』以前から知っていて、優れた方だと。安倍さんとはぜんぜん面識なかったんですよね。山田さんも。

かんのんホテルで初めて一緒になりましたが、おふたりともたいへん優れたライターだと思いました。とくに安倍さんとは長くというか、かなり一緒に仕事をしたけれど、非常に上手いね。どの作品だったか、浅野内匠頭の辞世の歌を題材にした話（『必殺商売人』第4話「お上が認めた商売人」）、あれはすごくシャレていた。

――それでは必殺シリーズの執筆作について、具体的にうかがいたいと思います。まずは『仕掛人』の第2話「暗闘仕掛人殺し」について。

国弘　これは原作があるんですよ。どっか押し入れかなんかに忍んでずーっと待ってるんだよなぁ。やっぱり第1話と第2話は原作を活かしていないとマズいでしょう。のちには原作から離れて原作者からクレームを受けたことがあるとか聞いていますけれどね。直接ぼくらが池波さんの声を聞く機会はなかった。ただ、脚本ができるたびに読まれて、意見は述べられていたようです。でも、やっぱり池波さんが思っていたのと、この回なんかの深作（欣二）さんの映像は肌合いが違ったんじゃないかな。だから後年になって『仕掛人・藤枝梅安』そのものを、萬屋錦之介さんで映画化したり、小林桂樹さんでテレビスペシャルのシリーズにしていますよね。

深作さんの演出も、出だしからしてぼくのシナリオとぜんぜん違う感じでね。シナリオの冒頭は、もっとのんびりしたかたちじゃなかったかな。旅先の西村左内（林与一）と妻子のほんわかしたところへ、梅安がやってきて……。それを深作さんは、編笠の刺客から始めてますよね。『仕掛人』みたいなサスペンス調のものとしては、あの演出は正しかったと思う。『仕掛人』という文芸自体を、ライターであるぼく自身がまだ掴みきれていなかったのかもしれない。ぼくからすれば、そういうのんびりした場面から始めたほうが効果的だと思った部分もあったかな。だけどそれが改訂されて、美川（陽一郎）さんの老人に左内の子供が助けられるという肉づけは正解だったと思いますよ。

とにかく『必殺』みたいな時代劇はそれまでなかったし、〝勧善懲悪なんだけれど勧善懲悪でない〟という……深作さんだから、うん、シャープだよね。ぼく自身の脚本でいえば、まだまだ踏ん切りが悪いっていうか、金をもらって殺すということに、まだまだ入り込めないでいたんじゃないかなぁ。

――第10話「命売りますもらいます」ですが、劇中に登場する〝命講〟は当時の雑誌の番組紹介記事によると、ご自身の造語だったそうですね。

国弘　これは生命保険の話でね。けっきょく自分が死んだことにして金をゆするという……そのへんの事件がヒントになっている。現代劇を時代劇ドラマの中に取り入れるっていうのは、自然発生的なものだったと思いますね。ストーリーを時代劇の枠の中だけで考えていくと、それでなくたって一話完結ですから、パターン化するわけですね。それで色合いを変えていくには、素材を変えていくしかない。現代劇のモチーフを持ち込むというのは、やっぱり自然とそうなったんじゃないかな。

――第11話「大奥女中殺し」は、必殺史上初の大奥ものです。厠から潜入するというパターンが、のちの作品に何度

も継承されています。
国弘　ぼくは東映で『大奥㊙物語』（67年）という映画をやってまして、その際にいろいろと調べて大奥のことにわりあい詳しかったんですね。なかなか大奥には入り込めないんだけど、それをどうするかって。ただあの潜入手段のアイデアは、ぼくのオリジナルではなく、史実に前例があったというように記憶しています。
――第18話「夢を買います恨も買います」は？
国弘　これは富くじネタですね。向こうに梅安の恋敵で近藤正臣の侍がいて……これはたしか近藤が出るっていうんで、書いたんだと思いますね。「今度はこういうゲストが出るから、それを活かすかたちでやってくれ」というのは『必殺』を通じてもときどきありましたよ。そうだ、これはぼくもよく覚えてます。好きな作品だったですね。ちょっとひねくれた剣客というか、近藤がそういうキャラクターでね。
――第25話「仇討ちます討たせます」、第31話「嘘の仕掛けに仕掛けの誠」を共同執筆してる鈴木安さんは、どういう方ですか？
国弘　あぁ、この人はシナリオ研究所に来ていた人なんですね。それでぼくが一緒に書いたんだけど、けっきょくプロにはならなかった。
――シナリオ研究誌「おりじなる」を編集・運営していましたが、そちらの同門の方だったのでしょうか？
国弘　いや、そうじゃなくて、シナリオ研究所でぼくが教えていた生徒さん。その中では書ける人だった。ただやっぱりこういう『必殺』みたいなものは、そのときの新人ライターには難しかったんでしょうね、きっと。
――最終回の第33話「仕掛人掟に挑戦！」は山内プロデューサーの意向によって「殺し屋は死ぬべき」という一部の世論に逆らい、主人公たちは生き延びます。実作を担った脚本家として、当時の感慨はいかがでしたか？
国弘　そのころねぇ、とにかく1話1話をやるのに必死だった。最終回がどうなるのかということは、プロデューサーには構想があったんだろうけれども、なんにしてもまだこちらは手探りでね。『仕掛人』という題材は、どうやったらおもしろくなるのか、どうすれば今までにない内容になるのか、そちらにばかり気がいっていた。だから、梅安が死ぬべきか、最終回がどうなるのかは、シリーズ途中では考える余裕がなかったね。でもやっぱりそれまでの流れからいって、最後に梅安が死ぬということになったら、番組がヘンになるでしょうね。

——梅安と左内、ふたりの主人公はどのようにキャラクター像を捉えていたのでしょうか？

国弘　梅安みたいなタイプは、やっぱり自由人なぶんだけライターは書きやすいですよ。左内なんかのほうが書きにくい。常識がちゃんとあって、女房と子供があって、自分の本当の姿を見せずに裏稼業をやっていくという……。だからその設定からの深みがもっと出てこなきゃいけなかったのかもしれないけれど、あの約束事があるぶんだけ描きにくいですよね。

やはりこう、〝殺しが職業〟という文芸が番組開始当時にはストンと入ってこなかった部分もあるから、キャラクターがなかなか自分のものにならない面もあった。ケツのほうに行くに従ってぼくらもノッてきたけれど。逆に言うと、深作さんみたいなシャープな演出家がそれだけこの番組にはまず必要だったんじゃないでしょうかね。これは会社の性格もあると思うんですけど、ご存じ時代劇ものの東映と比べても、松竹は体質がなにか違っていた。

当初、ABCが東映と松竹にコンペティションをさせたという話ですが、東映がやってたらまったく違うものができていたでしょうね。しかし松竹も老舗で力はあるから。このへんは、堂々たる監督陣を揃えていったのもふくめて山内さんの功績だし、櫻井さんもよくやったね。三隅（研次）さんも参加するという話を初めて聞いたときも「おおっ！」という部分がありましたし。（資料を見ながら）……あぁ、蔵原（惟繕）さんや工藤（栄一）さんは『仕置人』からの参加で、『仕掛人』のときの監督は大熊（邦也）さんだとか松本（明）さんとか、ABC

関係の方が多かったんだなぁ。

——劇映画出身の監督と、テレビの監督の違いはありますか?

国弘　撮り方が違ってましたよ。要するに、映画出身の監督は手前から奥まで気を配る。それがテレビの人たちは前だけ。それは映像がさっぱりしてるというより、テレビというメディアの特性をよく知っているからですよね。つまり映画の連中みたいにキチッと撮っても映らない、映っても小さいからボケちゃう。「前のほうだけ撮ってればいいんだ」というテレビの人たちの手法と映画でやってる人たちの演出方法って、ぜんぜん違いますからね。ぼくなんか映画育ちだから、試写で見たりする場合でも、どうしてもテレビの人が撮ったのは、なんかこう前だけカチャカチャしてるというか。作品の出来としては、ぼくは映画出身の人のほうが総じてよかったと思っていたな。こんなこと言うと怒られるだろうけど(笑)。

それと、ぼくはいろんな仕事してきましたけれど、初期の『必殺』くらい充実していた仕事っていうか、ノッて書いたのはそうなかったですね。これもそんなこと言っちゃいけないんだろうけれど(笑)、やっぱり楽しかったですよ。つらいこともあったと思うし、喧嘩もしたけれど。年齢もあんまり幅がなかったしね、野上さんを筆頭にして10年の差以内ですからね。

——シリーズ第2弾『必殺仕置人』(73年)から登場した中村主水のキャラクターについては、意見を出されたのでしょうか?

国弘　主水については、先述のとおり音楽を聞いてからの打ち合わせに、ライターでは野上さんがいて、あとは安倍さん。ほかに誰かいたかもしれないけれど、深作さんも来ていた。主水の名前は、誰かが言い出したんだけど、画数が少ないんで、ライターたちは「これがいい」ってね。せん、りつは察しの通り「主水が〝戦慄〟する」というネーミングだし。まぁ、そんなふざけた名前だよね。

もともと藤田（まこと）さんは『てなもんや三度笠』をやってたんだよね。緒形さんのあとに、ああいう人を連れてくるってのは、やっぱり山内さんのプロデューサーとしての勘の鋭さだと思った。それまでのイメージからすると、まるっきり逆じゃないですか。それをクローズアップするの。昼行灯って言われてる男がじつは……という役は藤田さんのキャラクターで正解だった。それもふくめて、『必殺』というのは、プロデューサーの力が大きかったですよね。お金をもらって人を殺すというのはテレビのコードに触れるから、普通じゃ考えつかなかった。だから当時としては異色の時代劇が成功したんですよ……たしかにこれも勧善懲悪ではあるんだけれど、もうひとつ捻っていた。まぁ、それがかたちは変わっていっても、長く続いた原因でしょうね。

――シリーズ第3弾『助け人走る』（73～74年）では、ふたたび最終回の「解散大始末」を執筆しています。島帰りの龍（宮内洋）が壮絶な最期を遂げ、『必殺』のレギュラー殺し屋として初の殉職者になります。

国弘　うん、これはメンバーのひとりが自分を犠牲にして死ぬという発想でね。「モラルとして殺し屋に破滅を与えるテーマ性」みたいなものよりも、もっと俗っぽく（笑）、「いままで主人公だった殺し屋チームが解散するんだから、最後はかっこよく」という狙いがあったと思います。グループの仲間を助けるために誰かが犠牲になるんだ、みたいなことです。

仲川さんがホンを読んだときに「かっこいいですね！」って言ってくれたのを覚えています。プロデューサー側としては、最終回の別れのシーンは、これまでどおりグループがなんとなく解散して終わる……みたいなものを予想していたんじゃないのかな。書いているときに、誰かひとりが仲間のために死んでいくほうがドラマとしての印象が強いと思ったんです。

――続く『暗闇仕留人』（74年）は『助け人』の後半の雰囲気をさらに発展させた長編ドラマです。石坂浩二さんが主人公の糸井貢役ですが、こちらも初回の「集まりて候」と最終回の「別れにて候」を執筆しています。

国弘　ぼくはあの糸井＝石坂さんの、芝居小屋裏で三味線弾いてる人物像が好きだったですね。時代のなかで挫折した医学生が殺しの道に入っていって……という。いままでのシリーズの主人公たちは、みんな落ちこぼれでクセがあってロクな人間じゃなかった。でも糸井貢はインテリで、かつ屈折している。奥さんも病気でね。

――企画段階では石坂さんの起用は、糸井の設定より先に？

国弘　たしかそうだったと思う。で、「糸井」という名前のネーミングは、じつは「かんのんホテル」にいたフロントの女性から取ったんですよ。ふざけたわけではなくて、主人公の名前なんて「主水」と同じで画数少ないほうがライターは書きやすいからね。で、「今度の『暗闇始末人』（仕留人の仮題）の主人公どうする？」ってときに、なんかの用で誰かが「糸井さん、糸井さーん」って呼んで、そうだ、これでいこうってみんなでポッと決めた（笑）。その女性はすごくいい人でね。かんのんホテルではみんなお世話になった人ですよ。直接、本人には聞かなかったけど『必殺』やっていたときもずっとホテルに勤めていたから、番組も見てたんじゃないかな（笑）。

糸井の前身を「高野長英門下の蘭学医志望でいきたい」っていうのは、山内さんから出たと思いましたね。そういう意味では、主水を除いてこれまでの登場人物の中では、いちばん設定がはっきりしていたと思います。

――『仕留人』の作風には、それまでの3作とは異なる、際立ったリリシズムを感じます。

国弘　それはたぶん主題歌（「旅愁」）のせいだと思いますよ。第1話でも主人公たちがセリフを言ってるときに、もう主題歌を流してますが、普通はああいう演出しないですよ。つまりあの歌の感じ。先ほど話した、番組世界のイメージ作りに聞かされた歌のひとつだったような気がする。だから「この場面ではこうくるな」っていう選曲を見破る当時の感じが、ひさびさにビデオを見ていてもよみがえった。

ただね、殺しのシーンの曲としては、あのスローテンポの主題歌のアレンジはちょっと違うな……と（笑）。あのへんは『仕掛人』とかのほうがいい。やっぱりあのウエスタン調の殺し曲ね。のちのシリーズもあれでずっと通したらよかったという気もするけど……どうなったかなぁ。しかし、この『仕留人』の第1話は、まだ工藤さんの演出にためらいが見えるね。

——『仕留人』のメインライターとして、糸井が迎える最終回についての展望などは、どのように抱いていましたか?

国弘　前作『助け人』の最後で仲間を殺してるじゃないですか。あれはサブだったけど。で、糸井の場合は主人公で、たぶんもう石坂さんも出てくれないだろうなっていうのはあった(笑)。でも、それを別にしても「糸井みたいなタイプの人間は最後に死んでしまうんだろう」という予測はありましたね。

もっと正確に言うと、キャラクターの生き死にというよりは、自分の夢を達成できないことを主水たちに語っているんだけど……最後、主水たちは「この川がテームズ川に繋がっているんだ」って、糸井の死骸を海に流しますよね。で、彼の最後はこうなるべきだと。こういう仕事(裏稼業)に入ったら、夢なんか達成できるわけないんだけど……。だから最終回のドラマ作りには、苦労はありませんでしたね。事件の素材をどうするかということは考えましたけれど、かたちは決まっていたんです。最後の相手が幕府開国派の要人というところに見せた、ためらいが糸井の弱さであり、ぼくはそんな彼に愛着を持って書いてましたね。

——緒形拳さんや山﨑努さんは、脚本家のみなさんに番組内容について打診してくることもあったそうですが、石坂さんの場合はいかがでしたか?

国弘　それはとくにありませんでした。まぁ石坂さん、ああいう甘いマスクでね。芝居は悪くなかったと思うけれど。やはりこれも、主水=藤田さんと一緒で、キャスティングの意外性の魅力というのがあるね。

いやぁ、しかし後年の『必殺』からぼくは降りちゃうけれど、それでも10年近く、ほとんど京都に行ってやってましたね。みんなで「かんのんホテル」に集まって。やっぱり『必殺』というのは自分に合ってるところがありました。それと仕事が楽しかったですね。なかなかね、ライター同士が同じところで仕事をするってないですから。櫻井さんがよく、あれだけわがまま言う連中をまとめて……大変だったと思いますよ。

最近ちょっと医者から止められているんだけど、ぼくはすごい酒飲みでね。『必殺』のときなんか、必ず夕食のときに飲んで、夜は仕事しない。で、朝起きてやる。だから野上氏なんかぼくによく文句言ってましたよ。どうしてもほら、夕食は一緒ですから、ぼくが「飲めよ」って言うじゃない。すると向こうはつい手ぇ出しちゃうわけね（笑）。するとあっちは、そのあと仕事できなくなっちゃう。

――先生は、もう書き終わっていて（笑）。

国弘　そう、ぼくはもう終わっている（笑）。櫻井さんから「早く酒飲んで寝てくれ」って言われたこともありますよ。いやねぇ、『必殺』の仕事はねぇ、難しかったせいもありますけど、撮影に間に合わないっていう状況も多かったんですね。「明日撮影するっていうのにホンがない」ということもよくありました。そりゃまあ、ある人を当てにして頼んでいたのが上手くいかないと、別の人のホンを繰り上げるっていうこともあるわけですから。

だからホテルにいると、あてにされて。ぼくなんか、よく繰り上げの仕事を頼まれて、たとえば10話あたりって聞いてたのが、8話になったりすることがよくあった。プロデューサーとしてはハッパかけて早く書かさなければいけないわけじゃないですか。それが頼みにきたらぼくが酒なんか飲んでると、イライラするわけよ（笑）。でも普段は「早く酒飲んで寝てくれ（＝その前に国弘さんなら原稿あがってるはずだから）」って。

かんのんホテルでは一升瓶を持ち込んで毎晩食堂で飲んでたんだけど、外に飲みに行こうってのもありますよね。それで誘い合うと、断るのが誰もいないんだよ（笑）。それはね、やはり書くのはつらいから。しかも飲みに出たら明日書くのがつらくなるのがわかっていても行っちゃうわけね。で、ぐでんぐでんになって帰ってきて。

ぼくは思うんですけどね、みんなぶっ倒れるほど飲んで帰ってきて、それでも朝になるとよく仕事してたなって。若かったんでしょうね。いまだったら、ちょっとね。家はそのとき東京だったんだけど、ほとんど京都に行きっぱなしで、酒飲んでるんだか仕事してるんだか、わからない（笑）。でも、それだけ『必殺』に打ち込んでいたとも言えるね。本当に仕事をおもしろがってやってました。自分たちが中心になっていたっていうか……充実感がありましたね。『仕掛人』も最初こそ例の『木枯し紋次郎』に負けてましたけど、途中で逆転しましたから。やはりそれはうれしかったですね。

1999年1月20日・27日取材

『必殺仕掛人』LD-BOX解説書より再録・加筆修正

国弘威雄

［くにひろ・たけお］

1931年満州生まれ。本名・國弘威雄。引揚げ帰国後、いくつかの職業を経て日本シナリオ作家協会の研究所に入り、橋本忍に師事する。59年に映画『空港の魔女』でデビューし、『幕末残酷物語』『風林火山』『樺太1945年夏　氷雪の門』などを執筆。テレビは必殺シリーズをはじめ『すりかえ』『剣』『子連れ狼』『三匹が斬る！』ほか多数。97年にはドキュメンタリー映画『葫蘆島大遣返』を演出。2002年死去。享年71。

脚本

安倍徹郎

いい意味でのライバル意識を全員たぎらせていました

原作者・池波正太郎の推薦により『必殺仕掛人』から参加し、シリーズの要となった脚本家が安倍徹郎だ。男と女の情念をえぐり出し、『必殺仕業人』では初回と最終回を手がけて殺伐とした世界にケリをつけた。『仕業人』LDのリリース時に行なわれたインタビューを再録……あんたこの世をどう思う。

取材・文：坂井由人

——シリーズ第1弾『必殺仕掛人』（72～73年）に参加したきっかけを教えてください。

安倍　もう正確な年号は忘れてしまいましたが、仕事でヨーロッパに行って帰ってきましたら留守中にいろんな人から連絡があったとカミさんに言われて、その中に松竹の櫻井（洋三）プロデューサーの名前があったんですよ。「何事ぞ!?」と思ったら、今度こういう番組をやるので池波（正太郎）さんから原作をもらったんだけれど、ご本人からぼくにシナリオを頼んでくれということで、すでに脚本は1本できていてそれを読んでから京都に来てくれないかという内容だった。

いまだから言うけれど、その脚本ははっきり言ってつまらないというか、ごくありふれたものでね。悪徳商人と幕府の役人が結託して、材木の値段を釣り上げてその相場で大儲けしようという、それで貧しい連中が被害を被って仇討ちをするという話だった。「あぁ俺もヨーロッパまで行って作家としては一回り成長したのではないか、次はどんないい仕事ができるのか」って思ってたら、またこんな仕事やんのやだなあって（笑）、そう思いながら松竹へ行って1本目の試写見たら、もうびっくりしてシビれちゃった。

深作（欣二）が撮ったんですよね。いまでも覚えてるけど、焼け跡を緒形拳の藤枝梅安がズゥーっと俯き加減で歩いてくんの。すると、そこに土煙があがって彼の着てたコートみたいな着物の裾がバァーっとめくれると裏が真っ赤なんだよね。いまは当たり前になっちゃったかもしれないけど、当時は感動したね。こんなつまらないホンでもこれだけ撮っちゃうのかってびっくりした。

殺し屋というのも活字では見てたけど、画にすると一段とおもしろいんだよね、リアリティがあって。いままでの時代劇とまるで違うなっていう、それまでの時代劇はホン自体も勧善懲悪に過ぎなかったけれど、それとは別に演出家の人間たちの捉え方が一段と進歩したというか。それで「ぜひやらせてくれ」と。『仕掛人』の第2話はたしか国弘（威雄）でね、3話目がぼくの初めて書いたシナリオだと思うな。

——第3話「仕掛られた仕掛人」ですね。

安倍　そういうことがあってご縁ができた。もともとの始まりは池波さんなんですよ。ぼくはその前に『鬼平犯科帳』（69〜70年）で初めて時代劇の脚本を書いて、それを池波さんに気に入ってもらえたんです。もっとさかのぼると、ぼくは岩谷書店が出していた探偵小説雑誌『宝石』の編集部など出版の世界にいて、その次が映画で、大映は多摩川の撮影所のシナリオ研究所にいた。そのときから時代もの志望で入ったんですよ。所長が川口松太郎というね、『鶴八鶴次郎』とか数々の名作を残してるけど、あのクラスの作家っていうのは本当に忘れられちゃったねぇ。その人に最後面接受けて、ぼくは「山中貞雄大好き論」というのを書いて。いま思えばくだらない論文だった（笑）。

でも、そのとき川口さんに気に入られてね、やっぱり時代もの書きたがる人って少ないんだよ。「じゃあ、そのうち京都に行ってもらいたいな」って。ところがああいう戦前の一種しゃれた雰囲気の時代劇って戦後はあまりなかった。非常に知的な、レベルの高い笑いでしたよ。シナリオも最近はみんな同じになってるけれど、当時は三村伸太郎なんて人がいてね。その1行目は「さて、それではどこから始めましょうか」っていうの。「台所のあたりからいってみましょうか」なんていうのがト書きにあって。

やっぱり当時〝シナリオは文学たりうるか〟なんて論争があって、現実に谷崎潤一郎さん、中野重治さんとか新しもの好きの作家は競ってシナリオを書いていた。伊丹万作さんなんかのシナリオは、もう十分文学ですね。100年後に日本文学史を編んだら伊丹さんはもう外せないと思いますよ。それだけスキのないガチガチの鋼鉄のような日本語になっててね。無声映画の名作の脚本は、いま読んでもおもしろいですよ。夢がいっぱい詰まっていて。だからそういうのならやってみたいなと思ってこの世界に入った。

それで「山中貞雄大好き論」なんですよ。でも卒業してから現実にはいろいろゴタゴタがあって、ぼくは同期の野上（龍雄）と大映を飛び出しちゃうんです。それで日映という新会社に入ったら潰れて失業しちゃう。途中、歌舞伎座プロなんてのに入ったりいろいろあったけど、もっともそのころにはテレビの仕事で食えるようになってたんで、それで4年間やってたサラリーマンをやめて脚本家一本になりました。

——そしてテレビドラマを中心に活動していくわけですね。

安倍　映画界のほうは大手が六社あったけれど、新東宝が潰れて五社協定になっているものの、当時はその五社が毎週2本ずつ作品を世に送り出してる時代でしたからね、これは大変なことです。脚本家は足りないわ、演出家はいないわで粗製濫造もいいところですよ。それでぼくのところにも仕事の声がかかるんだけれど、どういうのが書きたいっていうから、こういうのやりたいってプランを出すとぜんぜんダメなんだな。通らないんです。要するに東映なんかでも型にはまった脚本……コンピューター用語ならセグメント方式かな、そういうものを量産していた。それがやっぱり現在の日本映画界でも尾を引いてますよ。

で、映画のほうはどんどん減ってくる。役者さんなんかもテレビに行っちゃう。みんな寝返っちゃうのね。見ようによったらぼくなんかそのハシリだったかもしれない。映画の人から見たら裏切り者になるかも。とくに京都っていう風土がね。関東の人間だから関西へ行って暮らしてみたいっていうのがあるじゃないですか。それで『必殺』の仕事で京都へ行くって言うと先輩の評論家の方から「キミ、鴨川の風は冷たいよ」って（笑）。

東京の人間が京都に行くと昔から泣かされる……国弘なんか先にそういう経験があったと。どういうことかと言えば、朝日放送は『必殺』を始めるにあたって「東京のライターを使ってくれ」と松竹に指定した。京都には時代ものを書けるライターがいっぱいいるけど、使わないでくれと。つまり〝現代ものの時代劇〟と捉えるというのが、山内久司のポリシーですよ。その読みが見事で、これは正しかった。しかし、映画の本拠地に乗り込んできて、ぼくは荒らしてるというふうに見られるわけだ（笑）。でも、演出のほうでも工藤（栄一）さんにしろテレビに行かざるを得ないわけでね。まぁ過渡期とも言えるし、楽しいと言えば楽しい時代でしたね。

――京都でのシナリオ執筆はいかがでしたか？

安倍　やっぱり松竹はすごかったですよ。どうすごいかって、松竹でも『必殺』は当初赤字だったはずです。まぁ京都映画の撮影所を遊ばせてるわけにはいかないから作品は作りますけどね。ただ、その赤字の中身というのが、岡崎の「かんのんホテル」でライターを自由にさせている分じゃないかって（笑）。あいつら東京で仕事させてれば、製作費トントンくらいになるはずだって。それで東京にある松竹のテレビ部がプロデューサーの櫻井に「おい、なんとかならんか？　東京で別々に仕事させればいいじゃないか」って言うの。そしたら櫻井は「じゃあそうしましょう。その代わり東京のテレビ部であいつらライターに必ず週1本新しい作品を書かせてください」と答えた。

でも、それはできないんですよ。みんないろいろと仕事を抱えていて京都でカンヅメにするから書くんです。こっちにいればおもしろい役者や監督がいて、いい仕事してるってことがわかるからノッて書くんであって。みんな「俺がメインライターだぞ」って鎬《しのぎ》を削るからこそ書くんであって。東京にいたら連続ものに逃げちゃったりして書かないですよ。それがわかってるから、テレビ部の意向はうやむやになっちゃって（笑）。

しかし、櫻井はやり手だったね。作家をとことん優遇してくれた。またそういうところに放り込まれて、ほかのライターはもちろん監督たちと一緒になって仕事をする……これはデカいですよ。たとえば、その週を野上が書いたっていうんで見るじゃないですか。で、上手いと。「この野郎、俺はもっとおもしろいもの書いてやる」って、いい意味のライバル意識を全員たぎらせていましたから。こういうところが『必殺』という番組が成功した、ひとつの理由だと思いますけどね。

――『仕掛人』の出だしはスムーズにいったのでしょうか？

安倍　『必殺』は最初、プロデューサーの山内久司が池波さんのところに梅安をやらせてくれって申し込みに行ったの。ところが池波さんのほうは、あんまり乗り気じゃなかった。なぜかというと、あの人、学校の先生みたいなところがあったから『仕掛人』より、あの秋山親子が出てくる『剣客商売』のような教養小説的な道徳感を大切にする。長谷川伸門下でしょ。だから本当は自作でも『仕掛人』のような、どこか反体制的な作品が好きではないんです。だから『仕掛人』はあれだけヒットしたくせに原作はあまり書かれてないでしょう。

ひとつ戸惑ったのは〝針で人を殺す〟というのは、子供が真似をしてなにか事件が起きるんじゃないかって恐れがあったのかもしれない。あと、あの〝金をもらって人を殺す〟という設定、自分で書いておいてなんだけど池波さんはあんまりあの作品を好きじゃなかったみたい。だから山内さんとも「１クール（13回）だけの番組だよ」ってことでＯＫしたんですよね。

そしたら番組が当たっちゃったもんだから、やめるにやめられず、朝日放送が拝み倒して。池波さんは自分の作品の名前だけ出して、別のライターが考えた話を書くというのをとても嫌っていたんです。だから『鬼平』もそうでしょう。「俺の目の玉が黒いうちは絶対勝手なもの書かせない、ほかの短編からアダプトして持ってくるんならいいけど、まったくのライターのオリジナルはイヤだ」ってね。あの時点で『仕掛人』の原作ってまだ8本くらいしかなかったんじゃないかな。それで最後まで渋ってたんだけど、松竹側もぜひにと言うし、さらにもう1クール続いて番組の人気も急上昇してきた。

そして山内久司が週刊誌やなんかで時代の寵児みたいにもてはやされてきて「俺のアイデアの勝利だ」みたいな宣言をする。ちょっと話は脇に逸れるけれど、彼はTBSの石井ふく子さんみたいな輝ける大プロデューサーに対する気負いもあってね、絶対あの人たちが作らないようなものを作ってやるって。それは最初の目標。「石井ふく子のホームドラマがヒットしたなら俺は全部逆さをやってやる」っていう……その反骨精神は見事です。こういう部分が番組の企画にマッチしたんだろうね。

山内久司という人は、たしかにアイデアマンです。ぼくが接触した映画・テレビのプロデューサーとしてはナンバーワンでしょうね。その点であの人を凌ぐ人はいない。それとやっぱり読書家だ。何度か一緒に旅行に行ったことがあるけど、毎晩遅くまで本を読んでいましたよ。物知りだね。あと、いまでも忘れられないのが、一時期ぼくが山口瞳さんのところで将棋を習ったりしていて、いろんな将棋指しと付き合いもできた。それであるとき、かんのんホテルのロビーで山内久司と櫻井洋三が将棋を指していて、横からのぞき見ると何度も詰んでいるのにふたりは気づかずに勝負を続けている。それを笑って、からかったら櫻井のほうは大人だからニヤニヤしているけれど、山内はムッとして、それから朝日放送の近くの将棋連盟で稽古を積んで1年半ほどしたらぼくより強くなっちゃった(笑)。そういう努力家でもあったね。

しかし、山内にしても大当たりしたのは初めてだったからね。それで『必殺』は評判になったけれど、視聴率的にはもともと知的な部分に寄りかかる番組で、ある種のインテリ層を対象としてるからツラい部分もある。それで視聴率を取るには「自分の家のおばあちゃんが楽しんで見るような番組でなければいけない」というように、ある意味で宗旨変えしていった。それで山内は、ぼくの書くものなんかを警戒した。近年ファンの人が指摘しているようだけど、ぼくのシナリオにはどっかアイロニカルというか一種の知的……ひょっとすると難しくなっちゃうんですよね。山内久司が「うちのお袋が〝安倍さんの書くものはわからない〟って言ってた」という。例の佐藤慶が出た……。

――『必殺仕置屋稼業』第19話「一筆啓上業苦が見えた」（75年）ですね。中村主水（藤田まこと）が、かつて剣の道の同門であった全覚と対峙するエピソードです。

安倍　あれなんかも「わからない」ということで注意を受けた。でも、それでクビ切っちゃうってわけじゃないんだよね。視聴率を意識するのは仕方のないことなんだけど、もともとみんなテレビの仕事を始めたときは反骨精神がありましたよ。本当に初期のころは「視聴率のことを話題に乗せるのも恥ずかしい」っていう。営業が気にするのはいいけれど、ライターの先生はそんなこと心配しないでやってくださいってプロデューサーに言われて。大体みんな大学の文学部で純文やって、そのままこの世界に来たようなやつばっかりだったから「むしろ視聴率を取らないほうが玄人好みしていいんだ」みたいな雰囲気もあった。それが後期はちょっと違っちゃったのね。でも、ぼくは山内久司という人はテレビのプロデューサーではナンバーワンにすごいと、いまでも思いますよ。

――必殺シリーズの脚本家として、『必殺仕掛人』の原作者である池波正太郎さんとはいちばん親交が深かったのでしょうか？

『必殺仕置屋稼業』第19話「一筆啓上業苦が見えた」。剣の道とは、人を斬るとはどういうことなのか……
脚本・安倍徹郎、監督・工藤栄一のコンビによる必殺シリーズ屈指の問題作

安倍　そうだと思いますよ。なぜか気に入ってもらってたけど。小説書くようにも勧められて。でも、ひと月くらい原稿用紙を見つめてウンウン唸ってたけど、けっきょく書けなかったです。それで「ぼくは自分の文体がないからダメですね」って言ったら「なに生意気なこと言ってやがる！　俺だってやっと最近になって〝これが俺の文体かな〟なんて思うようになった。お前、書きもしないうちに文体がないなんていう作家がどこにいる！」と叱られて（笑）。

それと「英文学が専攻で、時代ものの知識がないから」ってとぼけたら、「だったら俺の書庫へ来て勉強しろ」と。じつは池波さん自身、東京新聞の演劇記者だった叔父さんの紹介で長谷川先生のところへ連れて行かれて勉強したらしいんです。池波さんは最初芝居を書いていたこともあって、ぼくも芝居をやれと勧められたけど、それは受けられなかったね。

なんで多くのライターの中から、ぼくが目をかけられたかはわかる気がする。池波さんがある年の直木賞を選考する際、ほかの審査員がある時代小説作家を推挙していたのに、ただひとり「型にはまっているからダメだ」と譲らなかったことがあるの。自分で言うのもなんだけど、ぼくはそのへんがお眼鏡にかなったんだと思う。クリエイターにはハリウッド映画的な人とそうでない人がいて、前者は「ここでこうやったらウケる」というコツを掴んでいる。これはもう上手いですよ。だけど型で作ってて、ここで怒らせなきゃいけない、笑わせなきゃいけない……でも、ぼくはそのへんをはぐらかそうといつも狙ってる。

イヤなんだよね、決まりきったことを書くの。そのへんを池波さんは感じてたんじゃないですかね。ぼくの家は貧乏でね、そのくせ兄弟はぼくを入れて6人もいたの。それで上の3人が順々に死んじゃって、のちに母親は天理教に行ったりしたのね。そういう身の上だから「人間はあっけなく死ぬもんだ」という死生観みたいなもんがあって、これがぼくの脚本の観念的な部分のもとになっている。その一方で、父親というのが師範学校を出た人間で左翼だったから、この資質を受け継いで「脚本を計算で書こう」という部分もある。このふたつが支え合って安倍徹郎という脚本家を作っている気がするのね。

でも、おかしいよね。池波さんもずいぶん長いものをいろいろと書いているけど、いい作品っていうのは、池波さんがある意味じゃ嫌っていた泥棒と人殺しの話しかけっきょく残らない（笑）。池波さんの『その男』を原作にした映画『狼よ落日を斬れ』（74年）も松竹のプロデューサーと意見が合わなかったことも大きいけれど、内容の面が引っかかってぼくが半分まで書いたところで投げだしちゃった。これはもう一にも二にも、ある種の教養主義的なところがね……明治の激動の時代に「激動に流されてはいけない。若者たちよ！」って、ちょうど全共闘で日本中がワァーっとなって、血がたぎってる時期に『週刊文春』に連載されて、これを日本の学生たちに読んでもらいたいっていうのが池波さんなんだね。要するに「騒然たる時代に流されるな、一歩身を退いて巻き込まれないで現実を冷静に見つめろ」って、そういうのがテーマなんだ。でも、それはドラマにならないですよ。これからなにか始まるのに一歩身を退いちゃうってのはね。

だから「どうしても映画にならない」って松竹に言って、あとは国弘に頼んじゃった。だから池波さんのやりたかったことと世間の評価が一致したのはやっぱり『鬼平』かな。初期の白黒シリーズと、もちろん原作のほうにも強く窺えるんだけど、主人公の長谷川平蔵は決して完全な人格者じゃなくて、ある種の出世主義的なところがあったりするし。これはモデルになった人もそうだったらしいんだけど、悪人が決して100％のワルじゃないと書く一方で、鬼平のそういう部分も書く……このへんが池波さんの近代的なところだった。ぼくの最初に書いた時代ものが『鬼平』というのは、しあわせだったよね。

――それではシリーズ第7弾の『必殺仕業人』（76年）を中心に、歴代の作品のお話をうかがいたいと思います。中村敦夫さん演じる住所不定の侍くずれ・赤井剣之介が中村主水の新たな仲間になります。

安倍　中村敦夫さんが主役ということもあって『仕業人』は地味な印象があるよね。やっぱり彼は役者として相当のハードボイルドだし、どこか世の中に背を向けたような感じがあってさ。たしか『新木枯し紋次郎』（77～78年）だったと思うけど、ぼくと野上が敦夫さんから頼まれて何本か書いてるんだよね。

そもそも『必殺』っていうのは、あの『紋次郎』のライバル番組として出てきて鍔迫り合いの末、あっという間に倒しちゃった。だから敦夫さんも敵の軍門に膝を屈してよく現れたという気もするけど、彼はそのへんとことん合理主義者だからおかまいなし。「そんなことにこだわるほうがどうかしてる」ってなもんで、そういうところがおもしろい男だった。

『仕業人』という作品自体も全体にくすんだ感じがあるけど、ぼくはリアリティを尊重するほうだからおもしろかったけどね（笑）。しかし、いま見てみるとおミエさん（中尾ミエ）ってプロ好みのいい演技してるね。彼女と敦夫の組み合わせは〝どん底に堕ちた男女〟って雰囲気がよく出てて、最終回のドブん中で斬られるあたりもよかった。

作品を見返してみると、演出家がノリにノッてる、競っている感じだね。京都でも工藤さんや蔵原（惟繕）さんは、このシリーズを背負ってるというか肩で風切ってる雰囲気がありましたよ。（渡邊）祐介なんかは新東宝の出身で、松竹と専属契約してたんじゃないかな。彼が初めて京都に来たときは一緒に酒飲んだりしてね……（資料を見ながら）最初のやつ俺が書いたんじゃない？

――『暗闇仕留人』第14話「切なくて候」（74年）ですね。津坂匡章（現・秋野太作）さん演じる半次が故郷に帰るエピソードです。死んだ父親の後添いが吉田日出子さん、彼女が自分の腹違いの弟を産んで現在は別の男を愛していたんですが、裏切られて殺されてしまう。相手の男が幕府の鷹匠で、最後に仇を討った半次が鷹を大空に逃がしてやるラストが鮮烈でした。

安倍　東京の郊外を舞台にしてなかった？　たぶん武蔵の国の宿場かなんか。このへんは屋張藩の御鷹場だったんですよ。だから猫を飼っちゃいけないとか鳥を脅かしちゃいけないとか、いろんな制限があって、百姓はそれに悩まされていた……こちらに越してきてから、そういう話をいろいろ聞いたものだから、いつか鷹匠をネタにしてやろうっていうのはあったんです。

津坂匡章っていうのも変わり者でねぇ。いい役者っていうのは、だいたい変わり者なんだけど、たしかこのシリーズのときに突然「脚本を書くんだ！」って思い立って、それで松竹か京都映画かに持ち込んでNG出されたり（笑）。でも火野正平なんかにしても一癖も二癖もあるわけで、いいセンスを持ってる役者っていうのはみんなそういうところがありますよね。

これは松竹の櫻井洋三の手なんだけど、ゴネる役者には「じゃあ、お前脚本書けよ」って言っちゃう。カメラマンの石原興くんもそうなんだ。演出家としても力があると自信をつけて、本人も「俺に演出させてくれ」とプロデューサーを通して松竹にかけ合った。それなら脚本も書けと言われて石原くんも書きはじめたらしいんだけど、途中でやっぱり投げ出しちゃった。ただ、彼にはいつかは監督させようっていう朝日放送と松竹の世論があったんだよね。だから石原くんの初監督作は、ぼくが脚本書いた覚えはありますね。

――『必殺商売人』第18話「殺られた主水は夢ん中」（78年）ですね。ほかの監督陣の思い出はありますか？

安倍　とくに誰がどの演出家という組み合わせは決められていませんでした。けれどやる前に「今度は誰になる？」ってみんな脚本家は気にかけてましたね。個人的にぼくがいちばん信頼してたのが工藤さん。というのも工藤さんは〝ぼくの足りない部分〟をじつに上手く押してくれる。『仕業人』の第1話なんかも、ぼくはあまり女をひっぱたくホンって書かないんだけど、中尾ミエが気の毒なくらいひっぱたかれてた。あれは下手をやると白けちゃうんだけど、やっぱり東映調の演出で工藤さんが押したんだろうね。

ぼくは本来の脚本のセオリーなら押すところを逃げちゃう……はぐらかすようなのが好きなもんだから、なんとなく斜に構えてるわけですよ。ひねくれてるというか。工藤さんは直すときは事前に断わりを入れてましたよ。だからか『仕業人』の第1話、藤田まことの中村主水の最後のセリフは工藤さんの改訂っていうけれど、「誰も信じちゃいねぇ」なんてぼくの気分も入っているんじゃないかなぁ。

工藤さんはね、ホンができるとやってきて「安倍ちゃん、ここんところまた押すぜ」って言うんだよ。それで完成したものを見ると「なるほど、こういうふうに上手く押すもんだなぁ」って。ときには自分の感性が暴走して他人には画面に込められた意味の深さが到底読み取れないようなものまで作ったけどね（笑）。それに対して蔵原さんという人は、はにかみ屋っていうか、よく言えば知的であんまりゴリ押しの演出はやんなかった。

――『仕業人』の各エピソードについて執筆の思い出はありますか？

安倍　ぼくの作品の作り方みたいなものはね、作家というのは誰もがある種の引き出しを持っているわけですよ。みんな読んできたものや自分の経験を通して、「あぁ、これはいつか書いてやろう」というネタを持っているわけ。ところが連続ものをやるとね、やっぱり雲のごとくネタを思いつくライターなんていないんですよ。とくに自分の場合は、池波さんの作劇である〝そういう単純なワルを書かない〟というのを意識してたから、猛烈に悪人の造形に気を使うわけですよ。「誰も書いてないようなワルはいないか？　しかも人間くさい、その上でどこかインテリでバカバカしいとは思えないワルは……」って。だからよく外国の小説や映画に源流を求めますね。たとえば『仕業人』の「あんたこの女の性《さが》をどう思う」は、ケッセルの『昼顔』ですよ。いい家の奥様が売春をしているという話。これはいつかやってやろうって思ってましたから。よくあるテーマで、言ってしまえばローマ帝国の皇后様だって町で売春やってたんだからね。言わば文明の爛熟の極致ってわけですよ、それを描いてやろうと思った。

第1話の「あんたこの世をどう思う」で、悪女に命じられて職人の腕を斬り落しちゃうシーン、これはインドの逸話からですね。イギリスが植民地にしてた時分のインドで本当にありました。産業革命後のイギリスは紡績産業が発達して、植民地化していたインドの市場に高級織物を出しますが、これがインド独自の高級品と真っ向からぶつかってしまう。それで植民地のイギリス役人が「これはいかん」ってんで、ある日、人間国宝級の機織り技術を持ったインドの老人たちを集めて一斉にその手首を斬り落としてしまう。岩波新書かなにかに載っていて、これもいつかやろうと思っていた。このイメージから第1話の悪女の構想ができまして、逆に言うとそれがあったから敦夫さんが演じた赤井剣之介のキャラクターとすんなり組み合わせることができた。

――「あんたこの世をどう思う」のシナリオを読むと、むりやり芸人一座の座長に愛人にされていたお歌に同情した剣之介（＝真野森之助）が座長を殺して逃亡するという設定になっていました。これは完成された映像には出てこないシーンです。

安倍　いま聞いて思い出した。それにも元ネタがあって『チボー家の人々』です。あれはジャック・チボーという青年が主人公ですが、彼にアンドレア・チボーというお兄さんがいる。非常に秀才で医学部の学生だったかな、それがサーカスの女とデキちゃうのね。もともと彼女はサーカスの団長に手篭めにされて、いつもひどい仕打ちを受けてひっぱたかれたりしている……それで逃げ出してきたところを医学生だった兄さんが手当てして、惚れてしまうわけですよ。

チボー家は名門で、いきなり兄さんがサーカスの踊り子を連れてきて結婚するなんて言うもんだから一族は仰天してしまう。ジャックも最初はびっくりするんだけど、兄さんの決意が固いというのはわかる。そこへ団長から「地方へ興業に行くので、お前が必要だから帰ってこい」と連絡が入る。そうすると彼女は、せっかく地獄みたいな生活から抜け出して、いい家の医者の奥さんになれるところなのに帰ってしまう……そういう話です。剣之介とお歌の関係はこれを下敷きにしましたね。ぼくはわりとね、知的な教養があるもんだから外国の小説を元ネタにすることが多くって（笑）。

――『仕掛人』の名作として名高い第21話「地獄花」も、O・ヘンリーの短編「賢者の贈り物」が原型ですよね。

安倍　著作権侵害って言われるかもしれないけれど（笑）、まぁ物書きの世界ではみんなやることだし、一種の連想作用でぼくは決して悪いことではないと思いますよ。シェイクスピアだって、みんなそれぞれ元ネタがあるわけだし。要はそれをどのくらいのレベルにまで高めるかってことですよね。

――第4話「あんたこの親子をどう思う」では、小山明子さんと藤間文彦さんをゲストに親子の近親愛がテーマに扱われています。

安倍　マザーコンプレックスなんてのは誰でもよく書くテーマで、とくに原案にした作品というのはなくて、現在になってよく言われるようなセックスレスの愛情をこういうかたちで書いてみようとしたんだと思うな。それに男ならどこかしらこういう話が怖いはずなんだ。男が最初にしゃぶったのは母親のおっぱいなんだから……。逆にそういう気持ちに通ずる部分がないっていうんなら、それはそいつのほうがどこかおかしいと思う。

――第14話「あんたこの勝負をどう思う」は、お得意の将棋もの。

安倍　これは山口瞳さんのところに出入りしているうちに芹沢（博文）さんという棋士から、いろんなイカサマの手口を聞いて使った。長い袖のところで引っかけて盤上の端にある自分の駒を台の下に落とし、まだ残っている持ち駒のようにして使う……あとから見ればバレる手口なんだけど、勝負をやっているときは集中しているからまず気がつかない。

あと、この話は前から好きなテーマでね、自分が命を賭けて挑んでいる勝負やなにかの賞をもらったのを、じつは陰から女房が手助けしていた。それを知ったとき、男は痛烈に屈辱を感じるというやつね。ぼくはライターの初期にコメディをやってまして、有島一郎と左幸子主演の裏口入学の話を書いているの。タイトルは『裏口からどうぞ』(66年)。ある料理屋の息子が東大を受けて落っこっちゃう。母親はどうしても一流大学に入れたいと思っているときに慶応かなんかの教授を装ったサギ師の有島が現れてね、母親に裏口入学を持ちかける。いちばん笑えるところはね、母親が「ほかの先生もおもてなししたい」って言うんで慌てた有島がドヤ街に行ってそこの住人かき集める。ただの自動車修理工を「こいつは自動車工学の先生だ」とか(笑)。

ところが母親があまりにも熱心なんで、サギ師の有島がこれは仕方がない、なんとか本当に息子を東大に入れてやろうって考え始める。で、刑務所の中で入学試験の問題を刷ってるのを調べあげて、有島の昔の友人がまだ刑務所にいるんで、そのルートからなんとか入手する。それで母親に問題用紙を渡すんだけれど、息子のほうが「こんな不正をして入学したら一生後悔する」ってつっぱねる。それでサギ師一同は息子の入学をお祈りまでして、最後はハッピーエンドで終わるんだけど、まぁそんな話を書いたことがありまして、だから「この勝負〜」はテーマ的には、そういう話の繰り返しなんですよね。

——『仕業人』の最終回である第28話「あんたこの結果をどう思う」は、『必殺仕置人』(73年)から始まる主水シリーズのひとつの山場といえる傑作です。剣之介は初回の設定からすると復讐を仕掛けてくる沼木藩の手で命を落しそうなのに、まったく別の相手である柴山藩の土屋小十郎(浜畑賢吉)に殺されてしまい、また小十郎としてもある種の間違い殺人だったという……。

安倍　今回見直してみて、まず単純に「中尾ミエってこんなに上手かったか!?」ってびっくりした。ぼくは役者のいい芝居を見て涙こぼすなんてことまずないんだけど、やっぱり歳食って涙もろくなっちゃったのかねぇ。おミエさんのひたむきなところを見ていて泣いちゃった。ま、最後のシーンは映画の『モロッコ』(30年)みたいで、やらずもがなだけど。彼女が必死になって乗り込んで敵地に行く、なんでもないシーンなんだけど、泣けたねぇ。

話としては非常にシンプルだった。あの作品のなかで中村敦夫というのは異質な存在で、ほかのライターも書きづらかったというのはありますね。たとえばシリーズのいつごろかなぁ……『必殺』も回数が進むうちに殺し屋が毎週毎週金取って人殺して、その金はどこへ行ってしまうのかなぁっていうリアリズムが気になりだしたことがあったの。石坂浩二の出てる作品はこの前?

──主水シリーズとしては前々作、1974年の『暗闇仕留人』ですね。

安倍 ひとつの卓見だと思うんだけど、そのときに笠原和夫が脚本の打ち合わせに来て「どうもこの番組は嘘っぽくってイヤだ」と言う。石坂の演じている主人公は蘭学医志願だけど、医者というのは本能的に人の命を救う者だと言う。いくら世のため人のためという題目とはいえ、役者にこの両方を演じさせるのは無理ですぜって。これにはみんな考え込んでしまい、ぼくも鋭いことを言うなと思った。

殺し屋が主人公という『必殺』の企画は奇抜なアイデアだけど、シリーズが進むに従ってそのリアリティにみんな疑問を持ちだした。それで続けていくのが苦しくなった部分があって、毎回「殺してやる」という恨みを抱き、そのために命を賭けるような超人的なワルが作りにくくなった。のちのシリーズで「殺さないと体がうずいてくる」なんて主人公に言わせているけど、それはやっぱり逃げなんですよ。そういう論理じゃないと、「金さえもらえばなんでも引き受けちゃうぞ」じゃ、なんというか軽くなっちゃったんだよね。シリーズの初期は金をもらって殺したくなるようなすごいワルをみんな考えてたんだけど、もうネタ切れ。

池波さんもそういう部分があって書けなくなっちゃったんじゃないかな。だから剣之介には、ぼくは最後まで気が入らなかったかもしれない。たまたま紹介されて、ただ生活のために殺しをするようなキャラクターになっちゃった。「生活のために」という名目で殺しをしても許されるようなワルを作ることにくたびれちゃったんだ。

そういった意味で、ぼくは逆に大出俊さんのやいとや（又右衛門）なんか非常に書きやすかったのね。あれは冷めた知的な人間だから、カーッと燃えてカーッと殺してしまおうと、仲間たちが盛り上がっているときに「なに言ってやんでぇ、バカバカしい」というようなね。また中村敦夫っていうのは役者的にも器が大きいぶん、チンピラを殺すというのが似合わないの。侍相手ならまだしも。ただ、この作品ではおミエさんとのコンビでいいキャラクターになっているとは思いますけどね。

――最終回は悪人不在ですよね。私欲の江戸家老は冒頭で殺されてしまい、あとは自分なりの正義を持った復讐者の若者が状況を空転させるという……。

安倍　たしか土屋小十郎を演じた浜畑賢吉を、なんらかの理由で使わなければならないという事情があったと思います。役柄自体、中途半端な立場で難しい役でしたけどね。プロデューサーからだったか、浜畑を最終回で上手くハメてよという希望が来たんじゃないかな。彼を活かした脚本を書いてくれという注文が先にあった気がするな。そうなると最後が主水との対決という画面になって、バート・ランカスターが主役のちょっとタイトル忘れちゃったけれど、史劇だか西部劇だか最後に決闘があって銃声がバーンと鳴ると悪役の方がニヤリと笑って、そして倒れる……このパターンしかないなって構想した。で、まずそれをラストに持ってくるところから話を作ったんだと思う。ドラマの作りとしてはそんなに上手くできている話ではないですよ。苦しまぎれみたいなところがあって、こんな終わり方しかないのかな……という。

本当は主水と剣之介と小十郎が最後までからみ合って、そして死んでいく……それが普通の作り方ですよね。当然そうあるべきだと思う。それが最後は主水と小十郎のああいう対決になってしまう。ホン屋としては失敗だったと思いますよ。中盤、おミエさんの平凡だけどひたむきな芝居が胸をうちますが、敦夫のほうは拷問を受けたりする衝撃はあるものの、それほど印象に残る芝居はないし、冒頭の家老の死も型どおりでね。

――歴代シリーズの登場人物が、それぞれの宿命から破滅する結末にありながら、剣之介とお歌はそういうものとまったく関係ないところで死んでいく。「『必殺』のみならず、現実にはこういうことがあるんだよ」という、安倍徹郎ならではの斜に構えた主張のようなものを最終回に見出してしまいますが。

安倍　それはもちろん先ほどもお話ししたように、ぼくはシナリオ講座なんかでも「絶対に人真似なんかするな。隣のやつが同じような場面を書いて、そこでこういうセリフを書くだろうと思ったらそのセリフ捨てなさい！」と言ってますからね。人と違うものしか描けないんです。だからぼくは弟子なんか取れない、みんな直しちゃうからね（笑）。そこが型にはまった作家とは違う。

最終回というのは、どうしても型にはまってくるんですよ。でも、そういうときにもね、やっぱりいつものようにはしたくない。「ほかのライターが最終回をこう考えるなら、俺は別のものを考えてやろう」っていうのはあります。それからこの作り方は、一種の倒置法ですよね。最初にドラマの結果がある。しかし、いずれにしろずいぶん艶消しの話だけれども、そういう深い狙いをもって最終回を終わらせたということはないよ。逆にいくつかの駒を渡されて「さぁ、これで詰め将棋を作ってくれ」というようなもので。言ってみれば課題曲ですよね、この最終回は。

ただ、必殺ファンの方が最近言っているようですが、安倍徹郎の作風を〝アイロニー〟と捉えていると聞くと、あぁそうかなと思います。ぼくはアイロニカルなのかもしれないなぁ。自分では気づかなかったけれど。だからウケないんだよね、一般の人には（笑）。

１９９６年10月25日取材

『必殺仕業人』傑作選ＬＤ解説書より再録・加筆修正

安倍徹郎［あべ・てつろう］

1928年東京生まれ。早稲田大学卒業後、出版社の編集者を経て大映脚本家養成所に入所。58年に映画『煙突娘』でデビューし、その後は現代劇・時代劇を問わずテレビを中心に活動する。池波正太郎原作の『鬼平犯科帳』は歴代シリーズを執筆、『必殺仕掛人』より必殺シリーズを手がける。現代劇は『泣くな青春』『本陣殺人事件』『飢餓海峡』『さよなら李香蘭』『収容所から来た遺書』などがある。2016年に死去。享年87。

脚本

石堂淑朗

ぼくは本当に突発的に参加してすぐに縁が切れてしまった

1960年代初頭、松竹ヌーヴェルヴァーグの脚本家として大島渚の『太陽の墓場』などに参加した石堂淑朗は、観念的な作風を持ち味に『必殺仕掛人』に招かれ2本のシナリオを提供する。その後は俳優としてゲスト出演、異色の立ち位置から明かされる秘話を『仕掛人』LDの解説書より再録する。

取材・文：坂井由人

——『必殺仕掛人』（72〜73年）に参加したきっかけを教えてください。

石堂　たしか朝日放送から依頼があったんですよね。最初に連絡を取ってきたプロデューサーは、山内（久司）さんだったか仲川（利久）さんだったか……それはもう忘れちゃったけどね。でもこういった〝嘘から出た実《まこと》〟というタイプの番組は、じつは案外苦手でね。だから執筆も2本しかしていないでしょ。やはりあの手のものは、早坂暁がいちばん上手いんだよな。とにかく敵いませんよ。今回ビデオを見直すのは勘弁願って、両話の概要だけ読んでみたけれど、かなり覚えていなかったな……。

——第14話「掟を破った仕掛人」では、正体不明の敵に脅かされ、標的を先に奪われた藤枝梅安（緒形拳）に金が入らず、だんだん貧しくなる食生活を嘆くシーンがありました。サスペンス編でありながら殺し屋の生活感がユーモラスに描かれています。

石堂　シリーズが詰まってきたときによく使う手だよね（笑）。普通のエンターテインメント的なものにぼくはたじろぐところがあって、だからこういうリアルなものが出てきたんだと思うんだけど……。それで「これは『仕掛人』という番組とは違うな、違うな？」と思いながら、書いていたような覚えがある。梅安の変化球描写といえば聞こえはいいけれど、苦しまぎれな書き方でね。やっぱり梅安は、梅安なんだと。

——池波正太郎さんの原作は、すでに読んでいましたか？

石堂　ときどきね。ただ執筆の際は、あんまりそちらの雰囲気は追わなかった。それはキャラクターが弱いとかそういうんじゃなく、活字のイメージではそのまま映像のおもしろさにはならないでしょ。ほかの人の脚本もあまり読んだ覚えがない。『仕掛人』という番組は、放映されたものをチラチラ見ていて、けっこうおもしろいと思っていたけれどね。（資料を見ながら）あぁ、山田隆之さんや国弘（威雄）さんが多く書いていたんだね。でもやはり、ぼくはこの手のものはダメだったね。

——第27話「横をむいた仕掛人」はキリシタンをモチーフにしたエピソードです。

石堂　あれも書いていて、なにか息切れがしてると思った。エンターテインメントを志しながら、それが書けない人間で終わったね。これ見てると本当そう思うよ。だから書いた話は、みなさんおもしろいと言ってくれるけれど、一種の定型の打ち壊しでね。番外編みたいなものだよな。

——その後、必殺シリーズのオファーは？

石堂　来なかった（笑）。石堂は違うって！

——初期の作品、大島渚監督と組まれた『太陽の墓場』（60年）などを見ると、あの乾いた感覚がご自身に残っていたとして、その後の必殺シリーズをいい意味で変えたのではないかと思います。

石堂　でも、ぼくは脇役だったな。だから抜けたときは、ホッとした面もあった（笑）。

――先生は映画やテレビで手がけてきたジャンルが非常に幅広いですね。

石堂　（資料を見ながら）そうだね（笑）。自作で好きな素材の作品は、実相寺昭雄の『無常』（70年）、横山博人の『眠れる美女』（95年）。あとは吉田喜重の『水で書かれた物語』（65年）とか……性的なモチーフの作品だね。ATGの実相寺三部作は最初の『無常』がいちばんパンチがあって、あとはあまりよくないな。だんだんと実相寺もこちらも勢いがなくなって。話は飛ぶけれど、ワープロを使い出してから、さらによくないね。どっかで機械というものに邪魔されているみたいだ。手が痛くてペンで書けないから使うけれど、あれは本来フィルムで撮るべき映画を、ビデオ撮影がダメにしたのと一緒だな。

――シナリオ執筆においてハコ（大まかな構成）を組みますか？　それともいわゆる〝登場人物が動き出す〟タイプでしょうか？

石堂　初期のころは、キャラクターが勝手に動いていたけれど、やがて大まかな起承転結のメモくらいは作っておくようになった。そうでないと書いていって、支離滅裂になって全部破いて……では、つらいからね。それじゃあんまり体力を消耗する。最初のころは、実際にハコなしでやっていた。大島（渚）がね、「お前のホンはおもしろいんだけど、最後がどうなるかわからないからつらいよな～」と言ったことがあったよ。やっぱりどっか創作のひらめきは、即興的なものでなければと思っているんだ。

――1955年に松竹に入社し、脚本家以前は大船撮影所の助監督を務めています。『自由学校』や『正義派』の渋谷実監督に師事していますが、当時から『必殺』の松竹サイドのプロデューサーとなる櫻井洋三さんとの面識はありましたか？

石堂　いや、『必殺』以前に会ったことはないと思う。櫻井さんの顔は知っているけどね。山内さんは、脚本家だと早坂暁といちばん仲良かったんじゃないかなぁ。いずれにしろプロデューサーの方々は、みんな関西の人たちでしょ。だから最低限の打ち合わせはしたけれど、深い親交はほとんどなかった。

――国弘威雄さん、安倍徹郎さん、村尾昭さん……これまでお話をうかがってきた脚本家の方々は、京都・岡崎にあった「かんのんホテル」の思い出をそれぞれ語っていました。

石堂　あなたが名前を挙げた人たちと『必殺』の際に顔を合わせる機会はなかったな。ぼくは本当に突発的に参加して、すぐに縁が切れてしまったからね。そのグループと一緒に組んだ記憶はない。ぼくの場合は、基本的に全部東京で脚本を書き上げてるんですよ。だから、かんのんホテルを執筆に使ったことも一度もなかったね。向こうで『仕掛人』の試写に立ち会った覚えもなく、完成品もテレビで見た。打ち合わせの場所は、なんと言ったかな……もう廃業してしまった、京都は八坂神社の近くに旅館があったんだけど、知らない？　そこに大熊さんに連れてってもらったんだ。

――朝日放送の大熊邦也監督ですね。『仕掛人』の14話・27話の両方を演出しており、さらに早坂暁脚本、石堂淑朗出演の第30話「仕掛けに来た死んだ男」も担当しています。大熊監督とは以前から交流が？

石堂　いま言ったのは、米倉（斉加年）の出た回ね。いや、大熊さんともそれまで会ったことはなかったかな。とくに懇意という関係ではない。たしかその回の出演は、早坂がおもしろがって指名したんじゃないかなぁ……。早坂暁との付き合いは長くってねぇ。彼は映画界からじゃなくドキュメント映像畑の出身で、真船禎監督が才能を偶然に見出して、30代半ばになってから新人ライターとしてデビューしたんだよね。60年代の初めに30分ものを一緒にやる機会があって、日本テレビの前で最初に会ったのを覚えているな。早坂の脚本というのは失敗するとひどいけれど（笑）、だいたいおもしろいよね。

――フィクサーは早坂さんでしたか。完成した映像を見ると〝一発のトド松〟という巨漢の悪役を、なんだか楽しそうに演じています。

石堂　「出ない？」って向こうから言われてね。出ないとこれはもう喧嘩になっちゃうし……俺が図体デカいから、おもしろがってるんだよ（笑）。あのとき、松竹の撮影所に行って「俺の衣裳どれ？」って聞いたら、撮影係のおっさんが「あんた誰？」。で、石堂って答えたら「あぁ、あの坊主役」って言って、赤フンドシひとつ見せて、これって。それで撮影の合間もほとんど、あの格好にちょっと上を着るか着ないかだったから、どっかのばあさんが俺を見て「あ、かわいそうな人」とか言いやがった（笑）。

――早坂さんが撮影現場を見学に来たことは？

石堂　脚本家が現場にそう来るわけないよ。とくに早坂なんかそんなヒマはない。昔、東京12チャンネル（現・テレビ東京）のディレクターが、彼の執筆の遅さの被害を被ってクビになっちゃったくらいだからね。早坂は遅筆だよ。遅いよ！　〝おそさか昼間〟ってあだ名されてるくらいだもん。でもあの遅さはね、ハコを作ってチャチャって手際よくやる脚本家じゃないからだから。彼の書く脚本はジャズの演奏みたいなもんでね、最初のテーマが決まったら、あとは話がどうなるかわからないって自分でも言ってる。

以前、彼とNHKの『天下堂々』（73〜74年）という時代劇をやったけれど、これは両方にとって失敗だったね。分担して俺の書くぶんが終わったんで、NHKの脚本室で「どうだ」って横に座ったら、熱中していて側に来たのも気づかない。脚本家は構想のメモくらい置いておくもんだけどね、彼の場合なにもなしに考えながら一心に書いている。だから彼と組むとね、結末がどうなるかわからない（笑）。

――後年には映画『必殺！　THE HISSATSU』（84年）に出演して、六文銭一味の元締である庄兵衛という悪役を演じています。

石堂　いまでも覚えているのはね、監督の貞永（方久）か。ぼくの芝居を最初に見たとき、さっと顔から血が引いたこと（笑）。えらいひどい、芸ができないのが来たって（笑）。それでも彼はなんとかしようと幾度もテストするんだ。そうしたらあの石原（興）カメラマンが前に出てくる。彼もぼくがなんにもできないってわかったんだね。貞永が懸命に芝居に注文つけようとしていると、石原がすぐ「本番！」って。いや、ほんと助かったよ（笑）。石原に感謝したけれど……いま彼はどうしてるの？

――現在も京都映画で活躍していまして、今春公開された劇場版最新作『必殺！ 三味線屋・勇次』（99年）の監督も担当しています。

石堂　監督もやっているの。……だから台本がしっかりしていればね、あとは監督が芝居をつけるだけで、画面のカット割りなんかはカメラマンがやればいいんだよな。実際、台本があってキャスティングがあって、そこに腕のいいカメラマンがいれば、映画の8割はできたも同然だな。石原が監督を押さえて現場を仕切るなんて言ってるなら、それは本来の監督のほうに力量がないんだよ。あと石原がすごいのは、照明との連携ぶりだよな。しかし、石原は要領がよかった。だから貞永は黙っていたよ（笑）。

――藤田まことさんや山田五十鈴さん、共演者の思い出はありますか？

石堂　ベルさん（山田五十鈴）はね、渋谷組の『悪女の季節』（58年）なんかで、ぼくは助監督やっていたのね。だから、多少は覚えていてくれるかなと思っていたらまったく忘れていて、がっかりしたよ（笑）。藤田さん、生まれは池袋なんだよね。直接面識はなかったけれど、共通の知り合いがいた。テレビの『てなもんや三度笠』が関西でとくに受けたこともあって、あの人、それから向こうで活躍することになったでしょう。一緒に昼めし食ってるとき「誰それさんが、まこちゃんによろしくって言ってましたよ」と言ったら、「えっ！」と藤田さん、びっくりしていたな。

――映画『必殺！』の脚本は野上龍雄さんと吉田剛さんの共同です。

石堂　そうだ、野上がこの映画に出るように俺を推したんだった！　野上さんとは唯一相性がいい脚本家でね。

『南極物語』（83年）からの付き合い。最初、あの脚本は監督の蔵原（惟繕）の弟が書いていたんだけど、ダメでね。それで蔵原が、野上を引っぱりこんだ。さすがに上手い！　蔵原も満足したんだけど、そのあと3週間ほど東映の仕事で野上が捕まってしまった。それでプロデューサーの貝山知弘が「とにかく宿屋でシナリオを進行しているよう見せかけたい」って言うんで、貝山がよく知っている俺が呼ばれたんだ。

だからほとんどなにもしないでダラダラしていたら、3週間して野上が帰ってきて残りを仕上げて、最終的にぼくが考えたセリフを5、6秒だけ使ったな（笑）。で、『南極』はビデオがずいぶん売れたんで、俺も分割で印税もらった。それで野上が「たった5、6秒で4分の1取るのか？」と言うから、ウルセェ、いないほうが悪いんだ、と。いや、あれは儲かりましたよ（笑）。

――それ以来、仲を深められたんですね。

石堂　ええ。それで彼、ぼくと同じで将棋が好きだしね。酒も女も（笑）。脚本家仲間ではいちばん話が合いましたね。脚本家には珍しく知的なほうなんだよ。知性がある。もともと高岩肇さんのお弟子でね。京都でも、女がらみでいろいろ武勇伝があるよ。彼は元6回戦ボーイで、酔って官憲を殴ったこともある（笑）。最近の『鬼平犯科帳』なんか見ても本当にエンターテインメントな話を書いていて、うちのカミさんなんかも「あ、これ野上さんじゃないの？」ってわかる。とにかく人情ものが上手いよな。なんでも人情ものにしちゃうけどね。

――『必殺！』の脚本はいかがでしたか？

石堂　おもしろかった。ぼくはこういうの、書けないなーって。

――撮影中、京都には1ヶ月くらい滞在したのでしょうか？

石堂　正確には3週間。押せ押せだから、このときは撮影中に酒を飲む機会もそうなかったね。普段だったら「あ、おつかれ」って、撮影のあとに飲みに行くこともあるんだけど、詰まってたし。あと役者の人ともそんなに付き合わなかったしね、寂しくひとりで部屋で一杯やるとか（笑）。

——実作者の立場として、脚本にアドバイスしたことなどは？

石堂　ありません。こないだ一昨年の正月にも、また演技する機会があったけれど、注文つけると面倒くさくなるので脚本には一切口出さなかった。それに自分の出番のところしか読まないんだよ（笑）。もう、そのへんの役者と同じ。他人の出番のところなんか、知ったことかって。

——学生時代から演劇の素養を身につけていたのでしょうか？

石堂　演劇には関心がなかった。大島渚は演劇青年だったけれど、ぼくは文学青年だね。それと背が高いでしょ。猫背で歩いていても目立っちゃうしね。だから口の悪い仲間と一緒に芝居して「石堂さん、あんたスターだね。ただし前にモンが付くけど」って言われたこともあった（笑）。大男のぼくが出ると、舞台が食われちゃうということらしい。役柄も「悪役はやっててもおもしろい」とか言う人が多いけれど、そういうことはなく、なんだっていいんだよ。出ろって言われれば出る（笑）。

で、『必殺』の映画なんかもね、山藤章二さんの奥さんが見終わったあと、「あんた、あの大男、石堂さんじゃない？」って言って。そういやそうだなぁと答えたとか（笑）。中村玉緒さんとも、その後、新幹線の中でばったり会ったんだ。それで、「や、しばらく」と挨拶しようと思ったらバッと逃げて、車輌のドアのところにへばりついて（笑）。どこかのヤクザにでも声かけられたとか思ったのかね。あの人、すごく目が悪いから。

——中村玉緒さん以外に『仕掛人』で共演した方々、米倉斉加年さんや緒形拳さんとの交流はありましたか？

石堂　米倉さんなんかぜんぜん。彼、役者としては性格がデリケート過ぎるね。ああいう秀才タイプは、演出家やったほうがもっと大成した気がする。絵が上手いでしょ。天才肌の雰囲気が出ている。緒形さんとはＮＨＫの坂口安吾原作の戦後の闇市を舞台にした番組で共演の機会があったな。向こうは哲学者で、こっちは闇屋の役だったけどね。そのときは緒形の役のキャラクターもよかったからおもしろい男だなと思ったけれど、あとでもう少し話し合うとやっぱり緒形も役者で、自分のことしか考えないって思った（笑）。まぁ役者ってのは、そういうものなんだけどね。

1999年4月30日取材
『必殺仕掛人』LD-BOX解説書より再録・加筆修正

石堂淑朗

［いしどう・としろう］

1932年広島県生まれ。東京大学卒業後、55年に松竹に入社し大船撮影所の助監督となる。60年に『太陽の墓場』『日本の夜と霧』の共同脚本を手がけたのち、松竹を退社し、大島渚主宰の創造社を経てフリーに。映画『水で書かれた物語』『非行少女』『無常』『暗室』『黒い雨』などを執筆し、ウルトラシリーズほかテレビも多数。90年代以降は保守派のエッセイストとして活躍した。2011年に死去。享年79。

脚本

早坂暁

シナリオ不作法 ともかく歩き出すのが、ぼくのやり方

テレビ界でその名を馳せた早坂暁は、『必殺仕掛人』を経て『必殺からくり人』で大いにその才を発揮した。『必殺仕事人』までのオープニングナレーションの多くも早坂によるものだ。２０１７年に亡くなられた氏の、シナリオ作法ならぬ「シナリオ不作法」を再録。１９７３年、ちょうど『仕掛人』に参加した翌年の筆である。

ハコ書きという作業の欠落

ぼくは何も判らずにシナリオを書きはじめた。誰もシナリオの書き方を教えてくれないし、教えてくれるような人が周囲にいなかった。

最初にぼくにシナリオを書かせた人は、いかにも面倒くさげに「好きなように書いてごらんよ。具合の悪いときはそのとき考えりゃいいんだから」といってくれた。

これは実に素晴らしい助言だった。

それ以来、ぼくは好きなようにシナリオを書いてきた。なにしろ具合が悪ければ、そのとき考えりゃいいんだから気が楽である。

ラフカディオ・ハーンの小説作法に〝自分の一番書きたいところから書きだせ〟とある。ハハーン、ハーンもそんなことをいってるかと、それにも力づけられて一層好きなように書いている。

書きたいところから書きだすのだから、当然、〝起承転結〟とはならない。いきなり結からはじまり、転々として起で終わったりしてしまう。いかさま不格好に思えて思案しなおすのだが、見渡せば今の世に起承転結、絵の

ようなドラマなど一向見当たらず、日毎つきつけられる〝生きたドラマ〟は容易ならざる展開ぶりを見せてくれるので、これでいいのじゃないかと腰を落ち着ける。

シナリオを書きはじめてから、あるとき、ちゃんとしたシナリオライターの仕事ぶりに接することがあった。それを見てぼくのシナリオ作業は随分変則的であるのを知った。

なにしろ、ぼくはハコ書きなる作業が欠落しているのだ。ハコ書きとはつまり構成表だ。ガッチリと構成をきめてからプロのシナリオライターたちはシナリオにとりかかる。

まったく自分はアマチュアだなあと思った。

そこでぼくもハコ書きに挑戦してみた。

結果からいうと、ひどく惨めな気分になった。

確かにハコ書きを作ると構成はガッチリとなっていくのだが、シーンとシーンとがどんどんと論理的なつながりを増し、その分だけ感性が蒸発していく。〝これじゃ干物だ〟というのがぼくの実感だった。

ぼくにとって、あるシーンは、その前のシーンが充実しなければ成立せず、前のシーンが充実するということは、プロットでなくシナリオとして完成していることだから、どうしてもシナリオを書きながらでないと先のシーンは決定していかないのだ。

それに、ハコ書きが出来上がってからではなんともシナリオを書くのが詰まらない。もう決まってしまった運命を生きるようで詰まらない。——詰まらない、とはいかにも素人くさい言い草で、ちゃんとしたプロなら、こんなことは言わないだろうと思うのだ。

そんなわけで、ぼくはいつもお先真っ暗でシナリオを書いていく。一応打ち合わせなどして、結末はこんな具合になるでしょうと決めてあっても、出来上がると大抵は似ても似つかぬ結末になって恥ずかしい思いがする。しかし、われわれとても、大抵はこと志と反する生き方をしているではないか。シナリオの中だとて、そうそう甘くは生きていけない。

心理的な造形よりも生理的な造形

では何の構想もなくお前はシナリオを書くのかと聞かれると、ぼくにだって構想はある。目指すものはある。

その目指すべき目標にむかって、ともかく歩き出すのが、ぼくのやり方だからなのである。ともかく歩き出す方式ら簡単である。ただその歩き出し方が、いつも問題である。どんなリズムで歩き出すのか、どんないでたちで出発するのか、それに苦労する。楽譜を見ると、その冒頭に3／4とか4／4とか、リズムの刻み方が表示してある。ぼくはハコ書きよりも、それの方が大きな磁石である。リズムがきまれば、気ままな演奏をはじめる。すこぶる生理的な即興曲である。

しかしこれは大変危っかしいやり方だ。なぜなら、即興は気がのならければ、極めて不様《ぶざま》である。従って賢明なプロは決してこんな方法はとらない。

だから、ぼくなんかにシナリオ作法を聞いても、誰の役にも立たない。つまりは、ぼくは勘で書いてるだけである。お先真っ暗な座頭市剣法だ。座頭市君は、勘で相手を斬っている。ま、あれほどの冴えはないけれど、あれに似たようなもんだ。

とはいうものの、座頭市の勘だって、あれは匂いと音の座標軸で相手の位置を結んでいるのである。ただの勘だけでシナリオが書けるわけがないと叱られる。ちゃんとしたシナリオライターの仕事ぶりを見ていると、登場人物の性格や履歴をこまごまとノートしている。ハコ書きには閉口したぼくだが、この作業には大いに共鳴した。主人公がどんな人間であるかが定まらなくては動きようも、動かせようもないのだから、ぼくも主人公の造形には一生懸命になる。ただそのとき努めて心理的な造形よりも生理的な造形に力をそそぐようにしている。

例えば国定忠治を描くことになったとしよう。

もちろん資料を読んでみる。すると、彼が上州の生糸産業に寄生したダニであることはすぐ判る。ま、そのことはさて置いて先を読みすすむと、彼が五尺そこそこの小男であったことを知る。さらに妾が大女であったことも判る。ぼくはたちまち興奮して、小男の忠治が大女の妾にしがみついてファックしている姿を思いうかべてしまう。するともう、ぼくの忠治は生き生きと動きだしそうになる。それでもまだ我慢して読みすすむと、彼が関八州の役人に追われて赤城の山に立てこもったと書いてある。それも二年や三年ではない。六、七年の長きにわた

『必殺からくり人』の花乃屋仇吉、山田五十鈴が"涙としか手を組まない"元締を演じた

っている（六、七年ではないかもしれません、そこいらは例え話なのでご勘弁）。

その間忠治はお上の捜査網をくぐりぬけ、里に姿をあらわして賭場をひらいている。これは度胸があるというより、情報集めが巧みであると見たほうがいいぞ。彼は仲々細心な男であるらしい。そうでなきゃ、何年もの間、捜査網の目をくぐって生き続けられるわけがない。

そこでたちまち、ぼくは厠にしゃがんでいる忠治を空想する。

妾の家の厠だ。用心深い彼は厠の中でも脇差しを離さない。しかし、うーん、うーんと呻っている。便秘しているのだ。細心な上に神経を張りつめているものだからどうしても便秘になってしまう。おそらく、忠治のウンコは太くて、ポロッと丸かったにちがいない。鶏型である。さらに山ごもりが続いているのだから、ビタミンCが欠乏してて絶対に鶏型便秘症にちがいない。この状態が何年もとなれば、それはもう切れ痔であることはこれも疑いもない。

長くて辛い厠がすんで、出てくる忠治は及び腰。——こうなると、ぼくの忠治は一層生き生きとしてきて、もう勝手に動きだしてくれるのである。

どうも例えが尾籠になってしまったが、しかしぼくにとっては、かかる生理的な造型が、忠治の持っているなんとかという刀のように、力強い味方なのである。

生理用品が最も非生理的な映像でコマーシャルされるように、極めて生理的なわが主人公にはできるだけ非生理的なシナリオの旅をさせようと、ぼくはいつも思う。アンネのコマーシャルが明るく幻想的であればあるほど女の生理は生々しく伝わってくるのだ。

シナリオ自体が持つ力

もっとも素晴らしい旅は、極めて日常的で、それでいて抽象的な旅である。

その見事なお手本がカフカの『変身』で、小説ではあるが、実に具体的で視覚的で楽しいシナリオなのである。

ある朝ベッドで目覚めた主人公は、自分が大きな虫になっているのに気づく。おきあがろうともがくが、何十本とある足がもぞもぞとうごめくだけである。素晴らしく生理的なのだ。それでも主人公は会社に出かけなくてははと気をもむ。素晴らしく日常的なのだ。

主人公の妹は自分の兄が虫になったことを知って、悲しみながらリンゴを与えようと寝室へ入ってくる。思わず近づこうとすると、妹は悲鳴をあげてリンゴをぶっつけてしまう。リンゴは主人公の虫の身体にめりこんでしまった。ここに至って、生理的な昂奮は頂点に達してしまうのだが、同時に素晴らしく抽象的な昂奮にもなっているのである。

もちろん、ぼくにはカフカのような素晴らしいシナリオは書けそうにないし、またカフカのようなシナリオでは決して映像化されまいから、きわめてその下流できわめて下品に生理化し、きわめて猥雑に抽象化するしかない。

それにしてもシナリオはそれ自体で力を持たないものだろうか。それ自体で完結し得ないものだろうか。映像化されないシナリオは、落ちた代議士と同じなのだろうか。

シナリオライターとはどうやら花嫁の父で大事に育てたわが娘は、カントクという下品な男どもに女にしてもらうわけである。

だがぼくは、シナリオは映像化されなくても、断固としてシナリオだし、シナリオはそれ自体で完結した映像世界を持っていると考えている。

だからぼくは自分のシナリオを監督やディレクターに渡すときにはすでに映像化は完了している。いってみれば、娘をカントクの嫁に出す前に自分で女にしてやっているのである。

実に生理的で、気分がよろしい。

しかしプロは決してこんなことを口にしませんね。

初出：『シナリオ』1973年6月号

早坂暁
［はやさか・あきら］

1929年愛媛県生まれ。本名・富田祥資。日本大学芸術学部卒業後、53年の『少年西遊記』をきっかけにテレビ草創期より脚本を執筆し、『ドキュメンタリー劇場』の構成も担当。代表作は『七人の刑事』『天下御免』『必殺からくり人』『夢千代日記』『花へんろ』ほか。自伝的小説『ダウンタウン・ヒーローズ』をはじめ『華日記　昭和生け花戦国史』『公園通りの猫たち』『早坂暁コレクション』など著書多数。2017年死去。享年88。

富田由起子が語る、早坂暁と必殺シリーズの思い出

早坂暁の妻・富田由起子は、2017年の本人没後「早坂暁公式ウェブサイト」やTwitter「早坂暁のことば」を立ち上げ、そのキャリアやシナリオ作法を積極的に発信してきた。必殺シリーズにおける代表作『必殺からくり人』を中心に歴代ナレーションの裏話や多彩な創作活動の原点まで、亡き夫が語り残した言葉の数々を回想していただく。

なぜ「ホテルプラザ」で書いていたか

「ぼくは早食いの人は信用しない」という文章を早坂（暁）が書いたことがあるようなのです。なぜかというと、いまは歯の治療中で食べにくいからゆっくり食べる。その点、朝日放送の山内久司はすごく早食いでせっかち。ぼくの顔を見ると「早く書け、早く書け」と催促してくる。だから早食いのやつは信用しない（笑）。そんな文章があることを必殺ファンの方から教えていただいて、おかしくて大笑いしました。

早坂が山内さんと一緒に横浜で『必殺』のシンポジウムに登壇したことがあって、わたしも同行しました。いかに早坂の原稿が遅くて大変だったかという話を山内さんが披露して、お客さんにめちゃめちゃウケるんですよ。本人はニコニコしながら聞いて、客席に向かってOKマークを出し続けていました。『必殺』に限らず早坂の遅筆は有名ですが、みなさんサービス精神で多少は盛っている部分もあるんじゃないかなと、その様子を見ながら思いましたね。

当時、早坂は大阪の「ホテルプラザ」で書いていて、どうして京都の「かんのんホテル」に行かなかったかと言うと、かんのんは脚本家やスタッフのみなさんがお酒を飲むんですって。で、彼は飲めないんですよ。飲めたとしてもグズグズとなし崩しになっちゃうのがイヤだったそうです。

わたしが早坂と出会ったのはもっと後年のことですが、よく話をしてくれる作品としない作品があって、じつは『必殺』の話はあまり聞いたことがないんです。たとえばNHKの『花へんろ』（85〜88年／三部作）の話なんかは、よくしてくれたんですけど……。

オープニングの言葉が好きなんです

最初の『必殺仕掛人』（72〜73年）は2本だけの参加ですが、歴代のオープニングナレーションを書いてますよね。最初の14本くらいを早坂がやっています。わたしは『必殺』という作品は本編だけでなく、あのオープニングの言葉も大好きなんです。

「どうせこの世は一天地六」の「一天地六」

の意味を、これで知ったという人がいました。「雨が降ったら傘をさす」とか「娘十八紅をさす」とか、すべて「さす」で統一されています。基本は〝七五調〟で、やっぱり日本人の心にストンと落ちるんでしょうね。

あとは宇崎竜童さんの「石が流れて木の葉が沈む」もありますし、「一かけ二かけ三かけて、仕掛けて殺して日が暮れて」……あれは藤田まことさんがお元気なころに、あるテレビ番組に出てソラで仰っていたのを見たことがあります。最後に「わたしは必殺仕事人中村主水と申します」という言葉が出てきますし、お気に入りだったそうです。

手前味噌ですけど、あのナレーションは本当に上手くできてるなと思います。「委細面談男女は問わず」……ああいうのも好きなんです。昔の新聞求人広告にあった文句ですよね。

ただ、あのナレーションに早坂はとても苦労したそうで、乾いた雑巾をしぼるようにアイデアをしぼり出して毎回「もう勘弁してよ」って山内さんに言っていたようです。でも「いや、頼むよ、ギョウさん。あとひとつ、あとひとつ」って、けっきょく『必殺仕事人』（79～81年）まで合計14本を書いて、それから山内さんに交代しました。

その後、山内さんから「ナレーションの権利をまとめて譲ってよ」という話が何度もあって、もう面倒くさかったし、深く考えずに一定の金額で譲渡したそうです。あまり説明もなく、そのあたりについては少々疑問に思ってたみたいですね。

奥行きと光と縦線

『必殺からくり人』（76年）は必殺ファンのなかでも、とくにコアな方々が好きな作品ですよね。鳥居耀蔵の「鳩に豆鉄砲をどうぞ」と、ギャラクシー賞をいただいた「津軽じょんがらに涙をどうぞ」が印象に残っています。越後から出た百姓が豪商になって……あの話は「田中角栄をイメージした」と早坂は言ってました。

もちろん角さんがあんな悪いことをするわけではなく、キャラクターのイメージは田中角栄だって。そう、呼び捨てではなく「角さん」と言っていました。必ず「さん」を付けるんですよ、早坂は。オランダおいねさんとか、ゴッホさんとか、面識のあるなしにかかわらず「さん」付けでした。

『からくり人』の第1話「鼠小僧に死化粧をどうぞ」は銀座の歩行者天国から始まって、ああいうのは得意技ですよね。『天下御免』（71～72年）と一緒です。次の「津軽じょんがら～」がベルさん（山田五十鈴）の楽屋でしょ。楽屋突撃。ベルさんは後年、早坂作のNHK時代劇『びいどろで候　長崎屋夢日記』（90年）にも出てくださって、それが『からくり人』を彷彿とさせる役なんですよ。コミカルな作品なんですが、よくNHKさんが、こういうオマージュをやらせてくれたもんだなと思います。

『必殺』は映像もすばらしいですよね。早坂が言ってたのは、奥行きと光と縦線……望遠レンズで路地を映したりする縦の線と照明の組み合わせ。

ベルさんが最初『必殺』に出演するのを渋っていたのを撮影所に連れてきて、とりあえず見学してくださいと。そうしたら、あまりにもスタッフさんの仕事ぶりがすばらしかったので、それでベルさんがご出演くださったという話を聞きました。

監督さんのお話ですと、蔵原惟繕監督のことは「業界でいちばん画数の多い人」と言ってました（笑）。昨年亡くなられた青山真治監督とも交流があったんですけど、その話で早坂と盛り上がってましたよ。

遍路と戦争と原爆

「海外に持っていっても『必殺』は絶対いけると思うねんけどなぁ」と、早坂は言っていました。ああいう斬新な時代劇だし、それは『からくり人』に限らずシリーズ全般がそうじゃないかと言ってましたね。えぇ、彼は四国の松山の出身で、わたしも関西なので、お互い普段は西の言葉でした。

松山にある早坂の実家は遍路道に面しています。昔はお遍路さんをお米で泊めてくれたんですよ、遍路宿に。だからお米を一合すくって、首から下げている頭陀袋に入れてあげる。それが子供のころの彼の役目だった。お接待です。

やっぱり底辺的な人への思い入れが強いんです。遍路している人って、しあわせな人は少ないわけじゃないですか。なにか苦しいことや悩みや願いごとがあったりする人が多くて、もう足が萎えてしまって手で歩く……座ったまま足にタイヤをくくりつけて両手で歩いているような人もいる。

で、母親に「あの人なにか悪いことをしたの？」って聞いたら「いや、なにも悪いことはしてないんだよ。つらいからああやって歩いてるんだよ」と。そういう原体験があるものですから、すごく目線を下げた作品が多いんです。

早坂は戦争中は軍国少年で、海軍兵学校の生徒でした。原爆投下直後の広島を目撃し、妹も原爆で失いました。戦争の悲惨さを知っています。だから早坂暁という脚本家の3つの柱は〝遍路と戦争と原爆〟だと思うんです。

『からくり人』の主人公たちは八丈島から島抜けした〝擬似家族〟みたいなかたちですね。水でつながった、血はつながっていない命のつながりは『夢千代日記』（81年）もそうです。みんな他人で、みんなワケあり。そうやって考えてみると、『からくり人』は早坂暁のためにあるような作品かもしれません。

かつて『早坂暁コレクション』という作品集が勉誠出版から出ていたんですが、出版社さんの都合で16巻で終わってしまったんです。それで予告のラインナップに載せていた『必殺』は出すことができなかった。そのあと早坂担当だった当時の社長が退職して、新しく自分で会社（みずき書林）を立ち上げて、『この世の景色』というエッセイ集を出版してくださいました。ほかの代表作のように『必殺』のシナリオも世に出るといいんですけど……。

生け花と俳句と浮世絵

『新必殺からくり人』（77〜78年）も『必殺からくり人　富嶽百景殺し旅』（78年）もそれぞれ第1話を書いていて、どちらも安藤広重と葛飾北斎の浮世絵がモチーフですよね。浮世絵も大好きで、早坂にとって日本を代表する3つとは〝生け花と俳句と浮世絵〟

『新必殺からくり人』の渡月橋ロケ、中央に山田五十鈴

なんです。世界に誇るべきものだとよく言っていました。

　とくに好きだった浮世絵は広重の「大はしあたけの夕立」、北斎だと富嶽三十六景の「神奈川沖波裏」。あとは鳥居耀蔵が好きでした。『天下堂々』(73～74年)も『からくり人』も、どっちも岸田森さんが演じていますよね。松山弁でいう〝よもだ〟……へそ曲がりというか、変わり者というか、物事を違う方向から見るのが好きだったので「鳥居耀蔵も見方を変えれば天下の大悪人ではない」と。それから物書きのいちばんの仕事は本を読むことであるとして、たくさんの資料を読み込んで、自分のなかで咀嚼して書く人でした。

　最初に『仕掛人』で書いた「命かけて訴えます」も殺しが序盤にしかない話で、早坂らしいですよね。じつは、『仕掛人』の前に同じ池波さん原作の『鬼平犯科帳』(69～70年)の脚本を書いているんですが、このとき池波さんにすごく嫌われちゃったみたいです。

　「縄張り」というエピソードを書いて、それをずいぶん原作から変えたんです。要するに悪いもの同士が自滅するように長谷川平蔵が画策するのです。鬼平さんの部下が「おかしらは本当に鬼だ」というようなことを言うハードな流れに変えた……作品の評判はよかったんですが、原作を改作したので池波さんの逆鱗に触れたのかもしれません。〝池波正太郎の三人の敵〟という言葉があったそうで、脚本家だと早坂暁と池上金男さん、あとは監督の五社英雄さんだと聞いております。

麻雀しないと仕事ができない

　そう、麻雀も好きでしたね。麻雀しないと仕事をしないんですよ。麻雀しながら考えるみたいで……あとね、これは早坂のエッセイ集『この世の景色』のあとがきでも書いていますが、いちばんアイデアが浮かぶのはストリップ劇場なんだそうです。若い子だけじゃなくておばさんも出る、あのなんとも言えない空間にいると、いろいろ湧いてくる。

　それとストリップ劇場でかかる音楽のセンスがおもしろいと言ってましたね。「ギンギラギンにさりげなく」なんか妙に合うんですって。ライターさんによっては旅館でカンヅメとかいろいろありますが、早坂の場合はストリップと麻雀。だから「明日2本仕上げなあかん」と言いながら麻雀をする(笑)。

　「おそさかうそつき」「ささきまもらず」「たのむなもう」が遅筆の三人衆……TBSの人がつけたらしいですよ。早坂と佐々木守さんと田村孟さん、本人は「たのむなもう、これが最高や」と言ってました。

　彼の本名は富田祥資《よしすけ》で、早坂暁というペンネームの由来は作家の上林暁さんなんです。あの方の『聖ヨハネ病院にて』という小説がすごく好きで。名字は早坂文雄さん、黒澤映画の音楽家の方からです。ちょっと名前かっこよすぎやろって思うんですけど(笑)。

緒形拳さんとはご縁がありますね

　とにかく早坂はテレビの草創期から仕事をしてきましたから、ほかの作品とダブってるネタもありましたね。あの氷を運ぶ話……『からくり人』の「佐渡からお中元をどうぞ」は、もともと『剣』(67～68年)に「お氷さま罷り通る」という元ネタの話があるんです。佐藤慶さんが主役で、北国から江戸の徳川将軍に氷を献上したら、たったこれっぽっちという……。

『剣』も黒澤組ですから、すごいですよ。どうしてまだ当時若造の早坂が第2話を書いているかといえば、あるとき、知人に突然、熱海か湯河原の旅館に連れて行かれたそうです。そこには黒澤明さんがいて、それこそ小国英雄さんや橋本忍さん……錚々たる黒澤組の面々がどんな作品をやるかと企画会議の最中。もちろん早坂はみなさんと初対面です。ちょっと様子を見てたら、欄間にアイデアを貼って、みんなワーワー言ってるんだけど、お酒飲んだりしてなにを言ってるかわからなかったそうです。

しばらく待ってもなんの進展もないし、「俺、帰る」って早坂が言ったんです。するとみな驚いて「天下の黒澤さんのところから帰るのか。こんな機会はないんだぞ」と言われて、でもつまらないし、ほかの仕事もあるし。そうしたら黒澤さんから「なにか企画はないか?」と聞かれて、「そうですね、たとえばある一振りの剣があって……」と『剣』の企画を口頭でしゃべったそうです。

妖剣を主人公に、毎回いろんな人の手をめぐって運命を変えるというアイデアで、それをもとに橋本さんが第1話、早坂が第2話の「山犬ともぐら」と第31話の「お氷さま罷り通る」を書いたんです。で、その第2話の主人公が緒形拳さん。ご縁がありますよね。

わたしが気になってるのは、緒形さんがあまりの遅筆に耐えかねて「もう出ない!」と言ったという……あれは本当なんでしょうか? 後年、『華日記 昭和生け花戦国史』という早坂の小説があって、かつて彼は生け花の評論家をやっていたので華道家の中川幸夫さんを主人公に書いて、これは新田次郎文学賞をいただいたんです。

中川幸夫さんは幼いときに脊椎カリエスを患って、どこの流派にも属さず貧乏なんだけど天才的な華道家の話。この役を緒形さんがやりたいと熱望していたそうです。けっきょく実現しなかったんですが、本当に早坂のことがイヤなら熱望はされなかったと思うので、そこは少し安心しているんですけれど。

早坂暁のことを残していきたい

子供もいませんし、もうわたしで終わりなので、ある程度の始末はつけておこうというのはあって、みなさんが覚えてくださっている間に早坂暁という脚本家のことや、わたしが知ってることは機会があれば残していきたいと思っています。ウェブサイトを立ち上げたり、Twitterでシナリオ作法を公表しているのもその一環です。

ずいぶん前に早坂は生前葬みたいなことをしたことがあるんですが、そのときなにがよかったかと言えば、「自分が思ってる自分と、他人から見られてる自分がぜんぜん違う」ということでした。

弔辞を読んでもらったのですが、作品に関してはみんな『夢千代』を代表作として語ってくれるだろうと思っていたら、いちばん多いのが『花へんろ』で次が『天下御免』だった。『必殺』については、そこまで本人は語っていなかったんですが、こんなに年月が経ってもいまでも熱心なファンの方が多くて本当にありがたく、感謝しかないですね。

脚本

村尾昭

キャラクターの過去を引っぱり出してこないとドラマを作りづらいというのがありました

『必殺必中仕事屋稼業』第26話「どたんば勝負」、『新必殺仕置人』第41話「解散無用」――殺し屋が散りゆく非業の最終回を書き続けた脚本家が村尾昭だ。東映の任侠映画で活躍し、やがて必殺シリーズに合流。『必殺仕置屋稼業』の崩壊劇も託された氏のインタビューを同作LDの解説書より再録する。

取材・文：坂井由人

――必殺シリーズに参加したきっかけを教えてください。

村尾　ぼくが入ったのは『助け人走る』（73〜74年）のときに呼ばれていったのが最初です。それまで東映のやくざ映画などをやっていたんですが、それも傾いてきて、そのうちある俳優とテーマのことで喧嘩になりましてね。じゃあ仕事どうしようかと思っているときに脚本家の国弘（威雄）さんから『必殺』をやってみないかと連絡があった。それまでは深作（欣二）さんの撮った『必殺仕掛人』（72〜73年）も見たことなくて、それが『必殺仕置人』（73年）になったというのも詳しくは知らなかったんです。というのは、ぼくは映画のほうをやってたもんで、あんまりテレビは見ていなかった（笑）。

それで『仕置人』が暗いというか、なんか殺伐としてるんで、今度は『助け人走る』って題名になるとプロデューサーのほうから聞かされまして。それで作品を見てみると、『必殺』というシリーズのテーマがものすごくおもしろいんですよね、主人公たちの生きざまとか。テーマが勧善懲悪じゃないし、要するに〝金をもらってはらせぬ恨みをはらす〟というのが時代劇として、いわゆるご存じものじゃないので、ぼくは二つ返事で引き受けました。

『必殺』というのは、主人公側のメンバーがみなアナーキストでしょ。金もらわなきゃなんにもしない、正義でもなければ世の中てめえのことしか考えてないという。そういった連中が金にぎった途端バァーっと突っ走るわけでしょ。しかも〝人殺しの番組〟であると。それがこれほどウケたってのは、いろんな要素を併せ持っているからですよね。世の中の人は正義と読み取るかもしれないし、それは書く側がきちんと掴んでいればいいわけで。だけど、金をもらってはらせぬ恨みをはらしてやるというプロデューサーの意図は、かなり現代に通ずる新鮮さがあってショックでした。だから池波（正太郎）さんの『仕掛人』ではない、新しい番組として捉えられるんじゃないかという解釈はしていました。

――なるほど。

村尾　ぼくは東映で何本もやくざ映画をやりましたが、もともとは大映の脚本研究生だったんです。それで大映と契約してたんでね、名前出せないから一時期はペンネーム（但島栄）で深作さんとやったりしました。深作さんのやり方は映画が完成したときに脚本もできあがるといった感じで、もう直して直して直しまくるわけですよ。それでプロデューサーの岡田茂さんが「村尾の脚本を直すんなら、お前撮らせないぞ」って言ってくれたのが、東映のデビュー作『ギャング対Gメン』（62年）。

ぼくは劇場映画もシリーズの最初を作って、そのあと誰かが引き継ぐといったかたちでやってきていたので、『必殺』の作り方に抵抗はなかったですね。むしろ『必殺』の場合は連続もので何本もできますし、「次はこういうものをやってやろう」とか、いろいろ自分のなかでアイデアが出てきてねぇ。いわゆる〝書きたい意欲〟に駆り立てられてやってたというか。
話を考えるとき、ぼくはいつも京都の「哲学の道」というところを歩くんですよ、とにかく夜中でもなんでも。哲学の道から銀閣寺まで、それからまた南禅寺まで行ったり来たりして考える。夜中でもホテルの木戸を開けといてもらって、出ていっては構想を練ってましたよ。ひとつ考えては「もっとおもしろい手はないか、1時間あってもコマーシャルのときにトイレ行ってくれ、見ている間は視聴者を絶対逃がさないぞ」というような作り方をしていましたね。

——実際の執筆について、たとえばシリーズごとに「○○勝負」や「一筆啓上○○が見えた」など、サブタイトルがユニークです。

村尾　各話のサブタイトルはABC（朝日放送）のプロデューサーが考えていたようですね。ぼくらのときは「必殺○○人／第○話」というだけでホンが刷り上がってきて、こういうタイトルになったのかというのはオンエアのときに初めて知りました。なかには自分でつける脚本家もいたかもしれないけど、ぼくはタイトルまで考えているヒマがなかったのでほとんどお任せでした。
みんな1本につき1週間か10日くらいで書き上げてましたね。安倍（徹郎）さんや国弘さんは比較的早いほうで、とくに安倍さんは4日くらいで書いてたんじゃないかな。ぼくや野上（龍雄）さんは遅いほうで、猪又（憲吾）くんなんか「書けない、書けない」って言ってました。彼は本当にがんばり屋で、いくつかホンがあがってくるとぼくは真っ先に猪又くんのから取ったけど、彼のホンがいちばん歯ごたえがあったなぁ。監督にしても映像を掴んでいる人とそうでない人がいたし、あの番組が持っている映像には独特のものがあるでしょ。だから脚本家にもそのへんを理解している人と、そうじゃない人がいましたね。

——京都映画のスタッフとの交流はありましたか？

村尾　カメラマンの石原（興）さんや編集の園井（弘一）さんは、よく「かんのんホテル」に麻雀をしに来てましたね。そこでも話題は仕事の話ばかりでしたけど、ああいう現場ってないですよ。やっぱり京都という土地柄もあったんじゃないかな。みんな近いからすぐ遊びにきて、東京なんかだと何月何日にそのときだけ集まって打ち合わせして、それで終わり。遊びがないもんね。だからそういう人間関係が作品に影響して、それが現場の人たちに「おもしろいアングルで撮影してやろう」とか「凝った照明してやろう」なんてところにつながってきていたんじゃないかな。編集なんかも上手かったしねぇ。

ぼくのシナリオというのは〝動から静、静から動へ〟って、つなぎは必ず乗っかっていくような書き方をしますよね。だから『必殺』の場合それがハマったと思います。映画だと1時間半から2時間くらいあるけど、1時間もののテレビだと正味45分くらいでしょ。だから監督もそのへんが手のうちに入ってて、頭の中に最後まで画ができている。それで撮ってるから、ああいう映像になるんじゃないかって思ったことがありましたね。実際に見てて、次に「あっ、ここで走り」って自分で言うと、画面も走る画に変わる。気が合うんじゃないかと思うわけですよ。「次は音楽がほしい」ってときに必ず入ってくる。なんていうか、自分でもこれだったら監督やってみたいって思うくらい安心してのめり込んでいける作品は、ほかにそうはなかったですね。

――それほど相性がよかったとは。

村尾　脚本家だと安倍さんが飲みに行くのが好きで、よく連れていってもらった覚えがあります。一時期、遊び場に火野正平くんがしょっちゅうウロウロしていて、藤田（まこと）さんをカラオケに誘ったり馴染みのバーに行ったりしてましたね。そういうのはプロデューサーの櫻井（洋三）さんがほとんど面倒見てくれて、ぼくらだけで遊びに行くってのはあんまりなかったなぁ。旅館のメシだけじゃアレだからよそに食いに行こうとか、櫻井さんがいたときは安心して憎まれ口きいたりしてました。

京都には1年の半分くらいいたかなぁ。『必殺』をやってるときは、ほかの仕事ほとんど断っちゃって……ある日、よそのプロデューサーに自宅まで押しかけられて「お前は『必殺』しかやらないのか、櫻井洋三の仕事しかしないのか！」って怒鳴られたこともありました（笑）。それで野上さんや安倍さんなんか、やっぱり抵抗あったんじゃないですかね。『必殺』に縛られて世界が狭くなっちゃうってこともありましたから。

でも、ぼくは本当に『必殺』以外やらなかったなぁ。その作品に浸りきっちゃうわけですよ、その作品、その番組に。だからそのときに人間関係ができて、それが途切れてしまうとなんかもう、ほかの人とそういう付き合いができないくらいになってしまう。だから櫻井さんや東映のプロデューサーの俊藤（浩滋）さんとか、偏った付き合い方をしてましたね。同時に作品的にも横に行くんじゃなくて深く深く掘り下げていきますから、プロデューサーにとってはやりにくい面もあったんじゃないですか。彼らはこの程度でいいのに「ここまでやろう」と番組背負っちゃうところがあって（笑）、なんかそれくらい自負心がありましたよね、『必殺』に携わってるんだっていう。

――さかのぼりまして、シリーズ初参加の『助け人走る』はいかがでしたか？

村尾　デビュー作（第11話「落選大多数」）は工藤栄一さんとやったんでしたっけ。（資料を見ながら）第21話の「心中大悲憤」っていうのは、母親が子供を殺す話でそれを仕掛けた男のほうは罪にならないという。これはよく覚えていますねぇ……そのあとで、かなりポイントのところを書かせてもらったと思うんですよ。ここで一度、主人公のチームが解散寸前に追い込まれてしまうという。これは自分でもおもしろかったと思うし、ものすごくノッて書いた記憶があるなあ。

――第24話「悲痛大解散」ですね。住吉正博さん演じるレギュラーの為吉が拷問死してしまうエピソード。そして次のシリーズ『暗闇仕留人』（74年）には序盤から参加しています。

村尾　第2話（「試して候」）を書きましたね。国弘さんや安倍さんと集まって番組作りの打ち合わせをやったんですが、国弘さんが第1話をやることになって、だったらぼくが誰を書くかってね。レギュラーの登場人物の裏づけみたいな細かい描写が第1話ではできないでしょ。そこでプロデューサーの山内（久司）さんが「このキャラクターにはこういう履歴書がある」っていうのをちゃんと第2話でやらせてくれて。あの人はアイデアを出すのが好きで、それをこっちが吟味してまた噛みしめて、そういった話し合いを何度もしました。

東京で作ってると「これが第1話だ、こう書いてくれ」とプロデューサーに言われるまま参加するんですが、『必殺』だとプロデューサーと監督、それにライターはもちろん役者まで話し合いに加わってきて番組作りに火花を散らすわけですよ。「これはやりがいがある」と、どの脚本家も思っていたんじゃないですか。もちろん脚本家だけでなく工藤さんや蔵原（惟繕）さん、三隅（研次）さんといった監督のほうもね。ぼくはあまりお会いしたことがなかったけれど、こっちのホンを信頼してくれていたと思います。

『仕留人』の主人公・糸井貢が蘭学者という設定はみんなの話し合いで決まったんですが、その後で「じゃあお前、糸井貢の過去編をやれ」ってんで、自分なりの解釈が最初の打ち合わせ以降に入ったのかもしれませんね。

——必殺シリーズで印象に残っている出演者は？

村尾　やはり緒形拳さんですね。『必殺必中仕事屋稼業』（75年）のとき、半兵衛という自分の役について話がしたいというのでお会いしたら「（『仕掛人』の）梅安とは違う人物像を作りたい」と言ってきて、彼は飲み込みが早いというか自分の意見を述べてこちらの言うことを聞いたら大体わかりましたと納得してくれました。共演者の草笛（光子）さんなんかも向こうに泊まっていて、しょっちゅう顔合わせるわけですよ。だから俳優さんとも接することができたし、ホン作りの最中でもこういうものがやりたいって言い合えて、そういう意味でもこの番組は最高に燃えましたね。

草笛さんの演じたおせいについては、当時すごい議論になりました。「女が闇の稼業の元締をやるというのはまともな状況じゃあできない、それなりの裏づけが必要である」と。そして、それは誰もが納得するものじゃなきゃならないというので第1話のシナリオは難航しましたね。

『仕事屋』の最終回（第26話「どたんば勝負」）がものすごく評判よかったのは覚えています。同じ番組をやってる同業者から電話がかかってくるなんてのはめったにないんですけれど、放送が終わった途端、旅館にいるぼくのところに国弘さんから「いま見たよ」って電話がきてね。プロデューサーも「もう一度見たい最終回だ」と言ってくれました。

この話は工藤さんが監督をやったんですが、なかなかクランクインしなくて……なぜなのか、ぼくにはぜんぜん見当がつかない。そこへプロデューサーの仲川（利久）さんが、「君のせいじゃないよ」と言ってくれたのでわけを尋ねると、工藤さんが現場を待たせたまま脚本を持って考え込んじゃったらしいんですよ。その作品に熱中するあまり、もっとなにか膨らませ方はないか、捉え方はないかってことで時間を取って。でも、できあがったものはすばらしかった。プロデューサー諸氏は「もう工藤栄一は使わない」なんて言ってたけれど、でも『仕事人』の第1話かなんかでまた工藤さんが監督やってる（笑）。それくらい『仕事屋』最終回の評判はすばらしかったですよ。

――最終回「どたんば勝負」では政吉（林隆三）が死に、おせいとお春（中尾ミエ）を背に半兵衛がひとりぶざまに生き抜く道を選びますが、これは脚本の主張するところだったのでしょうか？

村尾　それは番組的なものもあったんじゃないですか。もちろんぼくの考えもありますけど、番組として「またいつかそのキャラクターが出てくるかわからないから取っておいてくれ」という（笑）。ぼくはどちらかというと主人公が死ぬほうが好きなんですよ。主人公チームの誰が死んで誰が生き残るかというアイデアは、最初から決まっていたわけじゃないですけどね。

『仕事屋』の最終回には元ネタがありまして、イギリスのテレビシリーズで『エスピオナージ』（63〜64年）という番組があったんですよ。その一編に第二次大戦のノルマンディかなにかの奇襲作戦の話がありまして、これがじつにおもしろかった。あれをやってみたいという思いがあって……どういう話かというと、ものすごく腕の立つ将校がいて、それがドイツ陣営にスパイとして潜入するよう上官に命じられ、万が一失敗したらこれを飲めと指輪に毒薬を仕込まれる。彼の使命は何月何日にどこそこの方向から連合軍が攻め入ることになっているが「そのとき、じつは別の方向から仕掛ける」と、だからその準備のために動いてくれと命じられる。

ところがその将校が敵軍に捕まってしまい、彼は拷問を受けても耐え抜いて、最後は自殺しようと例の薬を飲むが、それは風邪薬かなにかで死ねない。そこで将校は愕然とする。「自分は口を割ってしまうだろうと見なされていた、真実を守って死んでいくような人間だという信頼は受けてもらえなかった」……そして憤り、抱えている情報をすべてしゃべってしまう。それで敵軍は動くんだけど、ところがその場所にこちらの部隊が待ち伏せている！　つまり将校が絶望して口を割ってしまうことまでが上官の計算のうちに入っていたわけで、最後にその上官は側近の女性士官に「部下を駒扱いし、彼の自殺する覚悟と失意の絶望まで利用した」となじられるんだけど、「これが戦争なんだ」と答えて終わる。それがやりたかった。たしかに『仕事屋』の最終回と仕上がりは違うんだけど、ぼくは見たものをひねってひねって書いたから。

先ほどの『助け人』の「悲痛大解散」でも、ぼくはどんな人間でも骨の髄までこの世界にどっぷり浸っていると思うんだよね。だから人間は誰でも軽々しくいるんじゃなくて、「こいつがあんなすごいことをやったんだ」ってとこに魅力を感じちゃう。だから自分のなかに、すごい人間がすごいことをやるよりも、人から甘く見られている人間がそういうことをやるほうがすごいというのはありますね。

——最終回といえば、念仏の鉄（山﨑努）が死に、巳代松（中村嘉葎雄）が廃人となる『新必殺仕置人』第41話「解散無用」（77年）も壮絶です。

村尾　「解散無用」の冒頭は奈落に降りてきた悪人を巳代松が撃つところから始まっていますが、今回ビデオで完成品を見直してみると、「あれ？　出だしが違うな」という印象を受けました。菊池寛さんの小説に『藤十郎の恋』という作品があって、それはある老舗の女将をたぶらかした女形《おやま》の話で、このシーンはそこから材を拾っている。だから完成した画だと、ただ奈落に降りてくるわけですが、本当は殺されるだけじゃなくて、非常にイヤなね、「あぁ疲れた」という感じで裾をバァーンとまくって行儀の悪い女形にしていた記憶があるんですよ。もう殺すに値する人間なんだってことをワンシーンで語らせるように。

要するに、ぼくなりの悪党の履歴書を作って、役者に食い物にされて破滅した女将さんが恨みに思って殺しを頼んだのというのがそもそもの発端であると、短いシーンで入れていたと思うんです。ただ単に殺すだけというんじゃわかりづらいし、あの描写が入らなかったのかってちょっと残念でした。

この回の監督の原田（雄一）くんはもともと東映で『プレイガール』（69〜76年）とかをやっていたんですが、ぼくが櫻井さんに紹介しまして、何本か『必殺』を撮ったあと、重い話をやりたいと言うのでプロデューサーにお願いして最終回をやった覚えがあります。元締役の藤村（富美男）さんも非常に芝居がかった顔をしてるから画を見ててもおもしろいですし、あの話はよく撮れていましたね。

やはり最終回だけにレギュラーが死んでいくわけじゃないですか。だから悪役も生半可なやつじゃダメだというんで、プロデューサーがキャスティングしてくれたんだと思います。でも本当に佐藤慶さんが出てくれると、作品がブワーと大きくなりますね。しかも責める側が絶対死なないというか強いわけだし、弱いやつをみんなでよってたかってやっつけるなんて、ほかの作品見ててもスカッとしなかったから、やっぱりワルがワルじゃな

『新必殺仕置人』第41話「解散無用」、念仏の鉄が散りゆく伝説の最終回

きゃおもしろくない……だから強烈なキャスティングでしたよね。吉蔵（北村光生）の裏切る描写がちょっとわかりにくかったけど、ああいったところは演出のほうでカバーしてくれないと。

だけど、あのあとからのクライマックスはよかったな。鉄の最期……あれは死にざまのすごさみたいな、手を黒焦げにされて、なおかつ殺しをやるという。最終回だけにいろいろアイデアを絞って、それでああいう設定にしたわけですよ。それもみな仲間を守るために自分が犠牲になっていくというような、これは任侠映画に通ずる自己犠牲の精神で、その格好よさみたいなもんなんだけど、右手を焼かれながらも最後の仕置をするところは自分でもけっこう酔いながら書きましたよ。気持ちよかったな。

——『必殺仕置屋稼業』（75〜76年）では、新克利さん演じる印玄の過去を描いた第13話「一筆啓上過去が見えた」が印象深いです。

村尾　あのころ、ぼくは要するに仕置屋が殺される（＝当人の殺しを依頼される）という話ができないかと考えていたわけです。そういうのができたらおもしろいと。それと頼み料が一両、二両っていうんじゃなく、本当に骨身を削って作ったような何文という小粒な金を強調して書いた記憶がある。見直して疑問に思ったんだけど、なんでおこう（中村玉緒）は印玄を知らなかったのかな？　おこうが印玄を殺すっていうか、印玄とおこうの関係ってそれまでどうだったの？

——かなり曖昧で、たしかに知らなくても破綻はないのですが、やはり不自然だという意見もあります。

村尾　というのは、おこうが知らないみたいな口ぶりで「印玄っていう観進坊主を殺してくれ」って言うじゃない？　だからこれ何話目なんだろうって思ってね。印玄の過去話をやろうとしたときにいちばん楽な方法は、あの依頼人の女郎があちこち渡り歩きながら「こういう男を探してるんだ」って印玄のことを語る手がひとつあったわけです。でも、それは誰でもやる常套手段なんですよ。そうじゃなくて、殺すか殺されるかというときに印玄自身の口からしゃべらせると、それが印玄自身が示す連帯感だろうと。じゃあ、印玄にしゃべらせるにはどういう組み方をしたらいいかと考えて……でも、あれ決まってたね。だからすべてにおいて彼らの生きざまと言うのかな、まぁ彼らが背負ってきたもの、闇の世界に入ったその地獄を語らせるという。

――先ほどの『仕留人』の第2話もそうですし、『必殺仕業人』第10話「あんたこの宿命をどう思う」(76年)など、村尾脚本にはレギュラーキャラクターの前身を掘り下げるものが多いです。

村尾　キャラクターの過去を引っぱり出してこないと、ドラマを作りづらいというのがありましたね。一口に言ってしまうと、この作品ってやはり人殺しの番組でしょ。〝なぜ人を殺すのか〟というのにはそれなりの裏づけが必要で、そしてものすごい地獄があって修羅場があったはずでね。そのへんがドラマとしては突っ込めば突っ込むほどおもしろいわけです。

だからそういうものができていないときは、やっぱりドラマが軽くなってしまう。脚本家でも猪又くんなんかはそのへんがわかっているから、ほかの人としょっちゅう喧嘩してましたよ。「掴み方が違う。どういう番組なのかわかってるのか!」って。やっぱり彼ら主人公は悪党なんですよ……正しくは〝人殺し〟なんですよね。だからこの番組は、はらせぬ恨みをはらすんであって、なにも世のため人のためにやってるんじゃないんだって。勧善懲悪として書いちゃう人は作品が浅くてつまらないわけですよ。

そのへん脚本家というのは読める人と掴み方が浅い人がいる。ぼくらにしても人物の履歴書がきちんとできてないと書けない、セリフひとつ出てこないというのがあるんだけど、それくらい脚本に対する執着というか、こだわりがありました。だからあそこで鍛えられた人は、どの番組でも通用するって言われたくらい(笑)。脚本家にとって「かんのんホテル」というのは、ひとつの道場でしたね。だからそういった環境を作ってくれた松竹とABCという会社の機構は非常にありがたかった。

――それでは『仕置屋』の最終回「一筆啓上崩壊が見えた」について、おうかがいします。

村尾　最終回の場合は、とくになんでもできるから、印玄の死なんかでも、いつも突き落としているやつが最後は自分が心中みたいに相手を抱きかかえて屋根から落ちる……そういうのがアイデアとして出てくるし、『新仕置人』のときも巳代松は巳代松で、おてい（中尾ミエ）との愛を込めて撃つ。

ぼく、ああいうの好きなんですよ。おこうの死なんかも主水に惚れてたという描写は最終回で突然出てくるでしょ（笑）。なにか情念の伝わってくる部分がないと膨らまないわけですよ。ただ単に殺しに行っちゃうと感情移入できない、だからおこうなんかも最後でそれなりにキャラクターが膨らんだなぁと。彼女が主水に惚れたのは、あの女一流の惚れ方だと思うんですよ。そしておこうが「仕置屋続けなはれ」と言う……あの一言が主水の裏稼業人生に拍車をかけた。あれはやっぱり、ぼくなりの主水に対するおこうの愛情表現なんですね。当時シリーズがその後どこまで続くか計算しながら書いているわけじゃないし、その場その場で差し障りのないことを書いている面もあるけれど、でも最終回だから思い切ったことを書けたし、それが結果的にどういうかたちで残っていくかですよね。

――たとえば印玄ではなく、より人間ドラマを抱えた市松（沖雅也）のほうが死んで完結するという構想はなかったのでしょうか？

村尾　主水が握り飯の中に金を入れるじゃないですか。最後に小判に気づいてニヤッとなる、主水と市松の友情のほうに目が行ってたのかなぁ。市松の死というのはあまり考えなかったですね。だから最後のあのシーンは〝死線を超えた者の友情〟というところに結びつくと思います。口では「仲間だろうが、いつでも殺すぞ」って一触即発の状況にいながらも連帯感でつながっている……そういう友情ってものがね。これはジャン・ギャバンとアラン・ドロンがやったフランス映画の『地下室のメロディー』（63年）に影響を受けてるかもしれない。そのあたりの要素が形式的には時代劇だけれど、精神的には現代劇の『必殺』というドラマに流れ込んでいるんじゃないのかな。

市松のアングルなんかもよかったよね。おこうが吊り下げられているときに自分が死を覚悟して行って、短筒を突きつけられて……ふたりともいい芝居してるし、ああいうの見るとゾクゾクっときますね。ぼくもそれなりに苦労しましたけど、最終回は気持ちよく書けたっていうのか、それぞれのキャラクターがセリフになってくるわけですよ。だから一人ひとりの性格を掴んでないとセリフが出てこない。今回ぼくもビデオを見返しながら「あれ、これ俺のセリフだろうけど、こんなこと書いたのかな」とか「これは俺のセリフだよ」「監督は誰だったかな……」なんて、いろいろと思いながら見てました。でもやっぱり自分のセリフの調子ってありますね（笑）。

――最終回の諸作には、捨て身の仲間意識や自己犠牲の精神といった〝滅びの美学〟のようなものを感じますが、このあたりはそれまで執筆されてきた任侠映画の影響があるのでしょうか？

村尾　ぼくはどちらかというと陽の当たらない人物、まぁやくざもそうですけど、そういう人間に魅力を感じるわけです。どうにもならないクズが必死になってルールを守っている。いわゆる義理人情っていう、それが美学に通ずるかどうかは別としても（笑）、それでも自分たちの汚い世界のなかでルールを持って生き抜こうとしている。だから『必殺』でも、そういうアナーキストが金をもらって人を殺すという行為のなかにある、それが正義につながったり世直しにつながったりすればいいじゃないかと。だけどぼく自身はそうじゃなくて、まずは〝はらせぬ恨みをはらすだけの殺し屋〟というプロデューサーたちの捉え方はじつに見事だと思う。立派な人間が立派なことしたら当たり前でしょう。だから汚れた世界のなかで、貫いていくものがあるかっていうことを掴まえる作業がね……自分自身はなんにも関係ないんだけど、やっぱりぼくはアウトローが好きですね（笑）。そういうひとつのはみ出した人間にはドラマ性が多いでしょ。命がかかった仕事ほど極限のドラマが書ける世界ってないんですよ。そりゃまぁラブストーリーもいいですけど、どうしても〝命をかけて〟というような話に魅力を感じるわけですよね。

だから『必殺』で最終回の担当がよく回ってきたのは、ぼくがこういうものがやりたいと言っているのがプロデューサーの耳に入ったんじゃないですか。やっぱり自分でシリーズ全体をある程度仕切ることができるわけだし、最終回というのはおもしろい仕事でしたよ。誰がどういう回をやるかってローテーションについてはプロデューサーの櫻井さんがじつに鋭い目を持っていたんじゃないですか。

現場のスタッフの間でも「いまどういうライターが来ていて、じゃあ次おもしろいのがまたできるな」とか、しょっちゅう話題になってましたよ。今回流しても次のでシメて……みたいな、そんな話もありました。また「あいつに負けないようにこっちもおもしろいもの書こう」とか。櫻井さんはしょっちゅうライターと一緒にいましたから、敏感に掴んでたんじゃないですか。ローテーションは山内さんと話し合って決めてたんじゃないかと思います。

――ご自身にとって「中村主水」というのは、どのようなキャラクターだったのでしょうか？

村尾　必殺シリーズは明と暗、陰と陽、光と影……『ジキルとハイド』じゃないけれど、そういう表の顔と裏の顔とのおもしろさが、主水によって代表されているわけですよね。藤田まことさんという役者の味もあるけれど、そういった部分は主水がいちばん上手に活きたと思う。今回の取材でご連絡いただいてから、ぼくは主水の履歴書がどのくらい完全にできていたのか、いまだに疑問に思ってるんですよ。というのは、主水というのは最初『仕置人』のときにできてたわけでしょ、同心の家に婿養子に入って。で、彼の前身っていうのはどうしてたのかなっていうのがぜんぜん裏打ちされていない。だからそういうところはやってみたらおもしろかったんじゃないかっていう気持ちはありましたね。掘り下げてみたら意外なものが出てきたんじゃないかな。

あと、ちょっと思うのは、シリーズの最中たとえば主水なんかに「どうせ死ぬんだから腹いっぱいうまいもん食って死にたい」なんて言わせて、江戸時代にうまいもんいっぱいあるでしょ、グルメじゃないんだけどね。そういうのも入れればよかったなあって思ったりして。天ぷらなんか腹いっぱい食って、自分はいつ死んでもいいように準備をしてから殺しに行く……そういうグルメ感みたいなものを『必殺』に入れていたら、またひとつ味つけになったかなって思いますよ。

——『仕置屋』と『新仕置人』それぞれのクライマックスですが、前者で主水はさりげなくも殺し屋という正体を守り通そうとするんですが、後者では仲間を救うために自分の顔をさらす覚悟を持ちます。このあたりの推移についてはご記憶でしょうか？

村尾　主水が顔をさらすことによって、ほかの仕置人たちを守れるならそうしようって、そういうドラマを書きたいって思ったことはありましたね。（「解散無用」の鉄と主水のやりとりに際して）シリーズものというのは、全体を自分で仕切るわけにはいかないでしょ。だからどこかそういうニュアンスで逃げちゃおうっていうのはあるんですよ（笑）。プロデューサーが「それやっていいよ」って言えば書いちゃうんだけど、ある程度自分で探りながら書いている部分はありますよ。いま思うと、たしかに主水が自分の顔をさらすっていうのはドラマにしても見せ場でしょう。盛り上がるところだし。だから書いてみたいっていうのはありました。でも限界はあったと思うんですけどね。

——『新必殺からくり人』第6話「日坂」（77年）がシリーズ最後の執筆作となりました。

村尾　ぼくは後期の『必殺』というのは見てないんですよ、映画なんかもね。やっぱりぼくの世界っていうのはもう終わってるんですよ、自分が書いていたころでね。だから「空桶叩いてカラオケ」なんていう話が出だしたころは、櫻井さんから声をかけられても見る気がなかったですね。なんかギリギリ生きてる人間のすごさみたいなものがなくなって、チャラチャラしてる人殺しなんてのは本来ならいないでしょう。だからそういった意味で派手な仕掛けばかりのドラマというのは、もう書けなかった。

ただ、もし『必殺』が復活するなら、ぼくはやってみたいですね。またどんなものが自分のなかで湧きあがってくるかもしれないし、前以上の作品が書けるっていう気がしますよ。安倍さんにしても野上さんにしても、みんなそう感じてるんじゃないですか。ほかにもいろんな作品をやられたろうけど、『必殺』だけは見事におもしろい番組だったと思っています。あれは本当に自分に酔って書けたし、のめり込んでましたからね。

『必殺』を書いてる人間は、みんな自分の番組のように大切にしてました。それがいつの間にか監督や脚本家たちが争わなくなって、全体の内容も変わっていったんじゃないかと思います。あとＡＢＣの仲川さんもすごい人でしたね。ぼくが「次はこんなストーリーをやりますからね」って言うと、こうしたらどうだって自分のアイデアを出してくれる人で。こちらの話を聞いてるだけでわかってくれるプロデューサーでしたよ。

最新作『必殺！　主水死す』（96年）は、まぁ一区切りという意味で企画的には当たるかもしれませんけれど、主水がどういう死に方をするか、そういうストーリーはぜひぼくも書いてみたかったですね。だから、また主水が復活するというのであれば、どんな話が書けるかなと思いますよ。

１９９６年9月7日・21日取材
『必殺仕置屋稼業』傑作選ＬＤ解説書より再録・加筆修正

村尾昭

［むらお・あきら］

1933年兵庫県生まれ。早稲田大学卒業後、大映脚本家養成所を経て、62年に映画『あした逢う人』でデビュー。東映と専属契約を結んでギャング映画を任されたのち「日本侠客伝」シリーズ、「昭和残侠伝」シリーズ、「現代やくざ」シリーズなどの任侠路線を数多く手がける。必殺シリーズや火曜サスペンス劇場をはじめテレビも多数。そのほかの映画に『山口組三代目』『修羅の群れ』『激動の1750日』など。2008年死去。享年75。

脚本

松原佳成

わたしのシナリオには直しの要求は皆無
人様の書いたのをよく直していたからです

殺した相手を蘇生させたり、牢屋敷を乗っ取ったり、必殺シリーズにおいてミステリ的な趣向を凝らしたストーリーを得意としたのが松原佳成だ。朝日放送の仲川利久プロデューサーとのコンビで異色作を放ち、特殊なポジションで共同執筆やノンクレジットのホン直しも担当した奇想の持ち主がシリーズの謎を解く!?

紆余曲折、有為転変の流れがよみがえるのです

松原　わたしは『必殺』では、ほかのライターとは異なる立場だったんです。亡くなられた仲川利久プロデューサーからの依頼でしたが、もともと朝日放送が大阪テレビだった時代から脚本を書いておりまして、昭和40年にメインライターに指定されて30分ものの時代劇をずいぶん頼まれました。

ですから『必殺』でも人様のシナリオを直したり、遅れの出たシナリオの補充を急きょ書いたり、ひどい場合だと明日の正午までということもありました。「藤田まことが2時間しか使えない」と、そのスケジュールに合わせたものを書いたり、難儀なことばかり頼まれましたね。ストーリー上のことよりも制約の打開策に傾注しておりました。ほかのライターは自分の作品の話をするのでしょうが、わたしには人様の思惑、欺瞞、動向、悪徳

のからみ合った『必殺』の紆余曲折、有為転変の流れがよみがえるのです。

『必殺』は従来発見されていなかったテーマで成功した稀有な番組です。金をもらって人を殺す……ワルの側を主人公にした新趣向が当たりました。しかし、そこに流れるストーリーは旧態なものもあり、わたしはこれまで用いられていなかったエピソードの開発、トリックや逆転劇などを心がけました。そのための素材帳を持っていて、ふと思いついたこと、見聞して役立ちそうだと感じたことを書き留めることを習慣にしておりました。

――たしかに松原さんの脚本はトリッキーな仕掛けが目立ちます。1974年の『助け人走る』第27話「江戸大暗黒」から必殺シリーズを手がけていますが、仲川利久プロデューサーがきっかけだったのですね。

松原　多々良純が猫を抱いている話ね。あの話はわたしが考えたのではなく、仲川氏がアイデアを持ってきたのかな。そもそもノンクレジットですが、じつは1作目の『必殺仕掛人』（72～73年）で朝日放送の大熊邦也氏からホン直しを頼まれたのが最初です。一晩しゃべって、いろんなアイデアを出しました。

その次の『必殺仕置人』（73年）も何本か直しています。三芳加也というライターのホンを直せというので当人に会ってみると、かつて松浦健郎門下にいた後輩のペンネーム。あれは石井孝芳といいまして、大田区のパーマ屋の息子です。このときだけは同門のよしみで直し料はもらっておりません。

――三芳加也さんは『仕置人』の「賭けた命のかわら版」を執筆しています。

松原　音楽の平尾昌晃さんの紹介で書かせてもらったと言っておりました。それ1本きりだったと思いますが。脚本料は基本的に松竹の支払いですが、わたしの場合は朝日放送でした。当時、わたしは朝日放送から助っ人相談料みたいな給付を毎月もらっていて、会社には原稿用紙つきの机がありました。ですから『必殺』の場合も全体がどのような経過になっているかをプロデューサーと同じ視点で見通せていたんです。

スケジュール的なことは松竹ですが、それは現場を担当するだけのことで『必殺』の場合は朝日放送がすべてを管轄しており、わたしは次回シリーズのタイトル決定から人物のキャラクター、殺しの手段や道具などの会議にも加わっておりました。かの山内久司氏が前口上のナレーションを考えますが、その手伝いをしたこともあります。当時は大広という広告代理店の仕事もしていまして、旅の取材から企画会議、ＣＭコピーまで……このことは仲川氏も理解しており、『仕掛人』や『仕置人』はその合間での作業でした。それから本格的に参加するわけですが、『必殺』は撮影前のシナリオのストックが１本あるかどうか。いつもギリギリで、なにか起きれば放映に穴が開いてしまう。不測の事態に対応できる便利屋の要員が必要だったのです。

仲川利久のホン直しの指摘は見事でした

――仲川利久プロデューサーは、どのような方でしたか？

松原　彼の『必殺』における功績といえば、脚本の選択、良否の判定でしょうね。もともと映画監督志望で、作家的な発想の持ち主でした。わたしを信頼してくれておりまして、『バックナンバー３３３』（65〜66年）や『無敵！わんぱく』（68年）などいろいろ書きましたが、10本以上は仲川利久が監督をしています。それらは松竹ではなく山崎プロの作品です。プロデューサーとしても行動的でタフで、撮影所にもよく行くし、ホン直しの指摘は見事でした。ただ、わたしのシナリオには直しの要求は皆無、人様の書いたのをよく直していたからです。退社後はミュージカル調の劇を年２回ほど脚本・演出で公演しており、いつも招待してくれました。

――ほかに仲川さんの推薦で必殺シリーズに参加した脚本家は？

松原　浅間虹児。その前から『白頭巾参上』（69〜70年）など、わたしと浅間で交互に書いておりました。仲川氏と同じ日芸（日本大学芸術学部）の出身で、ちょうど『仕置人』のころに彼の結婚式がありましたね。アイデアマンで器用な人でしたが、そのあとすぐライターをやめてしまいました。南谷ヒロミも仲川氏のラインで参加しておりますが、経緯はわかりません。

仲川氏は京都で親しい人に小料理屋をやらせていて、俳優の古川ロックがそこで働いておりました。河原町の四条と三条の間を入ったところで「エイト」とかいう店でしたね。『仕置人』に出た三島ゆり子も仲川ブレーンで、そういう意味でいちばんは火野正平でしょう。もとは二瓶康一という子役で山崎プロの作品に出ていたんです。古川ロックは喜劇役者の古川ロッパの息子で、東豊中の仲川宅にいつも泊まっていました。「ここに来たら食事が助かる」なんて言って、しかし京都の店を閉めたあとは俳優をやめてしまいました。

わたしの原点は江戸川乱歩の初期短編です

――シリーズ第4弾『暗闇仕留人』(74年)は、松原さんらしい奇想のシナリオが目立ちます。まず第16話「間違えて候」は、糸井貢(石坂浩二)に殺されたワルが大吉(近藤洋介)の心臓マッサージで生き返るエピソード。

松原　そういう誰も思いつかないアイデアこそが要です。「間違えて候」は別の作品受注の引き金にもなりました。NET(現・テレビ朝日)の片岡政義プロデューサーが放映直後に電話をかけてきて、「おもしろかった」と。そのまま『非情のライセンス』(74〜77年/第2シリーズ)のオファーを受けて、「兇悪の超特急」という話を書きました。これは東映の『新幹線大爆破』(75年)のセットを使い回した密室劇で、当時の新幹線ひかりは名古屋・東京間がノンストップ、その車中で犯人が消え去る……この消失テクニックは、いまだ誰にも真似されてないのではないでしょうか。いまでも『非情のライセンス』の名作ベストに入っているエピソードです。

――もともとミステリがお好きだったのでしょうか?

松原　探偵小説の大ファンで、『宝石』という雑誌を読んで、投稿もしておりました。わたしの原点は江戸川乱歩の「D坂の殺人事件」や「二銭銅貨」といった初期の短編ですね。犯人の着物の色が白だった、いや、俺が見たときは黒だった……ああいう盲点を衝く思いもよらぬトリックです。

――同じく『仕留人』の第22話「怖れて候」は、山谷初男さん演じるワルの心臓が右側にあることから大吉が苦戦を強いられるエピソードです。

松原　これは海外ニュースの新聞記事にあった少女の心臓手術がヒントです。仲川氏に伝えると「それはおもしろい。使えるな」ということで実現しました。このエピソードは、わたしにしか書けない〝制約もの〟で、たしか撮影3日以内、登場人物はレギュラー以外の総額50万、従って登場人物は5人以内……そういう条件となれば、通常ではない特殊な設定が必要だったんです。これは〝香盤シナリオ〟を書いての作品でした。

――香盤シナリオとは？

松原　映画というのはシナリオの1ページ目から撮るのではなく、香盤上の同じシーンを取り出してまとめて撮り、あとでシナリオの順番に編集すればいいのです。ですから初日の撮影分だけをまず書く。そして2日目……ストーリーの順番ではなく撮影のスケジュールに沿って書くのです。

脚本家を信じてこその作業なので、監督にはベテランの松野宏軌が指定されました。松野監督はわたしと同じ枚方在住で、3日間来宅で打ち合わせしましたが、仕事の邪魔でした（笑）。しかし香盤シナリオで果たして全体がつながるのか、もっとも不安になるのは監督でして、尺数がどうなるかも心配です。わたしの作品としてはストーリーが単純で、登場人物も少なく、シーン分類も最小です。しかし尺数はぴったり収まっています。テレビ番組にとって、これがもっとも大事なことなのです。自画自賛になりますが、香盤シナリオが書けるライターはわたししかいないのではと思っています。

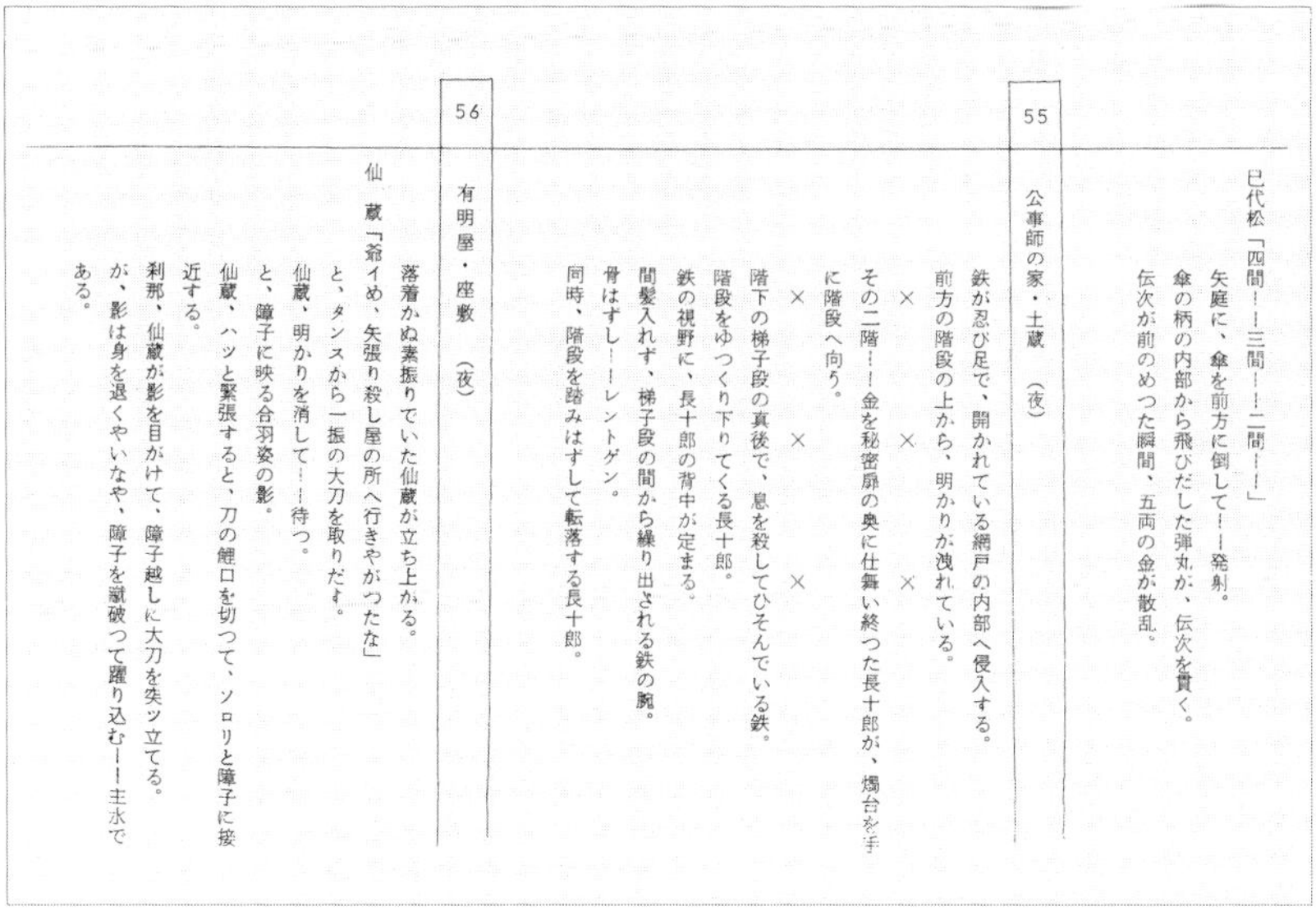
巳代松「四間――三間――二間――」
矢庭に、傘を前方に倒して――発射。
傘の柄の内部から飛びだした弾丸が、伝次を貫く。
伝次が前のめつた瞬間、五両の金が散乱。

55 公事師の家・土蔵（夜）

鉄が忍び足で、開かれている網戸の内部へ侵入する。
前方の階段の上から、明かりが洩れている。

× × ×

その二階――！金を秘密扉の奥に仕舞い終つた長十郎が、燭台を手に階段へ向う。

× × ×

階下の梯子段の真後で、息を殺してひそんでいる鉄。
階段をゆつくり下りてくる長十郎。
鉄の視野に、長十郎の背中が定まる。
間髪入れず、梯子段の間から繰り出される鉄の腕。
骨はずし――レントゲン。
同時、階段を踏みはずして転落する長十郎。

56 有明屋・座敷（夜）

落着かぬ素振りでいた仙蔵が立ち上がる。
仙蔵「爺イめ、矢張り殺し屋の所へ行きやがつたな」
と、タンスから一振の大刀を取りだす。
仙蔵、明かりを消して――待つ。
と、障子に映る合羽姿の影。
仙蔵、ハツと緊張すると、刀の鯉口を切つて、ソロリと障子に接近する。
刹那、仙蔵が影を目がけて、障子越しに大刀を突ッ立てる。
が、影は身を退くやいなや、障子を蹴破つて躍り込む――！主水である。

『新必殺仕置人』第23話「訴訟無用」の撮影台本。殺しのシーンは概ねト書きどおりに映像化されている

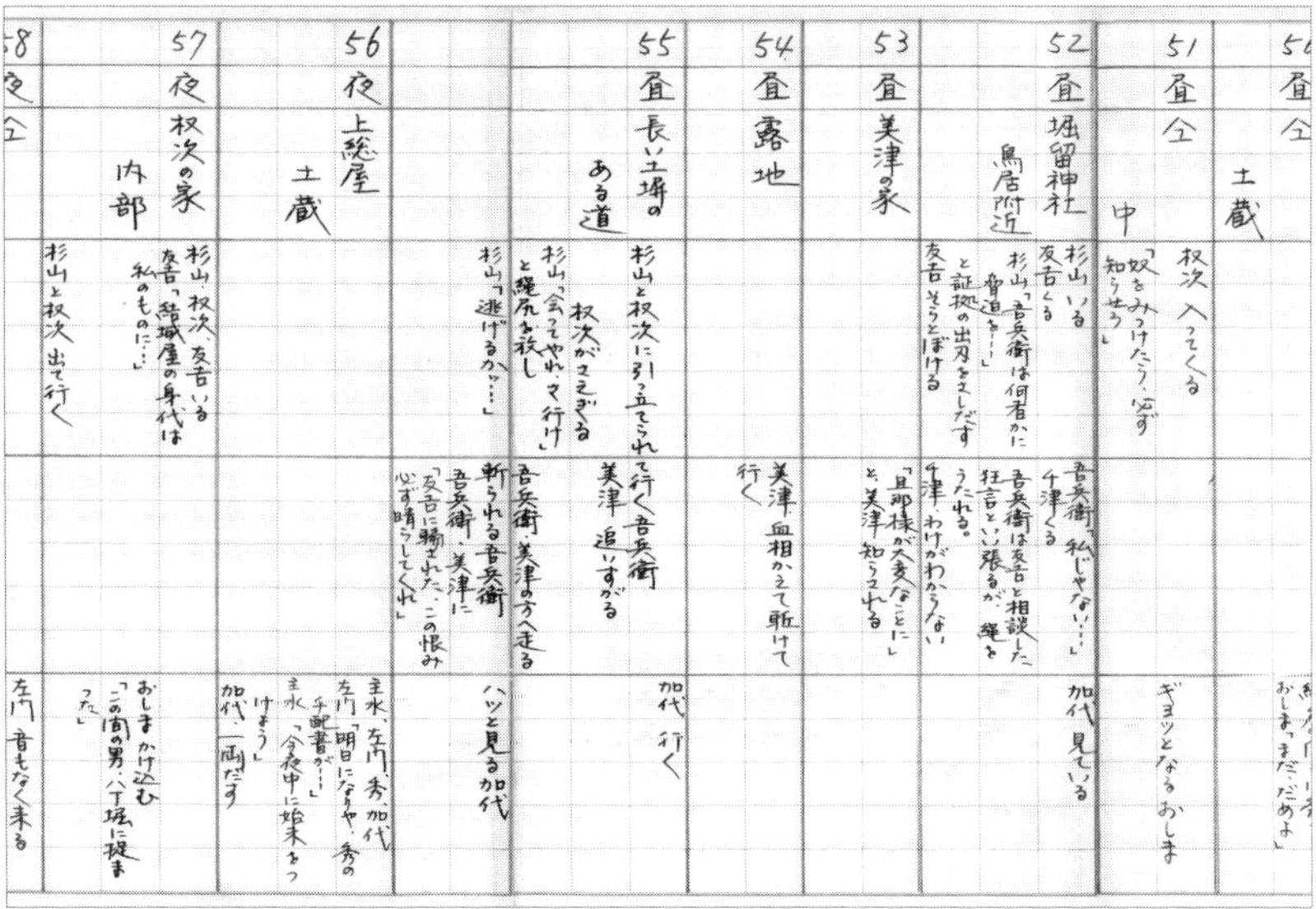

51 昼 仝 中	権次 入ってくる「奴をみつけたら、必ず知らせろ」	吾兵衛、千津くる「私じゃない…」	ギョッとなるおしま
52 昼 堀留神社 鳥居附近	杉山いる 友吉くる 杉山「吾兵衛は何者かに命を…」と証拠の出刃をさしだす 友吉そらとぼける	吾兵衛は友吉と相談した狂言と言い張るが、縄をうたれる	加代 見ている
53 昼 美津の家		千津、わけがわからない「旦那様が大変なことに」と、美津知らされる	
54 昼 露地		美津 血相かえて駆けて行く	加代 行く
55 昼 長い土塀のある道	杉山と権次に引っ立てられて行く吾兵衛 杉山「会そやかさ行け」 権次がさえぎる と堤灯を殺し 杉山「逃げるかッ…」	美津 追いすがる 吾兵衛 美津の方へ走る 斬られる吾兵衛 吾兵衛、美津に「友吉に騙された、この恨み必ず晴らしてくれ」	ハッと見る加代
56 夜 上総屋 土蔵			主水、左門、秀、加代 左門「明日になりゃ、秀の手配書が…」 主水「今夜中に始末をつけよう」 加代、一両だす
57 夜 権次の家 内部	杉山、権次、友吉いる 友吉「結城屋の身代は私のものに…」		おしまかけ込む「この間の男、八丁堀に捉まった」
58 夜 仝	杉山と権次 出て行く		左門 音もなく来る

『必殺仕事人』第57話「逆さ技大どんでん崩し」の香盤コンストラクション。シーン1からシーン61まで全体の流れを巻物のように作成。「シーンナンバー」「時間」「場所」「悪人」「被害者・その他」「レギュラー」の6つにカテゴリ分けして、それぞれの状況が記されている。P172を参照

わたしの娘を子役で使ってもらったことがありました

――松野宏軌監督は必殺シリーズ最多登板の監督ですね。

松原　わたしの場合、『必殺』の監督と顔を合わせることは、ほとんどありませんでした。監督は渡されたシナリオで撮るだけです。しかし松野監督とはご近所さんであり、相談に来ることがありました。それは「自分の言いにくいことを代わりにホンに反映してもらえないだろうか」ということです。

いつも松野監督が気にしていたのは、どうにでも解釈のできる内容のホンだと松竹は選択するときに必ず最安値を選ぶんです。たとえばト書きに「数人のならず者」と書いてあると、3人でも数人のうちと、その数しか用意してくれない（笑）。だから具体的に7人と書いてほしい……ということもありました。打ち合わせではなく依頼です。シナリオに書かれていることが最優先なので、セットや小道具にしてもしかりでした。

松野さんという監督は、俯瞰撮りが好きなんです。細い路地を通るのを上から撮ったりする。そういう特徴がありますから、その俯瞰撮りのカメラアングルを活かして「こっちに隠してあったものを、見えないようにそっちに渡す」というホンを書いたこともあります。監督のクセから割り出すんです。

――撮影現場に行くことは？

松原　ありました。ステージに入って現場を見たりしましたよ。松野さんは現場でも無口なんです。大人しいというより無口。枚方の家を出て撮影所に行くまで、あの人は赤鉛筆しか使わないんですけど、赤鉛筆で台本にあ書きこう書き……細かくカット割りを考えていましたね。印刷した文字がわからなくなるほどです。

私的な思い出ですが、わたしの娘を子役で使ってもらったことがありました。忘れもしない「隅田川関屋の里」という回で、山田五十鈴さんの『必殺からくり人　富嶽百景殺し旅』（78年）です。松野さんには子供がいないので、うちの娘も親身にしてもらっておりまして、いちおう演技ができるので自分のシナリオでもあり、セリフを多く書き入れたことを記憶しています（笑）。もともとテレビ番組やコマーシャルに出演しており、それなりに経験がありましたから仲川プロデューサーもＯＫしてくれたのです。松野さんの奥さんはパーマ屋で、夫婦ふたりで暮らしておりました。この「隅田川関屋の里」には作間芳郎と杉田昭、それぞれ朝日放送のプロデューサーの名前をもじった侍が出てきます。ちょっとしたお遊びですよ。

――「隅田川関屋の里」は馬が出てくるエピソードで、『必殺必中仕事屋稼業』第18話「はめ手で勝負」（75年）にも馬が登場します。なにかこだわりがあるのでしょうか？

松原　もともと馬は好きなんです。学校時代は馬術をやっておりました。ただ馬もテレビの場合、3頭以上は出せないんです、費用の関係で。わたしのシナリオは3頭と言われても2頭で済む話にします。だからよろこばれる。で、馬は馬屋ですね。雨がざんざん降ってておろうが構わず持ってくる。あれ15万するんです、1頭の日当が。だから2頭だと30万。すると雨がざんざん降ってるのに連れてきて、撮影所の中でつないだまま馬草を食わせて、夕方の5時になったら「また明日参ります」。すごいですよ。これで60万（笑）。

――そういえば、『翔べ！必殺うらごろし』第15話「馬が喋べった！あんた信じるか」（78年）も馬の話です。

松原　八州取締役の話ですよね。宿場にやってくる八州廻りを殺して、なりかわって悪事を働くわけです。なぜ馬がしゃべる設定にしたか？　それはオウムがしゃべるからですよ。簡単なことです。

――ほかの監督の思い出はありますか？

松原　合わなかったのは倉田でしたね。東映の倉田準二。

――おっと、『仕留人』の「嘘つきにて候」ですね。しじみ売りの少年（金子吉延）が「大人はみんな嘘つきだ！」と疑心暗鬼になって自滅する話。

松原　倉田が「なんであんなことするんや」という画を撮るんですよ。しじみを地面にばら撒いて……。それはやめてくれと思いました。現場でのふとした発想が多い。ある種の変人監督で、根は真面目な善人なんですけどね。工藤栄一さんも、それから原田雄一もそうですが、東映の監督はカメラをあてにします。だからカメラマンがしっかりしてなかったら、いい作品は撮れませんわ。

いちばんの思い入れがあるのは〝公事師〟を扱った話

――『仕留人』以降で思い出深いシリーズはありますか？

松原　もっとも傾注したのは『新必殺仕置人』（77年）です。仲川氏に「次はこんな内容」と次々にメモ的なシノプシスを渡しました。なんの制約も難儀もなく、シナリオの執筆は早かったと記憶しています。いちばんの思い入れがあるのは〝公事師〟を扱った話。

――「訴訟無用」ですね。江戸の弁護士である公事師が巧妙な悪事を働くエピソード。

松原　これは仲川プロデューサーのもっとも気に入った作品のひとつで、『必殺』のなかでも最優秀作とされています。公事師という題材を見つけ出し、拡大解釈して組み立てました。明日処刑になるという人間を、市中引き回しの途中ですり替える……あれはみな感心してましたね。設定だけでなく、登場人物の心理、思惑の展開がよく構築されているとの評価を得ております。理想的な手本になるということで、シナリオを教える際のテキストに使ったこともありますし、若手監督の高坂（光幸）氏にとっても会心の演出作でしょう。

――「牢獄無用」は牢屋敷が囚人たちに占拠される異色回です。

松原　ハイジャックがあるなら牢ジャックがあってもいいじゃないかという発想で、このような設定の類似作は見たことがありません。これは朝日放送の応接室に籠もって書いたシナリオでした。仲川氏が清書し、食事も運んでくれました。守衛さんがコーヒーを淹れてくれたり、蒸しおしぼりを作ってくれたりの応援で朝10時ごろに仕上がりました。仲川氏は「昼に印刷屋が来るから」と原稿を持って、すぐ京都に急行しました。

わたしの執筆は、ほとんど自宅でした。それ以外は局内とその向かいの「ホテルプラザ」ですね。やっかいな制約のあるホンは仲川宅で話し合いをしました。奥さんの料理つきなんですが、徹夜して1日半仕上げのようなものもありました。すごく荒書きなので仲川氏が読みにくいところを清書したり、いいセリフが浮かばないときは考えてくれたりもしました。「かんのんホテル」で書いたことは一度もありません。

「逆さ技大どんでん崩し」は手間ひまかけて仕上げた作品

――必殺シリーズは現場でのホン直しが日常茶飯事です。そのあたりは脚本家の立場としていかがでしたか？

松原　現場での改訂にライターが立ち会うことは皆無です。これは100％監督のおそまつです。わたしのシナリオは検尺されて書かれていることを監督は体験上知っているので撮りやすいと言われていました。現在と違って『必殺』はフィルムで撮影するテレビ用の映画です。監督は仕上がり尺数プラス5分で撮ることになります。撮影中はスクリプターから残余タイムを聞いて、尺オーバーが判明すると、削りが発生するのでシナリオを直さねばなりません。ひどいときは突然ストーリーが飛躍します。逆にシナリオが短いと不要な場面を付け加えることになり、殺しの現場に向かう一同が長い長い道行きとなります。それと……（放映リストを見ながら）わたしの仕事としては手間ひまかけて丹念に仕上げた作品が、この「逆さ技大どんでん崩し」です。

――『必殺仕事人』（79～81年）のワンエピソードですね。火付盗賊改方を扱ったトリッキーな話でした。

松原　わたしが作る構成表は一見してストーリーの流れ、人物関係と役割がわかり、このように組み立てているというのも一目瞭然の香盤コンストラクションでして、東映のシナリオ教室の教材にも使っていました。全61シーンですが、検尺すると48分あり、監督も大よろこびした作品です。東映の原田雄一が監督でしたね。『必殺』において尺数やカット数を意識して書くライターはいないと思うのですが、長さが1700フィートほどなので200カット以内を考えて書いておりました。もちろん監督による差はありますが。

思い出深いのは、けっきょく書かれたストーリーではなくて書く際の制約や手法、謎、奇抜な発想の記憶です。わたしのシナリオは事件主体ではなく人物主体の作劇なので、いわゆるシリーズのパターンに囚われません。現代劇の誘拐手法をもっとも多く案じたライターはわたしだと思うのですが、塀の前に置かれたゴミ箱に入れた金を数分間で抜き取られる……これを真似したやつは、なんとグリコ・森永事件の犯人でした。

師匠のシナリオはすべて口述筆記

――脚本家を目指したきっかけを教えてください。かつては東映の企画本部脚本課に所属していましたが、デビューは日活という不思議なキャリアです。

松原　文筆のスタートは小説でして、『宝石』や『新潮』に投稿して入選したこともあります。わたしは神戸出身なのですが、友人の親がある組の幹部で映画界に顔が利くということで「シナリオをやってみたらどうや」と言われたんです。小説もシナリオも一緒だと思っていたのでしょうね。「大学を出て給料もらうだけやとオモロナイ。ワレの腕や力でゼニ取りするのが男とちゃいまっか」と東映を紹介してくれました。そうして東映入りを決定した上で、松浦健郎先生の門下生になったんです。

――デビュー作『血の岸壁』(58年)も松浦健郎さんとの共作ですね。当時、日活や東映のアクション映画で相当な多作を誇っていました。

松原　同門でライターになったのは山崎巌、石井喜一、石郷岡豪、中西隆三、今村文人の各氏で、もう生き残りはわたしだけです。延べ20人ほど弟子がおりました。師匠のシナリオはすべて口述筆記で、誰かが速筆役となり、また別の人間が清書するのです。師匠は布団を敷いて寝転びながら……その間はいいんですが、立ち上がったら困るんです。そらもう動き回る、走り回る(笑)。まったく原稿見てないですからね。いちばんひどかったのは、窓からワーッと落ちた。それで下を見たら植木鉢が割れて、師匠も血を流してて。上がってきたら「いやいや、大丈夫!　いまのちゃんと書いたか!?」って(笑)。

――命がけのシナリオですね。

松原　そんな師匠ですよ。だからね、身についたといえば身についた。その縁で朝日放送が大阪テレビだった時代に『赤胴鈴之助』(57~58年)をやったんです。東映入社は昭和32年ですが、入ったときもすでにライターということで給料が通常より多かった。東映の全盛期で、ライターが足りなかったことも幸運でした。池田雄一、神波史男、松本功、山本英明、それから押川國秋……このあたりが同年輩の社員ライターですね。

――東映で師事した脚本家は?

松原　おりません。ただ大先輩の結束信二さんはいつもアドバイスしてくれました。この間柄が後年、わたしが東映京都芸能に招かれるもとになっているんです。わたしの東京での住所は築地の池田屋旅館、ここは東映の専用宿でして、結束さんもよく来られまして、部屋で語り合いました。

――深作欣二監督のデビュー作『風来坊探偵』(61年/二部作)を神波史男さんと共同で執筆しています。深作監督の思い出はありますか?

松原　深作という人は脚本を何稿もほしがるくせがあって、直しを要求するのです。それも「ここをこうしてくれ、これはおかしい」とは一切言わないので、誰もが組むのを嫌がりました。そのため「具体的な要求でないと直さない」という念書をかわすライターもいたそうです。わたしの場合、3稿目を要求するので脚本課の後輩の神波が直したんです。ですが、撮影後に完成したのは当初の第1稿に近いものでした。いくつか書いてもらえば、そこからアイデアが得られるんでしょう。

「この廊下の向こうに深作がおるんや」

――その後、映画からテレビに活動の場を移したきっかけは？

松原　東映は昭和34年にテレビ企画部を設けました。脚本部からひとり行ってくれないかということで、わたしが所属となりました。仕上げが早いのでテレビ向きとされたんです。映画とテレビの脚本料は雲泥の差でしたが、映画はいずれ落ち目になるだろうという予見があったので、テレビを選びました。それから昭和40年に大阪に戻り、『バックナンバー333』の後半を書き、朝日放送の仲川利久と出会います。それからは山崎プロダクション、あるいは松竹のテレビ映画を次々とメインで書きました。

――山崎プロは70年代初頭に消滅してしまいます。

松原　いまの太秦ではなく下鴨に京都映画の撮影所があり、その敷地内に山崎プロも居を構えていたんです。社長の山崎（兼嗣）氏は勝新太郎と中村玉緒のマネージャー。そんなことから朝日放送に食い込んで、『座頭市』をテレビでやろうとしたんですよ。そこでトラブルがあって、痛風かなんかの病気も抱えておりましたからダメになった。山崎氏の奥さんは東宝出身の広岡三栄子、娘さんは堀恭子、ふたりとも立派な女優ですよ。山崎プロでは『緑姫旅日記』（69〜70年）を書いて、それが最後となりました。

——そして1972年に『必殺仕掛人』が始まり、まずはノンクレジットの仲川ブレーンとして参加するわけですね。

松原　ホン直しで旅館に行ったら、大熊氏が「この廊下の向こうに深作がおるんや」と言ってましたよ。そういえば、『仕掛人』には池田雄一が参加しているでしょう。

——はい。第24話「士農工商大仕掛け」を執筆しています。

松原　あれは深作が「東映で顔なじみのライターを使いたい」という要求をして呼んだんです。役者もほとんど東映でやりたいと不思議なことを言うもんで、雪代敬子をゲストで使ったと思います。そういうことがあって「今後は使えんな」と仲川氏が深作の起用を打ち切ったと言っておりました。わたしの存在は過去のいきさつがあるので深作には言わなかったそうです。

いちばん思い出深いキャストは城所英夫でしょうね

——必殺シリーズならではの執筆の難しさはありますか？

松原　友人の石森史郎が「人物キャラクター、殺しのパターンなど決まったものを書くのでさほどの困難はない。誰もが書きにくい番組と言うのだが……」と話していたことがあります。まったくそのとおりでして、わたしも難しいと思ったことは少ないですね。

ただタブーや制約はありました。人権がらみもダメです。現場から「やめといてほしい」と要求があるのは、武士と芸者は水に落とすな、火事やめてくれ、植木に至るまで物は壊すな、襖を破るな、海には行くな。このうち「水に落とすな」は衣裳やカツラの損失が大きいこと、「火事やめてくれ」はセットを燃やすような火事のシーンも撮影が大変だからです。以前は丹後半島の間人《たいざ》でロケをしていましたが、それが琵琶湖になり、ついに八丈島からの島帰りも大覚寺の池になりました。板を突っ込んで波を起こしていたら、そこにカエルが飛び込んだのを見たことがありますよ(笑)。

――予算の制約があったのですね。

松原　東映は上下関係が定まっていますが、松竹は誰もが同等な感じで、叱る者もいないので統一が取れないことがある。ひとつには『必殺』は京都映画が松竹から現場を請け負って作っており、松竹の櫻井洋三氏が責任者という仕組みなのでセクションが多いのです。

――藤田まことさんの撮影が2時間しかないと相談された回は、どの作品だったか覚えていますか?

松原　高灯台をアジトにしたシリーズ、『必殺商売人』(78年)です。

――放映リストを見ると、第17話の「仕掛けの罠に仕掛けする」が中村主水の出番が少なかったような気がします。2時間で撮れる分量かはわかりませんが。

松原　そのとき藤田まことは名古屋の御園座の公演と『必殺』のかけもちだったんです。夜の10時に芝居がハネて、すぐ車に乗って名神高速で京都に戻り、夜中に2時間撮って翌日の公演までに戻る……こんな場合、撮れるシーンも顔を合わせる相手も限られ、やっかいなシナリオでした。藤田まことの思い出といえば……散髪屋で会ったくらいかな。豊中の散髪屋で。

――歴代のシリーズでとくに思い出深いキャストはいますか?

松原　いちばんは城所英夫でしょうね。

――あっ、「訴訟無用」の公事師長十郎役。

松原　それと沼田曜一は芝居が上手い。同じ回で瓦版屋を演じていますが、沼田は以前わたしのシナリオで心臓を突き刺して吹き出した血が人間のかたちになり立ち上がるという設定に驚愕し、それから親しくなった間柄です。『必殺』の撮影で再会して、宿で語り合ったのが楽しい思い出ですね。

この世に存在しない幽霊脚本家がいるのです

――『新必殺仕置人』第26話「抜穴無用」は松原さんと「嵯峨忍」という謎の脚本家の共作ですが、この方の正体はご存じでしょうか？

松原　これはスクリプターの野口多喜子です。

――あ、やっぱり。野口さんにインタビューした際に脚本を書いたことがあるという話をうかがいまして、いくつかのキーワードからおそらく嵯峨忍ではないかと推理していたんです。

松原　「ホン書いたので読んでください」と野口が仲川プロデューサーに渡したものが、わたしのところに回ってきたんです。あまり山場のないシナリオでしたが、実現してやろうと思って手直しをしました。野口の旦那の西森康友はドキュメンタリーの監督で、いろいろ一緒に仕事をした間柄ですよ。

――『新必殺仕事人』第51話「主水ビックリする」（82年）も松原さんと「正中恵」という謎の脚本家の共作です。

松原　正中恵というのは、わたしや仲川氏が講師をしていた小松左京の文芸教室「創翔塾」の生徒です。正木昌子、山中基義、松崎恵という3人の合作ペンネームだったと記憶しています。わたしの弟子の福岡恵子も『必殺』を書きたいというので、これも手直しして実現してあげました。

――お弟子さんまでいたのですね。

松原　東京では石森史郎、関西では松原佳成が最後の〝師匠〟でしょうね。わたしは昭和50年ごろから弟子を取るようになり、福岡恵子や林千代など何人もの女性がデビューしました。林は漫才界の大作家・秋田實の娘です。『大魔神』の吉田哲郎に弟子入りしたんですが亡くなってしまい、面倒を見るようになりました。のちに結束さんの紹介で東映京都芸能のシナリオ講師をやりましたが、そこの教え子の小野伸子は『部長刑事』を書きました。小野以外は「創翔塾」の生徒が多く、現在もっとも活躍しているのは藤原緋沙子。シナリオライターから時代小説に転じて作家として活躍しています。

――いやはや、すごい人脈と記憶力です。

松原　せっかくなので、声をひそめて言いにくいことをひとつ明かせば……『必殺』には、この世に存在しない幽霊脚本家がいるのです。

――あ、「松田司」でしょうか？

松原　そうです。もう亡くなっているからいいでしょうが、命じていた人間はご存じ山内久司です。「司」が「久司」ですよ。実際に山内氏が書いたホンもあったと思いますが、当時は〝5万円ライター〟というのがいましたから、わたしの推理では松田司というのは1名ではない。アイデアだけ渡して駆け出しのライターに書かせていた例もあるでしょうね。山内氏が前口上の原稿を書いていたのは何度も見ています。しかし脚本は見たことがない。『必殺』は前半と後半と10年単位で分かれていて、アタマの10年しか松田司という脚本家は存在しないんですよ。つまり仲川利久が去ってからいなくなった。そのあたりに仲川氏が噛んでいたとは思えませんが、じゃあ「松田」の「松」はいったいどこから来たのか……。

――『仕置人』では「松川誠」という謎の脚本家が第24話「疑う愛に迫る魔手」を執筆しています。これ1本だけの新人なのか、非実在なのか……ちょっと登場人物のネーミングセンスが「松田司」に近いのですが。

松原　だいたい「松」がついたら怪しいんですわ（笑）。

この世界に入ってよかったと、91歳のいまも思っております

――必殺シリーズに参加して10年、1982年の『新必殺仕舞人』第6話「南部よしゃれは鬼の道」が最後の作品となりました。仲川プロデューサーがシリーズから離れたことも原因でしょうか？

松原　仲川氏が『必殺』から去ったのは秋だったと思います。そんなときに人事異動があるわけがなく、何事かが起きたのでしょう。わたしも去ることにしました。いちばん大きな理由は東映がシナリオ教本20巻分を書いてほしいと依頼してきたからです。資料を集めて膨大な作業でしたが、この教本は大阪芸術大学の映像学科でも使われるようになりました。仲川氏が外れたあとは山内久司が独断化したので、後任者は名のみのプロデューサーでしかなかったようです。これはわたしの息のかかった〝くノ一〟からの情報です。

――えっ、くノ一!?

松原「代わりになる便利ライターはおらんか？」と山内氏から相談されて、後釜に送り込んだのが先ほどの林千代、彼女がくノ一です（笑）。わたしが抜けたあとのシリーズから林が書いているはずですよ。早書き屋なので重宝されて、以後のライターではいちばん早かったんじゃないですか。わたしが託されていたような複雑な制約ものではなく、ごく単純なシナリオではありますが活躍しておりました。

　残念ながら『必殺』は仲川氏が抜けたあと、脚本がパターン化して品質が悪くなりました。初期のライターは次々と抜け、予算が少なくなったので脚本料もケチりはじめます。また『仕事人』というタイトルに固執し、それ以外の冗談路線との交互提供によってマンネリ化しました。時代劇ブームが去りつつあったのも不運でした。やはり『必殺』というのは最初の10年ではないでしょうか？　山内氏の溜息からもそれが伝わるようでした。

――なるほど。たしかに作品のテイストは大きく異なります。

松原　わたしは東映京都芸能のメンバーとなり、シナリオ講師をやりました。平成になって東映太秦映画村などと統合して現在の東映京都スタジオになりましたが、「スタジオ」という呼称があるのでよく撮影所と間違われます。しかし撮影所はフィクションのドラマや劇映画、スタジオはノンフィクションのカメラレポートが担当です。ですから、その後はシナリオライターではなくフォーマットライターとして映像制作に携わりました。もう何年も行っておりませんが、いまだにシナリオ作家協会の所属では中島貞夫、鳥居元宏、わたしの3人が東映京都スタジオに籍を置いているのです。

――ほかの脚本家とは異なる立場のお話、とても興味深かったです。

松原　仲川利久という名プロデューサーがわたしに傾注したのは「才覚」だったそうですが、乱歩を愛読した子供のころからの体質なんでしょうね。シナリオは楽しく、おもしろく見せるための設計図というのが、わが持論です。要するに娯楽であって、その原型を作り出す職人技の持ち主がシナリオライターなのです。川に百円玉を落したので、それを拾うために流れる水をバケツに汲み出して、上流へとぶっちゃけていく。この発想でいいんです。この世界に入ってよかったと、91歳のいまも思っておりますよ。

松原佳成

［まつばら・よしなり］

1932年兵庫県生まれ。神戸大学卒業後、脚本家の松浦健郎に師事しながら57年に東映に入社。58年に日活の『血の岸壁』で映画デビューし、やがて東映のテレビ部門に移って『新七色仮面』『アラーの使者』などを執筆。65年以降は『無敵！わんぱく』『神州伝馬侠』ほか朝日放送の作品を多く手がけ、必殺シリーズに参加する。その後は東映京都芸能（現・東映京都スタジオ）に所属し、構成作家、シナリオ講師として活動した。

脚本

保利吉紀

「ホテルプラザ」から「かんのんホテル」へ先発組との交流が始まった

1975年の『必殺必中仕事屋稼業』から参加し、92年の『必殺仕事人　激突！』まで80本以上のシナリオを手がけてきた脚本家こそ保利吉紀だ。今回ご高齢で対面の取材は難しく、お手紙をいただいた。シリーズ最多執筆の書き手が明かす「ホテルプラザ」と「かんのんホテル」の日々、全文をご覧あれ。

えらいことを引き受けてしまった。わたしはいま後悔の只中にある。

貴社から届けられた質問事項の多いことったら、めまいがしそうだ。今年89歳だと断っておいたはずだが、情け容赦がないのは仕置人なみだね。

必殺シリーズは現在あちこちで再放送されているし、おかげで著作権料もいただいているので、覚悟を決めて、ひと汗ならぬ冷や汗をかくとしよう。まともに答えていたら春はおろか夏になってしまうので、わたしの好きなように書かせていただく。

『必殺』を書くことになった経緯には、とんでもない「幸運」がひそんでいる。脚本家デビューは昭和37年。芸術祭公募脚本の『空白』が入選し、NET（現在のテレビ朝日）で放送された。『空白』は5000人以上の犠牲者を出した伊勢湾台風を取材し、国の責任の所在が空白であることを訴えた作品。

そのシナリオが雑誌『テレビドラマ』に掲載される。これがそもそもの「幸運」の始まりで、なに気なくページを繰っていると朝日放送制作部の面々による座談会が載っていたではないか。

これだけではただの「偶然」に過ぎないが、年を越えた昭和38年、この「偶然」が「幸運」を運んできたのである。朝日放送から電話がかかってきた。

「『空白』おもしろかった。すまんけど、これからすぐに大阪に飛んでほしいんや。伊丹空港で待っとるから……」

声の主はディレクターの松本明こと「ヒゲ松さん」だった。ヒゲ松さんの要件は、いま取りかかっている芸術祭参加作品『走れ健ちゃん』の脚本が難航しているので直しを手伝ってくれという。

「おいおい、あんた正気かいな、ただの一本しか放送されてない若輩に、なんてことを言うのか。ま、騙されたと思って……」。わたしは着の身着のままで羽田から伊丹に向かった。待ち受けていたヒゲ松さんは、わたしと同じ昭和9年の生まれで、2ヶ月ほど向こうが兄貴。

さっそく仕事にかかったが、わたしは関西弁が書けない。彼の提案でホテルのツインに籠もった。わたしが書いたのを彼が片っ端から関西弁にする作業が延々と続いた。ときどき気に食わないと「噴飯もんや！」と原稿を突っ返してくる。スケジュール的には大幅に遅れているので、わたしも必死だ。「気に食わんなら自分で直したら」とやりかえす。

すったもんだの末に撮影に入った。刷りあがった台本を見ると、スタッフの演出補のところに「保利吉紀」という名前があった。新人のギャラでは安すぎるので、演出補として撮影手当を出してくれたのだ。

それから6年ほど朝日放送のお世話になった。その間に山内久司、仲川利久という必殺シリーズのプロデューサー両氏とも知り合う。同じく監督を務めることになる大熊邦也ディレクターこと「熊さん」とは『坊の岬物語』（原作：水上勉）など満足のいく作品を残した。

もちろんヒゲ松さんには東芝日曜劇場（当時の朝日放送はＴＢＳとネット）や近鉄金曜劇場の単発ものから連続ものまで数十本の仕事をもらい、キャリアに磨きをかける機会を与えてもらった。

ところが、説明のつかない自信喪失がわたしを襲い、執筆意欲どころか原稿用紙のマス目を見るのもイヤになってしまった。わたしは冗談っぽく「疲れたから、しばらく雲隠れします」とヒゲ松さんに言い残して朝日放送を去る。

昭和47年秋、『必殺仕掛人』の放送が始まった。なんとなく見る気がしなかった。そのころ相変わらず書く気が戻らず、わたしは家族を養うためにサラリーマンをしていた。ときどき上京してきたヒゲ松さんと会っていたが、彼は別になにも言わなかった。

昭和50年、『必殺必中仕事屋稼業』が始まった。ヒゲ松さんがそろりと電話をしてきた。

「そろそろ、えやろ」

わたしは正直迷った。サラリーマン生活にどっぷりと浸かっていたし、果たしてほぼ4年のブランクを克服できるかどうか……。

だが、彼に甘えることにした。会社の手前もあり、筆名で何本か書かせてもらえないかと頼んだ。筆名は「素一路」。由来は父の俳号で「そいちろ」と読む。

サブタイトル「いろはで勝負」「乱れて勝負」の2本を書いた。監督はヒゲ松さん。次のシリーズ『必殺仕置屋稼業』の「一筆啓上正体が見えた」は、監督が熊さん。素一路として3本を書いたが、ほめられたスタートではなかった。ヒゲ松さんと熊さんに助けられてどうにかという程度の脚本だったと思う。

わたしを見放さなかったヒゲ松さんに感謝しつつ、わたしはサラリーマンをやめる。4年間の休眠を無駄にしないためにも、気持ちとしては『必殺』と心中するつもりになっていた。脚本名を本名に戻し、『仕置屋稼業』を書く。送ってくれた拙作の一覧表によると、立て続けに7本を書きあげている。

がんばった裏には、ある目論見があった。

一体全体『必殺』の監督と脚本家の組み合わせとは、どんなふうに決められているのか。野上龍雄さんなんかは、映画で活躍している大御所と組むことが多いのは当然だが——。

わたしごときは、どうしたらあの著名監督と仕事ができるのか。決まったローテーションがあるのかどうかもわからないが、数を撃てばあの著名監督に当たる可能性があるかもしれない。そんな思いで7本を書いたが、結果は不発に終わった。

次のシリーズ『必殺仕業人』を書いているときだったと思う。松竹の櫻井洋三さんに呼ばれて撮影所を訪れた。

撮影所に着くなり、もしあの著名監督に会えたら直に頼んでみるか……そんな抜け駆けをしたら仲間内からなにを言われるか……そんな妄想をして、櫻井さんの部屋のドアを叩いた。

わたしは入るなり硬直した。あの著名監督が茶を飲んでいた。

× × × × ×

回想——苫小牧東高校の教頭室。

わたしは高校在学中に「映画サークル」を設立した。しかし同好会では学校から部費が出ない。「映画部」にすべく教頭にしばしばかけ合った。

ある日、教頭の口から思わぬことが飛び出した。

「お前が将来、映画のほうに進む気があるなら、本校の旧制中学時代の先輩が東映で助監督をやっているから、会いに行って仁義を切っておけ。俺に言われたと言って」と、のたもうたのである。

× × × × ×

その先輩が茶を飲んでいたのである。

あこがれの先輩、工藤栄一監督。わたしがデビューしたてのころ、先輩は『十三人の刺客』を撮った。映画館でシビれっぱなしだった。すぐ会いに行こうと思ったが、ペーペーの身で会ったところでどうにもならない。踏みとどまった。

あれから14年ほど経っただろうか。わたしは慌てて仁義を切った。たぶん、しどろもどろだったと思う。工藤さんは母校をえらく懐かしがって、「ヤッチョやマンモスは元気にしてたか。竹刀でようケツを叩かれたわ」と、教師のあだ名を連発して大いによろこんでくれた。

以来、『必殺』のテレビや舞台、土曜ワイド劇場の現代ものなど楽しく仕事をさせてもらったが、映画でミソをつけた。昭和61年公開の『必殺！Ⅲ　裏か表か』での出来事——。

初めは野上龍雄さん、中村勝行、わたしと3人の共作でスタートしたが、籠もっているホテルに工藤さんが現れたあたりから雲行きが怪しくなってきた。

勝行とわたしが考えた「ある仕掛け」について議論が切迫し、ついにテンパった。普段の勝行ならとうに暴発しているところだが、必死にこらえている。工藤さんがおもしろがってケシかけた向きもあるが、工藤・野上ラインVS勝行・保利ラインはついに折り合わず決裂した。

わたしと勝行は「失礼します」とホテルの部屋を出た。途中降板は初めてだった。台本が刷りあがってきた。野上さんの名前は大きく、われわれの名前は半分の大きさ。勝行とわたしは笑った。

勝行とわたしと田上雄をふくめた3人は、『必殺』に関しては「後発組」で当初は大阪の「ホテルプラザ」を根城としていた。シリーズの礎を築いた「先発組」の野上龍雄さん、安倍徹郎さん、村尾昭さんは京都の岡崎にある「かんのんホテル」を居城としていた。そこには監督の蔵原惟繕さん、渡邉祐介さん、貞永方久さん、神代辰巳さんなどお歴々が時に応じて逗留されていて、まさに『必殺』の本拠地の感を呈していた。

かんのんホテルは撮影所がある松竹が用意したもの。ホテルプラザは後発組に声をかけた朝日放送が用意したもの。なにせホテルプラザは朝日放送社屋の対面《トイメン》に建ち、制作部に呼び出されても数分で駆けつけられる。

わたしにしても勝行にしても田上にしても、ほぼ同時期に朝日放送から招集され(敬称を略したのは、わたしが年長で気心が知れた仲間だから)、田上の記憶によると3人が初めて会って声を交わしたのもホテルプラザだったという。そんなことを考えると、これは山内久司さんの「そろそろ新しい血を入れるか」という計略ではなかったのか?

余談だが、その計略のおかげで3人はこの上ない仲間となり、後年には『銭形平次』の最終回を共同で書きあげた(これは888話目であり、ちゃき克彰も参加)。

さて、このあたりで『必殺』についてわたしがどう思っていたか触れてみよう。後発組の立場としては、先発組の敷いたレールの上を走るだけなのだが、じつはどうあがいても自由にならない「目の上のタンコブ」のような奇異な設定が2つあった。

当初は「おふざけ」としか見えなかった。しかし、その設定は変えてはいけないし、外してもいけない「掟」になっていた。

1つ目の設定は、あのリアリティを欠いた荒唐無稽な「必殺技」だ。念仏の鉄の骨はずしを筆頭に次々と新しい「必殺技」を押しつけられた。なんのために、こんなおふざけを……これが山内久司イズムの正体か？

だが、このモヤモヤは書き進むにつれて、カスミが取れてきた。考えてみれば、「金で人を殺すドラマ」が毎週お茶の間に届けられているのだ。

悪党の残虐行為に、仕置人が残酷な殺しを返すのでは芸がなさすぎる。しかも、むごたらしさが目に余るようだと、お茶の間の反感を買うかもしれない。そんなリスクを考えれば、『必殺』はおもしろく痛快で楽しく見られるものでなくてはならない。つまり、あの「必殺技」とはお茶の間の反感を買わぬために考案された最高のパフォーマンスなのだ――と、わたしは思うことにした。

2つ目の設定が、表と裏の稼業を併せ持つ中村主水が、せんとりつにイビられる家のシーン。脚本家としては後半のヤマ場を書き終えて、やれやれと力を抜いたところでこのシーンを書くのは結構キツい。しかも毎回のことだから妙案も浮かばない。だが山内さんは、マンネリとも取れる中村家のシーンを頑として外させなかった。

殺しを見せられたあとに、うだつの上がらないサラリーマン中村主水の家の様子は、視聴者にとってかっこうの息抜きとなったのだろう。『必殺仕事人』以降は、とくに定番となった。

この2つの設定を編み出した先発組各位に敬意を表すとともに、およそ20年に及ぶ驚異的なロングランを可能にしたのは、まさにこの設定によるところが大きかったのではないかと思う。


そんな先発組各位の意を受けて映像化に励んだのが、カメラマンの石原興こと「石っさん」だ。豊富なアイデアと鋭いひらめきで独自の映像美を創出した彼の最大の宿題が、あの荒唐無稽な「必殺技」の撮影だったろう。どれだけアイデアを出し、おもしろく、しかも美しく見せるために苦労したことか。

わたしは撮影現場によく顔を出したが、セットでもロケ先でも「あかん、あかん」という石っさんの声を何度も耳にした。さすがに監督も手を焼いたのではないか。

相棒である照明マンの中島利男こと「中やん」もなかなかの曲者で「照明って手前から奥に向かって決めていくと思っとるやろ。ちがう。逆や」と、しきりにわたしに説明するのだが、だからどうなるのかはわからなかった。下手なホンを書こうもんなら、中やんは即座に「しょうもない」と難クセをつけてきた。「あかん、あかん」と「しょうもない」のコンビに、わたしは頭が上がらなかった。

余談だが、中やんの次男坊が誕生したとき、頼まれて名付け親になった。石っさんには、わたしがペンを措いたとき「やめたらあかん。書かなあかん」とどれだけ尻を叩かれたか。ありがたいことに現在だと、こちらの体調を気づかってメールをくれる。

『必殺』を書きはじめてしばらくすると、櫻井洋三さんから声がかかって「かんのんホテル」に入ってくれるよう言われた。

先発組との交流が始まった。野上さん、安倍さん、村尾さんはすでに部屋が決まっていて移動することはなかったが、新入りのわたしは日替わり状態でウロウロした。

まず驚かされたのが、村尾昭さん。訪ねていくと昼中だというのに窓を遮蔽し、部屋を真っ暗にしている。見ると敷きっぱなしの蒲団に腹ばいになって小さなスタンドの明かりで仕事をしていた。

それも原稿用紙ではなく、わら半紙。なにか想を練っていたのだろうが、その集中力には目を見張った。あとで知ったが無類のギャンブラー。競馬に注ぎ込む金がハンパじゃなかった。

安倍徹郎さんは将棋好き。ひまがあると駒を並べたり、詰将棋の本に目をやっていた。「煙詰」なる手で『新必殺仕置人』の脚本を書いているはずだ。イタリアが好きで、しきりに一緒に行こうよと誘ってくれた。

食堂で印象的だったのが、国弘威雄さん。自前のポットで酒の燗をつけて、ひとり静かに呑む孤高の人だった。国弘さんと貞永方久さんは中国生まれ、わたしは樺太の生まれ。食堂で顔を合わせると、失った故郷の話に及ぶことがあった。みんな引き揚げ者だった。

かんのんホテルでもっとも長い時間親密なお付き合いをしたのが、野上龍雄さん。ある晩、野上さんの部屋でふたりっきりで酒を呑んでいるとき、唐突に自身の生い立ちや吃音のことをしゃべりだした。

聞いていて、とても酒の肴にするような話の中身ではなかったが、酔うと口を衝いて出てくるのか、ときには顔をクシャクシャにして笑い飛ばして話すのだった。「おやすみなさい」と言って部屋を出たが、さすがに切なく忘れられない夜となった。

とにかく先輩諸兄の監督・脚本家がゴロゴロしているのだから、刺激を受けないはずもなく、こっちも大いに発奮した。雀卓を囲むこともしばしばで、夜ともなると手が空いた人の部屋に集まってストレス解消の大騒ぎ。

そのひとこまを紹介すると、誰だか忘れたがリーチをかけ、間もなくして神代監督に電話があり、長くなりそうなので蔵原監督が代打ちとしてやおら卓についた。リーチを警戒しているふうではあったが、えいッとばかりにツモ切りした。「ロン」と声がかかって親の満貫を払うことに。一同大笑い。

かんのんホテルに、ある日ひょっこり新入りが入ってきた。『新必殺仕置人』の正八こと火野正平くん。くん付けすると、いつも「正平、正平」と呼び捨てしてたくせになにを畏まってと言われそうだが、わたしとしては中村主水、念仏の鉄、巳代松、正八が組んだこのシリーズがいちばん好きだった。

「こんなの書いてよ」と頼まれて、正平くんのアイデアを下敷きにホンを書いたこともある。人懐っこく、しゃべりが上手くて、ひとときも退屈させないおもしろい男だ。女が放っとくわけがない。当時は女のことでテレビのワイドショーに追いかけ回されていたが、役者としては誰もが認める腕達者だった。

彼と打ち解けて遊ぶようになったきっかけは、ホテルで相撲を取ったことだった。自信があるのか、彼が持ちかけてきたので、がっちりと組み合った。

勝負は伯仲したが、わたしの負け。以来つるんで呑みに行ったり、彼の車でドライブしたり……あぶない話は止めにして、記憶に残るのはスナックでの彼の弾き語り。ギターをポロポロ爪弾きながら歌う「〽あの星はママの星……」は、いつまでも耳に残った。

かんのんホテルでの執筆暮らしは、野上さんが「本にまとめたい」とよく口にしていたが、じつに居心地がよく、なんの不自由もなく、愉快でのびのびと仕事ができた。これもなにかとご苦労された櫻井プロデューサーのおかげだと感謝申し上げたい。

だらだらと書いてきましたが、必殺執筆陣のなかには、かくのごとき脚本家が混じっていたことをご承知おき願うべく、ペンを執らせていただきました。

擱筆

保利吉紀氏から寄稿文をいただいたあと、京都取材の合間に直接お会いする機会を得ることができた。その際に語られた必殺シリーズの思い出を追加で掲載しよう。

書いたものに関しては、もう1本も覚えてないんだ。櫻井（洋三）さんがどんどん仕事をくれたし、書くのも早かったんだろうね。まぁ、いいように使われました。山内（久司）さんというのは〝高尚さと低俗さ〟……その両方を『必殺』に混ぜて、ちょうどいいテレビ的な娯楽を作ったプロデューサーだと思います。

最初に書いた『仕事屋』の「いろはで勝負」、あれは松本明のアイデア。雄琴という場所もそれまで知らなかった。一緒にシナハンに行ったら、もう夜なのに空まで明るい。比叡山のほうから見ると、雄琴温泉が光ってる。松本の遊びは豪快でしたね。「ホテルプラザ」のときは、どんなホンにするかという企画会議があったけど、「かんのんホテル」に入ってからは一切なかった。

かんのんは西の端の部屋が安倍（徹郎）さんで、その隣が野上（龍雄）さん。野上さんと初めてお会いしたときのことはよく覚えてます。「きれいな夕焼けだね」というセリフに対して、「それは夕景のほうがいいな」と言われた。村尾（昭）さんがわら半紙に原稿を書いてたのも思い出すなぁ。武末勝さんは「書けない、書けない」と悩んでて、ロビーで待ち構えてる櫻井さんが鬼に見えたんじゃないかな。

『必殺』というのは悪人が悪人を殺す話だけど、じゃあ殺された側のその後の人生はどうなる……そういうホンを書いたのはよく覚えています。悪党とはいえ親を失って、残された子供はどう生きていくか。そんな話だったと思う（『新必殺仕置人』第21話「質草無用」）。

いちばんキャラクターが充実していたのもその『新仕置人』、（火野）正平が出たやつだったな。けっこう神経使いましたよ。いちばん役者から物言いがつくシリーズだったから。やっぱり山﨑（努）さんがホンに意見を出す。（中村）嘉葎雄さんからもあった。それだけ役者がのめり込んでいたんです。正平のアイデアをもとにしたのがどの話か……ちょっと思い出せないなぁ。

初めて工藤栄一さんと組んだ話（『必殺仕業人』第18話「あんたこの手口をどう思う」）は自分のアイデアだけど、どうも工藤さんの意に沿わなかった。「もう次はないな」

と思うくらい。ワルが奉行所からも狙われる……あの後半のひねりは、工藤さんのアイデアだった気がしますね。そのあと工藤さんとはいろんな仕事をしましたが、土曜ワイド劇場の音川シリーズで苫小牧を舞台にした話（『京都殺人案内　男女の水死体はどこから来たか?』）はとくに印象に残ってる。お互いが生まれ育った場所だし、予科練の話だし……もちろん工藤さんがめちゃくちゃにホンを変えたんだけど。

現場にも顔を出しました。脚本家だといちばん行ってたんじゃないかな。最初は時代劇のことなんてわかんないから、とにかく見学しないと。石っさん（石原興）や中やん（中島利男）、録音の若（広瀬浩一）と仲良くなって、ホンにダメ出しもされたよ。

まぁ、よく書いたもんですよ。樺太で生まれた人間が京都まで移ってきたんだから。わたしら後発組だから、先発組が敷いたレールの上を走ればよかっただけだしね。赤いちゃんちゃんこを着て、櫻井洋三、藤田まこと、保利吉紀……3年続けて還暦祝をやってもらったこともありました。けっきょくね、櫻井さんもそうだけど、悪いやつは長生きするんだ（笑）。

保利吉紀

［ほり・よしき］

1934年旧樺太生まれ。慶應義塾大学中退後、62年にオリジナルシナリオ『空白』が文部省芸術祭公募脚本芸術祭賞を受賞し、NET（現・テレビ朝日）で映像化される。朝日放送などのドラマを手がけたのちブランクを経て、75年に『必殺必中仕事屋稼業』で脚本家として復帰し、92年の『必殺仕事人　激突！』まで必殺シリーズを一貫して執筆する。『同心部屋御用帳　江戸の旋風』『銭形平次』『江戸の激斗』『江戸中町奉行所』などの時代劇や『京都殺人案内』『京都妖怪地図』ほか土曜ワイド劇場のシリーズも多数。

脚本

田上雄

転職しようかなという時期にぜんぜん違う世界が開けただから『必殺』には感謝してるんです

『必殺必中仕事屋稼業』第20話「負けて勝負」——必殺シリーズ初となる〝殺しのない〟エピソードは新参の田上雄によって執筆された。朝日放送の奇才・松本明とのコンビで、その後も存在感を発揮した脚本家が回想する各話創作の秘訣。「ホテルプラザ」と「かんのんホテル」に集まったご同業たちの思い出も。

「だったら殺しがないのでいこう！」

田上　ぼくは若くしてデビューしちゃったもんですから、30歳過ぎて、同じようなパターンのホンを書き続けるのがイヤになってきましてね。かなり筆は早いほうだったんです。書けと言われれば一晩で書いたりして（笑）、けっこう売れてはいたんですけど、30歳過ぎて転職しようかなと……そんなことを考えてるときに、たまたまABC（朝日放送）の松本明さんのことを知ってたんですね。当時、日本放送作家協会にテレビ番組や演出家、役者に対する表彰をしようという放送作家協会賞がありまして、「松本明という監督が必殺シリーズで非常にシャープな演出をしている」と推薦したんです。ご本人もぼくが推薦したことをご存じだったようで。

それから例の……1975年でしたっけ？　腸捻転が。ABCのネット局がTBSからNET（現・テレビ朝日）に代わった。そのときNETから推薦されたライターのひとりがぼくでした。

――シリーズ第5弾『必殺必中仕事屋稼業』（75年）ですね。

田上　ＡＢＣの仕事は初めてだったと思うんですが、大阪まで行って松本さんと山内久司さんに迎えられて、松本さんは「ぜひ仕事したいと思っていた」みたいなことを言ってくださって、ところがぼくは『仕事屋稼業』を見たことがなかった（笑）。

――未見のまま打ち合わせに。

田上　当時はＡＢＣの前に「ホテルプラザ」があって、そこの一室に入りました。松本さんが「あんた酒飲むか？」って聞くから「少し飲みます」と答えたらすぐビールを取って……松本さんも相当飲む人だったから、ビールの瓶がどんどん溜まっていく（笑）。で、話してるうちに「どんなのを書きたい？」って言うから「それよりどんなホンがほしいんですか？」と聞いたら、『仕事屋』というのは博打のシリーズだったんですね。松本さんが「『スティング』みたいな話がいい」って言うんですよ。騙し合いで、最後は殺しよりも博打の勝負で勝つところを強調したホンがほしいと。ただ『スティング』だとバレバレなので（笑）、ヘンリー・フォンダの『テキサスの五人の仲間』……これもコンゲームもので、ポーカーのイカサマで勝って逃げていくコミカルでシニックな映画があったので、そっちでどうだと提案したんです。

松本さんも「俺は見てないけど、それでやってみよう」ということで、あれは5日間くらいで書きまして、プロデューサーの山内さんもおもろいなぁということで、すぐＯＫが出たんです。で、ゲストも松本さんと親しい津川雅彦さんに決まった。

――第20話「負けて勝負」、まさにポーカーの回です。

田上　ただ、緒形（拳）さんが脚本のチェックをして、「最後に博打で負かした相手をさらに殺すというのは、俺はできない」みたいなことを言われまして。初稿では博打に負けた津川さんが恨みに思って緒形さんの半兵衛を襲う、それを返り討ちにするという流れだったんです。

——なんと！　もともと殺しのシーンがあったとは。

田上　あったんです。殺しがないことで有名な話ですけど（笑）。「負け犬に追い打ちをかけるようなことはできない」と緒形さんが言いまして、ぼくも博打の勝負を書くのにエネルギーを使い果たしていて、そこはいい加減に書いちゃったんですよ。で、「殺しを抜きにできませんか」という話になって、山内さんにホンが戻った。松本さんがおうかがいを立てたんです。

山内さんも柔軟な人ですからね。一瞬で理解して「だったら殺しがないのでいこう！」ということに。それで、津川さんの伊三郎って役が関西に修行に行くというラストになった。そうしたら今度は松本さんが「最後の殺しがないと話が尻切れトンボになる」って言うんですよ（笑）。それで、たしか京都のリーガロイヤルホテルだったと思うんですが、緒形さんが泊まっている部屋で最後の詰めになったんです。

——緒形さん、松本さん、田上さんの3人で？

田上　そう。緒形さんも「言われてみれば尻切れトンボだな。なんかないか？」って言うので、中尾ミエさんのお春が最後に伊三郎の家に行くか行かないか迷う……で、お春がくるっと後ろを向いて帰っていく。そこで半兵衛が「勝った！」、伊三郎から預かっていた人形、お春に渡すはずの人形の首を切る。そういうアイデアを出したんです。それに2人ともノッてくれました。

ですから、松本さんにしても緒形さんにしても、みんなそれぞれが大きなところで意見を出してくれて、それを山内さんが裁定した。あの〝殺しがない話〟ができたのは、その結果なんです。そういう経緯がないと、ああいうエピソードは最初からは書けなかったですね。ほかのプロデューサーはノータッチ。松本さんの回は2人で作って、あとは山内さんの判断だけでした。

いい具合にテレビの弱さを利用してるんです

――「ホテルプラザ」では保利吉紀さんや中村勝行さんと仲良くなったそうですが、ほかの脚本家の方々との交流はありましたか?

田上　野上龍雄さんや国弘威雄さんは、その前に東映で書いてたころに顔を合わせてますので、あっさり受け入れてもらいました。ただ松本さんからは「あんまり京都に行くなよ」と言われていて……すでに『必殺』というのは京都の「かんのんホテル」に入るという習慣があったみたいなんですよね。あそこにライターが入っちゃうと、どうもこっちの意見が通りにくい……みたいなことをチラッと松本さんは仰ってましたね。

あそこは映画の監督さんがたくさんいましたから、あの人たちの意見が強いんですよ。だから松本さんや大熊（邦也）さんは、ちょっとやりにくいところがあったんじゃないですか。大熊さんからも「俺の回も書いてや」みたいなことを言われましたが、けっきょく機会がありませんでしたね。

――かんのんホテルが現場サイド、ホテルプラザが朝日放送サイドだったそうですね。

田上　ただね、松竹の櫻井洋三さんのパワーは強いですから（笑）。勝行ちゃんも保利さんもすぐあっちに行っちゃいました。ぼくは東京の仕事が多かったもんですから、櫻井さんから誘われましたけど、あんまり頻繁には関西に行けなくて。だからそういう状態が保たれたんです。

一度かんのんホテルを訪ねたことがあるんですが、玄関で「ごめんください」って言ったら「はい、いらっしゃい」と出てきたのが野上龍雄さん（笑）。野上さん、ここの番頭もやっているんですかって笑ったことがありますけどね。あそこは東京から来た監督さんも泊まり込んじゃうから、そこで延々とホン作りをやるでしょう。それが行きたくなかった理由かもしれない。それから行くとギャンブルでむしられる（笑）。その前に東映でむしられているので、もう怖くなりました。

――ギャンブルの腕前は？

田上　ダメです。ものすごく弱い。ゴルフもダメ。賭けないスポーツは強いんですけど（笑）。松本さんはギャンブラーですから、一緒に3回海外に行ってますけども、そのたびにカジノに行ってましたね。

――松本明監督は、どのような方でしたか？

田上　見た目がすごく怖いんですよ。坊主頭で威勢もいいもんだから、最初は「あっち系の人かな？」って思うくらい（笑）。でも付き合ってみると非常に繊細で、育ちもいいんでしょうね。お坊ちゃんという言い方は悪いけれど、非常に端正できちんとした人でした。映画の監督さんたちに対しては「テレビにはテレビのやり方がある」ということで、あんまりロングは撮りたくないと仰ってましたね。工藤（栄一）さんなんか相当遠くから撮りますけど、「あれじゃテレビではわからん」と。テレビの撮り方は俺たちのほうが知ってるんだという自負があったんでしょう。

松本さんは勝新太郎さんの『悪一代』（69年）を監督して、だからスタジオの撮り方と映画の撮り方との中間をやってるわけです。それは非常に斬新だと思いました。映画だったら通用しないと思いますけど、テレビの画面で見ると、いい具合にテレビの弱さを利用してるんです。金をかけられない、時間も限定されている状況で、だから作家協会の賞でも松本さんを推した。ぼくは『必殺』の仕上がりを見て、もっと若々しい青年をイメージしてたんですよ。実際に会ったら、ぜんぜん違う人でしたけど（笑）。

――とくに「負けて勝負」は狭い室内で行われるポーカーの話で、それぞれの表情を切り取ったアップが効果的です。

ギャンブルを題材にした『必殺必中仕事屋稼業』、半兵衛(緒形拳)と政吉(林隆三)がコンビを組んで毎週命ギリギリの勝負をかける。シリーズ初の女性元締・嶋屋おせいを草笛光子が演じた

田上　石原（興）さんのカメラの功績も大きいでしょうね。東映に比べて松竹のセットは狭いんです。よくあんな狭いセットで……って思いますよ。（カメラを）横に振れないから縦に撮るんだって言っていましたけど、縦構図のフォーカスの変化でもって作っていくのが『必殺』の特徴ですよね。

――撮影現場にも行ったのでしょうか？

田上　最初に撮影所に連れて行かれました。石原さんや照明の中島（利男）さんに引き合わせていただいて……30そこそこだったから、みんなに若いなと言われて、これはナメられてたまるかという感じがありました（笑）。『仕事屋稼業』の第20話は役者さんの立場から見ると動きがないホンだから、「自分たちで作ろう」ということで工夫した部分があったようです。たしかに緒形さんの行動しか書いてないホンなんですよ。だから松本さんが現場で役者さんの自由にやらせてあげた部分もあったでしょうね。

津川さんが出ると、ぼくが呼ばれるのかなぁ

――続いて『必殺仕置屋稼業』（75～76年）でも松本明監督とのコンビで、津川雅彦さんゲストの第2話「一筆啓上罠が見えた」を執筆しています。

田上　おかしなことにWikipediaを見ると、ぼくの作品じゃないと書いてあるんですよ。誰が書き込んでくれたのか知らないけど、わざわざ「これは中村勝行の脚本で、一説によると田上雄と言われているがそれは間違いである」みたいなことが書いてある（笑）。

――それこそ「罠」でしょうか。本編のクレジットだけでなく、実際に執筆されたのも田上さんで間違いない？

田上　はい。『仕事屋』の後半から参加して、すぐ『仕置屋』を用意することになりましたから。また主水シリー

ズになるということで、まだ1本目のホンができてなくて、ぼくの回を先に書いてました。殺し方を考えたり、それからキャラクターを考えたり……どこから推薦されたのか知りませんが、急に新人の女優をレギュラーに入れてくれみたいな話もあって。

——石原初音さん演じるおはつですね。中村主水（藤田まこと）が通う一膳飯屋で働く、心のヒロインみたいな役どころでした。

田上　初めてこの業界に入ってくる子だっていうんで、「じゃあ名前は〝おはつ〟だ」ってね。このときは松本さんと一緒に東京の津川さんのお宅にお邪魔して、3人でホンを仕上げました。沖雅也の市松が殺しの師匠を倒すエピソードで、第1話になるような話もあったんですよ。ただ当時の慣習として、初回はシリーズの代表ライターが書く、メイン監督が撮るという流れがあって、「やっぱり2話になるで」「いいですよ」みたいなやり取りがありました。

——たしかに第1話「一筆啓上地獄が見えた」は脚本・安倍徹郎、監督・蔵原惟繕という当時の必殺シリーズの本流コンビですね。

田上　印玄（新克利）の屋根から落とす殺し技、あれも松本さんと話してるうちに「ここまでやっていいんですか？」「まぁやってみようや」と、1話より先に決まったんです。あれは高い五重塔でロケをしてますよね。下にいる主水に斬られて真っ二つになるのは、ホンにはなかったんじゃないかな。死んだと思ったら影武者で、背後から本物が出てくる……そういう細かいところは、津川さんのお宅で決めた気がしますね。

——銃を向けられた主水のピンチ、市松が竹串をくっつけた折り鶴を後ろから飛ばして津川さん演じる鳶辰を仕留めます。

田上　あのシーン、どなたかに「田上ちゃん、あれはないで」って言われたんですよ。暗殺ちゅうのは肉薄してやるもんや、遠くから飛び道具でやるのはエロティックじゃないと。どなたか忘れましたけど、かんのんホテルに行ったとき、そう言われました。ぼくも若かったから「そこまでストイックにならなくてもいいんじゃないですか?」って反発した覚えがあります。ＡＢＣの仲川(利久)さんからも「ストーリーだけでなく人間を書け」みたいなことを言われたことがありますし、鍛えてもらいましたよ。

殺しのシーンはね……ライターはみなさんそうだと思いますけれど、その手前までの原稿がペラで１００枚くらいなんですよ。で、殺しを入れて１１０~１２０枚くらい。だから１００枚書いたらもう終わりだと思っている(笑)。殺しに関しては現場任せですから、間に合わないときは、殺しの手前まで書いて「あとはよろしく」って渡したこともありますよ。細かく書いてもやってくれませんし、それこそ役者さんとスタッフの話し合いですから。

——第10話「一筆啓上姦計が見えた」は、奉行所の風紀を取り締まる三人組が裏では……というえぐい話です。

田上　これはエピソードがありますよ。プロデューサーから「まこちゃん(藤田まこと)があんたと飲みたい言うてるんやけどなぁ。今日行ける?」って連絡があって、大阪から京都に行ったんです。たまたま祇園祭の宵宮の日だったから、京都に入ったらもう人いきれでタクシーに乗っててもムッとするくらい。指定された小料理屋に行ったら「祇園祭だから鱧《はも》を食べないといけませんな」ということでごちそうになりまして、そこにいたのが小松政夫さん。３人で鱧を食べて、お茶屋に行ってまたちょっと飲んで。どの段階だったか、藤田さんが「ちょっとアイデアがあるから1本それで書いてもらいたい」ということでした。「きたな!」って感じで(笑)。

「どんな話ですか?」と聞いたら、これはあんまり露骨にそのまま書いてもらったら困るんだけど、要するに母親が輪姦されて、父親も殺されて、孤児になった息子が主人公たちの家どこに行っても扱いかねて、たらい回しになる。要するに二度〝マワされる〟話……そのネタだけもらって、東京に戻ってアイデアを練って、あれは自宅で書きましたね。

――主水が「女房が犯されるのをこの目で見るのも一興かと」みたいなことをワルの上司に言って「お主も変態じゃな」と返していたらバッサリ斬られる……よく考えたら、きわどい話ですね。

田上　そう説明されると、すごくひどいものを書いた気がしてくる（笑）。この1本だけですが、藤田さんからアイデアをもらった脚本なんです。

――『必殺仕業人』（76年）では第2話「あんたこの仕業どう思う」を担当。またまた津川雅彦さんゲストによる松本明監督回です。

田上　これはよく覚えてないです。津川さんが出ると、ぼくが呼ばれるのかなぁ。うーん、ぜんぜん記憶にない。それからしばらく『必殺』はやってないですね。

50歳くらいまで若手と言われていた（笑）

――さかのぼりまして、脚本家を目指したきっかけは？

田上　生まれは北海道の小樽、帯広で育ちました。映画が好きでね。とにかく中学校のときから毎日のように洋画を見て……地元に洋画をかける小屋が3つあって、そこを全部ハシゴしたこともありますから。朝から夜まで7本見たのかな。昼めしにあんぱん食べたりして（笑）。

とくに西部劇が好きでしたね。それで映画をやってみようと思って、大学は早稲田の文学部の演劇科に受かったのに、親父がダメだと。それで中央大学の法学部に入ったんですが、おもしろくないんですよ。就職のときは、すでに斜陽でしたが、まだまだ映画界は狭き門でした。東大・京大・早稲田・慶応くらいしか受けられない。東宝に願書をもらいに行ったらけんもほろろで「中央はダメ、東映に行きなさい」って言われたくらい（笑）。

――入社試験さえ受けられない……。

田上　で、東映を受けたら、幸か不幸か面接の最終に残ったんです。だけど面接のときにちょっと上手くいかなかったんだな。「支持政党の欄に社会党と書いてあるけど、本気なのか？」ということを聞かれて……東映は労働争議がありましたから一発でアウト。当時の学生なんてほとんどが自民党嫌いでしたから、就職のときだけ自民党って書いたら逆に嘘がバレちゃうんじゃないかと思って正直に書いたんだけど、まぁダメだった。

――最初から脚本家志望だったのでしょうか？

田上　いえ、プロデューサーになりたくて、科学実験の文化映画とかそういうものを作りたかったんです。それで東映を落ちて、どうしようと思ってたら親父が「若いころ職場にいた男で、いま脚本を書いているやつがいる」と、柴英三郎さんを紹介してくれたんです。向こうも困ったと思いますが、熱意が伝わったのか「じゃあ、俺の仕事を手伝え」と、そこから始まった。脚本なんてぜんぜん見たこともないし、書く気もなかったのに（笑）。

――脚本家の弟子として、どのような修行を？

田上　柴さんという人は、まったく教えてくれませんからね。いま書いてるシリーズの自分のホンや別のホンを寄こして、「似たようなものを書いてこい」って言うだけです。で、３本か４本書いているうちに「使えるかもしれないな」と仰って、プロデューサーを紹介してもらって、まず『三匹の侍』（63～69年）を共同で２本ほど書きました。そのあと先生が放り出したホンがあって「これを書き直せ」っていうので直したら、ぼくの名前で出していいという話になって、それがデビューです。24歳のときですね。

――かなり早いデビューです。

田上　早かったですね。ぼくと同じころにデビューして早かったのが鴨井達比古、それから永原秀一さん。おふたりとも早くに亡くなっちゃいました。時代劇を書く人はみんな年配の方だったから、とにかく「若い、若い」って言われたんですよね。だからぼくは50歳くらいまで若手と言われていた（笑）。で、中堅と呼ばれたことはなくて、いきなりベテランに。
デビューしたあとすぐ『三匹の侍』が終わって、26歳のころから東映で大川橋蔵さんの『銭形平次』（66〜84年）を書いて、本格的に時代劇のほうに来ちゃったんです。たまたま柴さんが忙しくて抜けた『おらんだ左近事件帖』（71〜72年）を書いたり、いろいろ勉強する気になって……現代劇も『キイハンター』（68〜73年）とか並行して、いろいろやりましたけどね。

――『銭形平次』と『必殺』の違いはありますか？

田上　東映は時事ネタとかね、そういう〝遊び〟があんまりよろこばれないんです。基本的には映画の御大たちが作った路線を小ぶりにしてテレビにしていますから。たとえば橋蔵さんは長谷川一夫さんのことを「長谷川先生」と呼ぶわけですけど、そのくらい長谷川先生にいろいろ教わってきたことを大事にしている。そこからは外れたくない。はっきり〝伝統を守っていく〟という意識がありましたね。それこそ『必殺』はポーカーやったり、なんでもありです。

「ショーケンで時代劇を作ろう」

――デビュー後の作品で思い出深いものはありますか？

田上　黒駒の勝蔵を主人公にした『風の中のあいつ』（73年）ですね。ショーケン（萩原健一）が主役の時代劇。あのころ渡辺プロの制作部門で「渡辺企画」という会社があったんですけど、そこは早稲田の映研を出た人ばっかりで、プロデューサーも若くて、のちに『傷だらけの天使』（74～75年）を作る連中です。「ショーケンで時代劇を作ろう」となって、とにかく錚々たる映画監督が集まりました。西村潔さん、工藤栄一さん、田中徳三さん……30分番組でしたけど、まぁ型破りな時代劇で、よくもあの時代にできたなという内容でした。

ＮＨＫの大河ドラマを書かれた杉山義法さんが、わりと原作どおりの部分を担当してくださって、ぼくはその間のエピソードで遊べるだけ遊んで……2人だけで2クール（全26話）を交互に書いたんです。『風の中のあいつ』というタイトルは、いろいろあってぼくの案なんですけど、それも印象深いですね。ＡＰの照喜名（隆）くんも野心家で、ホン作りが楽しかったですよ。

――『傷だらけの天使』も1本だけ、工藤栄一監督の「母の胸に悲しみの眠りを」を執筆しています。

田上　もともと渡辺企画の若手が、監督とライターをできるだけ組み合わせて作ってみよう、1人1本ずつという話になって、「田上さんは誰とやりたい？」「また工藤さんがいいなぁ」「じゃあ工藤さん」って感じでやりましたね。市川森一さんが最終回で、市川さんのイメージが強い番組ですが、いろんなライターが書いてたんです。第1話は柴さんですし。

――奇しくも『傷だらけの天使』2クール目の裏番組が『必殺必中仕事屋稼業』でした。どちらもバディもので設定もよく似ています。

田上　そうでしたか。それは意識してなかった。当時は裏を書くのは仁義にもとるというので、あんまりよく言われなかったんですけどね（笑）。

勝行ちゃんが偉いのは、書いてから遊ぶところ

――必殺シリーズの話に戻しますと、昨年（2022年）惜しくも亡くなられた脚本家の中村勝行さんとの思い出はありますか？

田上　勝行ちゃんとは親友でした。最初の出会いは『仕事屋』を書き終えて、次の『仕置屋』の打ち合わせが入ったんです。ライターが何人か集められて、ABCの会議室で2時間ほど打ち合わせて、そのあと食事に行ったんだ。そこで勝行ちゃんと隣り合わせになって、ぼくは初対面だし名前もあまり知らなかったんですけど、向こうは「あんたのこと知ってるよ」。それで「時代劇のことを教えてよ」と、わりあい謙虚というか、すぐに仲良くなりました。

30代の終わりごろは、毎週のように新宿で飲んでましたね。『銭形平次』もやったし、『ザ・ハングマン』（80～87年）のシリーズもよく一緒に書きました。あれは『必殺』と違って殺さないから難しかったな（笑）。

――中村勝行さんは、どのような方でしたか？

田上　彼は偽悪ぶってるやつなんですよ。逆に言えばシャイなんだろうけど、誤解されやすい面があった。「テレビの脚本なんか簡単だよ。こんなもん〝片目けんけん〟で書ける」って……どこの言葉だよなんて思ったけど（笑）。でも、一緒に仕事をしていたからよく知ってますが、むちゃくちゃがんばって書いていました。勝行ちゃんの偉いところはね、書いてから遊ぶ。まず書いてしまう。だから締切は絶対に外さない。ぼくは30過ぎまでは早かったんだけど、だんだん遅くなってきて……「とにかく遊んじゃおう、5日もあれば書ける」って思ってしまうんですね。でも歳をとってくると5日では書けない、10日、15日、ひどいときは1ヶ月かかるんです。でも勝行ちゃんは書いてから遊ぶ。そういう意味では、立派な脚本家でしたね。

――師匠の柴英三郎さんも昨年、95歳で亡くなられました。

田上　去年は勝行ちゃんを3月に失って、6月に松本明さん、10月に柴先生……かなりダメージを受けて世の中がイヤになっているんです。その間に弟が死んで、お世話になった大学の先生まで、1年間に恩人や友人が9人亡くなっているんです。つらいですよ。

――9人も……本日は貴重なお話をありがとうございました。5年ぶりのシリーズ復帰作となった『新必殺仕事人』（81～82年）以降のエピソードも、またおうかがいできればと思います。

田上　ぼくは東京の仕事がイヤになって、シナリオライターという仕事がイヤになって転職しようかなと思っていた時期に、ぜんぜん違う世界が開けたっていうことで『必殺』には感謝してるんです。そこから先また続ける運命になっちゃって……ありがたいというべきなのか、逆に恨むべきなのか、それはわかりませんけどね。

田上雄

［たがみ・ゆう］

1943年北海道生まれ。中央大学卒業後、脚本家の柴英三郎に師事し、68年にフジテレビの『三匹の侍』でデビュー。『銭形平次』『地獄の辰捕物控』『風の中のあいつ』『水戸黄門』などの時代劇、『キイハンター』『ザ・ハングマン』『鉄道捜査官』などの現代劇を数多く手がける。必殺シリーズには『必殺必中仕事屋稼業』から『必殺仕事人　激突！』まで参加し、『必殺忠臣蔵』ほかスペシャルも執筆。日本脚本家連盟の監事を務める。

COLUMN

必殺シリーズ脚本家・監督列伝 1972〜1979

1972年に始まった『必殺仕掛人』は、朝日放送の山内久司と仲川利久、松竹の櫻井洋三という3人のプロデューサーを基軸に脚本家や監督との協業が行われ、京都映画（現・松竹撮影所）が現場を担当した。本稿ではシリーズ第14弾『翔べ！必殺うらごろし』（78〜79年）までに参加した主要メンバーを駆け足で紹介していこう。前著『必殺シリーズ秘史』のコラムや、本書のインタビューと重複する部分もあるが、流れを整理していきたい。

『仕掛人』の第1話「仕掛けて仕損じなし」は、東映集団時代劇『十三人の刺客』（63年）を送り出したベテランの池上金男が執筆。のちに池宮彰一郎の名で『四十七人の刺客』などの時代小説家として名を馳せた。第2話は国弘威雄、第3話は安倍徹郎が手がけ、それぞれシリーズのレギュラーに。テレビ育ちの山田隆之や早坂暁、松竹ヌーヴェルヴァーグの石堂淑朗も集結し、プロデューサーの山内久司は「松田司」の名でシナリオを発表した。

『必殺仕置人』第1話「いのちを売ってさらし首」（73年）は、東映の任侠映画で活躍してきた野上龍雄が執筆。『助け人走る』（73〜74年）から村尾昭が参加し、やがて最終回の名手として手腕を発揮する。かくして野上・安倍・国弘・村尾が初期シリーズを代表する存在に。『仕置人』から猪又憲吾、『助け人』からは石川孝人、松原佳成がレギュラー入りを果たす。『仕置人』で個性を発揮した浅間虹児など初期は単発の脚本家も多く存在する。

『暗闇仕留人』（74年）から野上や安倍と同じ大映脚本家養成所出身の下飯坂菊馬が参入するが、本数は少ない。ギャンブルをモチーフにした第5弾『必殺必中仕事屋稼業』（75年）では「素一路」名義で保利吉紀が加わり、シリーズ最多執筆脚本家となった。田上雄、中村勝行と若手も起用され、中村は潜入ものの名手としてハイペースを誇った。大工原正泰、横光晃と『斬り抜ける』（74〜75年）のメインライターも合流したが、定着はしなかった。

『必殺仕置屋稼業』（75〜76年）を経た『必殺仕業人』（76年）ではシリーズ初の女性脚本家・南谷ヒロミが登場。初のワンクールもの『必殺からくり人』（76年）は全13話中11話を早坂暁が執筆し、江戸時代と現代をつなげる得意の作劇を披露した。『必殺からくり人　血風編』（76〜77年）には日活ロマンポルノの名匠・神代辰巳や同じく日活出身の鬼才・大和屋竺が招集され、幕末が舞台の異色作を盛り立てた。

藤田まこと演じる中村主水が主人公の『新必殺仕置人』（77年）、『江戸プロフェッショナル　必殺商売人』（78年）には野上龍雄を筆頭に安倍徹郎、村尾昭、松原佳成、保利吉紀、中村勝行と新旧レギュラー陣がこぞって集結。合間の旅もの『新必殺からくり人』（77〜78年）は早坂暁が初回と最終回を、『必殺からくり人　富嶽百景殺し旅』（78年）も早坂が初回を手がけた。『富嶽百景殺し旅』から参加の吉田剛は松竹大船の助監督出身であり、のちの仕事人シリーズではメインライターとして跳躍した。1978年スタートの『翔べ！必殺うらごろし』は、超常現象という題材の異色さから、アニメや特撮番組で活動していた山浦弘靖が最多本数を残した。そして原点回帰の第15弾『必殺仕事人』（79〜81年）の大ヒットにより、シリーズは新たな局面を迎えることになる。

監督は『仕掛人』の1・2話に深作欣二を起用。東映流のパワフルさで作品の方向性を決定づけ、翌年の映画『仁義なき戦い』（73年）で大ブレイクを果たす。3・4話は「座頭市」「眠狂四郎」シリーズの三隅研次が演出し、大映出身のベテランが磨きをかけた。続いて朝日放送の大熊邦也、松本明がテレビ的なサービス精神の娯楽作を送り出す。松竹京都生え抜きの松野宏軌は丁寧な職人ぶりが認められ、シリーズ最多の233本を演出することになる。

『仕置人』の1・2話は松竹の新鋭・貞永方久。東映集団時代劇の工藤栄一、日活でフリーダムな演出を魅せた蔵原惟繕も『仕置人』から参入し、それぞれ初期のエースに。〝光と影の魔術師〟と呼ばれた工藤は、必殺シリーズを象徴する監督となった。田中徳三は大映京都で鍛えた早撮りと安定のクオリティを披露し、後期シリーズまで活躍。映画版『仕掛人』を監督した新東宝出身の渡邊祐介も『仕留人』から『新仕置人』までコンスタントに招かれている。松野、田中に続く本数を残した原田雄一は『新仕置人』から合流、もとは東映東京制作所を拠点にしていたテレビ育ちのフリーランスだ。

京都映画の助監督として現場を支えた高坂光幸は『仕業人』で初登板し、『新仕置人』『商売人』などを演出。キャメラマンの石原興は『商売人』から監督として活動を開始し、『仕事人2007』以降のシリーズも一手に引き受けている。単発あるいは数本の監督としては長谷和夫、高橋繁男、倉田準二、森崎東、南野梅雄、黒木和雄がおり、幅広い才能が起用されていたことがわかる。

野上龍雄インタビュー

春日太一［かすが・たいち］

1977年東京都生まれ。映画史・時代劇研究家。日本大学大学院博士後期課程修了（芸術学博士）。著書に『時代劇は死なず！ 京都太秦の「職人」たち』『天才 勝新太郎』『仲代達矢が語る日本映画黄金時代』『あかんやつら 東映京都撮影所血風録』『役者は一日にしてならず』『鬼才 五社英雄の生涯』『ドラマ「鬼平犯科帳」ができるまで』ほか。『時代劇聖地巡礼』『同　関西ディープ編』では必殺シリーズのロケ地も紹介。

国弘威雄、安倍徹郎、石堂淑朗、村尾昭インタビュー

坂井由人［さかい・よしと］

アニメ・特撮・時代劇ほかライター。「必殺シリーズ」研究サークル＜「必殺」研究会・音羽屋＞代表として、「必殺シリーズ オリジナル・サウンドトラック全集」（キングレコード）ほかの企画に参与。今回は本書の編集スタッフの依頼に応えて、貴重な談話をお聞かせ下さった「必殺シリーズ」脚本家の皆様のインタビュー記録を改めて公開。御大の方々が、すでに鬼籍に入られてしまったのが切ない。皆様の御冥福をお祈りいたします。

京都映画座談会2

野口多喜子（記録）
＋
高坂光幸（演出部）

腕一本の仕事だけで『必殺』に入ってきた

必殺シリーズのスクリプター（記録係）として名だたる監督を支えた野口多喜子。助監督として現場を仕切り、やがて監督として傑作を送り出した高坂光幸。前作『必殺シリーズ秘史』の各インタビューも話題を集めた「おタキさん」と「高ちゃん」が再会、京都映画をめぐる問答無用の対談が始まった――。

『必殺仕置人』で思い出すこと

野口　高ちゃん、ひさしぶりやなぁ。何年ぶりやろうか?

高坂　3～4年ぶりかな。コロナの前や。

野口　南座のチケット、あれをいつも高ちゃんにお願いしててん。

高坂　顔見世興行とかね。

――今回の本はシリーズ第2弾『必殺仕置人』（73年）の50周年に合わせた企画なのですが、まず『仕置人』で思い出すことはありますか?

野口　やっぱり山﨑（努）さんやなぁ。整骨院みたいのやってる役やろ。石っさん（石原興）が覚えてるかわからないですが、たまたま患者の役で石原須磨男さん……石っさんのお父さんが出た回があんねん。

高坂　もともと大映の俳優さんやったな。

野口　それで山﨑さんもフレーム関係なしにお芝居しはる人やから、石っさんがカメラのぞいてて「もうちょっとこっちに来てくれませんか」とか「そこから先は入らない」とか言うたんやね。そのときは山﨑さん返事をしたか、せんかったか、「あ、そう」くらいなもんや。

で、本番やって須磨男さんの治療が全部終わって、お代をなんぼか渡すわな。それ受け取ったときに山﨑さんが「これで孫になんか買ってやんなよ」って返しはった（笑）。

高坂　アドリブで。そんなセリフないのに。

野口　それは石っさんがフレームのことをあれこれ言うたんのお返しやな（笑）。なかなかやりよるって思うたわ。さすが山﨑さんや、シャレてるのよ。

――いかにも念仏の鉄ですね。中村主水役の藤田まことさんの思い出は?

野口　ないなぁ。もうできすぎてたもんなぁ。

高坂　山﨑さんと藤田さんは、そもそも役者としての出発点が違う。基本的に考え方が合わへん（笑）。だから話もしないし、本番で目も合わせない。逆にそれがよかったんじゃないかな。仲良し小好しにならないで、どっちも緊張感を持ってやっていたと思う。

野口　ぜんぜん違うタイプやったもんな。

高坂　それで津坂（匡章）さんは津坂さんで、ちょっと変わった人やから。どっちにも属さない。

野口　津坂さんはよかったなぁ。いい役どころやったし。

高坂　考えられへんことやるからなぁ。

野口　秋野太作さんってお名前が変わってからも、お会いしたら「ツーさん」って呼んで、向こうも笑うてたわ。

盆栽が趣味だった沖雅也

高坂　まぁ『仕置人』のころはホンがよかったから。だんだんしょうもないホンばっかり出てくるようになったけど（笑）。そのうち藤田さん中心の主水シリーズになって、なんとなくみんな藤田さんに従わざるを得ないようになった。それがええのか悪いのかは別としてね。

野口　櫻井洋三に「ホンが悪い」って言うたかもしれん（笑）。

高坂　山﨑さんも津坂さんも、みんな型にはまらへんから。台本がイマイチだったとしても、どこかそれぞれ自分から付け加えるんやね。想像つかない芝居がけっこうあった。それが個性というのかな。

野口　あとは野川（由美子）ちゃんやなぁ。わたし好きなタイプの女優さんやったわ。
高坂　シャキシャキっとしてね。よかった。
野口　あれ、お金渡してたのはどないしてたんや。小判を分配するシーンは、どこの場所でやってた？
高坂　長屋とか舟小屋、廃屋の地下やったな。
――棺桶の錠を演じた沖雅也さんは、どのような方でしたか？
高坂　自分の世界に入る人やったからな。大人しかった。まだ若いのに盆栽が趣味でさぁ。丸太町通の花園のあたりに盆栽屋さんがあって、ヒマがあったらそこに行って。似合わへんやろ。それは本人から聞いたことがある。「なにしてんの？」「いや、盆栽見に行ってました」って。
野口　山﨑さんで思い出したわ。あの人が正門から入ってきはって、わたし挨拶したんや。そしたら、ものすごくええカバンを持ってはったのね。だから「ええカバンやねぇ」って言ったら「気に入った？」「いや～、よろしいなぁ。ものすごうええわぁ」「本当に気に入った？　これ、ポーランドで買ってきたんだ。プレゼントするよ」って（笑）。「いやいや、そんなん困るわ～」言うたけど、その場でカバンくれはった。
高坂　山﨑さんらしいな。
野口　いまでも大切に持ってるわ。ベージュの、なんにも余計なもん付いてない革で、3ミリくらいある厚い革のカバン。「いやいや」言うたのに（笑）。

台本からはみ出る部分

――『必殺仕置人』の第1話「いのちを売ってさらし首」の脚本は野上龍雄さんです。
野口　いろいろ書いてはった。野上さんは東映でやってた人や。
高坂　野上さんはおもしろいし、いろいろ脚本のことを学んだな。持っている幅がすごいよね。引き出しも多いし、奥が深い。国弘（威雄）さんはちょっと硬いイメージで、ハコ自体もキチッと組んで書く。知識もすごかった。安倍（徹郎）さんはもうちょっとゆったり構えている……そんな感じがした。
野口　山田隆之さんはきっとね、松本明さんと一緒に来はったんと違うかな。『必殺』の前から松本さんの作品を書いてはったように思う。
高坂　朝日放送の流れやな。
野口　ホン直しで「かんのんホテル」によう行ったね。ええ経験になったわ。
高坂　よく覚えてるのは、国弘さんと安倍さんと野上さんがロビーのちょっと狭いところに集まっていたこと。お互い話がダブらないように確認したり、案外あけすけに自分が書いているホンの中身まで相談してましたね。「ここで悩んでる」とか「ここで詰まってる」とか、一流の脚本家3人が意見を出し合ったりして、この人らはすごいなと思いましたよ。
――第1話を演出したのは、松竹の貞永方久監督です。
野口　真面目な人やねん。
高坂　アタマのレギュラーの紹介の仕方とか、すごく上手い流れだと思った。
野口　でも、どういうんかな。三隅（研次）さんにしても工藤（栄一）さんにしても、台本からはみ出る部分があるんですよ。わたしにしてみたらそこが魅力なんで。映像的なものとか、台本のまとめ方は貞永さんええのかもわからないけど、そういう現場でのおもしろみがない。
高坂　ホンのなかで収めようとしているところはある。はみ出ないんだよね。でも上手い監督ですよ。
野口　三隅組なんか台本を読んで「あぁ、こうか」と思ってても、いっぱい広がっていくさかいね。もう台本があってないような場合もあるし、上手いこと変えてね……そういう楽しみがあった。あと、はみ出るのは東映の倉田（準二）さんな。はみ出る、はみ出る。わたしは『必殺』ではついてないからわからないけれど、東映の作品なんか見てるとね、はみ出る監督や。
高坂　ぼくは倉田組やったな。もう仕出しの役者全員の名前まで時代劇にしようとする。たとえば「きみ、名前は?」って聞いて「野口です」って答えるやんか。そうすると「違う、違う」（笑）。それと「あなた、どこへ行くんですか~?」って聞いてたね。仕出しでもただ歩くだけではなく、役それぞれの目的になりきってないといけない。だから50人いたら50人にそういうことを求めた。でも、そんなの誰も見てへんよな。
——すごいこだわりですね。たしかに『暗闇仕留人』（74年）の倉田監督回は役名がないような出演者にも芝居をさせていました。
高坂　助監督じゃなくて本人がつけるの。気になる人がいたら。それと台本はここで終わってるけども、じゃあ、その先はどうなるか……そういうところまで撮っていくと、尺がどんどん長くなる。カット数も多いしね。

カット割りの細かい監督

——スクリプターという仕事は尺を管理する役割もありますが、はみ出る現場ではそういうところを指摘するのでしょうか?
野口　監督さん次第やね。『必殺』じゃないけど、東映の監督に「これ以上撮ったら切らんならんところが多いから、ちょっと考えてやってもらわんと」って言うたときは、その監督がプロデューサーのところに行って「あの記録かなわんから注意してくれ」って

高坂光幸

（笑）。そんなこともあったわ。

高坂　直接おタキさんに言えへんかったんやな。

野口　関本や。関本郁夫。ほんで「おタキさん、それは気になるけどな、言うたらあかん。監督には言わんとき」って、プロデューサーから注意された。それと映像京都の作品やったと思うけど、石川県の洞窟まで撮影に行ってん。カット割りして、みんなに紙で配るやろ。もう線引けへんくらいある。

高坂　カット1から台本に細かくザーザー線を入れて。

野口　で、撮り忘れてんねん。撮影終わって、あるカットがあらへん。俳優担当の内海（透）さんに「監督このカット忘れてんやけど、どないしよう。明日撮ってもらおうか？」、それのときも「おタキさん、言わんとき」（笑）。だから言わへんかった。それでラッシュが終わって、監督ふくめて誰も気がつかへん。あんまり細かいと、そんなんあったわ。あれも関本や。

高坂　渡邊祐介さんも細かかったな。

野口　もうカットが細かいのは祐介さん！　あの人だけは、ほんまに細かい。そんなこと思うたらいかんのに、こっちがイヤなんが向こうに伝わるくらい（笑）。

高坂　それこそ自分でシーンの尺を全部書いてはったね。ぼくは好きな監督やったけど。人間的にも好きやし、お世話になった。

野口　相撲の話（『新必殺仕置人』第34話「軍配無用」）で初めて来た、あの監督……原田雄一。あの人も細かいねん。第3ステージが焼けて、大映のセットを借りてるわけやんか。そこに土俵を持ち込んでな……はいアップ、はいアップ、もちろん引きもあって、M（ミディアム）サイズがあって、切り返しがあって、今度はバストになって、またアップ……そんなんばっかりや。ついに照明の中やん（中島利男）が「わしんとこ、どないしてやるねん！」と怒った。「今日ちょっと中止にして、監督に考えてもらおうか」って。それから原田雄一は長回しやるようになった。

高坂　原田さんは石原さんと学校が同級なんやな。日大の芸術学部。

野口　「もう今日やめや！　監督にコンテを考えてもらうから」って中やんが宣言した。借りてんやで、大映のステージを。でも中止。製作部も大変や。

「かんのんホテル」のこと

――おふたりとも思い出深い監督といえば、工藤栄一監督と三隅研次監督ですね。

野口　本当に工藤さんと三隅さんは勉強させてくれました。

高坂　前もっては予想できへんことをやってくれる。どうはみ出るかは、やってみなわからへんな。

野口　せやけど上手い監督は尺調するとき、シーンをボンって抜かはることもある。ヘンに細かく抜かないで、まるごと。

高坂　台本をそのまま撮るのではなくて、「もうこれでええ」とか「これはいらん」。はっきり整理がついてるもんな。

野口　わたし、工藤さんは東映でもやったことがある。やったけど、しゃべりはらへん。ほんまにしゃべりはらへん人やったんですよ、スタッフと。それは撮影所の本体があって、テレビプロがあって、もうひとつあったんです。組合関係の……。
――東映京都制作所でしょうか。『水戸黄門』や『大岡越前』を担当していた会社で、そのあと東映太秦映像になります。
野口　そうそう、制作所でやってはったときは本当にしゃべりはらへん、工藤さん。それがこっち（京都映画）に来やはったらようしゃべりはる（笑）。やっぱり人間関係もあったんと違いますか。石っさんやら中やんやら、スタッフと上手いこといったんやね。
高坂　工藤さんはセットを壊すのが好きやった。オープンセットでも、ぶっ壊して光を入れたり。だからせっかくきれいなセットを作っても、まずは「外せえ！」。で、そうやって時間稼ぎしながら、どう撮るかを考える。
――蔵原惟繕監督はいかがでしたか？
野口　わたしは好きやったわ。
高坂　そこが俺とは違うな（笑）。
野口　「かんのんホテル」のこと覚えてるやろ。工藤さんは祇園で飲んではんのやけど、工藤さんのホン直しを高ちゃんとわたしがやってて、そしたら蔵原さんが「もうできた？」って入ってきて、ぺちゃくちゃぺちゃくちゃ……それでもスタッフは大事にしてくれはったような気がします。せやけど、作品かてそんなに。そこそこやからなぁ。悪いことはないけど。
高坂　悪いことはないけども……ちょっと性格がなぁ。
野口　そうか？　叔父さんが偉すぎたからなんかな。
高坂　それもあるかもわからん。近江舞子のロケで蔵原さんとある役者さんが揉めて、コレになったことがある。その前から、いろいろあったんや。かっこつけてカタカナでしゃべるやろ、蔵原さん。ボルネオがどうとか「ぼくは騎馬民族だから」とか自分で言うてね。なんかヘンなプライドがあったんや。
野口　あの人は南方から帰ってきはったから。
高坂　蔵原さんは役者さんのアイデアに対して、いかにも「ぼくもそう思ってたんだ」みたいな、ちょっといらんこと言うねん。
野口　ひと言多いねんな。ほいで琵琶湖のコレか（笑）。
高坂　そのまま中止にしようかどうしようか考えたけど、照明の中島さんが「また来るのかなわんなぁ」って。遠いから。「やるだけやって帰ろうや」って、みんなが言いにくいことをポンっと。それで撮影続行。
野口　いちばん年長者やったから。中やんは石っさんより年上や。

「おタキさん、飲みに行こうか」

野口　中やんいうたら、撮影が早く終わったときに「おタキさん、飲みに行こうか」って誘ってくれてな。（中村）嘉律雄ちゃんと山崎さんと、中やんとわたし、もうひとり誰かおった。亡くならはったサブちゃん（藤原三郎）や。石っさんは飲まへんからね。
高坂　そういう席には絶対に出てこない。
野口　みんなで上七軒のスナックに行った。サブちゃんと嘉律雄ちゃんは弟同士やから合うわな。サブちゃんはお兄ちゃんがものすごい優秀やねん。で、サブちゃんはちょっとグレてるやろ。それで撮影所に来たわけやから。こんなこと言うたら撮影所の人に失礼やけど（笑）。

高坂　川崎重工かどこかに就職が決まっていたのに、途中の京都で降りた男やからな。
野口　京都映画の編集部に高校の友達がおったんや。それで久世商会に入った。
高坂　そうそう。
野口　ほんでまぁ、上七軒でサブちゃんと嘉葎雄ちゃんが合うやろ。嘉葎雄ちゃんも酒が好きやから飲むわな。それで酔っ払ってきたら、やっぱり愚痴になるねん。弟同士やから。
高坂　似てんのや、ふたりとも。
野口　そうやねん。こっちはストレス解消しに来てるのに、それを聞かんならん。山﨑さんもほどほどに飲んだはるわな。で、喧嘩になってきて、なんかしらん揉めたんや。もう誰も止められん。で、山﨑さんがその場を収められたんやけれど、嘉葎雄ちゃんがあんなに酒ぐせが悪いとは知らなんだ。
高坂　悪いでぇ。でも、おもしろい。
野口　えらいことや。中やんかて止めに入れへん。その上七軒のお店は山田五十鈴さんがよく行かはるスナックやったんや。
――いまのお話に出てきた「久世商会」は移動車やクレーンを扱う特機の会社ですよね。
高坂　そう。下鴨に常駐してて、同時に露天商もやってたの。
野口　サブちゃん、最初はそこやったん違うかなと思うけど。
高坂　金魚売りやったとか聞いたな。そのうち京都映画の人手が足らんからというので、久世さんの口利きで入ったんとちゃうかな。
野口　サブちゃんがやってたか知らんけど、最初はたこ焼きからや。
高坂　だからいい加減なもんやて。三郎は鉄鋼関係の就職が決まって広島を出て、入社式までちょっと時間があったから京都で降りたんや。真っ直ぐ行っとけばええもんを（笑）。で、ツレと飲んだり遊んだりしてる間に入社式の日が過ぎてもうたんや。もう、いまさら行けへんわな。

田中絹代からのプレゼント

――撮影所のあやしい話といえば、朝日放送の大熊邦也監督が『女人平家』（71～72年）で初めて松竹の仕事をしたとき、いきなりロケバスの運転手さんから「1万円貸してくれ」

野口多喜子

と言われたそうです。
高坂　それ舞谷商会と違うかな？
野口　舞ちゃんは下鴨にはおらへんかった。
高坂　太秦や。『必殺』のときはやってへんな。
野口　やっとったと思うで。
高坂　撮影所でロケバスとかトラックとか、そういう車輌関係の仕事をしていたんですけど、やめたあとは舞谷組というのを立ち上げて、そっち方面の組長になったんです。それから2～3年して体を壊して亡くなった。高鳥さんはこの前、大熊さんと会ったんでしょう？
——はい、お元気でした。
高坂　そうか。あの人にはお世話になったし、元気やったらうれしいなぁ。
野口　わたし、大熊さんのことな……こないだの本で「カンシャク持ちやった」って、それしか言うてへん。大熊さん、あれ読んだら怒るわと思って（笑）。いまでも年賀状やらずっとくれてはんねん。石っさんの先輩の大ちゃん（小林大二）な。大熊さんのドラマで大ちゃんがフィルムのロケだけ行ったはった。局でセット撮って、ロケの部分だけ京都映画がやっててん。高ちゃん、『女人平家』のとき、田中絹代さんからマフラーいただいたやろ？
高坂　よく覚えてるなぁ（笑）。おタキさんと一緒にお世話してたもんな。
野口　わたしは絹代さんが『お吟さま』（62年）を監督されたときの服を一式もらった。えんじ色のきれいなジャンパーと正ちゃん帽みたいなの、あとは黒のスキーズボン。それを録音の二見貞行さんが「着るのが礼儀やで」って。ほんで「恥ずかしいわ～」言いながら現場で着たな。
高坂　あれは家喜（俊彦）さんと俺、助監督は2人やった。
野口　そのときも怒りたくってたな、大熊さん。女官の役の女優さんの演技が自分のイメージと違うのや。そしたら「なんでもええからギャラの分だけ仕事しなはれ！」って（笑）。足をこないに揺らして怒らはった。
高坂　しょっちゅう、カンシャク起こしてたから。なかなかいない人や。
野口　ええ家の生まれなんやで。
高坂　なにしろ赤穂浪士やからな。サムライの血が流れている。

「おタキさん、それ貸してくれ」

野口　中村敦夫さんが出てたのはどれかな？
高坂　『必殺仕業人』（76年）。藤田さんとやってたやつ。
野口　敦夫さんとは同い年や。撮影中に京都会館かどこかで『仕業人』の催しがあったんよ。レギュラーがステージで歌を歌うの。そのとき大出（俊）さんが衣裳がないからって、わたしが着てたブルーの衿がない服を「おタキさん、それ貸してくれ」って。「こんな汚いのでかまへんなら。でも、もうハゲてますよ」って渡したことある。それを着て歌わはったらしいよ。
——ベラミというクラブで「必殺仕業人ショー」が行われています。
野口　それやね。京都会館いうのは記憶違いでした。中尾ミエちゃんもおもしろい子やったなぁ。あの子は森繁久彌さんがすごくかわいがってはった。

高坂　やっぱりキャラクターやなぁ。
野口　吉田日出子さんも小さい体で、声がえらいかわいらしいのや。
高坂　ゆっくりズバッと言う。あの言い方がね。セリフもよかった。
野口　ホンもいいからね。
高坂　プロデューサーでも櫻井さんの場合、ホンに対してはなにも言わない。「ありがとうございます」だけ（笑）。だからそのとおりに撮れと現場に決定稿を回す。それで、いろんな監督が「いや、このホンは……」って断ったホンが松野先生に回る。先生がいたから毎週の放映に間に合ってたんですよ。
――シリーズ最多登板の松野宏軌監督ですね。
野口　先生はあまり人の悪口は言われへんかったな。洋三と違って。
高坂　「いいの、いいの」が多かったから。
野口　最初のころなんか「石っ！」って言うてるときもあったで。石っさんが下鴨からこっち（太秦）に来たときに。ピアノの横にちょこんと座ってな……ラッシュを見る部屋にピアノがおいてあったんや。そこに座って、一緒に見てるのが石っさんと中やん、ホンちゃん（本田文人／調音技師）、それから記録……4～5人しか見いひんのや。それで「灯籠をこんな端に置いたらあかんねん。真ん中にドンと置け！」って言わはった。先生が石っさんに時代劇のアングル教えとったんや。
高坂　演出部としては、先生と石原さんの関係は特殊やった。
野口　「石っさん、お願い撮ってえな」「こんなカットいらんやろ」「お願い撮って」「どこに使うねん」「使わへんから撮っといて」って（笑）、こないして頼みはるから、かわいかったなぁ。まぁ先生が『必殺』に来はるまでに深作（欣二）さんや三隅さんとやって自信つけたんやろうな。でも、石っさんも自分が育ててもらったという気持ちがあるから、「絶対使うたらあかんで」って言いながら、やっぱり先生の注文をきちんと聞いて撮らはる。
高坂　身内の愚痴みたいなもんや。
野口　わかってやってるから。それを若いスタッフは松野先生をバカにして……「先生」の意味が違うっちゅうねん！
高坂　石原さんも先生に対しては、わがままを言えたんや。それが周りから見たらカメラマンとしての横暴、失礼なことに映ってしまう。まぁ実際、失礼なんやけど（笑）。
野口　先生は枚方から太秦まで通ってたんや。台本に書き込む鉛筆もね、普通は黒でしょう。次が青、次が緑、それから赤……色鉛筆で、グワーッていろいろ書かはるねん。コンテを作ってはるのや。
高坂　もう「なに撮るの？」ってくらい細かかった。
野口　で、あるとき先生が台本を落とさはったんや。それで先生を困らせたれと、ちょっと隠しといたれって話になったんよ。せやけど、ほんまに困ってて気の毒やから、最終的には「先生、これ落ちとったよ」って渡した。「あぁ、おおきにい～」って、ごっつうお礼を言わはったって。照明部か誰かが拾ったらしいけど。あの姿を見たら、もう返さなあかんって思うたって。
――三隅研次監督の台本は、まったく白紙だったそうですが。
野口　三隅さんはね、家に帰ったらもうひとつ台本があんねん。それにはもう、きっちり書いてあんねん。家に寄せてもらったことがあって、見たことがある。それを全部アタマに入れて来はったから、すごいですよ。三隅さんが亡くなりはって、岡崎別院でお葬式やったんよ。そのときの葬儀委員が工藤さん、ご挨拶しはったのは衣笠貞之助さん。三隅さんの息子さんが、まだ小学校やった。ほいで「みなさんこの子を見守ってください」って、貞之助さんが……涙が出てきたで。何年か経って、ここでもまた櫻井洋三の話が出てくるんやけど、ほんまに。

熱のあるプロデューサー陣でしたよ

野口　『助け人走る』（73～74年）ってあったやろ。田村（高廣）さんと中谷（一郎）さんの。おふたりともええ役者さんなのに、なんやしっくりいかなかった。なんでかいうたら、わたしのなかでイメージが広がらへんのやわ。どうもイヤな組み合わせやったなと思う。

高坂　もともと『必殺』の本質というのが〝恨みをはらす〟、そこを明るく楽しい娯楽作みたいなスタートにしたから、どうしても甘いというか……そういうテーマから外れていったのを感じたのは『助け人』から。『仕置人』のときに殺人事件があって、そういう社会情勢のなかでやってるから、血を見せたらいかんとか、いろんな規制がありましたね。

――局サイドから現場への規制もあったのでしょうか？

高坂　それはホンでわかる。ホンを読んだら、甘くなってるのがわかる。で、「あれをするな、これをするな」は櫻井さんのほうから。まぁ局から櫻井さん、櫻井さんから現場という感じかな。えげつないシーンもカットされていったような気がする。

野口　あのころの演出部は家喜さんと高ちゃんがチーフで、（都築）一興ちゃんや（皆元）洋之助くんが下やね。

高坂　そうやな。ほかの会社だと、チーフは現場に出ないでスケジュール管理みたいな仕事が多かった。京都映画の場合はチーフみずから先頭立って現場を回す。もちろん予定を出すときは何時間か離れて、また戻ったり。スケジュール全般は製作部の渡辺（寿男）さんが仕切ってた。

野口　渡辺さんの上が小島（清文）さんや。あの人、松竹の装飾部にいはったんや。怒りはるときは怒りはるけど、いい人でしたよ。また櫻井洋三がね、現場によろしくないことを押しつけるから小島さんが「お前、これよう見てみい。こうでこうで、その結果がこれやないか！」と説明したのに、また洋三が偉そうに「わしゃ松竹から来てるんや！」みたいなこと言うてたら、そのとき小島さん、そろばんで計算してはった。そのそろばんを持って「それくらいわからんのか、このアホ！」って（笑）。いやぁ、小島さん、なかなかやるやん。

高坂　俺も『必殺』やるまでは、ずっと製作主任は小島さんだったな。大熊さんが監督の『額田王』（80年）は、俺がチーフでスケジュールばっかりやってた。もう寝る間もないくらいで、1ヶ月であげるのがテーマやったから。で、あれは朝日放送と京都映画の制作。ABC30周年の大作や。それを松竹抜きでやったんが……あの現場は大変やったな。

野口　洋三があるのは、お父さんのおかげや。松竹の重役やから。

――そろそろ『必殺』の話に戻しましょう。朝日放送のプロデューサー、山内久司さんと仲川利久さんの思い出はありますか？

野口　山内さんはだいたい任したはるみたいな……大きいところだけ仲川さんに言わはるのかな。仲川さんは現場が好きやさかい、ちょこちょこ現場に顔を出してね。で、洋三も扱いが上手かったから、ちょっと飲みに連れ出してはったんやろうと思います。そういうのは抜け目がないから。

高坂　作品に対する愛情と熱心さは山内さんも、利久さんも相当あった。やっぱり熱のあるプロデューサーでしたよ。

野口　中やんのお葬式のとき、山内さん来たはったからね。そこの山長会館さんでやったんですよ。びっくりしました。山内さんだけでなく、もっと上の方々も朝日放送から見えてました。中やん、ええ仕事したもんなぁ。

もう京都以外は外国と一緒やから

野口　彦ちゃん（松永彦一／演出部）はどないしてるんや？

高坂　だいぶ前に亡くなった。彦一も下鴨にいたはずや。石原さんや中島さんと同じ歩みをしてる。松山善三さんの『がめつい奴』（70年）とか『口紅と鏡』（71年）とか、櫻井さんのやってたほう。おタキさんや俺は太秦の旧松竹で仕事をしてたから。

野口　彦ちゃんはおもしろい。ほんまにボンや。おもしろい代わりに、ああいう子は人が好すぎるんやな。結婚した相手が東京出身の子やったから、何ヶ月かして彦ちゃんも東京に行って、向こうでの生活が何年かあったわ。

高坂　いきなり消えたからな。

野口　ほいで井上梅次さんや。井上組でビデオの作品（『夫婦ねずみ今夜が勝負』）をやったとき、東京のアオイスタジオで音を入れたり編集せんならんことがあった。京都映画で仕上げができないから。その作業が終わったあと彦ちゃんとこへ電話したら「おタキさん、迎えに行ったるわ」言うてくれて……東京の生活のことも聞きたいし、会うたら話に花が咲くわけや。

　そしたら最終の新幹線ギリギリ。わたしは東京駅、八重洲の改札しか知らんわけやん。もう京都以外は外国と一緒やから（笑）。それが丸の内のほうで車を降ろされた。彦ちゃんが「あっちや！」って教えてくれて、もう一生懸命走ったわ。

高坂　あいつの個人的なことは、あんまり知らんのや。なんでやめたのかも疑問やったし。録音の中路（豊隆）くんと喧嘩してたのは覚えてるな。合わへんのや。水野（純一郎）ちゃんも合わへんのが多かった。

野口　水野ちゃんな。お父さんが東京でCM関係の仕事しとって、松竹の監督のなんとかさんって人の紹介で京都映画に来たんや。

高坂　梅津明治郎さんの紹介や。

野口　撮影所が火事になったあと、ちょっと人員整理するみたいなことがあったんかな。水野ちゃん、自分がクビになる思うてたらしい。そないしてたら演出部から製作部のほうへ行けって、まぁ体がね。

高坂　現場で腰をやってしまって。エクランの役者とかともトラブルしょっちゅうあったから。水野ちゃんは言い方がキツい。関東の言い方というか（笑）。

野口　そのあと撮影所の重役やろ。大したもんや。

高坂　水野ちゃんも亡くなってしもうた。

野口　（放映リストを見ながら）ナンちゃん……南野梅雄さんも『必殺』撮ってはるんやねぇ。わたしが外れたあとや。本当に物静かな人で、大きな声でしゃべりはるようなことはなかったですね。

高坂　まぁ大人しくて、怒ることもないし。

野口　口数の少ない、ねぇ。映画界には珍しい人やった。

高坂　「うぅ」とか「はぁ」しか言わない。

野口　せやけど勝新太郎さんにものすごい大事にされてはったみたい。

高坂　勝プロでもやってたもんな。

野口　ナンちゃんは家に行ったかてね、書斎が本でいっぱい。それも映画関係だけと違って、もうすごいの。いろいろなジャンルの本がきちんとあって学者みたいやった。で、娘さんが作家の村木嵐さん。息子さん（南野森）が東大で、娘さんは京大の法学部を出て司馬遼太郎さんの家に住み込みで働いてたの。それから間もなく司馬さんが亡くなられて、お嫁さんの（福田）みどりさんが「わたしの秘書にします」ということで、個人秘書にならはったんや。

京都映画と映像京都

――高坂さんは渡邊祐介監督の指名により、横溝正史シリーズの『黒猫亭事件』（78年）でチーフ助監督を務めています。大映系の映像京都と京都映画で現場の雰囲気など違いはありましたか？

高坂　大映のほうが仕事は丁寧だと思った。美術は西岡善信さんだし、衣裳にしても、アタマにしても。結髪は石井ヱミさん。細かいとこまで丹念に……こっちのカツラの扱いはえらい違いで（笑）。

野口　カツラのハリが外れててもOKになるから。あんなこと大映ではありえへん。

高坂　京都映画には「時間をかけるのはよくない」みたいなところがあったから。スケジュールに余裕がないのもあったし、セッティングで待っている間に現場の熱が下がるのを嫌がった。

野口　朝から入って、朝までのときもあったな。まだ若かったからできた。せやけど、あんまり眠たくて、なんぼミスしたかわからん。

高坂　みんな元気やったから。

野口　石井ヱミさんは怖かったで。工藤さんに誘われて『犬神家の一族』（77年）で初めて大映に行ったやろ。あれは毎日放送で『必殺』は朝日放送、もともと仲悪いねん。それは置いといて、あの三姉妹……京マチ子さんが主役の松子、竹子が月丘夢路さんで梅子が大島（渚）さんの嫁はんの小山明子さん。京さんが鼈甲のかんざしを付けてはんねん。珊瑚のときもある。で、あるシーンの撮影のとき、それが反対になってて、工藤さんに伝えたら「言うてこい」って、石井さんに。あんなベテランに言うなんてなぁ。もう怖いからなぁ。それでもしゃあないから言いに行ったら「いえ、違います。こうです！」。

高坂　先生やからな。

野口　けっきょく監督の指示ということで替えはったんや。で、やっぱり合うてた。それからな、京さんのマネージャーがスタッフ1人に2つずつ、おはぎを差し入れ（笑）。俳優担当の内海さんが「おタキさん、あんたが言うたさかいや。普通やったら1つしかないで」って。大笑いしたことがあったわ。
高坂　京さんのマネージャーはスタッフ思いやったね。
野口　それで編集して出来上がって、いよいよタイトルのことになるやろ。タイトルかて「どこに入って、次はどう」って、記録が全部チェックする。まず一枚タイトルが京さん、ほして次は二枚になるわけや。月岡さんと小山さん一緒に。せやけど月丘さんは井上梅次監督の嫁はんやから、すぐ二枚にせんと、何人か入れたあと一枚タイトルにしようかという話になった。そうしたら今度は小山明子が文句を言うわけや。「内海さん、わたしも監督の嫁はんです～!」って（笑）。けっきょく二枚になった。
――必殺シリーズの殺陣師は、大映出身の楠本栄一さんと美山晋八さんです。殺しのシーンは回によって交互に担当していたそうですね。
野口　カット割りでも楠本さんは案外、長回しするところは長回しで。美山さんの殺陣は細かかったなぁ。
高坂　けっこう細かい。で、声でごまかすじゃない。口で「そこからザーッとくる！　そしてバッバッ」とか。
野口　擬音入りや（笑）。
高坂　楠本さんはきちんとした理屈持ってるから、こうやってこうなるってコンテを作るけど、晋八さんは行きあたりばったりみたいなところがあって。
野口　それで市川崑さんに気に入られはったんや。
高坂　決めないのがよかった。
野口　晋八の言うことは頼りないからな。大映のスタッフは「あれの言うことは信用したらあかん」って、言うたはる人もいたね。
高坂　性格は楠本さんと正反対やった。じっくり一対一で対決するとか、静かな立ち回りはやっぱり楠本さん。晋八さんは大勢の立ち回り。

森﨑東監督のこと

――『翔べ！必殺うらごろし』（78～79年）の思い出はありますか？
高坂　あんまりないなぁ。
野口　（資料を見ながら）森﨑東さんが撮ってはるんやね。あの人の作品は好きやったから、森﨑組の記録ならやりたかったわ。
高坂　森﨑さんもまたこだわる人で、頑固でね。誰がなにを言おうと……山田洋次さんみたいなタイプではなくて、やっぱり自分の信念を貫く。お兄さんが特攻やから、そういう家庭環境も関係あるのかな。
野口　それはあったんちゃうかな。
高坂　自分を曲げへん。ものづくりの人という感じがした。
野口　ちょっと前にＮＨＫで流れた森﨑さんのドキュメンタリーを見てたら、竹田宏子さんが記録やってたの。森﨑さんの車椅子を押したりしてて「いや～、竹田さん、ええ仕事してるわぁ」って、うらやましかった。
――森﨑東監督最後の映画『ペコロスの母に会いに行く』（13年）の撮影現場を取材した番組ですね。スクリプターの竹田宏子さんは、かつて「竹田ひろ子」名義で必殺シリーズに参加していた方でしょうか？
野口　そう。もともと東映で、川島庸子さん

京都映画の会社案内パンフレット。必殺シリーズ開始時は下鴨に本社があり、70年代半ばに太秦へと本社機能ごと移転した

の弟子。川島さん、竹田さん、小池光子さんが東映出身。竹田さんは、わたしよりずっと後輩ですね。しかし森崎さんも『必殺』やってるのは知らなんだ。黒木和雄さんが来てたんは知ってたけど。

今日は師匠に会えてよかったわ

高坂　『必殺』をやってても仕事に対するおもしろさや現場に対する熱意と、櫻井さんのやり方に対する批判。両方あるからややこしいんや。
野口　ややこしいな（笑）。
高坂　すんなりと、そういうのがない人もおるし。おタキさんとか俺はそれが強すぎるからさ。出し方が。
野口　仕事を持ってきてくれはるって思うてる人もいるかもわからへん。
高坂　もちろん恩義に感じてる人もいる。契約とかの面でもそれはあったから。ただ、そういうしがらみがなにもない、腕一本の仕事だけで『必殺』に入ってきたのがおタキさんやから。
野口　ただの記録やん。
高坂　俺もそうやで。あんたの弟子やもん。初めて『女棟梁』（70年）の現場に入って、なんにもわからないときに、ずっと親切に教えてもうて。
野口　わたし、ゴマする人がいちばん嫌いやねん。本当にね、見てても蕁麻疹が出るくらいイヤなんですよ。で、弱い人には手を差し伸べる。撮影所に弱い人なんていはらへんけどね（笑）。まぁ、そういう家庭で育ってるから。
高坂　俺も最初は弱い人やってん。
野口　まぁ〜。
高坂　だから手を差し伸べなあかんって思ったんやろ。中村和三さんがチーフで、あの人に仕事を教えてもらったけど、すぐに現場からいなくなった。
野口　そやな。ええ人やったのに。
高坂　それで助監督が俺だけになってもうたんや。もう、なんにもわからず、なにを迷ったらいいかもわからない（笑）。それをカチンコからダビングから、手取り足取り現場のことを教えてくれたんが、おタキさんやった。ほんまに感謝してる。今日は師匠に会えてよかったわ。
野口　ありがとう。せやけど、そんな上等なもんやないよ。

野口多喜子［のぐち・たきこ］
1940年京都府生まれ。東伸テレビ映画、東映京都などを経て京都映画の記録係（スクリプター）に。『必殺仕掛人』から『新必殺仕置人』まで必殺シリーズの多くに参加する。その後は映像京都、東映京都のテレビ時代劇を中心に活動。映画は『薄化粧』『竜馬を斬った男』『226』『女殺油地獄』ほか。

高坂光幸［こうさか・みつゆき］
1946年秋田県生まれ。立命館大学卒業後、男プロダクションを経て京都映画の演出部に。73年に『夕映えの女』で監督デビュー。『必殺仕掛人』から必殺シリーズの助監督を務め、『必殺仕業人』をはじめ『新必殺仕置人』『必殺商売人』『必殺仕事人』などを監督。その後は製作主任として現場を支えた。

松竹撮影所での座談会終了後、野口多喜子氏よりお手紙をいただいた。話し忘れたエピソードがあったとのことで、ご本人の承諾のもと三隅研次監督、工藤栄一監督の思い出を綴った部分を抜粋して掲載させていただく。

×　×　×　×

追加したいことがひとつあります。

ある日、撮影が早く終わったので録音の中路豊隆さん（チーフ助手のころ）の車に乗せてもらい河原町のほうに向かっていると、三隅監督の車が横に停まって〝おばはん、どこ行きますのや〟と聞かれ〝お茶のみに〟と答えると中路さんが〝監督こそ帰る方向が違いますやん。茶碗買いに行きますのやろ〟、そうしたら〝うまいコーヒーのみに行くんや〟とおっしゃいました。

明日の撮影で赤井戸の茶碗が出てきますので、五条あたり、または新門前の古美術商へ行かれたのだと思っていました。

翌日そのシーンになると、風呂敷包みを開け、箱の中から茶碗を出されて〝お前らおかしなこと言うから、えらい損したわ。これ買うてもうた。高いコーヒーやった〟とおっしゃったのが印象に残っています。さすが三隅監督だと思いました。

次に工藤監督のことで追加したいことが2点あります。

東映の食堂でコーヒーをのんでいると、殺陣師の菅原俊夫さんがやって来て〝おタキさん、工藤さんが入院したん知ってるか？〟と言われますので仰天しました。少し体調がすぐれないとは聞いていましたが、首を振ると〝京大病院へ入院したらしい〟とおっしゃるので、あわてて京大病院へ行ってたずねると〝面会謝絶〟ということで途方にくれていましたら、病室から息子さんが出てきてくださって〝いま入ってもらっても意識のない状態ですので……〟。それでお目にかかれず残念でした。

工藤監督の葬儀は天龍寺で行われ、通夜にゆくと東映のスタッフ、とくに演出部が総出席でさすがと思いました。

山下耕作監督の奥さんがみえていて〝工藤さんの顔を見た？〟と声をかけてくださって、首を振ると〝一緒に行ってあげるから〟という言葉にうながされ、棺のお顔を拝見しました。髭もきれいに剃られていて、眼鏡をかけておられたのか横にあったのか定かでないのですが、好きな書籍も入っていただろうと思います。時間がすぎて通夜の終わる時間になりましたが、〝水谷豊さんがもうすぐ着かれます〟というアナウンスがあり、水谷さんのお別れが終わると通夜終了とのことでしたが、東映の演出部の数人は残られるということでした。

清水彰さん、鈴木秀雄さんたちを中心に、朝までお酒をのみながら工藤組の思い出話で偲ばれたのだろうと思います。

東京も14日桜の開花宣言でしたね。

京都も梅から桜に、1週間もすれば移りゆくと思います。

かしこ

『必殺仕置人』美術資料集

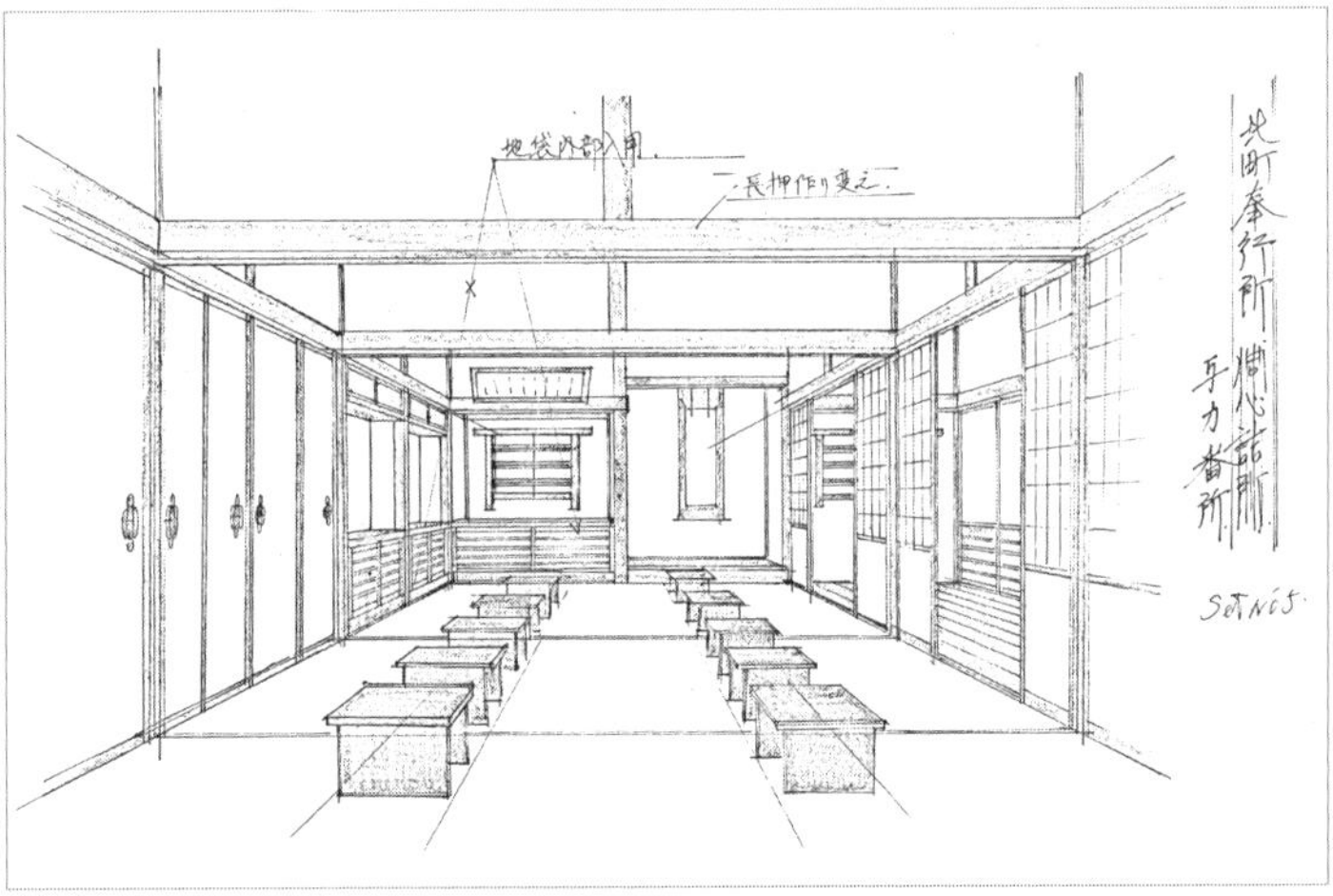

北町奉行所与力番所のセットイメージ図。第1話「いのちを売ってさらし首」では同じセットを作り変えて与力番所と同心詰所の2ヶ所となった

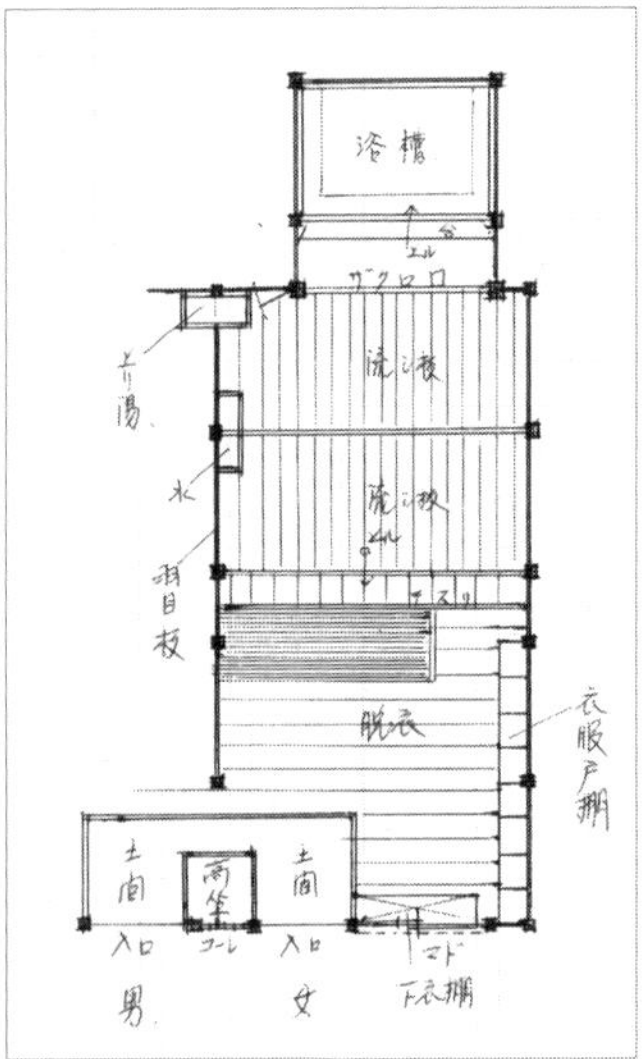

第11話「流刑のかげに仕掛あり」に登場した八丁堀の銭湯・女湯のセット図面

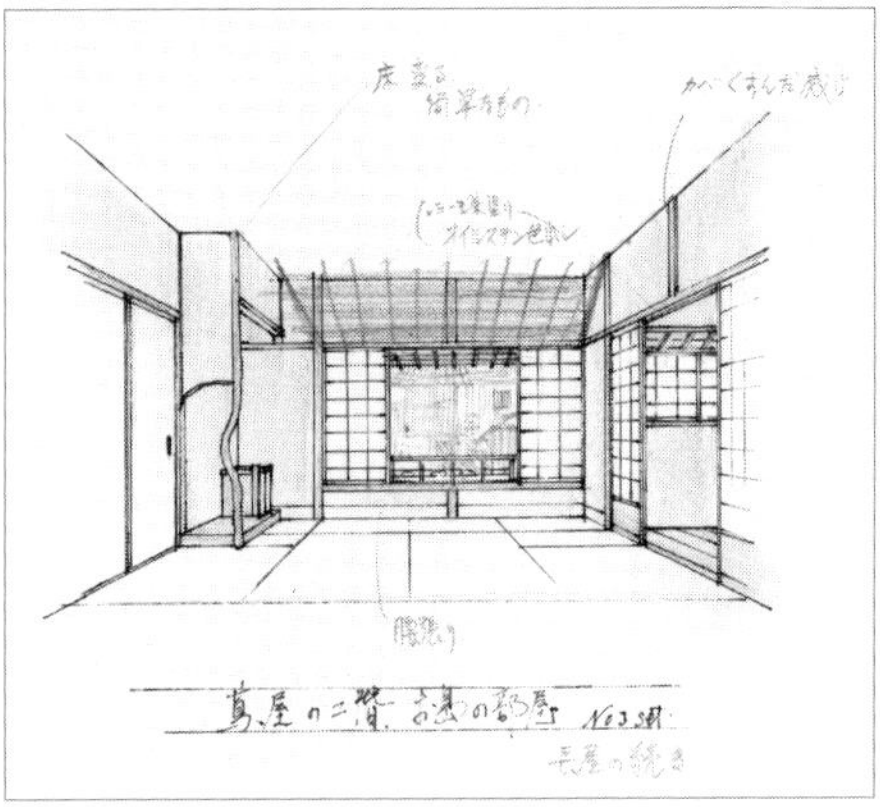

同じく第1話、お島の部屋のセットイメージ図

『必殺仕置人』の中村家、錠の長屋、小伝馬町牢屋敷などの美術資料は前作『必殺シリーズ秘史』に掲載。なお、これらのセットを手がけた美術デザイナーの倉橋利韶氏は2022年9月9日に逝去されました。享年88。生前のご厚意にあらためて感謝申し上げます。

資料提供:山田三千代(倉橋利韶長女)

R-3

撮影所だけが「現場」ではない。
題字、音楽、現像所——さまざまな外部の関わりあってこそ、
１本の作品として完成する。さらにピンポイントで参加した監督、
製作補も併せてシリーズへの登場順でお届けする。

題字　糸見溪南
タイミング　須佐見成
製作補　田中浩三
監督　南野梅雄
音楽担当　比呂公一

必殺シリーズにおいて「制作」はプロデューサー、「製作」は現場の製作部を意味する。『必殺仕掛人』や『必殺仕事人III』以降のシリーズは「製作補」を「制作補」としており職務内容とも合致しているが、田中浩三氏に関しては当時のクレジットに従った。なお現在の映画界では出資サイドを「製作」、現場サイドを「制作」と表記するケースも多い。

題字

糸見溪南

自分で気に入って書けたかな~というのは『仕掛人』『仕事人』、あとは『助け人走る』

『必殺仕掛人』から一貫してシリーズの題字を書き続けてきたのが、書道家の糸見溪南だ。『必殺仕置人』『必殺からくり人』『必殺仕事人』ほか、それぞれの印象的な筆文字を思い浮かべる方も多いだろう。御年91の糸見が振り返る、必殺シリーズの〝顔〟ともいえる歴代タイトルの裏側。どうぞじっくりご覧あれ。

制約もなく自由に書かせていただきました

――必殺シリーズの題字を手がけたきっかけを教えてください。

糸見　山内久司くんとね、小学校からずっと幼友達なんです。小学校のときからというか、生まれたときから（笑）。大阪の西区の生まれで親もそうなんですけど、お付き合いがありましてね。子供のころから利発で、そして読書家でしたよ、山内くんは。とにかく本が好きで、片っ端から本を読むというタイプの少年で、わたしも影響を受けました。

中学はそれぞれ戦争で疎開して、それから山内くんは京都大学の文学部を出てプロデューサーに、わたしは書道を本業にしたので道は違いましたけど、お付き合いはしておりました。だから『天まであがれ』（67年）とかね、朝日放送の番組はずいぶん前から頼まれて書いてたんですよ。

――シリーズ第1弾『必殺仕掛人』（72～73年）の思い出はありますか？

糸見　「できるだけ力強いタイトルを」という要望がありまして、あとは制約もなく自由に書かせていただきました。最初は大きい紙を用意して、そこに書いていたんですけど、まぁ最終的にほどほどの紙になりました。大きめに書かないと線の勢いが出ないので、畳半分くらいの大きさかな。そのくらいに紙を切ったように思いますけども。それを竹内（志朗）さんがテレビ用に細工してくれたんです。最初に『必殺仕掛人』を書いたときはやや線が細くて、それからだんだんといろんなタイトルが出まして『必殺仕事人』（79～81年）が長い番組になったんですけど、これはそこそこ太い線で書いて、字としても安定してますね。

――たしかに作品ごとに書体だけでなく細さも違います。

糸見　『仕掛人』のときは脚本が送られてきたので、どんな話か参考に読ませていただいて、それから書いたんです。まぁ『仕掛人』の配役はよかったですわ。緒形拳にしろ、山村聰にしろ、すごみがあったですね。しかし、こんなに続くとは思わない。だって50年でしょう（笑）。えらい長いこと続いたな～と感心しますね。

――そして次から次へと必殺シリーズの題字を任されたわけですが、作品ごとにどのくらいの枚数を書くものなのでしょうか？

糸見　1回か2回で書けるときもありますけど、最初の『仕掛人』のときは試行錯誤でした。こんなふうでいいのかと迷って、何度も書き直して。いろいろな字を書きましたけどもね、『仕置人』とか『仕舞人』とか『仕留人』とか、このへんは書きにくいし、それから変わったふうに書こうとするとかえって妙な具合になって……自分としてはもうひとつだったなと（笑）。まぁ自分で気に入って書けたかな～というのは、やはり最初の『仕掛人』、それから『仕事人』と、あとは『助け人走る』（73～74年）いうのがありましたね。これはちょっとアイデアがあって、おもしろく書けました。この3つでしょうか。

——『助け人走る』を気に入っている理由は？

糸見　字の流れが書きやすいんです。「走る」の「る」を小さくしてポーンと上にあげたんでね、これは褒められたような記憶があります。バランスもいいし。『助け人』のときは田村高廣さんが向こうからわざわざ来てくださって、話をしたことがあります。俳優さんの思い出はそれくらいかな。

なんやけったいな字やなぁと、あとから反省しきりですわ

糸見　あとは京都の撮影所に行って書いたことが一度だけあるんですよ。太秦のボウリング場を閉鎖したところだったのかな。そこで書いてくれって言われて、みなさんが集まっているところで書いた覚えがあります。

——『必殺仕業人』（76年）でしょうか？　タイトルが視聴者からの公募で決められた作品です。

糸見　それですね。あのときは書いてるところにね、カメラマンがダーッと近づいてこられた。勢いで書きますから「ちょっとしぶきが顔や頭にかかったら悪いですよ」って言ったら「いや、かまわないからやってくれ」。それで小さいバケツに墨を入れて、思いきり書いたんですよ。もう亡くなられていると思いますが、そのカメラマンがちょっと頭の薄い方で、墨がバーって飛んでね、申し訳なかった記憶があります。筆をバーって揮うから。でも、それが全部ボツになってしまった。また撮影所に行ったら「この前のはちょっと大きすぎたから、ここへ書いてください」と今度は細い筆を、京都の鳩居堂でスタッフが買ってきて、小さく書いたんです。赤で書いたのかな。効果的だったけど、なんや書いてるときも周囲がぺちゃくちゃおしゃべりしてて「ムダなことをする人たちやなぁ」って思いました（笑）。

糸見溪南、お気に入りの題字3作

――『必殺仕業人』は本編のタイトルが出てくるときに「溪南筆」という落款印が強調されています。なにか思い出はありますか？

糸見　とくにないですけれど、この「溪南筆」というのは板画家の棟方志功さんの真似なんです。普通は「〇〇書」と書くんですが、自分の筆という意味でこのようにしました。それと『仕業人』という字は横画《よこかく》が多いでしょう。『仕事人』も横画が多い。これはね、ほんの少し白を残すいうのが、われわれにとっていちばんのミソなんですわ。

話が逸れますけど、関空（関西国際空港）に4メートルくらいの大きいやつを書いて寄贈したんですよ。「無事平安」やったかな。これも「事」という字がありますが、横画でほんの少し白を残すということが難しい。筆を横にすっとやりますときに、真っ黒になってるんだけど、ほんの少し白が残る。筆の勢いというのは1回きりですから、1回ですっと引いたときに残るというのが大事なんです。だから、ああいう横画が並ぶときはちょっと苦労しますね。

――横画といえば、『必殺仕置人』（73年）の題字はゴツゴツした無骨な感じが作品にぴったりです。

糸見　なんやけったいな字やなぁと、あとから反省しきりですわ。あのへんはこだわりすぎているから自分では気に入らない（笑）。まだ若かったですからね、変わったふうに書こうという意識が強すぎて……『仕置人』も「置」という字が横と縦の両方あって書きにくいんです。

――『必殺からくり人』（76年）はいかがですか？

糸見　ひらがなが続くと、どないもならんね。ひらがなを漢字風にしなければいけないんですけど、こんだけ字数が多いと、なかなかそうはいかない。きれいに並べると長くなりますし、上に『必殺』の二文字があるからバランスを取るのが難しい。こっちの『仕舞人』なんかもポチャッとした字で、筆を変えたらそうなるんですけど、ちょっと具合悪いですね。

いまはだいぶ大きな字で、ほとんど一発という気持ちです。それから筆慣れっていうのかな、この筆だったらこういうふうに書けるという自信がありますけど、あの時分はどんな筆を使うか……絵筆を使ったりみたりして。絵描きさんで有名な中川一政という先生がいてはりますが、中川先生の字なんかとても味がありましたね。書の専門ではない方の字も参考にするんです。

『必殺』という二文字はなにかを斬るような感じで書いてました

――書の道に進もうと思ったのは、いつごろでしょうか？

糸見　学生のときからですね。書道クラブに入ったときから。「溪南」という雅号は28歳のころ、炭山南木先生に弟子入りして〝白糸の滝のように、ぼくの頭の毛みたいに〟という由来です。だいぶ薄い先生で、髪も後ろから前に持ってきて隠してはったから、その白糸の滝のように長く続くようにという願いで（笑）、つけてくれました。「南」という字も先生の「南木」からいただいて、当時は一字いただくもんだったんです。先生の「南木」という雅号は庭に大きな「楠」があって、それを二文字に分けたもの……そういう「南」がつく弟子が何人かおって、なかなかすぐにはもらえないんですけどね。

――いわゆる書道作品と必殺シリーズの題字の違いはありますか？

糸見　やっぱりわかりやすう書かんといけませんし、まぁイメージを出さないかんからね。あとはテレビの内容、筋といいますか。平尾昌晃先生がいろいろ作曲されておりまして、あれも何事かが起こるイメージで作曲されたということでしたね。つまりそういう〝見た人にイメージを与える〟ような字を表現したい気持ちはありますね。

1931年生まれの糸見溪南、本書最年長の取材は自宅にて行われた

大小さまざまな筆を使って「書」が
生み出されていく

シリーズ第7弾『必殺仕業人』の題字を書くため撮影所にやってきた糸見

上手いことといったかどうかはわかりませんけど、『助け人走る』なんかはバーッと走っていく文字のイメージと音楽が合わさってるような気がします。

――必殺シリーズは『○○人』というタイトルが定番です。

糸見　「人」は書きにくいんですわ。じつは関西大学の創立130周年記念で本の表紙に「人」という字を頼まれたんです。「人」という字は二画で終わるから、普通に書いたっておもしろくない。なにか参考になるものはないかと、弘法大師の資料などいろいろ見たりしました。この『仕事人』の「人」は力強く書いてるんですけど、これも紙と筆の関係がありましてね。あまりつるつるしたんじゃ具合悪い。紙もいろいろとあるんですよ。中国の紙なんかになると、相当にじみますからね。そんなのに筆を遅く運ぶとにじみ過ぎていけないし、速く書くとかすれるし、それで紙と筆の組み合わせというのは、だいぶ考えました。

――『必殺』という二文字はいかがですか？

糸見　あれもう、なにかを斬るような感じで書いてました。とくに「殺」という字は、右上から左下へ下げる線まで斬るように書かないかん。だからある程度のスピードで筆を運ばないといけないんですね。あとは毎回ですから同じようにならないように工夫しました。

いまも「『必殺』の糸見先生」と、そないに呼ばれますけど（笑）。書道関係の先生方まで、みなさんそうです。まぁ、うれしいですよ。よく知ってる番組ですし、誰かに紹介されるときは「こちら『必殺』を書かれている糸見先生です」。もう『必殺』で決まってしまっていて、『仕事人』までいかない。おかげさんで元気なもんだから、足は悪いですけど、手は動くのでまだ現役でやっております。次の誕生日が来たら92歳です。

糸見溪南

［いとみ・けいなん］

1931年大阪府生まれ。本名・糸見友宏。関西大学卒業後、炭山南木に師事したのち書道家として活動する。日展などの受賞多数。朝日放送のドラマの題字を手がけ、72年の『必殺仕掛人』から始まる必殺シリーズを担当する。日展会友、読売書法会理事、日本書芸院参与、青潮書道会副理事長などを歴任し、関西書道界のベテランとして多くの作品を残している。

タイミング

須佐見成

『必殺』だけは綱渡り　それはもう〝ラボ泣かせ〟やね

16ミリフィルム撮影による必殺シリーズの現像を担当してきたのが、京都・花園にあった東洋現像所（現・IMAGICA Lab.）だ。須佐見成はタイミングマンとして画調の統一やフィルム管理など最終工程に携わってきた。各社のテレビ時代劇を一手に引き受けた技術者が明かす、知られざるフィルム秘話の数々――。

『必殺』は若手のタイミングマンの登竜門やった

須佐見　和歌山の工業高校を出て、田舎から飛び出したかったので京都へ来たら、たまたま東洋現像所の給料が上位クラスにあったんです。「大阪はゴチャゴチャしてるな、京都はなんとなく雰囲気がいいな」と思って、こっちを選びました。昭和42年に入社したのかな。花園に工作部があって、かなり大きかったんですよ。まだ大映があったから社員研修でスタジオを見学に行きました。『座頭市』や『兵隊やくざ』をやっていた時代ですね。

最初は現像場に4〜5年いました。1年目は現像液を溶いたり、定着液などの薬品を溶いたりする力仕事で、その次が暗室作業。ポジフィルムの暗室に入って、何年かしたらネガのほうへ移って、カラーの現像と白黒をちょっとやりました。それから色調整の「タイミング」という部署で、課長の小笠原（省三）さんが引き抜いてくれたんです。簡単なテストがあって、赤いやつから薄くなってずっと……40種類くらい並べて濃度や色の適性検査をやりました。「こっち来いや」って誘ってもらったのが、27歳か28歳のころやったかな。

ぼくらがいちばん接触したのはカメラマンより、その下のチーフ（撮影助手）です。『必殺』の場合だと「哲っちゃん」……チーフの藤井哲矢さんと親しくさせてもらいました。なんか知らんけど気が合うて、先輩やけど「哲っちゃん、哲っちゃん」言うて、体のゴツい人ですわ（笑）。で、石原興さん、ぼくら「コウさん」って呼んでましたけど、カメラマンとタイミングマンというのはそこまで付き合いがなくて、まぁ窓口はチーフですね。藤原（三郎）さんもチーフで、ちょうどカメラマンになったくらいの時期かな。あとは都築（雅人）さん、秋田（秀継）さん、安田（雅彦）さん。都築さんはカメラマンになってから東映の太秦映像に移られて、そちらで仲良くなりました。

――東洋現像所は、各社のテレビ時代劇を一手に引き受けていたそうですね。どの作品を見ても社名がクレジットされています。

須佐見　あの時分はマックスやったね。東映の撮影所本体がテレビで2～3本、テレビプロが2本、太秦映像が2本。京都映画も2本、ときどき帯ドラマやPR映画があったり。あとは勝プロ、映像京都、宝塚映画もありましたから、もう毎週10本くらい、いくつも抱えてやりました。いえ、東映の映画は東映化工（東映化学工業）の担当ですから、ラッシュをあげるくらいで、あとはあっちです。16ミリのテレビ映画がほとんどでした。

これを言うたら京都映画に悪いんですけど、ぼくらタイミングマンのスタートはね、帯ドラマをやって、それで『必殺』やって、それから東映……そういう暗黙の了解みたいなんがあって、『必殺』は若手のタイミングマンの登竜門やったんです。現像所はその流れで「あんたは東映担当、あんたは太秦担当」ってなるから、若いもんが浮いてくるわけ（笑）。

――1972年の『必殺仕掛人』から必殺シリーズが始まりますが、須佐見さんの担当した作品は？

須佐見　アタマのほうから3〜4本くらいちゃうかな。『仕置人』や『仕事屋』くらいまではやったんじゃないかなと思うてるんやけどね。

――『必殺必中仕事屋稼業』（75年）が5作目ですね。

須佐見　田村高廣さんの『助け人走る』（73〜74年）もやりましたね。東映だと『暴れん坊将軍』（78〜02年）は1話目からずーっとぼくが担当しました。太秦映像の『水戸黄門』（69〜11年）も西村晃さんが主役になってからフィルム時代の最後くらいまでやりました。

RGBと濃度があって、それでプリンターを調整

――タイミングという仕事について教えてください。

須佐見　まずは画調の統一、色の調整ですね。セットは楽なんです。ちゃんとライトや絞り（露出）がコントロールされてカットごとの明るさも整えられているので。だからセットはほとんど同じ色でいけたけど、外へロケに出ると天気や時間でばらつきがある。カットごとの色を合わせたり、「こういう色で昼間撮ったんやけど、ちょっと夕焼けにしてくれよ」と言われたら濃度を暗くしたり、そういうごまかしやな。まずは「焼き」という現像作業で濃度を調整して適正な濃さにして、なおかつRGBの三原色を操作して濃くしたり低くしたり、3つのバランスで顔なら顔の色をずっと整えていくんです。

――専用の機械を使うのでしょうか？

須佐見　カラーアナライザーという機械、コダックの製品です。小さい窓でフィルムを見ながら、濃度とRGB

のダイアルがあって調整する。チーフの腕がよかったらもう楽、ザーッといけるさかい。色も絞りも同じタイミングで「同じく、同じく、同じく……」で1時間が終わる（笑）。ばらついてたら、やっぱり時間かかるんです。

――編集されたネガフィルムは帯状ですが、そのフィルムが自動的に流れるのですか？　それとも手回しですか？

須佐見　手回しですね。要はワンカットずつ止めながらやります。最後のほうは機械でRGBの数字を打ち込みましたけど、あの当時は脇に女性に座ってもうて「15」「18」「20」とか数字を言うんです。それをメモしてもうて、整理場というプリントに行く前の準備段階のところでテープパンチャーみたいなやつで「15」「18」「20」とか打って、帯みたいなテープリーダーを作って、それをプリント焼き付けのほうへ回します。で、焼き付けがバルブいうて、Rの光量が「15」だったらこれくらい、「20」だったらこうっていう光量があるんですわ。RGBと濃度があって、それでプリンターを調整していく。

――なるほど。

須佐見　そうした作業の前に、まず編集があがってきたらリストを作るんです。「ワンカット目は何フィートから何フィート」「2カット目は何フィートから何フィート」って、カットごとのリストを作って検尺します。それもネガの繋ぎ目がよかったらそのままリストを作れるけど、そのときパラパラ外れていくと整理場に持っていって、先に繋ぎを直してもらう。これが時間かかるんです。大昔はフィルムの接ぎ目幅も1・2ミリくらいで広かったんやけど、ぼくらがやりだしたころは0・6ミリとかで外れやすい。ギザギザに切れるとフィルムのひっつきが悪くなるとか、そんなんあるんです。

それは本来、ネガの編集のほうでやってもらわなあかんけど、外れた場合は整理場の女性がスプライサーでもう1回ハサミを入れて削り直してセメントを塗って、10秒くらい置いて、エッジにテープを貼る。そうせんと、プリント焼き付け中に外れたら大事故になるじゃないですか。そういうのはいちばん困るんです。

それからリストを作って、タイミングして、整理場に行って準備作業ができたら、プリントに行って画と音を重ねてポジフィルムに焼き付けます。ぼくらは音ネガは触りません。プリントが終わったら今度は現像。それがあがってきたら、タイミングマンが映写にかけて、色がええか、濃度がええかを判定する。そこにホコリがあるかどうかも含めてね。テレビでホコリが映ったらこっちが付けたことになるんで、あかんかったら焼き直し。

――重複する部分があるかもしれませんが、あらためて当時のフィルム作品の仕上げの流れを確認させてください。まず撮影されたフィルムを現像し、編集部が作業用のポジフィルムで繋いで試写でＯＫが出たらネガフィルムで再現し、それからタイミングの作業をしてプリントを焼くわけですね。

須佐見　そう、全部終わってから。完全に編集されて、尺がきちっと決まってからラボ（現像所）に入ってくるわけです。当時はもう忙しかったから、撮影部とは電話で「こんな調子で頼むわな」って。で、ラッシュをあげて「ちょっと赤いね」「じゃあ下げましょうか」っていうことで調整する。要は主役の顔色を決めたら、それを基準に。当時、現場に行くことは、そんな忙しくてできなかった。もうちょっと終わりのころは撮影所まで行ってラッシュを見ながら「ここはこうしてくれよ」「ああしてくれよ」とか話して、それを頭の中にたたき込んで、アナライザーで調整していました。

――必殺シリーズは、コントラストの強い光と影の映像が特色です。汗流しながらオンエアを見て、なにも事故がないように願ったり

須佐見　ぼくらもびっくりしましたね。やっぱり白をパーっと飛ばすとか、ああいう時代劇は当時なかったんじゃないですか。東映はきれいに明るく、大映はどんよりのアンバー調いうて赤黄色くて暗いトーン。『必殺』は

『必殺からくり人　富嶽百景殺し旅』の保津川ロケ。天候や時間の変化などでカットごとのトーンが異なる場合、現像所のタイミング作業で全体の画調が整えられた

後ろからバーンって光を当てたりとか、もう、いろんなことをされてましたよね。それで売れたんやと思います。殺す道具をアップで極端に見せたりね。

あとは『必殺』の場合、普通の時代劇とは違うてオープニングにパッパッパッと白黒の写真を入れたり、エンディングで海の砂浜をピカーッと光らせたり、真っ赤な太陽を使ったり、あんなタイトルバックはなかったからね。普通は役者が演じてる画をバックにしてましたけど、京都映画はそんなん違うたな。そこだけは楽やったわ（笑）。ワンカットでザーッといくから。

――『暗闇仕留人』（74年）のエンディングは、昼間に撮った海を真っ暗に加工して水面のキラキラだけを際立たせています。いわゆる〝つぶし〟と呼ばれる技法ですが、これは現像とタイミングで絞り込むのでしょうか？

須佐見　そうそう。ただし気ぃつけんと、ある程度は顔も見えなあかんじゃないですか。絞り具合が、ぼくらは「焼き度」って言うんやけど、真っ黒けにすると顔が見えへんさかいに。潰し具合はよう注意しとかんと。ぼくも昔『白獅子仮面』（73年）のときやり過ぎて、「須佐見さん、ちょっとこれ見えへん」ってカメラマンに言われて反省しましたわ。芝居も見えなあかんし、ほどほどにやっとかんと。逆にあんまり明るいと夜らしくないときもあるじゃないですか。その場合は暗くしたりします。

――回想シーンを白黒や真っ青にしたりする作業は？

須佐見　あれは特殊合成の部署、オプチカルプリンターで色を抜く作業、脱色をするわけです。ぼくらタイミングでもRとBを調整して、それらしきところへもっていくことは可能なんで「それでええ」と言われたらするし、あかんかったら「色を抜いてオプチカルで白黒にしてくれ」と頼みます。

――オーバーラップもオプチカルですか？　昔の作品だと映像が重なって入れ替わる部分や名前のスーパーが載る部分で画面が濃くなっていました。

須佐見　そうです。Aの画がスーッとフェードアウトしていって、Bの画がフェードインしてくる。オプチカル用のリストを作って、「Aは何コマから何コマまででフェードアウトしなさいよ、Bはインしなさいよ」で、その2種類のフィルムを重ねるんです。宮川一夫さんの『無法松の一生』(43年)なんかは、それをカメラでやってるの。タイムを計って、あるシーンを撮ったらフィルムを巻き戻して……オプチカルもやり方はそれと一緒やね。テレビの時代になってからは、そんなんカメラでやってる時間なかったけど。

——オプチカル作業といえば、毎週エンディングの映像にキャストとスタッフの名前が入ります。『新必殺仕置人』(77年)の場合、タイトルの白文字と背景の太陽が重なって読みづらく、途中から焼き加減が修正されました。

須佐見　そういうときはタイトルの周りに黒い影を入れるんですわ。ビデオだと簡単ですが、フィルムでもオプチカルでやれる。できんことはないけど難しい。それがまたズレたりしたら大変だし。だいたいシリーズもんやったらバック全部、26話分あったらもう26話分統一されてるんです。毎週のゲストやスタッフが変わる程度で、バックは全部一緒でしょう。

オプチカルは完成する前、4〜5日前にオプチカル作業というのが入ってくるんです。それで出来上がったのを編集の園井(弘一)さんに返して、京都映画でネガ編集をして完成原版を作って、また戻ってくる。そこからが、われわれの出番。〝完パケ〟って言いますけど、最後の最後の作業なんです。

——撮影部だけでなく編集部とのやり取りも密接ですね。

須佐見　園井さんとは、いまだに年賀状をやりとりしてますよ。園井さんも京都映画一筋で長いですから、「もっときれいに(ネガを)繋いでよ」とか、そんなことを言ったりして(笑)。ぼくが現場を外れて管理職になってからも陣中見舞いに行ったりしてて、いまだにそれが続いてるんかな。

——完成までの作業日程は、どのくらいだったのでしょうか？

須佐見　『必殺』も最初のうちは3日でやってたんです。現像所に入って、タイミングして、プリントに焼くまで3日間。それが最後のほうになってくると1日（笑）。ほいで夕方くらいにできたら、現像所にタクシーが停めてあって、そのままスタッフが朝日放送へ走るんや。『水戸黄門』なんかは、ある程度サイクルが決まってるんで半年前には用意できてましたが、『必殺』だけはもう綱渡り……オンエアが夜の10時で、6時くらいにあがって、そこから納品する。当日ギリギリですよ。

――やはり必殺シリーズのスケジュールは厳しかった……。

須佐見　それはもう〝ラボ泣かせ〟やね。しっかり調整したら80点以上出せるけど、ひょっとしたら60点のときもある。ぼくらも失敗できないし、いま説明したような流れでやると、6時間から8時間かかるわけです。リストを作って、タイミングで色調整して、ホコリをアシスタントが取って、ようやくプリントする……それが失敗してヘンな色であがってきたら、もう1回やらなあかん。そうすると2時間かかる。現像自体は1時間以内で済むけど、巻き返しやら、プリントに行って掛け替えて、焼き付けしたりと、やり直しに2時間かかる。だからどっちを取るかやね。汗流しながらオンエアを見て、なにも事故がないように願ったり……そんなもんですわ。

昔は基本的に「東洋現像所」というクレジットだけ

須佐見　京都映画の話から外れますけど、東映の赤塚（滋）さんというカメラマンには「夕景なんか色で遊んでくれたらええよ」と言われて、だったら思い切って濃い目にするとか、自由にやれましたね。それを認めてくれてる人もおれば、あんまり違うたらちょっと直してくれとか、それは人それぞれです。東映は基本的に〝きれいに明るく〟という仕上げやったから、タイミング的に言えば、あんまりおもしろくはなかった。

――きれいに仕上げるのは簡単なのでしょうか？

須佐見　いや、そんなことはないですよ。撮影がきっちりしてくれてたら別やけど。たとえば北大路欣也さんは「顔をきれいにしてくれ」と注文を出して、ほかの人よりワンステップ明るくするとかね。暗いと嫌がりました。東映の人から聞いた話ですが、欣也さんはラッシュを全部見るからね。一緒に作り上げるということです。で、あるとき大映出身のチーフが東映に出稼ぎに行った……それで絞りを大映調でやったら怒られるわけや（笑）。会社によってライティングも違うでしょう。よう電話がかかってきましたよ。それは宮島さんという人で「ちょっと助けてや。暗いさかい明るうしてくれ」ってね。

――宮島正弘さんですね。映像京都の撮影技師として活躍されたあと、近年は大映旧作の４Ｋデジタルリマスターの監修を担当しています。

須佐見　そう、４Ｋの修復をずっと一緒にやってたんです。「宮ちゃん」って呼んでますけど、ぼくより４つくらい上かな。あの人は宮川さんの助手だったんです。苦労したんやけど、宮川一夫というブランドの弟子やったから、それが役に立った。ＫＡＤＯＫＡＷＡは熱心に４Ｋ修復をやっていますね。

――須佐見さんは映像京都の作品のタイミングも手がけています。

須佐見　『御家人斬九郎』（95〜02年）とかやりましたね。エンドロールに名前を出してくれたこともあります。いまでこそ当たり前ですが、昔は基本的に「東洋現像所」というクレジットだけで個々の名前は出ませんでしたから。編集マンが「出してやる」言うてくれても、こっちの課長さんが「お前、生意気や」みたいな圧力かけて断ったり、そんなんありましたよ。

――使用するフィルムは作品や撮影所によって違うのでしょうか？

須佐見　違いますが、やっぱりコダックが主流やね。東映テレビプロなんか、たまにフジ（フイルム）を使うてたかな。まぁ8割くらいはコダックで、とくに京都映画の作品あたりで黒をちゃんと見せたいときは、そういう〝締まり〟がよかった。でも年代によっても違いますし、だんだんフジがコダックに寄せていって、劇場用の映画は営業努力されて、けっこう取ったんじゃないですか。もう撤退しましたけどね。アグファというドイツのメーカーもあって、大映の映画がよう使うてましたが、あれは調布の東京現像所という会社がやってました。京都でアグファを扱ったことはなかった気がしますね。

ぼくの人生は〝フィルム成りあがり〟ですわ

――1986年、東洋現像所からIMAGICA（イマジカ）に社名が変更されました。

須佐見　ラテン語で「映像」を表す意味やったかな。ちょっと忘れましたけど、まさかアルファベットになるとは思わなかったから、びっくりしました。その昔、戦前は極東現像所という社名やったんです。

――80年代後半からのテレビ時代劇は、フィルム編集で尺を決めたあとテレシネ作業を行ってビデオに変換、タイトルやエンドロールのテロップ入れだけビデオ編集をして完成というフォーマットに変化しました。

須佐見　フィルム仕上げがなくなりましたね。会社によって完成原版のタイトルまで入れた素材を作る会社もあれば、タイトルなんかはもうビデオで放り込んで原版のネガフィルムがないケースもあります。

――近年の再放送だとビデオのテープ原版しかない作品は画質が悪いです。当時はフィルム仕上げより画面がクリアで明るいのがウリだったのに……。

須佐見　そうそう、たまに見てて「なんや、これ？」って思うことありますもん。極論やけど、ネガからのテレシネがいちばんきれいなんですよ。次がプリントからで、それもちょっと画質は落ちるでしょうね。

——80年代中盤からはテレビ時代劇の本数そのものが減少し、ついに京都の現像所が閉鎖になります。いつごろのことだったのでしょうか？

須佐見　1990年ですわ。代わりに新大阪映像センターが設立されました。フィルムが下火になって、それでもテレビCMはまだテレシネよくやってましたから大阪に拠点を移したんです。それから2000年に「IMAGICAウェスト」という子会社になって、裏話やけど、もう大阪は閉めようという話もあったんです。そうしたら東京から来た役員の森原（信隆）さんが社長になって「生き残りをかけようや」と、ぼくはそのときまだ課長だったんですが「お前、フィルムの責任者になれ」っていうことで役員になりました。

フィルム事業部では「今後は古い映画の修復やデジタル化、アーカイブ作業が必要になってくる。それに特化しましょう」という提案をしました。それが功を奏したのか、フィルムセンター（東京国立近代美術館フィルムセンター／現・国立映画アーカイブ）とも仲良くさせてもうて、そういう仕事をやらせてもらいました。溝口健二監督の『滝の白糸』（33年）のフィルムが4〜5種類あって、いいとこ取りの長尺版を1年くらいかけて作ったんです。

——デジタルの技術でフィルムをよみがえらせた。

須佐見　その修復を文化庁の担当者で、もともとフィルムセンターにおられた佐伯（知紀）さんに認められて、「ウェストはこういう細かいことができるのか」と、アーカイブの仕事をいただくようになったんです。ずいぶん傷んだフィルムを修復したり、カラー現像をしたり、こちらも技術と営業の両面で努力しました。それは現在につながっていると思います。

——東京のIMAGICAも2021年に五反田から竹芝に移転。そのタイミングで、いまやフィルムの現像作業は大阪で全部やっているとのことですが。

須佐見　そうなんです。大阪でやってくれへんかっていうことで、機械も移動しました。それで4年ほど前に会社も統合されて「IMAGICA Lab.」になりました。こないだ東京現像所も解散が決まりましたから、もう日本で唯一じゃないですかね。そういう思いで変えたつもりやったから、うれしいことはうれしいんやけど、ただ仕事量がね……もうフィルムの現像はわずかでしょうから。

ぼくの人生は〝フィルム成りあがり〟ですわ。高校出て現場のたたき上げでずっとやって、ウェストになった時点で一足飛び、いや三足飛びで役員になってフィルム事業部を任されましたから。同期の稲土（広己）も社長になったんで、そういう現場の仲間たちでやってきたんです。引退したあとも神戸でフィルムの保存活動に携わってきました。

――フィルム成りあがり、いい言葉ですね。

須佐見　2000～3000本くらいやってんのとちゃうかな、本数的には。仕事の98％はテレビで劇場は3～4本だけ、映画版の『鬼平犯科帳』（95年）や『陽炎2』（96年）なんかですね。おかげさんで平成25年には文化庁の映画功労部門で表彰をいただきました。その賞は本編……35ミリの仕事が主流やし、なぜだか知らないけど関西からはあまり選ばれなかったそうですが、日本映画撮影監督協会のご推薦と、以前より懇意にしていただいていた映像京都の森田富士郎撮影監督から推薦していただき、東京まで受賞式に行きました。ありがたいことで、長いことやっとくものやなと思いましたよ。

須佐見成

［すさみ・あきら］

1948年和歌山県生まれ。高校卒業後、東洋現像所に入社し、フィルムカラータイマーとして各社のテレビ時代劇に参加。画調の統一やネガからポジまでのフィルム管理を担当する。2000年にIMAGICAウェストの取締役フィルム事業部長となり、『滝の白糸』のデジタル修復など日本におけるフィルムアーカイブの先駆けとなる。同社の常務取締役を経て顧問に。2013年には文化庁映画賞（映画功労部門）を受賞した。

製作補

田中浩三

脚本ができるとそれを持って石坂浩二さんのお宅に行きました

黒船来航の幕末を舞台に世情不安を描いたシリーズ第4弾『暗闇仕留人』で製作補（アシスタントプロデューサー）を務めた田中浩三は、やがて松竹のプロデューサーとして松本清張原作の2時間ドラマなどで活躍、長年にわたりテレビ部の部長を務めてきた。わずか1本の参加ながら尽きせぬ『仕留人』の裏話――。

4年ぶりの新卒募集で松竹に

田中　生まれは和歌山です。やっぱりどうしても東京に行きたくて、親の反対を押し切って慶応大学の文学部に入りました。ただひたすら芝居が好きだったので松浦竹夫さんのゼミに入って、松浦さんは三島由紀夫さんの舞台を演出されていたので、ゼミのメンバー20名くらい無料で呼んでくれるんですよ。その芝居が終わったあと、楽屋みたいなところで三島さんと会話をする。イメージとぜんぜん違って、こんな小柄な人なのかと、びっくりしましたけどね。

それから就職ですが、新聞社もダメだったし、じつは朝日放送も受けたんですが残念ながらダメ（笑）。どうしようと思っていたら、秋の求人に松竹があったんです。松竹と紀文があった。はんぺんの紀文。紀文は紀伊国屋で和歌山だから関係ないことはないけど（笑）、演劇をやっている会社ということで松竹を受けました。当時は映画業界が非常によくない時期で、たしか4年ぶりの新卒募集だったんです。その間はみんな縁故入社。で、われわれの同期は18名。珍しく多いんです。入社は昭和46年、1971年ですね。

――最初の部署はどちらだったんですか。

田中　1年目は労政部に配属されて、2年目から希望にそえるかどうか……だいたい映画か演劇ですが、全員希望の部署に行けるわけもいない。演劇は満杯。もう縁故で決まってるんです。映画も野村芳太郎監督の息子の野村芳樹、日芸を出た中川完治、そんなのがズラッと並んでる。「じゃあ田中はどこへ……」ってことで人事の担当者が考えた結果、テレビ部になったんです。当時は本社ではなく近くのビルにあるような、そういう扱いの部署でした。まずは営業課でいろいろ勉強して、翌年から現場に行きました。

――初めて参加した作品は？

田中　初AP（アシスタントプロデューサー）は芦田伸介さんの『特捜記者』（74年）で、これは大船撮影所です。その前から営業課員でありながら、大船へは行かされました。弁当運びとか、進行の手伝いですね。それで『特捜記者』が終わったあと突然、梅津（寛益）部長から「京都の『仕留人』の助手がいない」と6月か7月に言われて、なんの準備もなく京都に行ったんです。

――『暗闇仕留人』（74年）のクレジットを見ると、第14話「切なくて候」から製作補で田中さんのお名前があります。途中参加だったのでしょうか？

田中　いや、1話目からじゃなかったかもしれませんが、わりとアタマのほうから参加してるんです。それで途中からタイトルに名前を入れてくれました。APの仕事ということで、まず行ったのが「かんのんホテル」。そこに脚本家がみんな泊まって書いてたんですよ。ぼくも泊まり込みで、原稿ができたら印刷屋に持っていく。打ち合わせの席でそばにいるとか。
いちばん大きな動きのある仕事といえば、脚本ができるとそれを持って東京の石坂浩二さんのお宅に行きました。石坂さんは先にホンをもらって、家で役づくりをしたり調べものをするんです。京都に入ったら現場はとっても混乱してるから……ということで、そういう事前準備ができない限り、京都には行かないと言ったらしいです。で、櫻井（洋三）プロデューサーの命令で、ホンができたら新幹線で東京まで持っていきました。当時ぼくは下北沢のアパートに住んでいましたから、そこへ泊まって翌日帰ってくる。それが毎回でした。

「田中の初クレジット作だから一緒に見よう」

——ほかにどのような仕事を？

田中　1話ずつ、16ミリのフィルムの出来上がったものを持って朝日放送まで納品に行くのもぼくの仕事でした。だから東京へ行く、それから局へ行く。つまり主役へのスタートと完成したプリントを持っていく、最初と最後ですね。で、真ん中はもうなんでもやる（笑）。忙しいというか〝撮って出し〟もいいとこなんですよ。フィルムで納品しますから、毎回ギリギリ。
ところがあるとき、2本できたんですね。「あ、来週休める。余裕あるぞ」って2本同時に納品して、かんのんホテルで打ち合わせのあと、その放送を見ていました。朝日放送の山内久司さん、仲川利久さん、櫻井さん、脚本家のみなさんで。そうしたら利久さんが「あれ、おかしい？」って言い出したんです。「これ、次の話だよ。今週のじゃない」って。

——えっ！

幕末が舞台の『暗闇仕留人』、石坂浩二が蘭学医くずれの迷える殺し屋・糸井貢を演じた

田中　もう間に合わない。かといって別に連続ものじゃないから大丈夫なんだけど、そしたらぼくに怒鳴るんですよ、櫻井さんが（笑）。「お前、なにしてたんだ！」って。そんなこと言われたって、ぼくにはわかりませんよ。フィルムの缶に「○話」って書いてあるんだし……それしかわからないんだから、それを信じるしかないじゃないですかって言ったら、利久さんが「そりゃそうだよ」。なんとか利久さんが仲立ちして、助けてくれました。櫻井さんはもう助手に対しては厳しいばっかりでしたから。

――津坂匡章（現・秋野太作）さん演じる半次の事実上の退場エピソードが第14話「切なくて候」で、次の第15話「過去ありて候」と入れ違いで放映されています。このときのエピソードですね。

田中　そうそう、「田中の初クレジット作だから一緒に見よう」と、誰かが言ってくれたんです。よりにもよってそれが逆だったという（笑）。

最初から気が合ったのは村尾昭さん

――「かんのんホテル」の脚本家で印象に残っている方は？

田中　最初から気が合ったのは村尾昭さんです。一緒に飯は食う、酒は飲む。彼らも1人で泊まってるから、盛んにいろんな話をしてくれるし。村尾さんは素直で正直な方でしたね。「これはおもしろくならない」とか、自分で書きながら言う。だからちょっと待ってくれと。理由を聞いたら「こうこうこうだから、こっちのほうがおもしろくなる」と説明してくれるんですが、ぼくはよくわからないから、とりあえず「はい」って（笑）。そのあと、初めて自分の企画でプロデューサーをやった作品も村尾昭さんに頼んだんです。『死霊の島』（79年）という関西テレビの1時間サスペンスです。

――あっ、そんな縁があったのですね。村尾さんは石坂さん演じる糸井貢の過去編「試して候」や妻を殺される「仕上げて候」とターニングポイントの回を執筆しています。『仕留人』でとくに覚えている回はありますか？

田中　正直に言って、ないんです。ただ必死になって動き回るのに精いっぱいで、疲れるばっかり（笑）。櫻井さんに命じられて、仕事じゃないことでもやらなきゃいけなかったわけです。まぁ助手ですからなんでもやらなきゃいけない。だから相当疲れましたね。ラッシュや試写を見ても、なにか別のことを考えていたんでしょう。作品の記憶はほとんどない。それでも幕末を舞台にした設定はおもしろいと思いますし、西崎みどりさんの歌（「旅愁」）はいまだに思い浮かびますよ。

――櫻井洋三プロデューサーは、どのような方でしたか？

田中　まさに〝京都撮影所のドン〟ですよ。営業出身ですから、仕事を取ってくるパワーはすごい。局のプロデューサーや役者だけでなく、マネージャーまで大事にしますから。ぼくはね、馬道組なんです。最初についた『特捜記者』から馬道春夫さんというプロデューサーに気に入られて、そのあともいろんなことを教わりました。櫻井さんとはまた違うタイプでしたね。

――朝日放送の山内久司プロデューサー、仲川利久プロデューサーの思い出はありますか？

田中　おふたりとも大先輩で、またテレビ局の方でもあったし、メイン企画者ですから。脚本家もみんな山内さんのことは〝キュウさん〟と呼んで、やっぱり彼の意見は尊重するんです。利久さんも山内さんに遠慮することなく、自分の意見を積極的に言います。利久さんとは亡くなられる直前までずっと付き合っていましたよ。大阪に行くと一杯飲んだり、京都で一杯飲んだり（笑）。

プロデューサーと脚本家が議論するのは、やっぱり大きいところですね。これだとお客さんがわかりづらいとか、あるいはもっと大胆にやってみたらどうだとか。で、ノッてしまうと脚本家も「それはいいな！」となる。

利久さんのアイデアでも、よくありました。「そんなことまで?」って思うんだけど、映像になってみると効果が出ている。櫻井さんをふくめて、こっちはあまりしゃべらない(笑)。利久さんは他人の作品でも「あのシナリオはいい」なんて、盛んに言ってました。真面目な方でしたよ。

京都は大船とまったく違います。親分がいっぱいいる感じ(笑)

——松竹大船と京都映画、撮影所の違いはありましたか?

田中　大船はベテランのスタッフが多かったです。若手があまりいなかったので、毎晩「一杯飲もう」ってみんなに誘われるわけです。京都はね、カメラの石原(興)さん、編集の園井(弘一)さん以下、われわれよりちょっと上の世代で、これからもうずっと伸びると、優秀だと言われた若手ばっかり。夜に一杯もへったくれもない。とにかく懸命に撮り続けている。

松竹の東京本社の下に試写室があって、『仕留人』の第1話はそこで見ました。つまり仕事として安定して20何本やっていくということは、会社にとっても大きいし、スタッフのギャラも定期的に払えるわけです。梅津部長も関西の人だし「これは大事なものだ」という感覚はありましたね。

——「真ん中はもうなんでもやる」とのことでしたが、製作補として撮影現場ではどのような仕事を?

田中　決まった役割はほんとなくて、それぞれの助手的な扱いで、いろんな雑役に使われました。チーフ助監督が高坂(光幸)で、「高ちゃんが呼んでるで〜」って言われて行くと、やっぱりなにか頼まれる。いや、理不尽なことを言われるわけではなくて、人手が足りないからやらせてるって感じ。大事にしてくれましたよ。無茶なことは絶対に言わない。仲良くやってました。お互い「一人前になりたい」という気持ちで。

製作主任の渡辺（寿男）さんは、なんかもう神様みたいな人で、言ってることに誰も反発しませんし、監督だって従う。渡辺さんに相談しないと現場が動かない。大船というのは監督ベースなんですね。「○○組」というように監督中心でずっと動く。ところが京都はまったく違います。親分がいっぱいいる感じ（笑）。渡辺さんだって親分だし、もちろん櫻井さんだってそう。美術や技術にもそれぞれ親分がいるし、やくざっぽい世界ですね。

ひさしぶりの新人だし、大船ではまだまだ大事にしてくれたんですが、京都はそんなこととまったくなく、もうガキ扱い。だから疲れたという記憶しかないですね。櫻井さんを除けば厳しい人がいるわけでもないんだけど、言われたことをやるのが厳しいという。合理化で京都から大船に移った人たちもけっこういるんです。先ほど話した馬道プロデューサーの弟さん（馬道昭三）は製作主任として斎藤耕一組などをやられた方ですが、もともと京都の所属でしたね。

——『仕留人』は工藤栄一監督を筆頭に9人の監督が参加しています。

田中　まず思い出すのは工藤さんですね。ひたすら教えてくれるんですよ。セッティングの最中に「田中くん、これはね、こういうことをしてるんだよ」とカメラワークや照明なんかのことを。アップだけではつまらないのでドーンと引くとか、機嫌のいいときに、ふっと声をかけてくれました。それと途中からタイトルに自分の名前が出るようになりましたが、和歌山のおふくろに電話して伝えてたんですよ。そうしたら放映が終わったあと電話がきたんです。「よくがんばってるねぇ。監督やってるの？」って。

——えっ？

田中　「名前も変えたのね。浩三じゃなくて徳三に」って（笑）。つまり田中徳三さんの作品を見たんです。それで、ぼくが監督をしていると思った。そんな話を監督にしたら「次回から名前を入れ替えようか？」、それが田中徳三さんの思い出。真面目な感じの方でしたね。ぼくはもともと舞台が好きだったし、趣味で見るのも洋画ばっかり……だから『仕留人』の錚々たる監督もぜんぜん知らなかったんです。かえってそれがよかった部分もありますよ。遠慮もないし、怖いとも思わないし、三隅（研次）さんだって、あとで考えたら大監督ですけど、なにも考えずにお茶を持って行ってました。

渡邊祐介さんも撮ってますね。『仕留人』の思い出はありませんが、そのあと祐介さんとはずいぶん仕事をしました。『ご存知！女ねずみ小僧』（77年）や『雲霧仁左衛門』（79年）……いや、もうとにかく丁寧にやってくれる監督で、嘘いつわり一切言いません。だから天知茂さんでも祐介さんを希望するわけ。おふたりとも真面目だから。『雲霧』はセットが東宝ビルトで、ロケは生田オープン。大船ではなく外部で撮った時代劇でした。

要するに「作品」ではなく櫻井さんのアシスタントなんですよ

田中　『仕留人』が終わって、じつは梅津部長から「次の作品の助手もそのままやりなさい」と言われたんですが、「できません」と断りました。「なに言ってんだ！」って怒られたんですけど、ぼくは電話を切っちゃった。それで3日間、蒸発したんです（笑）。有給休暇を取って。それくらいしないと会社もわかってくれないと思って。疲れ果ててね。

けっきょく個人的なことからなにから、要するに「作品」ではなく櫻井さんのアシスタントなんですよ。で、俳優さんも人によってはうるさいから……唯一ありがたいなと思ったのは藤田まことさんだけです。新人が来たということで四条大宮の小さな居酒屋で飲ませてくれました。「まぁ、がんばってやりなさい」と。なにかのときだって藤田さんとマネージャーの斉藤（邦夫）さんに愚痴をこぼしたりしてましたから。

そういう縁もあって、後年に藤田さんが「もう1回、主水をやりたい」と相談してくれたんです。ぼくがテレビ部の部長をやっていたころに。で、「わかりました、動きます」と。ただテレビ朝日との関係もあったので、確認すると「いいですよ。ただいろいろありまして、ちょっと待ってください」ということで、別ラインからの話もあって、それが『必殺仕事人２００７』に結実して藤田さんの中村主水が復活しました。ぼくの名前は出ていませんけど、それが藤田さんとの最後のお仕事でしたね。

――『仕留人』のあとは、本社のテレビ部に戻ったわけですね。

田中　また大船作品のＡＰをやりました。『西陣の女』（75年）という帯ドラマがあって、これはノンクレジットですが、ぼくの企画なんです。フジテレビに企画を出したら通った。当然、自分で担当できると思ったら梅津部長から「無理だ」と。京都にプロデューサーとして行くのはまだ無理ということで。そりゃそうですよね。それで『西陣の女』はベテランの白石（吉之助）さんが担当しました。ちょっと悔しいから自分の仕事歴にも載せてあるんです。

当時のテレビ部というのは、大船の佐々木孟さんや山内静夫さん……映画のベテランが飛ばされるようなかたちでやってきた。あとは浅草国際劇場にいた佐相（惣一郎）さんとか。だから逆に言うと、ぼくたちの世代からテレビのプロデューサーとして育てあげられたんです。

ぼくはテレビ部長を3回やってるんです

――その後、松本清張原作の土曜ワイド劇場や火曜サスペンス劇場など数多くのドラマをプロデュースしていますが、とくに思い出深い作品はありますか？

田中　まず『帝銀事件』（80年）ですね。土曜ワイドの3時間もので、これも助手でしたが、新藤兼人さんと一緒に取材に行ったんです。いろんな人に会いに行くのを段取りして、新藤さんがメモを取って、それをシナリオ化していく……もちろん清張さんの原作はあるんだけど、やっぱり会わないとダメだと。もうあっち行ってこっち行って大変でしたが、勉強になりましたね。

それから清張ものだと、火サスの『坂道の家』（83年）。日本テレビの山本時雄さんがチーフプロデューサーで、ぼくが原作を提案して、企画書を作らなきゃいけない。当時は脚本家にシノプシスを書いてもらって、それを印刷して会社の会議に出すんです。ところが宮川一郎さんが「俺、できないよ。忙しいんだよ」ってことで「田中、お前やれ！」。好きにやっていいという話だったからファーストシーンが原作にない雪のシーン、そういうシノプシスを書いたら、宮川さんのシナリオでもそのまま採用してくれて、作品の評判もよかったんです。そこからやたら清張、清張の人生になりました。

――80年代以降の松竹にとって、2時間ドラマは大きな存在でしたか？

田中　土曜ワイドや火サスがテレビ部を支えましたね。どこの会社もそうだったんじゃないですか。ぼくもサスペンスものに助けられましたし、関西テレビの1時間ものもよくやりました。清張先生は自分にとって〝人生の柱〟です。ちょうど下北沢から先に行った浜田山に先生が住まわれていたので、よくご自宅にもうかがいましたよ。たまに撮影現場に来られても、そのあと食事に行ったりはしない。それくらい忙しい先生でした。とにかくいっぱい抱え込んでいて「書けなくてなぁ」と、よく言ってましたね。

――なるほど。

田中　あとはテレビ東京の12時間時代劇ですね。あれは部長として、とにかく大仕事でした。もう東映と対立してるわけです、毎年コンペですから。東映になるか松竹になるか、ときどきC．A．Lが出てきたり……だから熾烈な戦いですよ。櫻井さんもそうだけど、部長職で名前が出なかったとしても、企画からなにから担当プロデューサーと一緒に最初からやるんです。これは京都の撮影所のためにもプラスになるし、利益も大きいし、どの作品というよりも全作品が思い出深いですね。
ぼくはテレビ部長を3回やってるんです。いろいろあって外されては、また戻っての繰り返し（笑）。日テレの嶋村正敏さんが監督した清張もの『留守宅の事件』（96年）のときは子会社に出向していたんですが、「田中がプロデューサーじゃないとできない」という嶋村さんの声でテレビ部に復帰することができました。あれが嶋村さんの最後の作品になってしまいましたが……。

やっぱりね、信じることとですよ

――先ほどあまりエピソードが出なかったのでもう一度うかがいたいのですが、あらためて櫻井洋三プロデューサーの思い出はありますか？

田中　ぼくは『仕留人』で京都に行ったとき初めて会ったんですね。で、非常に強引な命令口調で、ぼくも反抗しますから「助手なのに生意気だ。口答えをする」と、どうもアタマにきたらしいんです。そのあと櫻井さんが本社のテレビ部長になって……そこでもね、いさかいを起こした（笑）。ソウルオリンピックの年、１９８８年に関西テレビの清張サスペンス『拐帯行』で釜山ロケをやることになったんですけど、櫻井さんが「行くな」って言うわけ。あのころ韓国でテロ事件があったりしましたから、そんなところに行くなと。けっきょく船で釜山に行って、乗ってから電話したんですよ。「船が出ました」と報告だけして、ガチャッと切って……もうずっと怒ってたらしいです。
ところがですね、櫻井さんが役員になって数年後、新しいテレビ部長を誰にするかという話で、櫻井さんはぼくを指名したそうなんですよ。だから、「あ、そっか、認めてたんだな」と、そのときに初めて思いました。もちろんお互いになにも言いませんでしたけど。それから現場を離れて管理職になりましたが、櫻井さん流のやり方をしようと思ったんです。

――櫻井さん流とは？

田中　あの人は部長になってもプロデューサー職の仕事を続けていたわけです。名前を出して公にしないけど、自分の知り合いの脚本家を頼んだり、役者を頼んだり。それが部下のためにもなりますから、自分が部長になって櫻井流をちょっとやっていたのは事実なんです。まぁ「田中なんて顔も見たくない」という部下がいたかもしれませんが。

――プロデューサーとして、なにか教わったことはありますか？

田中　やっぱりね、信じることですよ。それは自分だけじゃなくて、たとえば監督とお互いにわかり合って、ほかの人が反対しても、信じたら強引にやると。それをやれる立場にあるのがプロデューサーなんだということで……あぁ、そうかもしれないなと思ったことはあります。もちろん反面教師にした部分、真似しちゃいけない部分もたくさんありますよ。ただ、そういう時代だったんでしょうね。彼の生きてきた時代は。いろんな人が同じようなことをやってましたから。まぁ『仕留人』といえば、疲れた思い出しかない。なんといっても思い出すのは石坂さんの家に行ったのと、朝日放送への納品ですね。

田中浩三

［たなか・こうぞう］

1949年和歌山県生まれ。慶應義塾大学卒業後、71年に松竹入社、労政部からテレビ部に所属し、『暗闇仕留人』『ご存知！女ねずみ小僧』などの製作補を務める。79年に『死霊の島』でプロデューサーとなり、『坂道の家』『隠花の飾り』『刑事たちの夏』『だましゑ歌麿』ほか多くの作品を手がけ、テレビ部の部長を務める。定年後は松竹映像センターの社長を経て、現在もフリーのプロデューサーとして活動を続けている。

監督

南野梅雄

京都で江戸を撮る ロケ地ベストテン

大映京都の助監督出身、映像京都を中心に活躍した南野梅雄は必殺シリーズに招かれて『新必殺からくり人』『必殺商売人』を演出。本書で取材を申し込んだところ、残念ながら2022年春に亡くなられていた。ご遺族の承諾のもと、80年代初頭に氏が書き残した貴重なエッセイを再録させていただく。

ひとつ肩のこらない裏話でも

石ならぬ、テレビのチャンネルをひねるとマゲモノドラマにいきあたる当節です。時代劇をやるなら〝京都で〟と、この世界に飛びこんだわたしには、時代劇が盛んな今の状態は、うれしいことには違いありません。が、制作本数はともかく、その中味のほうはどうかといいますと、類型化したストーリー、バッタバッタと人を殺《あや》めるだけの侍、安直な結末など残念ながら大いに疑問があるところです、が、今日は時代劇論をぶつのが目的でもないので、ひとつ肩のこらない裏話でもしてみようと思います。

「時代劇」と一口にいっても、じつに曖昧なとらえ方で、いったいどの時代を指して時代劇というのかと思われるかもわかりませんが、我々がいうところの時代劇とは江戸時代を背景にしているドラマをそう呼んでいて、江戸以前、桃山とか室町時代ももちろん時代劇といっていいわけですが、安土桃山から鎌倉時代にかけては、便宜上それを〝戦国もの〟あるいは〝鎧もの〟といい、平安時代になると〝王朝もの〟などと呼称しているわけです。

ところでテレビ映画の時代劇はそのほとんどが、おそらく8割は京都製でしょう。なぜ時代劇ものといえば京都なのか、それはもうよく知られているように、明治以前にできあがった歴史的建造物が日本で最もたくさん現存している地、車で10分も走れば大自然の真っ只中に達することができる地の利、そんな二大環境に恵まれているからに他ならないでしょう。わたしなどは、そんな古都千年の文化財と自然に食らいついている小判鮫みたいなものかもわかりません。

さて、映画では撮影場所を大別すると二つに分かれます。屋内撮影と屋外撮影で前者をセット、後者をロケと簡単にいっています。もう少し細かくいえば、セットとロケの間にもう一つあって、それをオープンセット撮影といいます。西部劇で必ず出てくる町、酒場、銀行、店などが立ち並ぶ通り、家屋などを特別に屋外に建造したセット……それをオープンと呼んでいます。

この稿ではロケに限って、それも最もよく使われる場所、京都の方なら〝あ、あこかいナ〟とよくご存じの、まあいってみればロケ地ベストテンみたいなものを記してみようかと思います。

決められた予算と日数内で仕上げるということはなんでもそうでしょうが、映画づくりの場合とくに重要で、したがって例えば九州まで行けば台本のイメージどおりの素晴らしい撮影場所、ロケ地があるとわかっていても限られた予算と制約の中では到底九州までは行っておれなくて、イメージどおりの土地を求めて撮影行ができるのは製作費数億円以上の大作ぐらいです。まず、理想の地をあきらめて代替地を探し求めることになるわけです。

第一の条件は、なにより撮影所から近いこと（大体において日帰りができて、しかもその時間内で予定どおりの内容を撮り終えることが可能なこと）。

近くでもロケ費（主なる費用はロケ先への謝礼金）が予算の枠よりオーバーするようなら不可（今や謝礼金不要といった場所はほとんどなく、中には1時間の使用料が数万円といったロケ地もあります）、さらにいくら劇内容に合う場所があっても〝うちはお貸しできません〟といわれれば、それはもちろん、不可！（例えば重要文化財とか「御所」などの宮内庁関係のものは、まず不許可になります）。

時代劇にひんぱんに出てくる場所としては武家屋敷とその周辺、神社仏閣の境内、旅から旅への街道、その道中にある川、渡し場、山中、橋そしてお城などでしょうか。そのほかに江戸の市中、長屋などがあるのですが、これらは日本中どこを探してもあるわけがないので、先にいいましたオープンセットに頼ることになるわけです。

では近くにこんな場面が撮れる場所があるのか。ドンピシャかどうかわかりませんが、それがうまくしたものであるのです。″オイオイ俺はな、江戸をこの目で見てきたばっかりだ、こんなベラボウな嘘っぱちの江戸なんぞあるものか″という人は、さいわいにも1980年代には現存していないという絶対の切り札（？）を我々は握っているので、京都で江戸が撮れる次第なのです。摩訶不思議な江戸だなとは思いつつ……。

嵯峨野一帯、嵐山、流れ橋

京都製江戸の第1位は、嵯峨野一帯でしょう。なんといっても撮影所から近い、これがありがたいことです。朝からの雨が午後にやんでも″さぁ、いけるぞ″と急きょ出かけていってロケができるくらい近いのですから。

それに、ここらあたりには武家屋敷があり（むろん本物の武家屋敷ではありません。寺院の立派な門と塀をそう見立てるわけです）、不忍の池があり（むろん上野のシノバズのイケもどきの池を写すことになります）、東海道があり（フジならぬ愛宕山が見える東海道です）、八丈送りの罪人を見送る霊岸島があり（池の手前に柵を立て、沖を海に見立てる）、売られていく娘との悲しい別離の渡し場があり（やはり池に桟橋をつくり舟を浮べるだけ）、木馬道《きんま》のある嶮《けわ》しい山中があり（これは正真正銘の山道があります）、恋人たちが語らう夕日の沈む品川の海辺があり（広沢池を薄暮に撮るとまさに一幅の絵です）、辰巳芸者の嬌声が聞える舟宿の舟着場があり……時代劇には欠かせない、ここらあたりは宝庫です。嵯峨野一帯のそれらは大覚寺であり、大沢池、連なる田園地帯、それに接する広沢池などがその主役です。

こんなところですから晴れた日などこの近くを歩いてみますと、どこかで一度くらいは必ずロケに出会うでしょう。それに人家からこんな近いところなのに、この春には目の前を美しいキジがスタスタと歩き回っているのに会いましたし、3年ほど前には5月5日の子供の日に蝉の声を耳にし、これにはビックリしました。そんな思わぬ自然の恵みに浴するよろこびもロケにはあります。

さらに近いといえば嵐山、ここは京都観光のメッカみたいなところですから、どこを見ても人、人、人で時代劇など撮れそうもないのですが、ここには貴重な橋があるので見逃すことができません。ここの渡月橋支流にかかる太鼓橋（と我々は呼んでいますが、正式な名称かどうか）が目指すターゲットです。橋、こればかりはどうふんばっても鉄やコンクリートのものを撮るわけにはいきません。まったく藁葺き屋根の農家と土橋、木橋はまるで失くなってしまいました。

嵐山の橋も鉄筋コンクリート製ですが、観光地の橋だけあってどことなく表面は木橋風になっているおかげで十分江戸時代の橋に見立てることができるのです。ただし、ここの欠点（?）は先にもいいましたようになんせ人が多い、とても真っ昼間キャメラを向けることなどできません。そこで撮影は人が現れない早朝か、車も減る深夜に限られてくるわけです。しんどいところです、ここは。

橋といえば、もう一つ忘れることのできない名物橋があります。国道1号線の木津川にかかる御幸橋の少し上流にある俗に我々が〝流れ橋〟と呼ぶ長さ200メートルは優にある素晴らしい木の橋です。まったく、京都近郊にこんな木の橋がかかっていること自体、わたしには奇蹟のように思えます。

〝流れ橋〟などという縁起でもない名で呼ぶのは奇妙なことですがなにしろ木の橋、大水が出ると一部流失してしまうからなのです。そしてその都度なぜかコンクリートにはならなくて元のままの木の橋に復元されるという次第、素晴らしいことです。この姿のまま、いつまでも健在であることを願わずにはいられません。

神社仏閣から街道や川の渡し場まで

ベストテンに必ず入るロケ地としては、同志社大学の北に相国寺があります。本堂の長廊下、枯山水の庭は江戸城に模してよく使わしていただき、塔頭が多くある外周は大覚寺同様武家屋敷街として見逃せないロケ地です。

江戸市中の場面としてよく出てくるのは神社仏閣です。

これはさすがに京都です。選ぶのに苦労するくらいですが、筆頭は北区にある今宮神社でしょうか。祭礼や繁華な場面には絶好で、とくに〝本家〟と〝元祖〟というキャッチフレーズで競い合っておられるあぶり餅屋さんをはさんで神社の裏門を見るアングルは、ほとんど手を加えないでもそのまま撮れば〝はい、これが江戸時代でございます〟といえるくらい得難い場所です。これまた〝流れ橋〟同様どうかこのままいつまでも〝本家〟〝元祖〟で張り合っていっていただきたいと願う次第です。

麹町にも狸《たぬき》がいたといわれる江戸のことです。寂しい江戸の場面なら素晴らしい原生林の森、下鴨神社糺の森を忘れることができません。登城の乗物を襲う覆面の武士団、そんな場面にこれほどピッタリする場面はちょっと見当りません。

あと、屋敷町としてよく使うロケ地は黒谷。見事な山門から広い石段、石畳の道、広大な墓地、ずいぶん撮りでのあるベストテンに当然入る場所です。

街道や川の渡し場などのロケ地としては、ちょっと遠くなりますが亀岡に敵うところはありません。『座頭市』『木枯し紋次郎』などでは、ずいぶんとお世話になりました。この2作の主人公は2人ともアウトロー、将軍様のお膝元の江戸や東海道といったメーンストリートから顔をそむけて生きている流れ者です。必然的に歩く道も木の葉が舞い、寒風吹き荒む裏街道が主舞台となります。

何度通いましたか。こうなると土地の人よりひょっとしたら詳しくなっているかもわかりません。〝あの畔道をたどればどこそこへ出る〟〝そこには画になる大きな木があったな〟といったようなものです。この亀岡には、ほかに聖武天皇建立の国分寺、惚れ惚れ見とれてしまう油土塀がある毘沙門町も。

渡し場には保津川がいい案配です。保津川といえば山陰線の保津峡駅下流、清滝川と合流する地点もなんとよく時代劇に出てくる名所でしょう。激流が岩に突き当って大きく曲がり一瞬渦を巻いて淀む深淵。それを絶壁から見下ろせる立地の妙味。昼の弁当がとってもうまいところです。

こうして拾い上げていくとキリがありませんが、建仁寺、高雄の神護寺、中川の菩提の滝、花背の別所村、坂本の西教寺、琵琶湖、彦根城、日本海の間人《たいざ》などはよく行くところです。ほかに開かずの宝庫……京都御所、妙心寺、西本願寺、二条城など京都にはよだれの出そうな場所が数多くあります。一部でも撮影が許されたら作品の奥行きがぐっと深まるでしょうに、じつに残念です。

日一日とロケ地の環境汚染（？）が進み、道は舗装され、ガードレールで囲われ、住宅が建ち、奥地へ追いこまれる野生動物と同じように我々のロケ地もどんどん奥へ追いやられていきます。

それでも探せば尽きることなく時代劇を撮れる場所は発見できるものです。何気なく入った道の奥に、そんな宝物を見つけたときのよろこびは知る人ぞ知るです。今日も字で書かれた想像の場所を具体的なイメージに置きかえる作業、ロケハンに何組ものグループが京都のあちこちを飛び回っていることでしょう。

〝あゝ、あの電柱がなかったらなァ〟
〝あかん、ここはロケに使わしてくれへん〟
〝ええとこやけど、一寸遠すぎるなァ〟

京都市立上高野小学校育友会会報『上高野』第12号より再録
1981年10月9日発行　協力：南野森

南野梅雄

［みなみの・うめを］

1939年大阪府生まれ。日本大学芸術学部卒業後、大映に入社し京都撮影所の助監督となる。大映倒産後は映像京都を中心に活動し、74年に『狼無頼控』で監督デビュー。『新・座頭市』『新木枯し紋次郎』『新必殺からくり人』『斬り捨て御免！』『怪談牡丹燈籠』『眠狂四郎円月殺法』『新選組血風録』ほかテレビ時代劇を各社で演出。『座頭市』『浪人街』などの大作映画では監督補を務めた。2022年に死去。享年82。

音楽担当

比呂公一

意識したのは『第三の男』と『禁じられた遊び』「単純明快にやってみたい」という提案をしました

超常現象をモチーフにした『翔べ！必殺うらごろし』の音楽担当は比呂公一、シリーズ唯一の参加でありながら、従来の作品とは異なるアプローチの楽曲を提供して異色作を彩った。火野正平との縁から始まる『うらごろし』への参加やレコーディングの裏側、父・植木等の思い出までをも語る貴重なインタビュー！

正平ちゃんの初アルバムのプロデュースがきっかけ

——必殺シリーズへの参加は、火野正平さんによる『新必殺仕置人』（77年）の劇中歌「想い出は風の中」「海」の編曲が最初でしょうか？

比呂　あのころ箱根のロックウェルというスタジオで、正平ちゃんの初アルバム（『冬よこい』）を作っていたんです。1週間カンヅメで20曲くらい作ったんじゃないかな。あの2曲は彼の友達（高坂光幸）が監督をやった回で使われていて、正平ちゃんが自分で作ったものです。もともと音楽好きだし、彼の仲間がギターを弾いたんじゃないかな。だから最初はノータッチで、LP用のアレンジをするとき自分のほうに話が回ってきた。ギター入りの歌をもらって、譜面に起こして編曲してという作業でしたね。

――もともと火野さんとお付き合いが？

比呂　当時、正平ちゃんは星野事務所に所属してまして、近藤正臣さんとかもいらした事務所です。社長が星野和子さんという方なんですけど、役者さんを育てるだけでなく音楽も好きなものですから、音楽関係のことでいろいろ相談を受けていました。それで「正平のアルバムを作りたい」ということで、そのプロデュースを頼まれたんです。曲を作ってアレンジして〝リズム隊〟だけ箱根のロックウェルで作って、東京に戻って弦とかいろいろな〝かぶせもの〟をやって……当時はそれが普通のスタイル、作り方でした。

とっても魅力的な人ですよ、正平ちゃんは。子役から始まって、もちろん演技力はかなりのものですが、それ以上にやっぱり彼自身の本来の魅力があるんです。あの時代、とても輝いていました。いまもお互いＮＨＫで、ぜんぜん違うところで番組をやってますけどね（笑）。わりと最近も、あるトーク番組に正平ちゃんが出るというので星野さんに頼まれて、伴奏しにいったことがありますよ。当時はけっこうライブなんかも一緒にやってましたから。

ラッシュで作品のテイストを確認して、あとの作業は東京でした

――そして『翔べ！必殺うらごろし』（78〜79年）に音楽担当として参加します。超常現象を扱った異色のオカルト時代劇です。

比呂　自分の仕事を気に入っていただけたんでしょうね。星野さんの推薦で参加することになって、そのあとは放りっぱなしでしたけど（笑）。「比呂さん、太秦に何日の何時に行ってください」「え、それだけ？」みたいな。資料もなにもなく、今度はオカルトものらしいくらいの知識で、とりあえず撮影所に行って、プロデューサーの

山内（久司）さんにお会いしました。基本的には「よろしく！」なんて感じですよ。

――京都ではどのような打ち合わせを？

比呂　まずはオールラッシュを見ました。5時間くらいずーっと、まだ編集する前の撮りっぱなしのやつ、セリフも入ってましたね。そのとき初めて資料を渡されたので、台本を見ながら「このへんのシーンだな」と。M1、M2と、大まかな感情が書かれたリストは用意されていました。「主人公、走る」とか、そのくらいのものですけど。すでに主題歌が浜省（浜田省吾）とは聞いていましたから、そういう意味で心配はしてなかったです。

――森﨑東監督の思い出はありますか？

比呂　そんなに密に打ち合わせをするような感じではなかったですね。ラッシュで作品のテイストを確認して、あとの作業は東京でした。そして、なにを作るにしても予算がありますから、どういう規模でやれるかという編成ですね。何色で絵が描けるかということ。それはまた専門のインスペクター、インペク屋さん（ミュージシャンの斡旋業）がいるから、相談するわけです。

『うらごろし』の音楽は、基本的にリズム隊とシンセサイザーの編成です。悪人のシーン、善人のシーン、哀しいシーン……そのあたりは昔の時代劇みたいな区分けですが、走り回ってるところなんかは今流の解釈でやりました。いわゆる紋切り型のパターンではなく今流に。だからリズム隊の拘束は、けっこう長かったですね。まぁ数が多いですから、劇伴の場合は。

――主題歌「愛して」は浜田省吾さんの作詞・作曲で、和田アキ子さんが歌っています。

比呂　あれは井上鑑さんが編曲で、いいアレンジですよね。リズム隊はR&Bみたいな動きで、当時のディスコ系のスタイル。こちらはそのテーマを聞いて、あとはどう料理するか……メインのメロディなんかは「愛して」が軸です。あのときは、和田アキ子さんの主題歌のレコーディングが遅れたんですよ。こっちは終わるのを待ってて、それがどんどん遅れる。けっきょく劇伴録音の3日前くらいですかね、届いたのが。だから急いで作りました。話数ごとにその都度じゃなくて、まずは第1話に向けて一気に作りますから。

聞きようによっては音楽予算が少なく感じたかもしれない（笑）

――『うらごろし』という作品の音楽の方向性は？

比呂　まず「単純明快にやってみたい」という提案をしました。というのは、それまでの『必殺』は平尾昌晃さんの音楽で、竜崎孝路さんがアレンジしていますが、演歌や歌謡曲系の……哀しみなら哀しみを強調する曲だったので、もうちょっと距離感というか空気感、アトモスフィアみたいな雰囲気で包めないだろうかと考えたわけです。そういう部分を弦で表現すると、まぁ普通になる。それとオカルトを音で説明しちゃうのもおもしろくない。こっちもまだ若いですから、いままでと違うことがやりたい気持ちはありましたね。リズム隊がメインで、そういうタイプの音の付け方って当時あんまりなかったので、聞きようによっては音楽予算が少なく感じたかもしれない（笑）。

――そう言われてみると、たしかにシンプルです。

比呂　もちろん予算がないわけではないので、その代わりリズム隊のミュージシャンには普段の何倍も払ったと思います。楽器が少なければ少ないほど、墨絵みたいなもので「かすれ具合がいまいち」みたいなことになる。だから非常にベテランを集めました。キーボードは渋井（博）くん、彼とはなにかっていうと一緒にやってましたね。レコーディングは銀座の音響ハウスです。

――リズム隊というのは、どういう編成ですか？

比呂　シンセを入れて5人ですね。ベース、ドラム、ギター、ピアノ、シンセ。こっちは（指揮）棒を振ります。映像のテンポとかに合わせて。で、その場でこういう音をずっと……オスティナートって言うんですけど、ずっとキープして同じ音を鳴らしていく。「Mいくつ、この部分をずっと繰り返してくれ」とか、そうやって現場で作る場合もあります。

――レコーディングに立ち会うスタッフは？

比呂　メインはやっぱりプロデューサーですね。出たり入ったりしていましたけど（笑）。もちろん監督もいますが、音響効果の方がドンと座っていたのを覚えています。やっぱり映画畑の人ですから、自分が普段接している音楽関係の人とは雰囲気が違いました。「この映像と音楽には、どんな効果が合うだろうか……」と、そんな感じで聞いてる様子が見えるんですよ。

――調音技師の本田文人さんでしょうか？

比呂　名前はちょっと忘れてしまいましたね。ただ効果音を作るために何日も苦労したという話は聞きました。斬ったとき、刺したときなんていうのは苦労されたみたいですね。いえ、京都のダビング（音の仕上げ作業）には立ち会ってません。音楽ができたら送って、あとはお任せです。

重要なのは音色と間合いとテンポ感

――『うらごろし』のオープニング曲は「テッテッテッテッテッテッ……」という音色です。楽器はなにを使っているのでしょうか？

比呂　あれは通常のフォーリズムですから、ベース、ドラムは変えようがないんで、あとはピアノがいろいろ、エレキピアノだったり生ピアノだったり。ときにはシンセサイザーで、ボーンって鳴るのがシンセですね。

――殺しの前、太陽が昇るときに流れる「デーデーーデデデデーーーー」という曲は？

比呂　あれは特別ゲストでダルシマーという楽器ですね。ツィンバロンなんて言い方もしますが。「ターンターンターンターン」のあと、「ヒャンヒャンヒャンヒャン」って音がして、そうするとオカルトチックになる。重要なのは音色と間合いとテンポ感ですね。そういう工夫をして、なるべく少ない色で描く。それでイメージを想起させようとしました。

最終回であの〝おばさん〟、市原悦子さんが斬られてしまう。雨が降るなか正平ちゃんに背負われて、なにもなかったような顔をしてしゃべってたのが、眠るように死んでいく……そういう芝居をするんです。そのときもさっきのダルシマーが「テンテンテンテン」って、音を間引いて、かなりテンポを落としてシンプルに流れる。そうすると市原さんの表情が広がってくるんです。あれは最終回だから、なおのこと印象に残っています。やっぱり〝かぶく〟というか、人の意表を突く作品ですよね、『必殺』というのは。妖艶さもふくめて、映画とは違う〝寄り〟のよさがあったと思います。広い全体の空気ではなくアップで見せる手法、ああいうシーンの雨降らしの雰囲気も見事ですし。

――たしかに哀しいシーンやエンディングには「テンテンテンテン、テテテテテン……」というリリカルな曲がよく流れています。

比呂　ある程度すき間を空けることで、見てる人たちがその空間を埋めてくれるようなことを考えてました。いま思い出しましたが、意識したのは『第三の男』（49年）と『禁じられた遊び』（52年）。『第三の男』はチター、『禁じられた遊び』はギター1本、それで映画をやっちゃうんですから、これは驚異的ですよ。演奏の力は必要だし、曲の魅力も必要だし。『禁じられた遊び』で弾がピシャーっと飛んできて、子供たちが普通にしているのに親が撃たれる……そこにあのギターですからね。たまんないですよ。やっぱり子供のときに見た、そういう記憶がもとになってますね。うちの親父（植木等）が映画好きだったものですから、よく連れて行ってくれたんです。『うらごろし』は少ない編成でシンプルにやる……ただ、なにかの楽器をフィーチャーして、それ1本だけというところまではいけなかったですね（笑）。ダルシマーは使っていますけど、あれは弾《はじ》けもすれば湿り気もたっぷり出せる楽器ですから。あとは先ほども言いましたが、いかに音で説明しないようにするかと、単純さ……そのバランスを探っていくというのがあったと思います。いま作ったら違いますよ、もちろん。30代前半のあのころは、あれが答えだったんです。

『題名のない音楽会』で『うらごろし』のオーケストラバージョンを披露

——『うらごろし』の完成版を見たのはオンエアでしょうか？

比呂　そうです。まず驚いたのは、エンディングで「音楽担当　比呂公一」というクレジットが一枚で出てきたこと。一枚看板って映画の世界では言いますけど、それだけの扱いをしてくださったんだなと思いました。実力はまだ小結くらいなのに横綱って言われたような気持ちでした。

本当に異色の作品ですよ。最初ちょっと心配だったんです。「そこまでやっていいんだろうか」って。ぼくには音楽の先生が3人いるんですが、新しいことをやるときは、だいたい8割はいままでよく耳にしたもので、2割あるいは1割くらいが新しいと、そう聞こえるもんだと教えてもらいました。新しいからといって、やりすぎないほうがいいということです。そういう意味で『うらごろし』は2割どころではなく、3～4割までやっちゃってましたから。

オカルトを題材にした『翔べ！必殺うらごろし』。中村敦夫が“先生”として荒野を駆ける、翔ぶ！

――3人の音楽の先生とは、どなたですか？

比呂　すぎやまこういちさんは、亡くなられるまで自分の師匠でした。音楽家としての生き方や仕事の仕方をふくめて、いろいろ教えていただきました。それから音楽理論をみっちり5年間かけて教えてくださった山内正治先生、もう1人はN響の指揮などをやっていた小野崎孝輔先生です。「新しいことは2割」と言っていたのは、すぎやまこういち先生だったと思います。

――『うらごろし』は異色すぎて視聴率は低迷しましたが、あらためて作品として再評価が集まっています。当時の反響はいかがでしたか？

比呂　みんな忙しかったですからね。反響までは気にしていませんでした。もちろん正平ちゃん関係はよろこんでくださいましたが、まぁとにかくテレビやコマーシャルなど仕事が多いので、終わって飲みに行くとかそういうこともない。終わったら次の仕事をやらなきゃいけない。区切りなく、よく働いてましたね。そういえば『題名のない音楽会』があの劇伴を取り上げてくださって、オーケストラ用に編曲し直して豪華にやったこともあります。昭和時代劇音楽史みたいな企画で、最後が『うらごろし』のオーケストラバージョン（笑）。

ある意味で自分の集大成が『森の石松』の音楽

――植木等さんとよく映画を見に行ったという話が出ましたが、どんなジャンルが多かったのでしょうか？

比呂　親父は時代劇が好きだったですね。大映は意味ありげで、ちょっとインテリゲンチャな感じだから、よく見に行ったのは東映でした。あとは東宝の喜劇ですか。当時は娯楽が少ない時代ですから、相撲だって街頭で、電器屋さんの白黒テレビで、始まる前にみんな座ってじっとしていた時代です。音楽だと、親父が好きだったのはペリー・コモとか当時のジャズシンガーですね。歌が好きで、そういう歌ものをよく聞いてました。フランク・シナトラとか。

――音楽家を目指したきっかけは？

比呂　『禁じられた遊び』が小学校5年のときだったんですよ。それからクラシックギターを練習し始めて、中学校2年から作曲を始めて……だから大学を出るころにはもう1000曲以上ありましたね。日記のように曲を作ってました。それが普通のことだったんです。

高校は玉川学園で、そのまま大学の教育学部に行って英語か音楽の先生でもやろうかなと思っていたのが、これまた『ウエスト・サイド物語』（61年）ですよ。あれを見ちゃったんですね。それまでの甘ったるいハリウッドのミュージカル映画とは、まるで違う。テーマも重いし、それをああいうかたちで表現している。そうしたら、まずモダンダンスを習いに行かないといけない。ともかく〝やってみる〟というのが自分のスタイルなので、けっきょく気がついたら音楽の道に……すぎやまこういちさんのところにも大学時代から行っていました。だから、なるようになった感じですかね。

――ご自身の仕事で植木さんになにか言われたことはありますか？

比呂　『うらごろし』のときは覚えてないけど、こっちも親父のやってる仕事は見てませんでしたし、まぁお互いとにかく忙しかったですから。それからしばらくして、ある意味で自分の集大成がフジテレビでやった『森の石松』（92年）の音楽だったんです。親父にも見てほしいと思ってこちらから連絡して、そうしたら「あれでいいんだ」って言ってましたね。電話をくれて。

――『森の石松』は五代目の中村勘九郎さんが主演で、火野正平さんもメインキャスト。必殺シリーズと同じ松竹と京都映画の作品です。

比呂　これも星野さんの紹介で、もう目一杯スタジオがあふれんばかりのオーケストラ編成でやりました。作品そのものは静かな、ごく日常がベースになったものです。〝森の石松もついこの間まで生きてた人なんだ〟って扱いの演出ですから、人が生きているという感覚をとても大事にしようとしました。勘九郎さんはすばらしかったですね。打ち合わせに行ったとき「これ音楽いらないんじゃないですか?」と言ったくらい、もう完成されていました。

監督の井上昭さんはダラダラと長く打ち合わせをするのではなく、細かいことはこちらに任せてくれる方でした。その前にやった鶴橋康夫さんは映像を流したり止めたりして、「ここからここはこういう感じで」と細かく付き合ってくれるタイプで、監督もいろいろな方がいましたね。

——1996年からはNHK教育テレビの『ざわざわ森のがんこちゃん』の音楽を長く手がけています。

比呂　ずっとNHKで音楽監督をやっていますけど、やっぱり子供たちに伝えていきたい……オーケストラの楽器をフィーチャーして、いろんな楽器があるんだよってことを聞かせてあげたり、その都度、年度ごとにさまざまなテーマを設けています。『がんこちゃん』が27年目、50年くらい前からNHKではあらゆる番組をやりました。やっぱり音楽という分野で、なんらかの貢献をしたい。自分の人生で経験した「これはいいものだ」と思えるものを伝えていきたい気持ちがありますね。いまは音楽でも選択の余地がどんどん狭くなってますから、子供たちにいろんな音楽を聞かせてあげたいと思います。

比呂公一

［ひろ・こういち］

1948年東京都生まれ。本名・植木廣司。日本大学芸術学部卒業後、植木浩史として歌手デビューし、作曲家として活動。20代からレコードのプロデュースやCM音楽を数多く手がけ、『翔べ！必殺うらごろし』『五瓣の椿』『森の石松』などの音楽を担当。NHKの児童向け番組にも長年携わっており、『ざわざわ森のがんこちゃん』をはじめ音楽監督を務めている。株式会社モッシュ代表取締役。

現場スナップ集２

『必殺必中仕事屋稼業』第10話「売られて勝負」、緒形拳と林隆三

『新必殺仕置人』第8話「裏切無用」、バット状の棍棒を構える藤村富美男

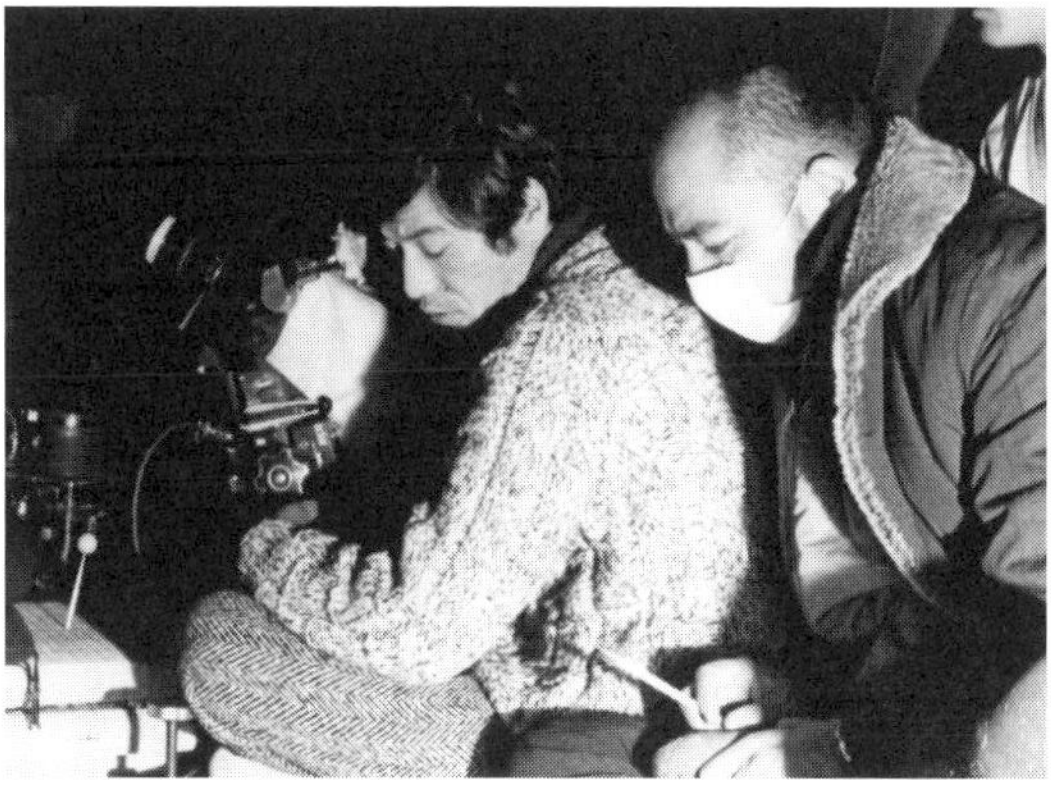
撮影の石原興と松本明監督

照明の中島利男と大熊邦也監督。『額田女王』撮影中のもの

撮影の藤原三郎と高坂光幸監督

京都映画座談会3

林利夫（照明）
＋
中路豊隆（録音）
＋
都築一興（演出部）

小さい撮影所、
人間同士のつながりは濃かった

照明助手、録音助手、助監督——それぞれの立場から作品を支え、一本立ちしたのが前作『必殺シリーズ秘史』に登場した林利夫、中路豊隆、都築一興の各氏だ。みなが下積み時代に駆け抜けた『必殺仕置人』の話題を中心に、まるで同窓会のような汲めども尽きぬトークは、場所を変えながら6時間に及んだ。

なんにも覚えてないよ（笑）

林　もう話すことないよ〜。おもしろい話、全部しちゃったもん。こないだの本で。
中路　なんでまた出すのん？　売れへんのとちゃう。
都築　まぁまぁ、そう言わんと。
——今回は再録もふくめて脚本家の方々のインタビューを掲載する予定です。あとは京都映画以外のスタッフのみなさんに取材したり。
林　それはええなぁ。保利（吉紀）さんも入るの？　タケちゃん（武田功）が撮影所の社長になったとき、石っさん（石原興）が音頭をとって保利さん、園井（弘一）さん、クロちゃん（黒田満重）、俺と中路、7人で集まったんや。よう考えたらみんな亡くなっててておらへん。「こんだけか……」という話で。
都築　あとは地獄へインタビューに行かなしゃあないな。天国に行ったって、だぁれもおらへんから。
林　『必殺』の助手やってるころなんか、B班立てて一興ちゃんと毎日小物ばっかり朝まで撮ってたもんなぁ。
都築　小物班は時間かかったから。竹串が首に刺さるアップとか。
林　かかるわな、あれ。そうやないと間に合わへんさかい、別班やった。
中路　夜食になったことあるな。
都築　小物で夜食。小物で徹夜もあったし。
林　みんなアナログの手づくりでやったから。しかし何百本も撮ってるさかい、なんにも覚えてないよ（笑）。
——1973年に始まった『必殺仕置人』が50周年を迎えました。まず『仕置人』で思い出すことはありますか？
林　沖（雅也）ちゃんが桶屋のやつか？　棺桶屋やったな。26本やったけど、あっという間に終わった記憶しかないわ。
都築　監督も『仕置人』の場合ほとんど亡くなられて全滅やんな。ご存命なのは大熊（邦也）さんだけ。
林　この前、中路と話してたんや。「大熊さん、どないしてんのかな」って。
中路　すぐ怒る人やったな（笑）。
都築　役者がNG出すと、スタッフに「あいつ、どついてきましょか？」って。
林　よう言うてた。俺らに言われてもなぁ。
中路　俺、ごっつ喧嘩したことあるわ、あの監督と。まだ助手のころ。吉永小百合さんの『女人平家』（71〜72年）で八瀬の奥の寂光院にロケ行ったんや。あそこでシンクロ（同時録音）してたら周りがうるさいからさ、俺に怒るわけよ、大熊さんが。だから「俺の商売は録るほうや！」って、えらい喧嘩したことある。
都築　それは製作部の仕事やからな。
林　「どこの事務所？」ってすぐ聞かはるやろ、役者に。ほんで「お前んとこの事務所、二度と使わへん！」って、よう言うたはったもんなぁ。
都築　それこそ喧嘩売って歩いてるような監督やったから（笑）。
林　あと大熊さんいうたら……（以下略）。
——えーっと、大熊邦也監督の思い出話だけで10分経過してしまったので、『仕置人』の話に戻しましょう。
中路　あのころ奉行所のロケが御所やったんや。けっこう車の音とかうるさいところでなぁ。行くたんびに奥に衝立を組んでたんや。

バックのガラス戸を隠すために。
林　ごっつい衝立を持っていってな。
都築　周りは全部現代劇の風景やから、そこだけ時代劇にして撮るのに、あのころは全部そうしてた。
——基本的には同時録音ですか？
中路　同録。だってそんなん、オンエアまで間がなかったもん。
都築　なかなかアフレコする時間はなかったと思う。だからシンクロでなるべく全部やらないとダメっていうか。
中路　だけど画は、よかったよな。あの門も横の塀もすごいし、御所でやってたいうのは、なかなかのもんや。あそこに藤田（まこと）さんが初っ端、外車で乗りつけたんは、よう覚えてる。
林　ずいぶんあとで聞いたらな、「初めてやし、ナメられたらかなんし」って言うてたわ。緊張してたんやね。
都築　われわれの藤田さんのイメージは『てなもんや三度笠』やったから、まず「まともにできるのかな？」っていうのがあったわね。
林　それしか知らんからな。だって最初の『必殺仕掛人』（72〜73年）の内容や画からしたら、ぜんぜん硬派な話やのに。藤田さんは喜劇調でずっとやってはったから……声色やったり、歌も上手いでしょう。
中路　声が裏返っても上手かった（笑）。主水が賄賂をもらうシーンなんかでも、あれは上手いで。嫌味がないからな。
林　後年すごく仲良くなって、しょっちゅう藤田さんとはゴルフに行ってたから、めし食いながら昔の話もちょこちょこしはった。なんでも食べてたし、また芝居でもおいしそうに食べはるしね。
都築　ネギだけあかんかった（笑）。「つたや」のうどんもネギ抜き。
中路　競馬もよう行ったたな。
林　あの人は人間的にすごいからね。もうあんな俳優さんはいない。でも俳優さん同士の付き合いは非常に少ない人やったね。
中路　スタッフを大事にしてくれた。
林　身内以外の役者でかわいがっていたのは三田村（邦彦）くんだけかな。
都築　ずっとあとやけど、わたしが監督したとき殺しのシーンで三田村くんを水の中に

林利夫

浸けて、その樽から飛び上がって殺すシーンを撮ったとき「お前、ええ加減にせえよ」って言われたのを覚えています（笑）。大事にせいっていうことやと思うけど。

「もっと気合い入れてやれ！」

――沖雅也さんは、どのような方でしたか？

中路　あの人はクールやったな。

林　独特やね。そんなに俺らとも馴染まへんかったから、最後まで。

都築　わが道をゆく感じ。現場でもマネージャーがいろいろガードしてたのかもわからない。

中路　だんだんそうなったよな。

林　いっぺんな、山﨑（努）さんにものすごく怒られていたのを見たことがある。演技のことなんか、態度のことなんか、わからんかったけど。山﨑さんが沖ちゃんにえらいガーッと怒ってたんを覚えてるわ。

中路　そうか。あんま怒らん人やったけどな、山﨑さん。

林　せやけど熱い人やで。めちゃくちゃ熱い。『必殺』で野球のチームを作ったとき、ほんまに大変やったんやから（笑）。大阪球場まで行って関テレ（関西テレビ）のチームと試合、藤田さんが監督で、山﨑さんも野球好きやんか。で、負けたんや。でも俺ら遊びでやってるからさ、どういうことあらへんやんか。山﨑さん、それが気に入らん。帰ってから反省会やるいうて、焼肉屋に行って「もっと気合い入れてやれ！」って、えらい剣幕や。

中路　本職ちゃうのに（笑）。

林　遊びで行ったつもりやのに。あのとき向こうで出てたんは、浪商出身で東映に行った尾崎行雄って超有名なピッチャーや。そんなんもう、えげつないボール放りよるから。

――『新必殺仕置人』（77年）のときの野球チームですね。林さんのポジションは？

林　サード守ってました。寅の会で、藤村（富美男）さんが出てたやろ。あの人ええ人やから、俺ら甲子園の試合に招待されたんや。俺と中やん（中島利男／照明）と石原さん、それで山﨑さんと（中村）嘉葎雄さんは巨人ファンや。藤村さんが用意してくれた阪神のOBが座る席、バックネットの一塁側に早めに行ったら王（貞治）と張本（勲）が練習で打っとった。

そしたら王さんが嘉葎雄さんのところに来はってな、お兄さんの（萬屋）錦之介さんと仲良かったんや。で、王さんが張本も呼ばはった。そうしたら山﨑さん、あんな人やのに野球に関してはもう子供みたい。直立不動で「山﨑です」（笑）。俺ら横で見とって、どんだけ笑ったか。ごっつ緊張して……芝居であんな緊張してるの見たことない。

中路　藤村さんはセリフほとんどなかったよな。

林　野球の選手やから。

中路　せやけど、あんまりNGもなかった。現場でも寡黙な人やった。「このセリフです」「はい」。

林　セリフは全部覚えてはった。でも、あんな優しい人とは思わへんかった。ようあんなんで野球の選手やってたなっていうくらい優しい人やった。

中路　あんな物干し竿のバット振り回してたのにな。

――『仕置人』の話に戻しますと、津坂匡章

（現・秋野太作）さん、野川由美子さんはいかがでしたか。
中路　津坂さんはめちゃめちゃ真面目な人やったな。あの真面目がええ感じになってるやろ。
都築　そのあとの（火野）正平さんとはぜんぜん違う。まるっきり反対。
林　俺はいつも言うてるんやけど、正平は天才や。芝居は天才やで。台本持ってるの見たことないのにセリフは全部覚えてる。「どこで覚えてんねん？」って（笑）。
中路　コレのとこなんかな。
林　NG出さへんし、アドリブもごっつ上手いしな。あいつ、言うてたわ。「ホン屋さんが書くセリフはやっぱり文章やから、しゃべり言葉と違うやんか。普段の会話と文章は別物」って。だからどうしてもしゃべりにくくなるんやな。そんなところは全部変える。
中路　だから会話になっとるんやな。
林　ちゃんと意味が通じてるし、それのほうがええねん。今日の新聞見たら全国ツアーするみたいやね。ハスキーでええ声してるし、歌も上手いから。
都築　正平さんが歌うのに「歌詞を考えてくれ」って言われたことあるな。
林　あぁ、一興ちゃんになんか頼んでたのは覚えてる。思い出したわ。
都築　書いたけど、全部不採用（笑）。
林　俺らにもよう言うてたわ。「台本やらよう読んでるし、なんかええ歌の文句を書けへんか？」って。そんなもん〝電気屋〟が書けるかいって（笑）。人が書いたホンを読むくらいはできるけど。
中路　野川さんは上手い。おきゃんの役やらしたら、ピカイチやった。
林　気が強うてな。あの人の旦那さん（山像信夫）がええ人でね、結婚したときによう言うてたもん、「あんた、ええ人と結婚したな。大事にしたりいや」って（笑）。普通は逆やけどな。関テレのディレクターで、ほんまにええ人や。なぜかというたら……食べ歩きの番組って知らんか？
――『日本列島走りある記』（72年）でしょうか？
林　それや。最近の街ブラのハシリなんよ。その長崎ロケを山像さんが担当してて、松竹

中路豊隆

のプロデューサーが櫻井（洋三）さんや。それで俺らの泊まる先がヘンな場所で櫻井さんが「なんやねん！」って激怒して、山像さんが街中を探してくれた。ええ人や。

都築　その番組やってないなぁ。

中路　俺はちょっとだけやってんな。

林　野川さんと〝おねむ〟は合わんかったな。おねむも変わってるやろ、人間が。どっちかいうたら。

——おねむ？

林　鮎川いずみや。ゲストの鮎川を「なんとかしてや」って野川さんが言うねん。えらい揉めて、どうしても意見が合わへんかったんちゃうか。

中路　芝居がちゃうねんな。野川さんはあんまり相手にしてへんかったけど。

都築　そうやんな。野川さんは演技派で、鮎川さんはちょっと違ったポジションやったから。あとで同じようなキャラをやることになったけど。

林　野川さんは京都の出身。小道具のやっさん（安田彰一）、あの人と同じ中学やったと思う。

中路　俺な、藤田さんが亡くなったとき、野川さんと一緒に仕事してたんや。亡くなったって聞いて、涙流しとったからね。それはよう覚えてる。

林　俺はセットで撮影してるときに知った。亡くなってすぐ、何時間も経ってへんと思う。呼び出しがあってさ、ほんだら毎日放送かなんかが「藤田まことさんについてコメントを」って、びっくりしたわ。いちばんお世話になった俳優さんやさかいな……。

美術なんて普通はおらへん、現場に

——『必殺仕置人』の第1話「いのちを売ってさらし首」は、松竹の貞永方久監督が担当しています。

都築　わたしは好きな監督やったな。とても熱いタイプで。必殺シリーズの作品としていちばん好きなのも、この『仕置人』の第1話ですから。

中路　うん、俺もこれがベストや。大滝秀治さんがワルでな、「今朝はしじみ売りの声で目が覚めた……」、あのセリフは忘れられへん。声がいいからね、大滝さん。俺らは助手やったから詳しいことはわからんけど、貞永組でセット一面に露天風呂を作ったことがあって、あれはすごかった。

——第2話「牢屋でのこす血のねがい」ですね。

林　技師になってからもやってるけど、俳優さんはちょっと気の毒やったな。貞永さん、ねちっこいしさ。いや、それはええんやで。監督はそんなあっさりして撮らんでええのやけど、俳優さんに対してもうちょっと思いやりがあったらさ。俺ら横で聞いてて、かわいそうになってくるもん。いやいや、出来上がりは、ほんまにええもん撮るんやで。

都築　（皆元）洋之助が京都映画で初めて助監督やったのが、貞永組の現代劇（『怪談・同棲殺人事件』『同棲殺人・おとし穴』）。下鴨じゃなくて、こっち（太秦）で撮ってたやつ。水谷豊さんと、あとは新藤恵美ちゃんとかが出てた。

林　新藤恵美は下鴨の現代劇で主役やってなかった？

都築　やってた。『魔女はホットなお年頃』

（70〜71年）。
林　あれの照明が松竹の隈本さん。染川（広義）さんの下についてはった人なんよ。で、『魔女』は自分で技師やってはった。で、俺は助手で行ってたんや。せやけど、めちゃめちゃ酒飲みで夜めしのとき酒飲むやんか。そのあとセット入ったら、酔うてフラフラ（笑）。もうなにもわからん。
中路　隈本朝一さんやな。
都築　いたなぁ。
林　だから俺らがやらんならんわけ。それで覚えてるんや、『魔女』は。
――ほかに『仕置人』で印象的だった監督はいますか？
都築　やっぱり三隅（研次）さんがいちばん厳しく、しっかり撮ってはった。工藤（栄一）さんはだんだん勢いが出てきて、最初はある程度、普通にやってた気がする。
林　だんだん勢いでな、ガーッと。俺らにも「ついてこい！」みたいな。でも工藤さんが最初に撮った検校の話（第7話「閉じたまなこに深い渕」）は、よう覚えているわ。あの悪役の俳優さん……。
中路　神田隆さんや。工藤さんは立ち回りも全部自分でつけとった。それで雨降らすんが好きやったなぁ。
林　牢屋の広場でも大立ち回り、夏の暑いときや。あの人は上半身、裸になって立ち回りやってたから。
都築　いつも竹光を腰に差して。
林　そうそう。オープン（セット）でも、いつもツルハシ持ってきて「ここに赤ちょうちん！」って自分で掘ってさぁ。「土方、土方」言うてたな。
中路　みんなでやらなしゃあない。
林　せやけど、古いシリーズを見るとセットでもええなぁ。庭なんかも、いま植木1本入れたら何万円やから、庭見ても植木あらへん。
都築　枯山水や。
林　え〜、また枯山水かいって思うわ。当時なんてセットに紅葉も植えてさ。石だって、わざわざこうやって持ってきて。
中路　灯籠かて字を彫ってたもんな。
都築　美術は川村（鬼世志）さんと倉橋（利韶）さんがやってはった。
林　覚えてるわ。三隅さんがすぐ呼ばはるねん。「キヨシさ〜ん！」って。美術なんて普通はおらへんやん、現場に。でも三隅組になったら、キヨシさんはいつもおらんとあかんねん。「ちょっとキヨシさん呼んで」言うて、みんなでセットを作り直すの。
中路　植木や石の配置までようやらされた。
都築　倉橋さんはパチンコが好きやったから、監督に「美術呼んでこい！」って言われたら、よう大映通り（商店街）のパチンコ屋まで走りましたわ。
林　三隅さんといえば、『仕掛人』の「地獄花」や。よう覚えてる。俺が『必殺』でいちばん好きな話や。あの塀のセットで撮った雪のシーンと（田村）高廣さんの表情が忘れられへん。

〝大映の松野宏軌〟、田中徳三

――早撮りの監督はいましたか？
中路　徳さん（田中徳三）は早かったよな。
林　早かった。あんまり夜はやらん。大映のええ監督や。
都築　撮りすぎたら怒ってた。編集に手間かけるのが嫌いやから。
林　それこそ〝大映の松野宏軌〟ちゃうか。ものすごい数をやってるから。
――松本明監督も早かったそうですが。
中路　そんな印象ないな。普通やなぁ。
都築　現場をすごく楽しんで撮ってたから、スタッフ自体も楽しく撮影してました。大熊さんとは対照的で（笑）。
林　でも大熊さんは悪いことないで。あの人は真面目なんや。余裕がないだけで。
都築　『必殺』は殺しとか、夜のシーンが多いから時間もかかる。夜間ロケが終わって、みんなで照明のコード巻きしたのは覚えてるな。エクランの俳優さんたちも時代劇の衣裳のまま手伝ってくれて。みんな早よ帰りたいから。
林　同じ京都映画でも歌舞伎座（テレビ）のほうが終わるのは早かった。そっちのスタッフに「もう終わったんか。早いな、お前んとこは！」って。
中路　「代わってやぁ」とかな。
林　「何組や?」「西山組や」「そら早いわ！3時に終わる」なんて。
――西山正輝監督は早撮りなんですね。
林　夕方になったら酒飲まなあかんのやから（笑）。昔の監督は酒飲みが多かった。あとは船床（定男）さんもめちゃくちゃ早かったよ。
都築　船床さんと、チーフの菊池（奣）さんが監督したときもなぁ。
林　師匠と一緒で早い。
都築　歌舞伎座の作品は、京都映画の佐々木（康之）さんがプロデューサー。カメラマンの哲っちゃん（藤井哲矢）の義理のお兄さんで、哲っちゃんと中路さんとは3人で旅行もしたなぁ。途中で車が故障しても、すぐ直してくれて。
林　哲っちゃんも中路も自動車屋さんの出身やからな。

蔵原組いうたら、大騒ぎや

――当時、林さんは照明部のチーフで中路さんは録音部のチーフ。助手同士で現場のせめぎ合いもあったそうですが。
都築　セットでも二重《にじゅう》からのいちばんええ

都築一興

ところにライトがいくし、マイクもええところからいきたいし。

中路　せやけどマイクが最後に決まるからな。ライティングが終わってからしか……せめぎ合いはあったけど、それほどでもない。

都築　よう喧嘩してたのを、わたしら下で見てましたよ（笑）。

中路　そんなんないで（笑）。俺とちゃうな。

都築　照明部と録音部が機材で殴り合いや。中山（利夫）がライトの脚を持って、中路さんが竿で……追いかけっこしてオープン中を走り回ってたよ。

中路　じゃれ合いやね。まぁ、喧嘩はようしてたな。

林　どうしても範囲が広いから。役者がセリフをしゃべったらついていかなあかん。それで「出た!」、マイクの影が画に出たって言うてな。

都築　よう長回しの撮影やってたんが、蔵原（惟繕）さん。

林　なんでもワンカットや。せやからライティングで3時間も4時間もかかる。

中路　蔵原組いうたら、大騒ぎや。

林　俺は『助け人走る』（73〜74年）から技師になって、最終回やったんや。助け人全員バレて逃げなあかん。オープンに通りが2つあるやんか。で、こっちの通りとあっちの通り、両方を大クレーンで移動や。もう屋根の上まで全部が映る。それをライティングせなあかん。あれは大変やった。京都映画中のライト全部使うて、もうあらへんのやから。俺ひとりでじゃ間に合わんから、中やんが来てくれて「こっちの通りはやるさかい、そっちの通りやりい」。で、大捕物から逃げて、行き着く先が流れ橋や。ほんまあれだけは忘れられへん。

中路　音も大変やったよ。役者があっち行ったりこっち行ったりするの、全部マイクを替えなあかん。だって4チャンネルしかないわけやから、サブを付けても。「このコードからこっちのコードへ挿し替えてくれ」って、全部順番になってるから長回しの撮影中にコードを挿し替えるの。

――蔵原惟繕監督と対照的に、松野宏軌監督はカット割りが細かいです。ときどき驚異的な長回しもやっていましたが。

林　松竹の監督さんは、わりに細かい。松野先生は「次のシーンはカットなんぼあるんですか？　先生、ちょっと見せて」「いや、これは目安で書いてあるだけや」って。それでパッと見たら、もうザーッと線が引いてある。「先生、こんなにですか?」「いや、目安やから」って（笑）。

都築　わたしらいちばんお世話になった監督やな。現場では石っさんに押されても、やっぱりあのカットの積み重ねは見事ですよ。最近のシリーズとは、ちょっと違いますもん。

林　松野先生は『必殺』に関しては、いちばんの功労者や。あの人がおらんかったら、確実にパンクしてるもん。

あの感性は、ほんまにすごいわ

――撮影の石原興さんと照明の中島利男さん、おふたりのコンビネーションによる光と影の映像は、実際どのようにして現場は進んでいたのでしょうか？

林　ぼくは助手やったから後ろで聞いてるだけやけど。中やんがああいうタイプで、どんどんライティングするやんか。石原さんもそこまで「こうしてくれ、ああしてくれ」とは言わへん。いっこ上やさかい遠慮するところもあったように思うけど、そのライティングを石原さんがパッと見て、ええほうを撮らはる。「こっちおもろないな」と思ったら、あっちをバックに撮る。それは見ててようわかんねん。「キャメラこっち持ってこい」ってなるから。

――いったんライティングをした上で、さらにアングルを切り取るわけですね。

林　そうそう。「こうしてくれ」とは、あんまり言わへん。

都築　自分なりにどんどん進めてた。2人で「次のカットどうしよう?」って話してるのは見たことがない。お互いに、いいとこ取りをしていった感じ。

林　切り取ることが多かった。そのままやらはったのはあるけれども、まぁ殺しとか特殊なシーンは必ず作らなあかんからね。

中路　黒紙使うてな、あっちこっちの光を細かく遮蔽するの。

林　固定するより、手で持ったほうが早い。いまはなんでもスタンドでくっつけるんやけど。

都築　わたしらもよう黒紙持ったわ。照明部さんの手が足らんときなんか。役者さんがカメラに近づいてくるカットは、それに合わせてライトと黒紙の距離も変えてね。なるべく当たってる光量を一定にするために。

中路　「もっと下ろせ、もっと下ろせ」って、石っさんはマイクがギリギリまで突っ込める場所も教えてくれた。柔軟なカメラマンやったなぁ。

林　照明部も助けられた。ライトの逃げ場を全部教えてくれたし。あの成島東一郎さんだって、ごっつ石原さんを気に入ってたからね。宮川一夫さんや森田富士郎さんも認めてたし、腹立つくらい天才ですよ。パンでもズームでも上手いしな。芝居に合わせて……だから芝居をよう知ってはんねん。

中路　あの感性は、ほんまにすごいわ。それと〝待ちポジ〟が嫌いなんやな。

――あ、俳優が画面にフレームインする前の空きが。そう言われてみると。

林　そうそう、ここに入ってきよるでという、あの〝待ち〟がな。段取りっぽいのが嫌いやねん。それよりは役者の動きをパンで追いかける。

都築　演出部にとっては監督以上に権限のある石っさんが壁でもあった。でも現場では、すごく融通を利かせてくれて。

林　普通のカメラマンはアングルを決めたら、「あそこをちょっと切ってくれたらええ明かりになるのにな」って思うても切りよらへん。そうすると、どうしてもライティングは悪くなる。ライトを画に映すわけにはいかへんから。「あと10センチずれてくれたら……ここからなら、ええ感じで顔に当たる」、そういうのが腐るほどあんのや。それを石原さんはわかるからさぁ。「そんなんお前、たった10センチで画がどう変わるねん」って。ライトの角度のほうが重要やろうって、ありがたかったな。

都築　殺しのシーンなんか照明が当たる範囲も狭いし、役者さんは慣れへんと大変やったろうね。

林　藤田さんによう言われたのは「トシやん、俺のライトはどれや!」って。動いてきて最後パッと立ったら、ビシッと当たる画を作ってあるから、ちゃんとそこに行かはんねん。やっぱり藤田さんは見事やったな。

「芝居とはなにか?」

——セリフを録りやすい俳優、録りにくい俳優はいましたか?

中路　森田健作は、ちょっと滑舌悪かった。あと難儀したんは、真行寺君枝くらいかな。新人やから声が出えへんのはわかってるんやけど、最初は大変やったよ。後半はそうでもないんやけど。

都築　まるっきり素人やったからな。

中路　市原(悦子)さんはやっぱり上手いし、声に艶があるし、セリフを聞いてて気持ちよかったなぁ。嘉律雄さんも、スーッと入ってくる。

都築　でも『必殺』の音はきれいに録れてるよね。

中路　二見(貞行)さんは、マイクを寄せて(ボリュームを)絞る技師やったな。とりあえずマイクを寄せる。なんでもええから寄せる。ノイズがうるさいときは下からマイクを向けて絞って録ってたけど、上手い人やった。だから隠しマイクとかいろいろやってたよ。いまみたいにワイヤレスで録るのとは違う。あとはバランスやな。声の大きさや角度、距離もあるし、だからバランスがすべて。

林　声質も違うやろうしな。ぼくらだって撮りにくい顔ってあるから。まぁ彫りの深い人は楽やった。平面的な顔の人は立体感を出してやらなあかんし、ベタ当てにできひん。ほいで鼻の影の流れ具合がものごく難しい。横から当てたら必ず影が出るやんか。その影も、気になる影と気にならない影があるわけ。とくに女優さんはちゃんと撮っとかなあかんと思うし、それで後日お礼を言われたりとか、そういうのもあるねん。お中元が届いたり。

中路　録音はないなぁ(笑)。

都築　助監督もないなぁ(笑)。

林　もちろんそんなことする必要はないけれどね。しかし俺は吉田日出子がゲストで出たときは、すごいなって思った。さらっとした芝居に味がある。なんとも言えん、あか抜けした芝居をする。あの人には感心したね。

中路　(古今亭)志ん朝さんも上手かったな。ほんまにラジオドラマを聞いてるような、立て板に水のしゃべりで。

林　俳優の上手い下手を(緒形)拳さんが言うてたな。「芝居とはなにか?」って俺に聞いてきて、「そんなん電気屋にわかるかい!」って答えたけど「芝居をせえへんのが芝居や」と。まぁ、その意味はわかるようでわからへんのやけど(笑)。

都築　芝居やとわかってしまうとなぁ。

中路　そうかて「芝居せえ」って言われるしな(笑)。難しいわ。

林　だからそれを考えると、スッと自然に入ってくる俳優さんは上手いなっていう気がするんや。芝居らしい芝居をガガってやられると……俺らは〝口がくさい〟ってよう言うてたもんな(笑)。くさい芝居されたら。

中路　いまは「くさい芝居せえ」って言われても、できへん人もいっぱいいるけど。

怒らへん人が怒ったら怖いで

中路　『助け人』の田村高廣さんは、阪妻さん（阪東妻三郎）の衣裳着てやってたな。
都築　お父さんの衣裳。
林　あれ松竹に残ってたんや。それを田村さんが着て、ほんまに後ろ姿はお父さんとおんなじやな。あの人はほんまに庶民的でええ人やった。
都築　キチッとした人やったし。
林　松山善三組の下鴨でやってた『遠い夏の日』（71～72年）で僻地の先生やってて、あれしか出てへんのや。テッパリがないから。で、撮影がないときも会社に来はんのや。「え、今日なんもないのに？」「いや、することないしな。レフ持っていくしな」って（笑）。そういう人なんや。
中路　昔の主役はずっとおったから。
林　そうそう。拳さんでもテッパリあらへん。ほんで草笛（光子）さんが元締のとき揉めて、あの人の舞台があってさ。俺ら朝の5時とか、あの人のテッパリのためにキツいスケジュールでやってたら、拳さんが「レギュラーで出てるのに！」って怒らはったんや。でも、それは草笛さんが悪いんじゃなくて、事務所のやり方やからな。

──『必殺必中仕事屋稼業』（75年）ですね。
林　俺と中路は拳さんの子分みたいなもんやったけど、林隆三もそうやった。
中路　いっつも夜行で一緒に帰ってたな。
林　そうそう。林は出番とっくに終わってんねん。でも、拳さんが「俺が終わるまで待っとけ」。それでデッキで歌を歌いながら帰るんや。
中路　フレンドリーやった。
林　高廣さんもおねむを今宮神社で怒ったことがあった。南座の舞台に出てんのや。ほんで朝早い出発。今宮で撮ってすぐ南座に送らなあかん。で、あいつ遅れて来よってん。一緒のシーンやから高廣さんはずっと待ってはる。
中路　怒らへん人やからな。怒らへん人が怒ったら怖いで。
林　「ぼくはええよ、役者やから。でもスタッフはこんな早くから準備して待ってるのに、遅れるとはなんちゅうことや。スタッフに謝れ！」って。
都築　高廣さんらしいな。鮎川さんも気さくな、ええ人やったけど。

林　役者で怒る人なんて、そんないいひん。山田（五十鈴）さんが1回だけ厳しく怒ったんが、ジュディ・オングや。セットで衣裳替えがあって、山田さんはめちゃくちゃ早い。出た思うたらもう戻ってくる。で、ジュディは30分近くかかったのかな。それでセットに入ってきて、山田さんが静かに言わはった。「衣裳替えも仕事のうち、早く着替える練習をしなさい」って。

〝悪徳プロデューサー〟の人徳

──松竹の櫻井洋三プロデューサーは、どのような方でしたか？
林　うるさくて怖かった（笑）。
都築　なんせ〝悪徳プロデューサー〟と呼ばれてた人やからなぁ。いろんな伝説がある。
中路　豪快なおっさんやった。
林　しかし、ぼくを技師にしてくれた人ですから。助手から技師になりたいと思っても、誰かが推薦してくれんとなれへん。ぼくの場合は櫻井さんが「お前、次やれ！」って。「いや、そんなん……」「心配せんでええ。責任は俺が取る！」って。ほんで、いざやったら100ほど怒られて（笑）。「どないなっとんねん。撮り直せ！」って。もうラッシュ見るのが怖かった。

中路　ほんま怖かったな。現場で確認なんかできひんのやから。

都築　それでラッシュを見る局のプロデューサーなんかでも悪いところしか見ないでしょう（笑）。

林　悪いとこだけ言うねん。

中路　アラを探しては「オンリーで録り足せ！」。それで東京行ったことあるもんな。ひと言だけのセリフを撮りに。

林　「あのカットどないなっとんねん！」とかさ。暗くて役者の顔が見えんって櫻井さんになんぼ怒られたか。

都築　ラッシュなんて早う終わってほしいんやけど、仲川（利久）さんが来るとコーヒー頼んだり、うどん頼んだり（笑）。スタッフはみんな早う帰りたいのに、なかなか始まらない。ようボヤいてたな。

中路　仲川さんは肉うどんやったな（笑）。肉うどんばっかり食って。

都築　明日の準備もあるのに……。

林　もともと櫻井さんは下鴨で松山善三さんの現代劇をやってて、そのスタッフが太秦にきてメインでやったんが『仕掛人』や。撮影と照明に関しては、旧松竹の人らはあんまり関係なかった。完全に櫻井さんの一派。

都築　〝街場の照明部〟みたいな言い方はされていたけど、いうたら主流じゃなくて傍系だったもんね。

林　やっぱり櫻井さんの力が強かった。あの人は松竹の社員やけどさ、「お前ら遊ばしてどうなんねん」って京都映画の連中によう言うてた。それで東京の作品を無理にこっち持ってきてくれて、俺らが東京にロケ行ったりして。それくらい迫力あった人なんや。親方日の丸で月給もろうてるようなプロデューサーもいてたのに。

中路　そういう人が多いよな。

林　与えられた仕事をするだけでもええのよ。でも櫻井さんは現場の人間が仕事のうて困ってるときも、ちゃんと作品を入れてくれた。『口紅と鏡』（71年）のとき、信州ロケで12月や。雪の深い、戸隠のほうに行ったんかな。俺らペーペーやし、着るもんないし、そんな寒いところ行っても困るわ。そしたら櫻井さんが「部屋来い！」。大丸の商品券な、4万円分くれてな、「お前、これでごっつい服買え」って、それは覚えてるねん。

都築　そういう男気はありましたね。わたしが結婚したときも「泊まれ！」って手配してくれたのが、松竹の借りてたホテルの部屋。で、次の日からは「これ持って信州行ってこい。金はいらんから」って、自分が持ってたリゾートホテルの会員証を預けてくれて、それで高級なホテルをぐるっと回って。超豪華な新婚旅行やった。

中路　俺も行ったな、近江舞子のホテル。

都築　そういう人やったから、なんぼ怒られても……まぁしょっちゅう怒られてましたけど（笑）。

林　俺は5回くらいクビになってるから。「お前もうやめぇ！」って。

中路　言われたことないな（笑）。

都築　わたしが田中徳三と喧嘩したときも「お前が悪い。謝っとけや！」って怒鳴られた。徳さんは理不尽なことで助監督のせいにしますから、もう挨拶せんかったこともある。それでまた櫻井さんに怒られる（笑）。

林　ロケで中山と（松永）彦一が喧嘩して、俺が止めてるのに櫻井さんから現場に電話が入って、「もうロケやめて帰ってこい！」って言われた。「お前、なにしてんねん。止めんと！」……止めてるのに、なんで俺がとばっちり受けなあかんのや（笑）。

都築　まぁ短気な人やったから。

林　ちょっと事務所が面倒くさい役者がいて、徳さんからその話を聞いた櫻井さんが「すぐ殺そう」、レギュラー降ろされたやつもおったもんなぁ。

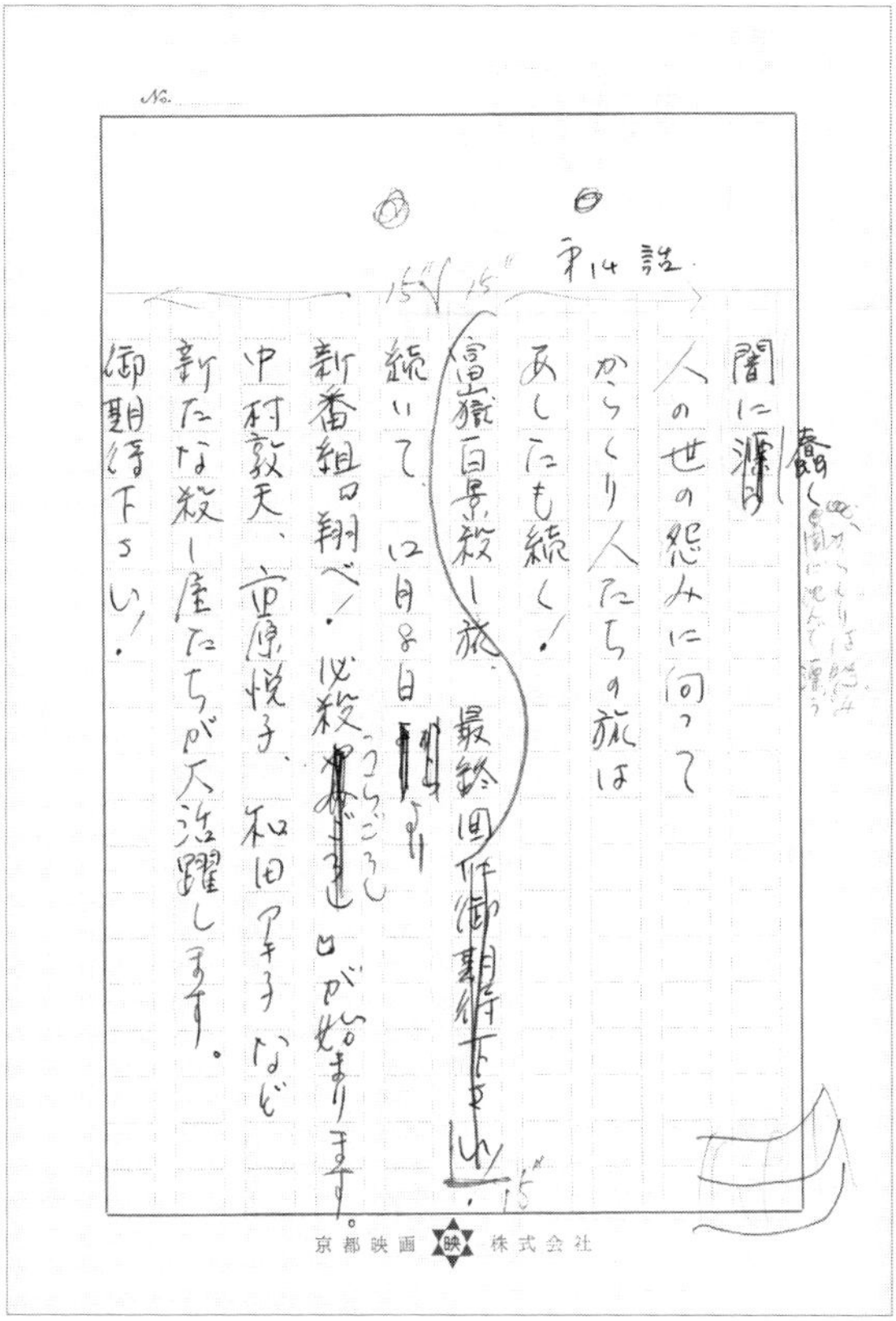
第14話
闇に濡れ
人の世の怨みに向って
からくり人たちの旅は
あしたも続く！
富嶽百景殺し旅　最終回は御期待下さい
続いて　12月8日より
新番組「翔べ！必殺うらごろし」が始まります。
中村敦夫、市原悦子、和田アキ子など
新たな殺し屋たちが大活躍します。
御期待下さい！
京都映画株式会社

都築氏直筆の次回予告原稿

助監督には助監督の事情がある

林　最初のころはアフレコの日があってな。そんで俺らは1日休みやねん。ものすごいよろこんでたんや。

中路　だいたい土曜日やな。現像所が土日は休みやから。ロケーションを月曜から水曜くらいまでやって、金曜日に全部フィルムをあげて、で、どうしても録れんとこは……夜間ロケなんてほとんど音は録れない。ライトのゼネの音がすごいから。ほんだら土曜、みんなは1日休みやけど俺らはアフレコや。

都築　照明部さんは撮影がないから休みで、録音部と助監督は仕事がある。

林　それから「放映に間に合わへんさかいシンクロにせい」いうことになってな。どうしてもってときは昼休みにアフレコしてたよな。だから「絶対このままズルズルになるで」って話してたら、案の定なぁ。それで採めて、月に何日か絶対に休む日を作ろうって。
中路　3ヶ月も保たへんかったな。
都築　わたしと洋之助が交渉して、月に2日の休日を決めた。でも2ヶ月くらいしか続かなかった。それで「ストライキや!」って宣言したけど、誰もついてこないで2人だけ怒られて終わりになった（笑）。
中路　ケツと新番組の間はどうしてもダブりよる。そのときが忙しいんや。
都築　人手が足らんときなんか、大映からもスタッフが来たり。
林　渡辺（貢）さんがカメラの回、やりましたわ。東映の「待ちますよ」の監督……倉田準二さん、それ1本だけやってる。渡辺さんはスタンダードな撮り方をする人やったけど、あの監督は厳しかった。
都築　倉田組は大変やった。
林　もうないけど、第1セットに米蔵を作ったんや。米俵をセットにいっぱい入れて、ほいで奥に三角の窓があるだけ。撮影が始まったら、こっちの通り、あっちの通りでいろんなことが起きるわけ。せやけど、どこを見たって一緒なんや。同じ積み方で、なんにも変わりがないねん。それでも「ここは何列目で」って変えはるねん。あれには参ったな。なんで同じ場所で全部撮らへんのやろうって、役者さえ変えたら撮れるんやから。
都築　倉田さんはカット割りも細かかった。手裏剣を構えて投げるまでで10数カット（笑）。いろんな監督がいて、助監督というのは作品の中身より現場をどうスムーズに進めるかが仕事でしたね。たとえば夕食の時間をどこに入れるか。夕食を1時間我慢してがんばったら今日は8時に終えるとか、技術部さんの顔色を見ながら。
林　それはあったな。
都築　林さんの立場だと、助手さんを早く帰したい。だから「ここでメシ入れます!」ってなると「なんでや、もうちょっとがんばったら早よ終わるやろ」って。
中路　役者の都合もあるしな。
都築　そのへんをまったくわかってくれない技術者もいたけど、林さんや中路さんには助けてもらいました。
林　それは裏があると思うわけや。俺らの知らんとこで助監督や製作部が大変な思いをして。「この役者を何時に出さんならん」とかさ。
中路　帰さなあかんのに、メシになったら困るやん。
林　そういう裏がいっぱいあるんや。助監督には助監督の。
中路　東映は製作部が強いけど、うちは技術パートが強い。
林　たとえばロケーションが朝の8時出発。で、石原さんが「なんで8時なんや?」って。「いや、こんだけ時間かかるし」「あかん、早よ撮るさかい9時にせえ」（笑）。
都築　石っさんはインタビューでも〝時短、時短〟って繰り返し言うてましたけど、ちゃんと早く撮る方法を考えて現場に持っていきますから。
林　それで一興ちゃんらが助かってるところもいっぱいあったわな。

無口だった森崎東と黒木和雄

――ピンポイントで照明技術についてうかがいます。『翔べ!必殺うらごろし』（78〜79年）

の太陽が昇るシーンは、大自然のセットを組んで大型のライトを使っていますが、どうやって動かしているのでしょうか?
都築　あのライトは10キロやったね。
林　スプリングがあるねん。いまはもうないけど、こんな太いバネがあるスプリング。あれを10キロのライトに引っかけて、グーッと引っぱって、ほんで離すと徐々に上がる。人力より、そのほうがスムーズに動くんや。
都築　スプリングの手前にナメものを置いて、草とか木をナメて隠したら太陽が昇ってくるように見える。
中路　『うらごろし』は（中村）敦夫さんが西山のロケで怪我したよな。
林　あそこは採石場やってん。敦夫さんが怪我して清水外科まで行って……あの人は芝居が上手いというより雰囲気がええよな。現場では飄々としてはるし、そんなに〝役者〟いう感じではない。
都築　スタッフともようしゃべってた。
林　競輪が好きで、子供の名前も競輪からとった人や（笑）。
中路　大丈夫かいって。ほんまにそんな名前つけてええのかいって、なぁ。
林　敦夫さん、「俺は役者やめたら予想屋になる」って言うてたわ。あれも人数制限があって、なかなか空かへんのや。引退せんことには次の人が入られへん。それに申し込んであるって教えてくれた。
都築　予想屋じゃなくて、政治家になりましたけどね。
林　和田アキ子は食べもんにうるさくて、なんぼ弁当を作っていったかわからへん。「つたや」の弁当がイヤやとか言うから、俺のおにぎり渡したら「そっちのほうがいい」とか言いだしてさ。毎日2人分ロケに持っていってた（笑）。
――『うらごろし』といえば森﨑東監督です。
林　あんなにぶっきらぼうで、しゃべらん監督おらへん。「どうなってるんだよ」ってくらい無口やった気がする。
都築　黒木和雄さんも無口やった。『からくり人』のシリーズを1本だけ、第1話を撮りましたね。
――『必殺からくり人　富嶽百景殺し旅』（78年）ですね。
林　「よーい、ハイ、スタート！」って2回声かける人やねん、黒木さん。ちょっと難しいような社会派のシャシン撮らはる人や。これは技師やりましたけど、やっぱり現場でも〝重い〟感じがするねん。あの話は小沢栄太郎さんが、ごっつい印象に残ってる。ボソボソっとセリフしゃべるだけで、なんともいえん味のあるええ芝居してたんや。
中路　吉田日出子と親子の役でな。「おとっつぁん、行くよ」って。
都築　ATGの『とべない沈黙』（66年）とか学生時代に見てたし、現場は楽しみにしてたんですが、ご自身としても満足のいく作品にならなかった。そのときの黒木さんの言葉でよく覚えてるのが、「日本には90から100のプロダクションがある」と。いろんな会社があるから、どこかで失敗しても次がある。「だから自分のやりたいことをやれ」という意味やと思うんだけど。わたしも京都映画を離れて大阪で仕事をするようになったから、印象に残りましたね。
中路　何本かしか撮ってへんような監督も多いもんな。

やっぱり人情があるよな

都築　このころは助監督が次回予告を作ってて、みんなで競い合ってた。高ちゃん（高坂光幸）のナレーションが評判よかったから、わたしも負けじと〝高坂節〟で原稿を書いてましたね。予告の作業は編集室に行って自分でNGフィルムを繋いでましたから、1コマ、2コマでの違いとか、いろいろ勉強になりました。自分の手で直に繋ぐという経験がよかったし。

中路　しかし、ほんま忙しかったわ。

都築　わたしら演出部は1年のうち10ヶ月仕事があったら「年が越せるな」という感じ。現場がないときは製作次長の小島（清文）さんが「オープンの掃除するか?」。1ヶ月後に作品があるから、それまでってことで。

林　あったあった。池の水抜くさかい、掃除せえとかな（笑）。

都築　そういうので助かったこともいっぱいある。小島さんにはよう怒られましたけどね。ストライキのときも洋之助と2人並ばされて。オープンのゴミを集めて燃やしてたら、部長の高谷（邦男）さんがポケットから1万円くれたこともあった。

中路　やっぱり人情があるよな。

林　小さい撮影所やから、人間同士のつながりみたいのは濃かった。しかし一興ちゃん、こない昔の忘れてることを、しゃべってるとどんどん思い出すな。あんたが大学生のアルバイトで京都映画に来てたころも……（以下略）。

都築　林さん、よう覚えてるなぁ。誰よりもしゃべってるわ。

中路　止まらへん。

――というわけで、松竹撮影所での取材から楽しい夕食まで、あっという間に6時間が経ってしまいました。ぜひ『うらごろし』以降の作品についても、お話をうかがえる機会があればと思います。

林　もう話すことないよ～!

林利夫［はやし・としお］

1943年京都府生まれ。高校卒業後、フリーの照明助手を経て京都映画に入社し、74年に『助け人走る』で技師デビュー。70年代後半から照明技師としての活動を本格化し、必殺シリーズをはじめ『鬼平犯科帳』『剣客商売』などに参加。『必殺仕事人2007』以降のシリーズも担当している。

中路豊隆［なかじ・とよたか］

1949年京都府生まれ。高校卒業後、70年に京都映画に入社し、録音助手を経て79年に『必殺仕事人』で技師デビュー。必殺シリーズをはじめ『鬼平犯科帳』『剣客商売』『京都殺人案内』などに参加。『必殺仕事2007』以降のシリーズも担当している。映画は『鬼平犯科帳』『最後の忠臣蔵』ほか。

都築一興［つづき・いっこう］

1948年愛媛県生まれ。立命館大学在学中から京都映画の助監督を務め、79年に『必殺仕事人』で監督デビュー。『必殺仕舞人』『必殺仕事人Ⅲ』などを演出。91年に東通企画と専属契約を結び、2時間ドラマや情報番組、紀行番組の演出を数多く手がける。

R-4

さて、最終章のロール4には、
必殺シリーズで何度もレギュラーを務めた3名のキャストがお待ちかね。
そして『必殺仕掛人』から『新必殺仕置人』までを手がけた
監督による別アングルの回想が27人の「異聞」をしめくくる。

俳優　中尾ミエ
俳優　中村敦夫
俳優　火野正平
監督　大熊邦也

俳優

中尾ミエ

とにかくみんなで遊んでたっていうか「必殺遊び人」よ

『必殺必中仕事屋稼業』でお春を演じた中尾ミエは、その後も『必殺仕業人』のお歌、『新必殺仕置人』のおていと、それぞれ立ち位置の異なるキャラクターをバイタリティたっぷりに演じてきた。いまも歌手として、俳優として活躍する氏が振り返る、必殺シリーズの日々。同世代のスタッフとの意外な交遊録も！

京都映画は敷地内に雀荘があった

中尾　『必殺』といえばね、もう本当に楽しい仕事でしたね。それからもずっとわたしはこの世界にいますけど、あんなにスタッフ全員が一丸となって作る番組ってほかにない。ストーリーをちょっと手直ししようとかっていうと、スタッフが集まってきて、みんなでディスカッションするの。あと、わたしの出番がなくて少し空き時間があると、たとえば石原（興）さんがスタッフに「お前、いなくていいからミエちゃんの麻雀の相手してこい」って。

――中尾さんも麻雀お好きなんですね。

中尾　そうなんですよ。京都映画は敷地内に雀荘があったから、いつ呼ばれてもいいように着物着てカツラかぶったまんまやってたんです。スタッフがディスカッションして撮影が止まってもね、どうせ京都に来てて家に帰れないんだから、何時になろうが関係ない感じ。そもそも仕事に行ってるという意識がなかった、本当にアットホームな雰囲気だったんです。東映なんかだと、やっぱり大御所がいたから新参者はちょっと気を遣ったかもしれないけど、松竹では本当に好き勝手やってましたね。

――まずはシリーズ第5弾『必殺必中仕事屋稼業』（75年）で緒形拳さん演じる半兵衛の女房お春を演じています。

中尾　あんなにかっこいい俳優さんはいませんよ。もうね、役をやってると、すごく愛おしくなっちゃうの。「あぁ、こんなにかっこいい人なのか……」って。共演した女優さんはみんな緒形さんに惚れてたみたいで、それはわかりますよ、ほんとに。本番が終わったら、ぜんぜん普通のおじさんなんですけど（笑）。演じてるときは本当になんか……なんだろう、愛おしいんですよ。僭越ですけど、かわいいというか。

――その愛おしい感じが、夫婦のシーンにも出ています。

中尾　現場では「なんかおもしろいことやろう」ってみんな言ってました。たとえばポーカーなんて江戸時代にはないと思うんだけど、なんでも「南蛮渡来!」って言えばOKだったの。監督は松本明さんだったと思いますが、とくにおもしろいことをやりたがる人でしたね。あの話は『必殺』なのに殺さない。仕置がない話というのは、やっぱり印象的でした。

――第20話「負けて勝負」、まさにポーカーで決着をつける話です。

中尾　自分がどんな芝居をしたとか、そういうのは再放送を見てもぜんぜん覚えてないんだけど、松本さんの現場は記憶にありますね。あと覚えているのは工藤栄一さん。すごくパワフルな監督だった。桃井かおりさんがブレイクする前だと思うんだけどゲストで出てて(第3話「いかさま大勝負」)、あの人すっごいチェーンスモーカーで、ずーっとタバコを吸ってるの。そのころからふてぶてしいというか、個性的な感じだった。工藤さんは桃井さんのことよく知ってたんじゃないかな。好きにさせてたような気がします。

でも、いま見るとやっぱり若いね、わたしも。またもう1回やってみたいなと思いますよ。まぁこの歳じゃちょっと遅すぎたかな。たぶん朝日放送の山内(久司)さんが、この役にわたしを選んでくれたんだと思うんですよ。ご本人からじゃないですけど、そういう話をチラッと聞いた気がします。

――そうだったのですね。

中尾　緒形さんもカツラつけないで地毛だし、ほんと時代劇っぽくない時代劇のハシリですよね。そうそう、現場では緒形さんとも麻雀やったりしましたけど、腕前はどうだったのかな? あんまり強くなかったと思う。

――麻雀が強かったのは、どなたですか?

中尾　いや、スタッフの人はもう強いですよ。わたしなんかいいカモだったもん。絶対に負けてた。相手は製作部さんとか、あとは現場から抜けても大丈夫な照明の助手さんとか。スタッフは百戦錬磨だから、下手したらイカサマできるんじゃないかっていうくらい強い。もう赤子の手をひねるようなもので、「はいはい、相手するよ〜。お小遣い、お小遣い」って。

――ギャンブルの話は、いろんな関係者から出てきますね。

中尾　とにかくみんなで遊んでたっていうか、遊び人なのよ。「必殺遊び人」よ。毎週放送だからスケジュールに追われてるんだけど、たとえば競馬があったら……京都だと天皇賞かな？　そういう大きなレースがあると、もう放送ギリギリでもバス仕立ててみんなで競馬場に行っちゃうんです。

『仕業人』のときは、みんな「歌いたい」って

――続いて『必殺仕業人』（76年）では、大道芸人のお歌を演じています。

中尾　月琴を弾いてたのよね。月琴ってあのとき初めて知ったんです。あれは貧乏な役で……ちゃんとした着物じゃなくて肌襦袢だったの。肌襦袢の上になんか羽織って、で、最後のシーンが水の中で死ぬというもの。ナイターで川の水も冷たいし、もうすっごい寒かった。しかも死んだままじっとしてないといけないでしょう。あれだけは覚えてますね。リハーサルもあるし、何カットもあるし、つらかったなぁ。

――最終回の「あんたこの結果をどう思う」ですね。中村敦夫さん演じる赤井剣之介とともに無残な死を遂げてしまいました。お尋ね者の夫婦同然という役でしたが、中村さんとの共演はいかがでしたか？

中尾　脚本が弟さん（中村勝行）でしたね。敦夫さんはあんまり欲のない人というか、そこまで役者が好きでもなかったんじゃないかな。そんな雰囲気の方でした。緒形さんは自分でどんどん意見を出すけど、敦夫さんは「早く終わればいいや」みたいな感じだったんじゃないかと思います。

――ほかに『仕業人』の思い出はありますか？

中尾　これ言っていいかなぁ……。渡辺篤史さんが出てたでしょ。スタッフもみんな仲良しだし、ほとんど同世代だったんで、篤史さんたち4人くらいで飲みに行って、最後わたしのホテルの部屋でまた飲み直し。そうしたらなんかの弾みで喧嘩が始まっちゃって。篤史さんとスタッフで。で、ふっと見たら鼻血を出してる人がいて、部屋が血だらけなのよ。「いや〜、これはマズい」と思って、みんなを帰して、血を拭いてきれいにするのが大変だった。

――渡辺篤史さん、捨三という役の上では温厚なイメージですけど。

中尾　血の気が多いのよ。部屋をきれいにするのに明け方までかかったんじゃないかな。それと『仕業人』のときは、みんな「歌いたい」って言って。ベラミというキャバレーに出たことがあります。わたしはキャバレーって仕事の場所だったから「みんなやりたいって言うんだけど」ってベラミと話をつけて、それでショーを1日やったんです。（藤田）まことさんまで出てくれて。

――なんと、ベラミの「必殺仕業人ショー」は中尾さんがきっかけ！

中尾　そうなの。まことさんも歌ったし、大出俊さんも歌ったし、みんな歌った。わたしは本職だからいつでもOKなんだけど、敦夫さんなんか「俺、譜面があるから」って持ってきたのがペラっと1枚のメロ譜だけなの。「これじゃあダメなんだよ。バンド用にちゃんと譜面を作らないと」って、まるっきり素人でおもしろかったなぁ。

――中村主水役の藤田まことさんは、渡辺プロの先輩ですね。

中尾　まことさんは真面目な人ですからね。あんまり遊んだりはしない人でした。それより火野正平がねぇ……。とにかくいつもお金がなくて、人にたかるのよ。それで「俺、ヒモの素質があるんだ」って。「じゃあ草笛（光子）さんのとこ行ってかわいがってもらえば？」って言った覚えがある。撮影所の近所にみんなが行く家庭料理屋があって、リーズナブルなところなんだけど、そこのツケもためちゃって。ひどいのよ、あいつ。ほんと好き勝手して。

――さすがですね。イメージどおり。

3本のシリーズに出演した中尾ミエ、『必殺仕業人』では大道芸人のお歌として裏稼業に手を染める

中尾　でも、仲良しでしたよ。やっぱりいちばん年も近いし。わたしが普段着でいたりすると「あっ、そのパンツいいな。それくれ！」って。同じくらいのサイズでしたからね。

――あげたんですか？

中尾　うん、あげた。そしたらさ、あいつじゃなくて彼女が着てたの（笑）。「バカヤロー！　お前の彼女にやったんじゃないよ!!」って。

――いい話ですね。中尾さんと火野さんが共演した『新必殺仕置人』（77年）は藤田さん、山﨑努さん、中村嘉葎雄さんをふくめたレギュラー五人組のコンビネーションが抜群の人気作です。

中尾　もう、まことさんが慣れているからね。やっぱりみんな個性が強いし、黙ってても自分たちの個性を十分発揮して。細かいことは覚えてないけど、スリの役でしたね。みなさん真面目な人だから、ほかの人と仕事以外でなにかした思い出はないかな。正平とはしょっちゅうつるんでいたけど。

石原さんは現場でいろいろ教えてくれましたね

――必殺シリーズのスタッフでとくに思い出深い方はいますか？

中尾　いましたよ。あの録音の……みんな〝若〟って呼んでたけど。

――広瀬浩一さんですね。

中尾　あの人、わたしと同い年なの。若と、あとはカメラマンの藤原三郎も同じ。だからよく3人でつるんで飲みに行ったり、東京に来たらうちに遊びにきたりしてました。若はね、まだ若いのに現場でも偉そうでしたよ。しっかり自分の意見を言うしね。また若はめちゃくちゃ飲むんですよ。

――やくざに喧嘩を売ったという逸話があります。

中尾　あれよ！　さっきの篤史さんと喧嘩したのが若よ。どっちも血の気が多いから。でも、そういうふうに仕事終わってまで遊ぶっていうのはなかなかないからね。飲みに行くときは、わたしが松竹の櫻井（洋三）さんに「小遣いよこせ」って言って、無理やり出させて「おい、小遣いもらったから飲みに行こう！」。そうやって取れるところから取る。だから仕置みたいなもんですよ（笑）。

――まるでスリのおていですね。

中尾　そう、自分の懐は痛めずに回してた。わたしはほら、あんまり出番がないから、空き時間も多かったの。だから早く終わったら、よく遊びに行ってましたね。若かったから、寝なくても大丈夫だったし。でも、若も三郎も早くに亡くなっちゃったもんなぁ。

――藤原三郎さんはどのような方でしたか？

中尾　三郎は飲んでも大人しいタイプ。それこそ石原さんの二番手みたいな感じでやって、いい画を撮ってたんじゃないですか。石原さんは現場でいろいろ教えてくれましたね。「振り向くときに目だけだと顔がおかしくなるから、ちゃんと体ごと動かすんだ」とか、そういうカメラ映りをすごく気にしてくれたから、本当に安心していました。おかしいときは、ちゃんといつも言ってくれるし、安心して任せられるカメラマン。だって監督より偉かったんだから。現場で監督に対しても「それはおかしい」とか言う人でした。

ミスだって個性じゃん？

――歌手として芸能界デビューした中尾さんですが、歌と演技の違い、もしくは共通する部分はありますか？

中尾　最初のうちはね、ぜんぜん別ものだと思ってたんですけど。やってるうちに、歌手だからこそ普通の役者さんと違ってセリフをリズミカルにしゃべれるというのが特徴なのかなって思うようになりました。それで歌のほうでは、やっぱり芝居っていろいろ「間」とかあるじゃないですか。だから、ちゃんとリズムどおりに歌うんじゃなくて、ところどころ間をもって歌ってみたり……そのとき両方やっててよかったなとは思いましたね。

――それぞれが別ものではなく、相互作用がある。

中尾　と思うようになりました。それで普通の役者さんと違う演技ができればいいなと思うし。お芝居もやっぱり流れで、長回しで撮ったほうがシーンとしては迫力が出ますよ。細かく撮るというのは、なにかミスがないように撮っていくわけですから……ある意味ちょっと完璧すぎちゃう場合があるじゃないですか。歌でもそうなんだけど、最近とくに「あ、この音がズレたから録り直そう」って、もう細かいの。でもそれだと味がないんですね。ちょっとヘンな間があったりして、そこが味だから。完璧である必要はないと思うんです。最近はみんな完璧を求めすぎちゃう。ミスだって個性じゃん？

――『新仕置人』のアジトのシーンや『仕事屋』のお春と半兵衛のやり取りでもけっこう長回しが多いですよね。

中尾　そうなのよ。いまね、ふっと思ったんだけど、『必殺』はワンキャメで撮ってるわけじゃない。それで本番撮ったらOKなんだけど、最近のテレビって1回撮っておいて、また同じことをする。別の人のアップを撮ったりして、5人いたら5回やらなければいけないとか、「えー、そんなにやる必要あんの」って思うの。全部イチから通しでやったり。

もちろんみんなのアップが必要なんだろうけど、お芝居の鮮度や流れは違ってきますよ。やっぱり最初に撮ったテイクがいちばん勢いがありますから。『必殺』でも、そんなに何回も何回もやったという記憶はないですね。だってそんなに丁寧に撮るような作品じゃなかったから（笑）。

――現場で苦労したことなどは？

中尾　とくに絞られるような厳しい監督もいなかったな。わたしなんて彩りくらいなもので、ちょろっとしか出てないもん。あんまり注文はなかったですね。みんな自由にのびのびやってましたよ。

――そういうノリが画面からも伝わります。

中尾　言い方が悪いですけど、最近はどうしても寄せ集めが多いでしょう。そうじゃなくて京都映画の撮影所の人間という少数精鋭、そこのスタッフしかいないんだもん。だからみんなもう気心が知れてるんですよね。言いたいことも言うし、部署が違っても気になったことは言うし。本当にアットホームで、やっぱり『必殺』ならではの雰囲気ですよ。だから、まことさんも長い間やられたんじゃないかなって思いますよね。とにかく居心地がよかったし、どの作品も楽しかった。いまだにあんな楽しい現場はないですよ。

中尾ミエ ［なかお・みえ］

1946年福岡県生まれ。62年に「可愛いベイビー」で歌手デビューし、16歳にして一躍スターとなる。俳優としても数々の作品に出演し、必殺シリーズでは3作のレギュラーを務める。軽快な話術も人気で20代のころからトーク番組で活躍。情報番組『5時に夢中！』（TOKYO MX）の金曜コメンテーターとしてレギュラー出演中。2019年、2022年にはブロードウェイミュージカル『ピピン』に出演し、アクロバットなパフォーマンスで観客を魅了した。また、2019年には73歳で週刊誌のグラビアを飾るなど、70代にしてまだまだ挑戦を続けている。

俳優

中村敦夫

『紋次郎』が〝山岳ゲリラ〟だとすると『必殺』は〝都市ゲリラ〟みたいなものですね

フジテレビの『木枯し紋次郎』を倒すべく朝日放送が仕掛けた『必殺仕掛人』、ライバル番組の主人公を演じた中村敦夫は、やがて『必殺仕業人』『翔べ！必殺うらごろし』と2本の異色作に主演する。『おしどり右京捕物車』から山内久司プロデューサーとコンビを組んだ中村が明かす、アウトロー時代劇の革新性。

勧善懲悪の意味合いがひっくり返った。これは時代劇における革命なんです

中村　まず『必殺』を語る前に、当時の時代劇の全体的な状況というのがありましてね。簡単に説明すると、1972年に『木枯し紋次郎』が出てきて、大変なブームになりました。いままでにない種類の時代劇だということで。そして、その時間帯にABC（朝日放送）の山内久司さんがやっていた『お荷物小荷物』という現代劇を『木枯し紋次郎』が越してしまう。山内さんの立場としては『紋次郎』を倒すものをなんとか作らないといけない（笑）。それで72年の秋に『必殺仕掛人』が始まった。

この2つの番組の視聴率争い、作品の質の争いがかなり激しくあったわけですけど、どこがポイントかといえば、『紋次郎』も『必殺』もそれまでの時代劇にはない素材であり、物語だったんです。もともと時代劇というものは勧善懲悪が基本で善は天皇側とか徳川幕府とか、要するに体制側。でも紋次郎に至ってはまったく権力も後ろ盾もない、野良犬みたいな存在ですから。

――清水の次郎長のような侠客ではなく、一匹狼の渡世人です。

中村　自分の判断で動き回る、ある意味では自立した個人ですよね。それまでの時代劇はどこかの殿様や親分に仕えているわけで、株式会社に勤めている社員のようなものだったから（笑）。そして紋次郎が歩く舞台というのは、だいたい農村地帯か山岳地帯なんですよ。ですから〝山岳ゲリラ〟と言いますか、テロリストみたいなもんです。で、同じことをやったんじゃ二番煎じになるということで、山内さんが思いついたのが江戸の町に住む集団、要するに〝都市ゲリラ〟ですね。そいつらがチームを組んで体制側のワルに罰を加える……しかも金のために殺人を行う。こうした反体制の流れは、当時世界中で起きていたことですが、時代劇においても一般の庶民たちが自分の価値観にもとづいて行動し、勧善懲悪の意味合いが、ぜんぜん違っちゃったわけですね。ひっくり返った。これは

時代劇における革命なんですよ。だから大騒ぎになったんです。

もうひとつの大きな違いは、それまでの時代劇というのは様式主義だったんですね。歌舞伎の伝統から出てきたスタイルで、きれいな着物を着て、所作事をちゃんとやって、踊りのようなチャンバラをやる。それに対して新しい反体制的な時代劇というのは、思いもつかないようないろいろな道具を使ったり、とんでもなくリアルな感じで殺陣をやる。

――紋次郎は田んぼの中や山道を駆けていました。

中村　リアリズムなんですね。リアルなものがお客さんに受けて、それまでの時代劇が古くさくなっちゃった。こういう流れから勝（新太郎）さんの『座頭市』もテレビで復活しますし、アウトロー一色に塗り替えられたんです。その中でも『必殺』は手を変え品を変え、キャストを変えて、時代ごとの情勢に応じてニュアンスを変えて同じシステムでずっと続いていった。

――当時、『必殺仕掛人』の放映は見ていましたか？

中村　見てましたよ。緒形拳さんも個人的に知ってたし……しかし拳さんというのはライバル意識が強かったね。あるとき新幹線で乗り合わせて、「どういうふうにやってるのか？」といろんなことを聞かれましたよ。ぼくはそういうタイプじゃないから、ストレートに感情を出して「勝負しよう！」という拳さんの姿勢にはびっくりした。でも、あれくらいじゃないと俳優もスポーツ選手もダメなのかなって思わせるファイトがありましたね。

『仕掛人』という作品も、まず発想にド肝を抜かれたし、石原興さんのグラフィックな映像が魅力的でした。『紋次郎』というのは伝統的な大映の流れで、世界遺産になるような職人たちが一緒にやっていたわけですよ。撮影の対象となる大道具・小道具もすべてきちんと選んで磨き上げて、それを映す。しかし映画界が斜陽になって、そんなことをやってたらお金がかかってしょうがない。『必殺』の場合は「そんな予算はない。テレビなんだから」ということで割り切った。都合の悪いところは暗闇にして、焦点を合わせるところにだけ光を使う〝倹約の思想〟からあのグラフィックは生まれたんですね。不利な条件をプラスにする、それも映画的な話だなと思います。

山内さんはテレビ界が輩出した巨大なプロデューサーのひとり

——必殺シリーズの前に『おしどり右京捕物車』（74年）に主演しています。朝日放送と松竹の制作で、ハンディキャップを抱えた元与力の神谷右京が主人公です。

中村　その前からね、山内さんからのオファーはありましたが断っていたんです。『紋次郎』は作者の笹沢左保さんの「原作なしにどんどん続けていくのはダメだ」という意向がありまして、だったら花が満開になったところで終わろうじゃないかと（笑）、そういう終わり方をしたわけです。だからといってすぐには……『紋次郎』をやってる最中に大映が倒産して、それまでの技術的な伝統を受け継ぐ人々が集まって映像京都になるわけですけど、彼らスタッフがいろいろ悩んで考えているときに、ぼくだけさっさとライバルのほうに行くわけにもいかない。なんとなくバツが悪いし。あれに出たのは2年後くらい？

——『追跡』（73年）と『水滸伝』（73〜74年）のあとで、放映は『木枯し紋次郎』の終了からおよそ1年後ですね。

中村　そうでしたか。『おしどり右京』は身体に障害がある主人公ということで、妻が押す箱車に乗って戦う。しかも鞭を使う。すべてが普通じゃない。これも山内さんの発想ですが、この人は……テレビが始まって70年ほどですか、その歴史のなかでテレビ界が輩出した巨大なプロデューサーのひとりだと思いますよ。ちょっとケタが違う。プロデューサーというのは企画を立てて、俳優やスタッフを選んで、かたちにしていく。もっとも重要な役割で、やっぱりクリエイティブじゃないと成功できないポジションでしょう。それをぬけぬけと、すべてを手のひらの中に入れて作品づくりをした。

山内さんは博学な方で、ものすごい読書量だったし、それとジャーナリスティックなんです。いま大衆がなにを欲しているかを、一生懸命に感じ取ろうと勉強していた人でした。それと山内さんにはタブーがない。挑戦的なことをやると、往々にして叩かれるんですよ。それを恐れない、やっぱり勇気がありましたね。

足の不自由な主人公、この発想は『鬼警部アイアンサイド』というアメリカの番組から得たんだと思います。それを北町奉行所の与力に置き換えた。その役人は事故で身体が不自由になり、職を失う。差別され、社会から不利益を受ける。必殺シリーズに出てくる主人公も社会の底辺にうごめく半端ものたちです。権力も金もない、どこか危なっかしい存在……山内さんの視点は、常にそこにあったんじゃないですか。その人たちに光を当てて、視聴者の鬱憤をはらす。その痛快さを時代劇に求めた。逆を張ってるわけです。

――関西発の反骨精神を感じます。

中村　実際ね、当時はプロデューサーという名前がついていても、局から派遣された単なる番組の担当者というような人間も多かった。ただの〝係〟ですよ。要は外部の専門家、映画界の才能を利用して、体裁を整える。それが外注のテレビ映画の主流だったわけですから。

――『おしどり右京』の現場は松竹系の京都映画です。大映の流れを汲む映像京都との違いはありましたか？

中村　映像京都は非常に丁寧で本物志向、廊下を映すにしても黒光りするまでみんなで糠《ぬか》を使って光らせるわけ。だから時間がかかるんですけど、そういうことを平気でやる。スタッフもベテランです。いっぽう京都映画は各ポジションの技師を30代がやってるわけですから、新しい感覚でどんどん進めていく。ぼくはその両方を経験した。ですから、いろんなことがよくわかるんですよ。ライトひとつにしても、道具を持ってきて、こう当てるとどうなるって、俳優なのにわかっちゃった（笑）。

――『木枯し紋次郎』の第26話「獣道に涙を捨てた」では監督に挑戦。当時のテレビ時代劇としては異例です。

中村　基本的に現場は監督のものですし、俳優をやるときはあんまり口を出さないんですよ、ぼくは。でも監督をやるときは「作家」ですから、話は違います。

――監督を経験したことで、見える景色や視点は変わりましたか？

中村　それは変わりますよ。基本的に俳優は自分のことしか考えてない人が多いですから（笑）。自分がよく映ればいいということで、それは悪いことじゃないんだけど、監督は全体のバランスに気を遣います。

結果として松野さんはいい作品を撮ってるんですよ

――『おしどり右京』には三隅研次監督、工藤栄一監督、蔵原惟繕監督と当時の必殺シリーズのレギュラー陣が次々と参加しています。

中村　みなさん一流の映画監督ですから、ぼくが口を出す場面じゃない（笑）。三隅さんの場合は大映の古い歴史そのままの監督でしたから、演技にはうるさかったですね。奥さん役のジュディ（・オング）はバックボーンが違いますから、所作なんかも急に言われて大変だったんじゃないかなと思う。本当に涙を流しながら何度も何度もやってました。ああいうのを見てると、俳優あっての作品だなと思うところもありますよ。やり直すうちに、どんどんよくなっていきますから。

工藤さんは非常に大胆なカットを撮る監督でしたね。長い場面なのに、「えっ？」と思うくらい、ワンシーンワンカットで済ましちゃったりして。蔵原さんは比較的オーソドックスだったかな。ぼくの場合、映像の作り方は市川崑さんから学んでいるわけです。『紋次郎』では毎日市川さんと一緒にいて、こちらも世界クラスの監督ですから、無料でレッスンを受けているみたいなものでした（笑）。

——必殺シリーズ最多登板の松野宏軌監督も『おしどり右京』を手がけています。

中村　ハハハ。松野さんはね、それまでの監督とはまた違ったポジションでした。助監督が長かった人だから、スタッフも友達みたいに思っているわけ。カットをたくさん撮りたいんだけど「もういらん！」とか言われて、気の毒なところはありましたよ。そのくらいスタッフが威張ってました。でも結果として松野さんはいい作品を撮ってるんですよ。いろんなカットを丁寧に積み重ねる、そういう情熱がありました。

——殺陣師は『紋次郎』も担当した大映出身の美山晋八さん。必殺シリーズにも参加しています。

中村　ある意味で天才ですよね。天才殺陣師です。殺陣師としては『紋次郎』で一本立ちしたんですよ。大映の全盛時代は長谷川一夫さんの弟子で斬られ役の一番手。斬られ役も本当にみんなプロフェッショナルで、それで月給をもらっていた人ばっかりですから。で、その中でも一番手はなにが得かっていうと、最初に斬られるからすぐ家に帰れるんです（笑）。

『紋次郎』のとき、最初は美山さんもオーソドックスな立ち回りをやらせようとしたんだけど、ぼくはまったく素養がないわけ。ヒッピーと一緒にアメリカを回っていたような経歴ですから。それで頭を抱えたんでしょうね。そうしたら市川さんが「きれいにまとめなくていいから、ドキュメンタリーでやれ」って言ったんです。そうしたらピカッと電気が点いた。いままでの古い殺陣の常識を全部捨てて、とにかく紋次郎を走らせて、相手に追いかけさせて……チャンバラの途中で刀が落っこちてもそのまま続けて、相手のびっくりした顔をそのまま映したりね。ぼくも足自慢で走ることには自信があったから、それがリアルな立ち回りだと評判になったわけです。

——美山さんはどのようなタイプの殺陣師でしたか？

中村　大人しいどころの騒ぎじゃないですよ。起きてから寝るまでしゃべってるんだから。で、おもしろいんですよ、話が。女形のモノマネをしたりね。美山さんがいると現場に活気が出るし、撮影隊の先頭に立って動いているような人で、ぼくなんか親戚づきあいみたいになっちゃいました。

『右京』の場合は『紋次郎』と逆で、動きを封じ込めるということでしょう。それでも動かざるを得ない。すぐピンチになるし、自分で走るわけにはいかないからジュディが箱車を押すわけで、小さな体で大変だったと思います。あの作品は吉本隆明さんもファンだったそうですよ。2クール(全26話)やって、山内さんからは「もっと続けてほしい」と言われていたんですが、ぼくの主演・監督で映画を作る話があってお断りしたんです。

――「馬上の二人」という幻の企画ですね。自伝の『俳優人生　振り返る日々』に顛末が載っていますが、なんと大物詐欺師に騙されたという……。

中村　そうなんだ。これは小さいときからの夢で、もともと西部劇の俳優になりたかったんです。西部劇というのは刀ではなく銃……だから明治維新の函館戦争を舞台にして、馬に乗った洋装の西部劇風時代劇を企画した。映像京都のスタッフとロケハンまでやったのに、ひどい目に遭いましたよ。

勝行は本当をいうと漫画家になりたかった

――『おしどり右京』の後番組『斬り抜ける』(74~75年)では、第18話「死地突入」にゲスト出演しています。棺桶を引きずって歩く竜という渡世人役で、紋次郎を彷彿させるキャラクターです。

中村　あれは家喜(俊彦)さんが監督ですよね。『右京』の助監督をやっていた人だから、プレゼントみたいな気持ちで出たんじゃないかな。ご祝儀出演です。家喜さんは大人しい、真面目な人でした。そこまで思い出はないけど、あの棺桶を引きずっていく画はおもしろかった。単発のゲストって当時あんまりやってなかったし、まぁ紋次郎のパロディというかシャレですよ。

――弟の中村勝行さんが『必殺必中仕事屋稼業』（75年）で脚本家デビューし、その後も必殺シリーズで活躍します。

中村　勝行は本当をいうと漫画家になりたかったんです。とても上手かったし、知り合いの出版社に頼んだんだけど、あんまり積極的には取り合ってもらえなかった。それから製作会社でプロデューサーの助手というか原稿運びみたいな仕事をやってたんですが、あるドラマで作家さんが手詰まりになって原稿が間に合わず、代理で書いたら評判がよかったそうなんです。「脚本家になりたいのか？」って聞いたら「なりたい」と言うので山内さんに紹介して、サンプルの一発目が即ＯＫで採用されたんです。それまで自分が忙しくて弟の面倒まで見れなかったから、せめてそのくらいはね。あとはほったらかしで、東映からも話がきて脚本家としてやっていきました。

――デビュー作は「飛び入りで勝負」、ミステリ的な趣向の野心作でした。そして勝行さん脚本の『必殺仕置屋稼業』第20話「一筆啓上手練が見えた」（75年）では、ふたたび紋次郎を思わせる渡世人・疾風の竜を演じています。

中村　またご祝儀出演（笑）。とくに思い出はないよ。

たぶん最後にぼくが「髪の毛で」って言ったんだと思うんです

――シリーズ第7弾『必殺仕業人』（76年）に主演。赤井剣之介という役は究極のアウトローのような侍くずれの殺し屋でした。

中村　大道芸人みたいな役でしたね。これも難しいんですよ。お尋ね者の設定なのに人前で大道芸をやるというのはすごく変な話でしょう。それで困っちゃって、理屈に合わないから顔を真っ白けに塗って……あれは〝パンク〟なんです。当時パンクロックが流行していた時期だったから。

――『仕業人』はシリーズ中とくに殺伐とした世界観です。

中村　ハードボイルドですよね。山内さんがそういう世界観を試したかったのかな。どちらかと言えばテレビ向きではない美意識の、ある意味で高級な話ですから。残酷でシビアで、剣之介の最後もかなり悲劇的でテレビとしては珍しいでしょう。それまでのシリーズとは一味違う、非常に不思議なムードがありました。あんまり作品としてドラマチックな思い出はないですけどね。

――剣之介とともに生きる芸人のお歌役は中尾ミエさん。

中村　やっぱり歌手というのは、すごく演技勘があるんですよ。ジュディもそうでしたが、中尾ミエは勘がよくて。ぼくは芝居だけの専門だけど、違和感がないようにぴっちりセリフでも調子に乗せてくれました。そういう能力が高いですね。まぁ高い人だけが残るんだとは思うんだけど、とくに中尾ミエは達者でした。

――中村主水役の藤田まことさんはいかがでしたか?

中村　いろいろな俳優さんとやりましたけど、珍しいタイプでしたね、藤田さんは。普段も本番でも飄々としてるんです。一生懸命に演技をやってるとは思えないような、ぶらっと来て、ぶらっと演じるみたいな（笑）。それで非常に奇妙なリアリティがあって、平凡な人物に見えながらガラッと一瞬にして変わる。一緒にいても相手にストレスやプレッシャーを感じさせない人でした。大出（俊）さんは、どっちかっていうと〝お役者さん〟的な、役者道を守ろうというタイプの人。同じ新劇出身だからやりやすかったですよ。

――自伝『俳優人生』によると、相手の髪の毛で絞殺するという剣之介の殺し技は中村さんが提案したそうですね。

中村　宿屋にプロデューサーや脚本家と一緒に集まって何度か打ち合わせしました。で、たぶん最後にぼくが「髪の毛で」って言ったんだと思うんですよ。なんとなく美学的にね、おもしろいんじゃないかと。浮世絵みたいで。

――あっ、ざんばら髪のイメージでしょうか。

中村　でも実際にやるとなったら大変でした（笑）。ちょんまげの結び目を切って、瞬間的に首に巻きつけていくわけでしょう。普通に撮ってもできないわけですよ。すぐ嘘がバレちゃってね。だからカットを割って、上手にごまかして、ビャーっていつの間にか首に巻かれている。アクションとしてかっこよく見せないといけないわけで、なかなか難しかったですね。

――『仕業人』の第1話「あんたこの世をどう思う」は工藤栄一監督です。

中村　工藤監督は外見からして大変なキャラでしょう。覚えてるのは撮影初日、オープンセットに出てきてね、風景がつまらなかったのか消防のホースを持ってきて、ブワーって水を出した。オープンをびしょ濡れにして、水たまりを作って……そういうイメージ作りですよね。普通の乾いた地面ではつまらない。びしょびしょに濡らして、なにか起こりそうな雰囲気にする。それを自分でホースを持ってやってるわけですから。下駄履きかなんかで（笑）。そのときの風景が焼き付いてますね。

――脚本は中村勝行さんが7本と最多執筆、そのうち6本を大熊邦也監督が担当しています。なにか兄弟で話し合ったことなどはありますか？

中村　いやもう年に1回電話するかしないかくらいで疎遠なんですよ。あんまり兄弟しみじみという間柄ではなかった。大熊さんとは親しい友達というか、撮影所で年中会っていたからね（笑）。どっちかといえば現場がスムーズに運ぶように気を遣っているタイプ、そこまで厳しい注文出したりはしない監督でした。

とにかくＡＢＣと松竹のグループっていうのは、あんまりサラリーマン的じゃないんですよ。プロデューサーもみんなどこか型破りなところがあって、とにかく仕事を楽しむ。私生活も楽しむ。ごちゃまぜなんです。よくわからないレギュラーが出てきたり、「この人たち、遊んでんじゃないかな？」というね、そういう雰囲気で物事が進んでいました。仲川（利久）さんも撮影所まで遊びに来ているようなイメージ。もう櫻井（洋三）さんなんて遊びが

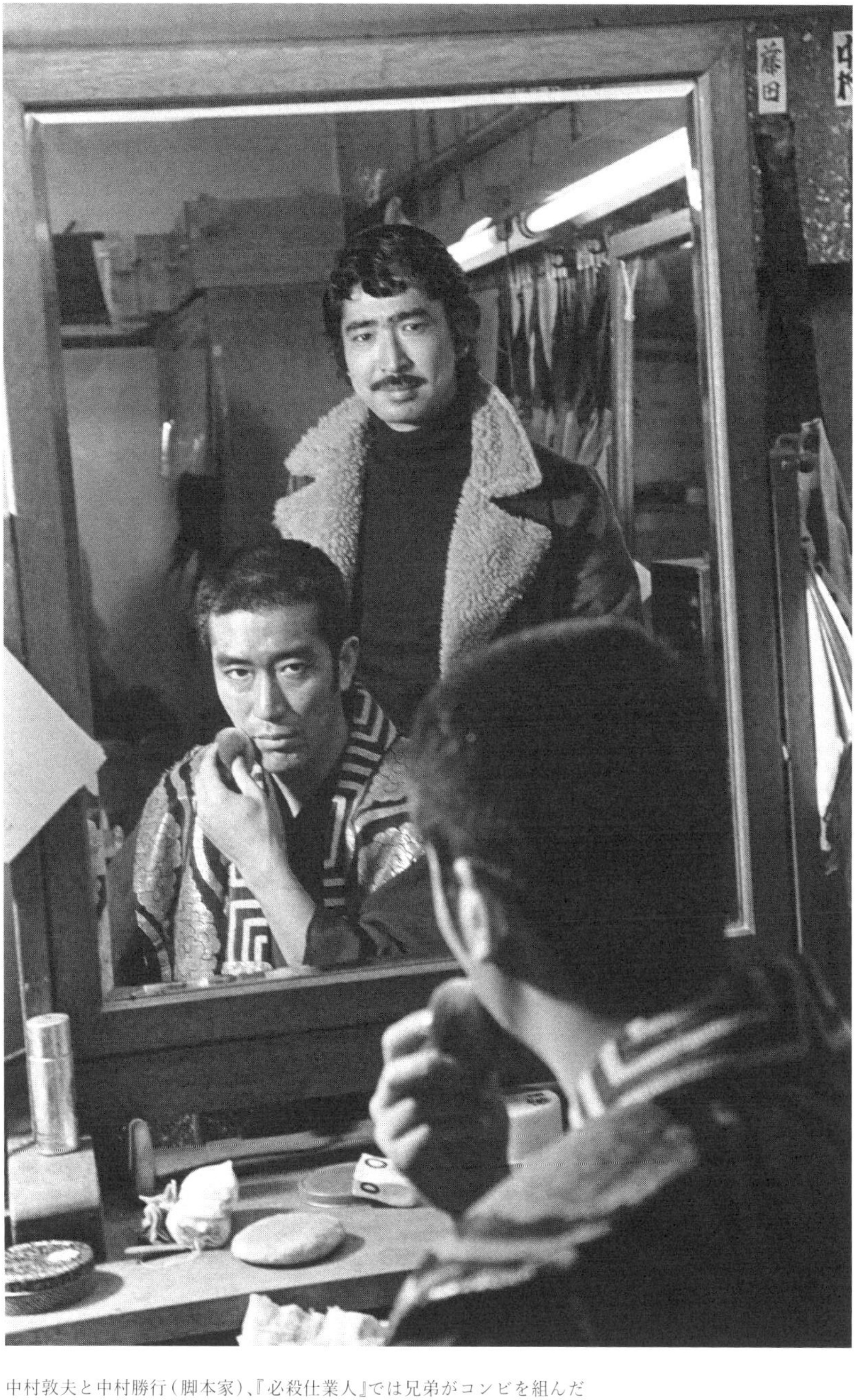

中村敦夫と中村勝行（脚本家）、『必殺仕業人』では兄弟がコンビを組んだ

8割の人で、相手を楽しくさせる名人ですからね。

——ベラミという京都のクラブで「必殺仕業人ショー」が行われたそうですが、覚えていますか？

中村　あぁ、なんかあったね、そういうこと（笑）。どこから舞い込んだ話なんだろう。たしか演技はなくて、歌だけだったと思う。藤田さんは歌が上手いんですよ。で、中尾ミエも上手いでしょう……上手いっていうか歌手だから（笑）。で、ぼくは歌がダメなんです。まぁ酔狂なことをやるのは好きですが、ひとりだけステージで恥をかいたんじゃないかな。

業界では「困ったときの中村敦夫」と言われてました

——『必殺仕業人』の翌年、1977年には『新木枯し紋次郎』が東京12チャンネル（現・テレビ東京）で始まります。予算が少なく、主役みずから監督作を3日で撮ったという早撮りの逸話があります。

中村　あれは大きな事情がありまして、12チャンネルが全国ネットワーク化するという動きがあったんですよ。そうなると地方の局が集まって、目玉番組を作らなきゃならない。「とりあえず『紋次郎』をやっておけば間違いない」という話で、ぼくとしては義理の作品なんです。そう言われちゃ断りにくい。局の主導ではなく電通のテレビ行政から生まれた作品で、でも12チャンネルだから予算はフジの半分くらいしかないわけ。

撮影に時間がかかると予算もかかるわけですから「どこに時間が取られるんだろう？」って考えたら、ロケ地から次のロケ地に移動する時間……それが2時間、3時間とか、けっこう長いんです。その間に何シーンも撮れるわけですよ。それならばと、同じ場所でも東西南北に振り返ると景色が別々に見えるようなロケ地を選んで3日間で撮りました。別に手抜きじゃなくて、テレビの場合はそれで成立してしまうことがわかったものですから。でも、ほかの監督が困っちゃった。そんなに早く撮られちゃたまらないわけ。4日という早撮りのベテラン監督、森一生さんの記録を抜いちゃった(笑)。

――前シリーズの初監督作「獣道に涙を捨てた」で凝って予算を使いすぎ、市川崑監督の撮る予定だった回を1話分なくした方とは思えない職人ぶりです。

中村　ハハハ。12チャンネルの『紋次郎』を撮ったときは、京都映画から藤原三郎を呼んだんだ。『必殺』の現場をやって、石原さんを継ぐカメラマンとしての能力も知ってましたし、一緒に競輪に行った遊び仲間ですよ。

――とくにロケ地を手際よくまとめた回が、第7話の「四度渡った泪橋」。脚本の「白鳥浩一」は競輪選手の白鳥伸雄と中野浩一を組み合わせた中村さんのペンネームですよね。

中村　そうです。自分で書きました。最初は電通のプロデューサーが脚本づくりや配役をやってたんですが、なにか問題が起きたのかホンが来なくなって、その人とも連絡が取れなくなっちゃって……「どうするんだ」って現場からは責められるし、しょうがないから自分でホンを書いた。書いた順に紙を渡したり、ほかの脚本家のホンを直したりもしましたね。そのあと小説を書くようになりましたが、なにより脚本は難なくこなせてスピードも早いので、業界では「困ったときの中村敦夫」と言われてました(笑)。

――その後、サントリーミステリー大賞をドラマ化した『どたん場で第3の男』(88年)や中村勝行さんの時代小説大賞受賞作『蘭と狗』が原作の『大追跡!』(97年)など朝日放送の大型企画のシナリオも手がけています。

中村　山内さんに頼まれて脚本を書いたのは、全部「なんとか大賞」ばっかりなんです。6本くらいやってて、だいたい2時間から3時間の長い作品……「なんでぼくに頼むんですか?」と聞いたら「みんな短いコント風なものに慣れちゃって長いものを書く人がいないんだ」って言うんですよ。小さい骨格に慣れちゃうと、大きな構えができない。そういうことらしいですけど。

――『本多の狐　徳川家康の秘宝』（92年）では脚本・監督を兼任し、撮影の石原興さんをはじめとする必殺シリーズのスタッフと組んでいます。

中村　もう京都映画のスタッフとは慣れているので、「ここを押せばこういう音が出る」とか、そんなもんですよ。ただ当時は報道キャスターをやっていて忙しかったから、A班とB班に分かれてサブのシーンは津島（勝）さんという若い監督に撮ってもらいました。ぜいたくな大作でしたね。

オカルトやフェミニズムというのはリアリズムとは別物

――シリーズ第14弾『翔べ！必殺うらごろし』（78〜79年）は超常現象をモチーフにした旅もので、主人公の〝先生〟を演じています。

中村　やっぱり世の中がどんどん混乱していってね、勧善懲悪といった価値観が上手く機能せず、世界が混乱していく状況がその当時から見え始めてきたんですよ。世界中でオカルト的なものが散見されるようなことが起きてきた。「ちょっとおかしなことになってくるかもな」と思ってましたけど、やっぱり山内さんも勘づいてたんじゃないですかね。体制側や反体制側という明確な構図が見えなくなってきて、いろんなことが起きても事実は明らかにされないし、権力のほうで握り潰してしまう。そうすると「どうやってその事実を見抜くんだ」という話になる。そして神秘主義やオカルトといったものに目が向く。それが悪い方向に進めば、オウム真理教みたいなものが出てくる……山内さんはそういうところまで予見していたんじゃないかな。

――先生、おばさん、若と放浪する主人公たちに名前すらなく、前代未聞のアウトサイダーな時代劇です。

中村　『うらごろし』には女性の殺し屋が2人出てきますよね。これは必殺シリーズで初めてのことだと思います。

だから〝ウーマンパワー〟というか、当時のフェミニズムの流れを読み取っていたんじゃないかと思います。

――なるほど。たしかに「翔べ！」というタイトルも「翔んでる女」という、自立した女性を意味する当時の流行語を思わせるキーワードです。

中村　とくに市原（悦子）さんはこの役にノッてましたね。同じ俳優座出身の先輩ですが、それまでにない役柄で、やってみたかったんじゃないですか。女性のすごさ、あの鋭利な暴力性と言いますかね。すごかったですよ。和田アキ子は不思議な役をもらって戸惑っていたみたいだけど（笑）。

――正十役の火野正平さんはいかがでしたか？

中村　遊び人同士ですよ。お互い博打好きだし、よく一緒に行きました。競輪の張り方は場合によりますね。やっぱりレースによって性格が違うんです。冒険して大穴を狙えるときと、もうどうしようもないほど堅いレースがありますし。だけど基本的には「賭け金を何十倍にしよう」というのがモチベーションですから（笑）、投資信託みたいなつもりでやったんじゃつまらない。

――松竹重喜劇の森﨑東監督が、第1話「仏像の眼から血の涙が出た」と第2話「突如奥方と芸者の人格が入れ替った」を演出しています。

中村　力のある監督だと思います。でも、リアリズムの人だからこの作品には向かなかったんじゃないかな。だから第1話で作品の構図がよく見えない。オカルトやフェミニズムというのはリアリズムとは別物ですから、かなりぶっ飛んだ発想の映像じゃないと無理なんじゃないかなとは感じていました。森﨑さんの持つ泥くさい現実感……撮影の合間に、それこそ泥を持ってきてぼくの足袋を汚してくれるわけですけど、そういう番組じゃない（笑）。そこをリアルにしたってしょうがないんじゃないかなって思っていました。

――その後は松野宏軌監督、原田雄一監督、高坂光幸監督と当時の必殺レギュラー陣が大半を手がけています。

中村　もうちょっと作品の意味づけが明確だったらよかったと思いますが、おどろおどろしいところばっかりが出ちゃった。企画倒れと言いますか……。なにを証拠に恨みをはらすのか？　受け取ったメッセージが本物なのか偽物なのか？　そこのところが作品としてクリアじゃないんですよね。魅力的な題材なんですけど、こなすのは大変ですよ。やっぱり〝なぜ見えるのか？〟という……あれは事実が見えるわけでしょう？

――先生が手を合わせて太陽が昇ると、無残な死を遂げた被害者の恨みやそこに至るまでの状況をテレパシーのようにキャッチします。

中村　そこに一工夫ないとね、話が単純になっちゃう。だって困ったら、手を合わせて見ればいいんだから（笑）。そのあたりが解決しないまま進んじゃった気がするな。でもね、なにかに挑戦すれば空振りもあるんです。そういう行動からしか新しいものは生まれないし、やれば失敗もありますよ。失敗だって美しい。それに失敗が非常に豊かな栄養になりますから。

――原点回帰の次作『必殺仕事人』（79～81年）が高視聴率を記録し、ある種のパターン化を伴いながら必殺シリーズは人気番組として定着していきます。その後も出演オファーはあったのでしょうか？

中村　なかったと思います。ぼくは80年代に入ると政治のほうに行って、俳優の仕事をあんまりしてませんしね。マンネリを打破するというのが、当時のモチベーションになっていましたから。『うらごろし』だって山内さんのトライする精神の賜物だし、そういう勇気がなにかを生んでいくんでしょうね。やはり山内久司というプロデューサーは最高の才能の持ち主ですよ。

中村敦夫
［なかむら・あつお］

1940年東京生まれ。俳優、作家、元参議院議員。東京外語大学中退後、劇団俳優座に入団したのち71年に脱退、72年に『木枯し紋次郎』の主人公を演じて一大ブームを起こす。その後もテレビや映画で活躍し、83年に『チェンマイの首』で作家デビュー、多くの著書を発表する。情報番組『地球発22時』『中村敦夫のザ・サンデー』ではキャスターを務め、98年には参議院選挙に無所属で初当選し、さきがけの代表に就任する。2004年に政界を引退し、近年は朗読劇『線量計が鳴る』の全国公演ほか多岐にわたるジャンルで活動中。

俳優

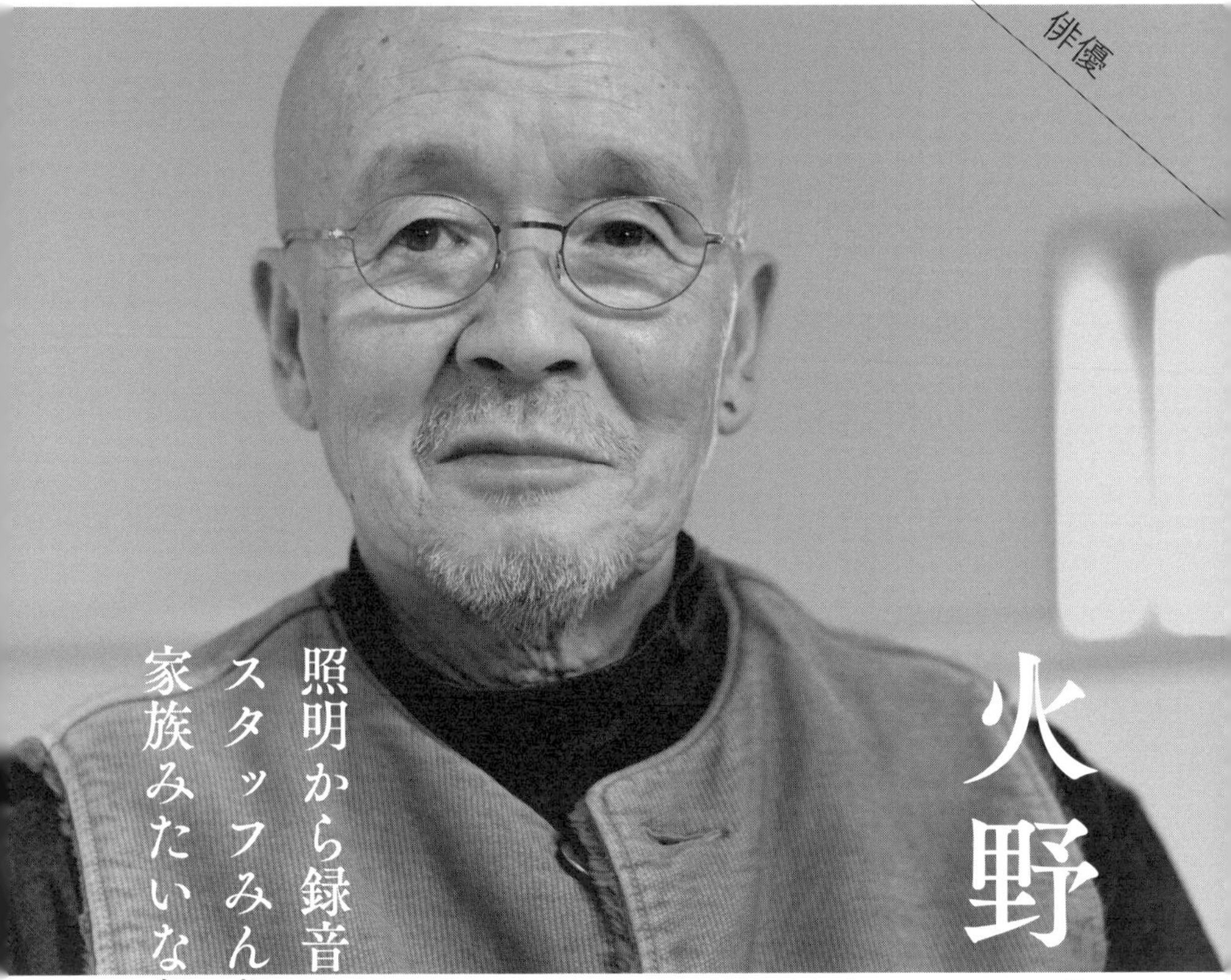

火野正平

照明から録音から撮影から
スタッフみんな
家族みたいなもんだからさ

『新必殺仕置人』『必殺商売人』の正八、『翔べ！必殺うらごろし』の正十——火野正平は縦横無尽の情報屋として必殺シリーズを駆けめぐってきた。その走る姿と自由な演技は天下一品。子役からキャリアをスタートした火野がノンストップで語る時代劇への思い。かんのんホテルや麻雀の㊙エピソードまで！

「そりで海まで行きたいねん」

火野　あそこの撮影所はガキのころから、まだ京都映画が下鴨にあった時分に子役として出入りしてたから、自分ちみたいなもんだよな。だからスタッフも下っ端のころからよく知ってる。石っさん（石原興）とか、あのへんの人たちが助手の時代だよ。死んじゃったやつもいっぱいいるしなぁ。

俺がやった役、最初は正八だったのね。その次が正九さんになって、それから正十さんになって「お前、これ次は正十一かい？」って（笑）。そうしたらクビになったけど、だんだん増えていった。いい加減なもんだよ。

――正八、正十と火野正平さん本人を思わせるキャラクターを3作にわたって演じてきました。まずは必殺シリーズの現場はいかがでしたか？

火野　楽しかったよ。照明から録音から撮影から、スタッフみんな家族みたいなもんだからさ、現場はすごく気軽だった。だってダービーとかになると、セットから人がいなくなるんだもん（笑）。全員テレビの前に行ってさ、代表して誰かが馬券を買いに行くから俺も買わなきゃしょうがない。「ちょっと、ちゃんと真面目に撮影しようや！」なんて言っても、誰もいないんだもん、セットに。そんな時代だったよ。

――藤田まことさん、山﨑努さん、中村嘉葎雄さん、中尾ミエさん、火野さんの五人組による『新必殺仕置人』（77年）は、とくに人気の高い作品です。

火野　じっさい好き放題だったよな。山﨑さんにある回でさぁ、「俺が質問したことに対して、膨満感とか緊張感とかいろんな〝感〟を並べてくれへん？」って言ったら、ものの見事にワーッとアドリブで並べてくれた。俺がそれを聞いて、こうやって（両手を挙げるジェスチャー）去っていっちゃうっていうね、そんな芝居も平気でやってくれたしさ。

――第17話「代役無用」にそんなシーンがありました。

火野　現場でも「ここは凝ったことして、その遅れは別のシーンで取り戻したらええやん」みたいに、みんなが集中してやってたな。俺が女の子と恋人同士になって、そりに乗ってバーって行くの、あれも「そりで海まで行きたいねん」って言ったら、斜面に杭を打って、滑車を付けて、こっちからスタッフ全員で引っ張ったりとか。けっこう時間かかったりして、家内制手工業だからできたんやけどな。

みんな仲良くて野球のチームもあったし、大阪球場まで試合しに行ったりしたもんな。最近もパチンコになって、「必殺シリーズいっぱいあるのに、なんでこれ？」って。だから、ファンにとっても印象的な作品だったんだろうな。でも、まぁメンバーがなぁ……汚らしいおっさんばっかやもん（笑）。汚らしいのが似合うおっさんしかおらん。

――当時「火野正平を更生させる会」というのがあったそうですね。

火野　あっちが更生せな！　山﨑さんにしてもそうだし、とくに嘉葎雄さんは酒ぐせが悪い悪い。ちょっと飲みに行くってなったら、もう途中で誰かと揉めてるしさ。おっさんらが更生せいやって（笑）。現場でもツッパってたし、俺と違ってホンにもうるさかったもんね、あの人たち。

正八って役は「この番組を楽しくできたらええな」と思っとったから、そんな役回りとしておちゃらけた。で、みんながおちゃらけてたら、ちょっと悲しくなろうかなとか、そういう考えでやってた覚えがあるね。芝居というのはその場限りのもんだから、そんなに細かいことまで覚えてないけど。

――中村主水役の藤田まことさんはいかがでしたか？

火野　俺はあの人が〝テレビの申し子一着〟だと思ってる。『てなもんや三度笠』と『必殺』、刑事ものもやってるよな。映画ではなくテレビの申し子で、次が古谷一行さんかな。本当にテレビという媒体でちゃんと生きてきた人だと思う。本格的な共演は『必殺』からだと思うけど、もっと若いころ藤田さんの家に麻雀しに行ったりしてるんだよね。豊中の家に呼んでもらったこともあるから、なんかのつながりはあったんだと思う。
やっぱり藤田さんが大変だったと思うな。藤田さんと嘉葎雄さん、藤田さんと山﨑さん、主役だからそれぞれを受け止める芝居の部分でさ。別に人に説教するわけでもないし、俺の芝居に関しては「好きにやれや」だったよ。いくらでも変えたるから好きにやれやって、みんな俺を受け止めてくれた。

「あぁ、こんな工夫してんやな、こいつら。ないアタマ使って」

――先ほど話題に出た「代役無用」は正八メインで、桜木健一さん演じる幼馴染の友吉と再会して始まる友情哀話です。高坂光幸監督の担当回で、火野さんは「想い出は風の中」という劇中歌まで披露しています。

火野　京都映画でずっと助監督やってた高坂さんが監督になって「新しい音楽を使いたいけど、高いねんなぁ」って話で、ほんなら作ったらええやんかって、俺が知ってるギタリストに頼んだ。いやプロじゃなくて、ただの飲み屋の友達。そいつを撮影所に呼んで、俺が適当な歌詞を書いて、酒飲みながら録音した。それがデビュー曲で、もう1曲やって、それからレコーディングなんてことになってレコードまで出した。その歌がさ、いまパチンコに使われてるんだから（笑）。これがねぇ、ええ小遣いになったんですよ。「あんれまぁ」っていう。『罪の声』（20年）って映画で一緒だった星野源さんに「正平さん、歌は自分で作らなきゃダメですよ」って言われたことがあって、「あ、これか!」。そういう意味かと実感したね。何十年も前に作った、わけのわからない曲がさぁ……。

――ゲストの桜木健一さんとは、子役時代からのお付き合いですよね。

火野　ケン坊はね、星野事務所の先輩で、あいつが宮土尚治って本名でやってたころからの付き合い。『柔道一直線』や『刑事くん』で主役やってて、「若、若」って呼ばれて、センチュリーに乗って、それがだんだんゲストに回って……。俺がいろんなスキャンダルあっても事務所をクビにならなかったのは、ケン坊と仲がよかったからなんだ。社長とケン坊がツーカーだったんで……だから偉かったんだよ、あいつ。ケン坊がいなかったら『必殺』にも出てないかもしれない。ほんと危ない橋ばっかり渡ってきたからなぁ。

――「代役無用」「夢想無用」「愛情無用」の正八三部作は、すべて高坂監督とのコンビです。

火野　優しい人でなんでもやらせてくれるし、いい監督だったよ。とにかくスタッフに「こいつを一丁前にしてやろう」という気概があったんだと思う。工藤（栄一）さんとか、けっこう並み居る監督が来てたもんな。あるとき、京都映画の駐車場に昼間から水を撒いて……もうあっちこっちもホースを出して、水をジャーって撒いてビシャビシャにしてた。「なにすんの?」って思ったら、夜間に向こう側から20キロのライトをボーンって当てて、カメラはこっちから俯瞰でシルエットのままワンシーンやったりして。「あぁ、こんな工夫してんやな、こいつら。ないアタマ使って」って感心したな（笑）。

――正八は仕置を担当しない情報屋の役どころですが、「代役無用」では殺し屋3人に追いかけ回されて暴れる激しいアクションシーンがあります。

火野　お侍じゃないからね。だいたい立ち回りってあんまり好きじゃないのよ。

――相手の懐に突っ込んでいく間合いが見事です。そういう動きは若かりしころの経験が役に立ったのでしょうか?

火野　ご存じ?　やんちゃなときのこと（笑）。殺陣師もそういうことで作ってたんだと思う。立ち回りってさ、みんな道場に行って真面目に練習して、「え〜?」って感じだったけどな。そんなに殺せるかいなっていう、長七郎とか桃太郎侍とかさ、ラスタチで何人殺してんねん。みんな生活があって子供もいるだろうに、ただワルの子分だったっていうだけでさ……。

――その点、必殺シリーズは基本的に一人一殺です。

『新必殺仕置人』の正八三部作「代役無用」「夢想無用」「愛情無用」で劇中歌を披露した火野正平

火野　俺、たぶん誰も殺さなかったんじゃない？

――じつは1話だけありました。「夢想無用」で津田京子さん演じる恋人が殺されてしまい、その仇を討っています。そりのエピソードもこの回です。

火野　あったんだ。でも1回か。やっぱり似合わないもんな、俺。

全員いるシーンで目立ってもしょうがない

――高坂監督にインタビューした際、火野さんのことを「あいつ嘘つきなんですよ」と仰っていました。台本のセリフも全部アタマに入れているのに読んでないふりをしたり、いい加減そうに見えてぜんぜんそうじゃないと。

火野　どついたろか、あいつ（笑）。まぁ流れはね、偉いホン書き屋さんが作ってくれるけど、細かいセリフは現場で広げたほうがおもしろいよね。それぞれのアドリブで「あ、こんな返しがきた」「じゃあ、こう言ってやろう」とか、そういうのがまた楽しかったんだ。ただ、邪魔しちゃいけないからな、あの人たちの芝居を。全員いるシーンで目立ってもしょうがない。おもろくしゃべるのは、山﨑さんと2人だけのシーンにしようとかさ、そんなふうには思ってたな。

――正八とのやりとりが多いのが、中尾ミエさん演じるおていです。

火野　中尾さんは飲み屋に行っても歌ってくれて、和田アキ子は「死んでも歌わへん！」って（笑）。タイプが違うねんな。よく行ってた飲み屋にスチールギターを弾いてくれる店があって、中尾さんは平気で「可愛いベイビー」を歌ってくれたからね。アッコは麻雀しか付き合いない。

――『新仕置人』の中盤からは星野事務所のマネージャーの真木勝宏さんが「マキ」として屋根の上の男というレギュ

ラーを演じています。あれも現場の勢いから生まれたそうですが。

火野　完全に悪ノリだね。あいつも小遣いほしかったから、なんでもやるって言ってたよ（笑）。最終回で「こいつどう処分しよう?」ってなって、大名の御落胤にせいって、それまでのシーンと関係なく長屋に駕籠の行列がやってきて「殿、そろそろお帰りを」「うむ」って（笑）。そんなええかげんなことを、みんなで考えたんだから。あいつは信用金庫上がりなんだ。毎日人の金数えてんのイヤんなって、それでマネージャーになったとか言ってたな。いろいろ迷惑かけたけど、俺の秘密は守ってくれたし世話になったよ。

――悪ノリといえば、正八がサングラスをかけて出たこともありました。

火野　ジュリー（沢田研二）の「勝手にしやがれ」を口ずさんだりね、いまは絶対あかんやろ。なんでもありだったのは関西の番組ということも大きかったのかもしれない。

――朝日放送の仲川利久プロデューサーとは子役時代からのお付き合いですね。公私ともに交流があったそうですが。

火野　あの人が俺のことを引っ張ってくれたんだよ。おそらく『必殺』もそうだと思う。現場は俺を置いとくと便利なんだ。緩衝材みたいになるから（笑）。だから3シリーズも出たんじゃないかな。おっかないような優しいような人だったね、利久さんは。あだ名は「仲川29」っていうんだ。麻雀でね、アガリの点数が2900円（笑）。だから「29」。で、朝日放送には村田弘道ってプロデューサーもいて、これが「村田ゴットン」。どっちが高いねん、どっちにしても安いぞっていうね（笑）。

――今回の本には櫻井洋三プロデューサーも登場します。

火野　えっ、しゃべった?　元気してるの!?　たぶん悪かったよね〜、あの人（笑）。麻雀でもズルするしな。現場ではちゃんとしたプロデューサーの顔してるけど、思い出って悪いことばっかりだからなぁ（笑）。まぁ面倒見てもらったし、みんなかわいがってくれたよ。俺が京都映画に行くと、守衛のおっちゃんが「お帰り!」って言うから。「いや、そんな来てないぞ、俺」って思うんだけど、それくらい家庭的だったよ。

俺にケチつけた監督って齋藤光正くらいちゃうかな

――正八といえば、あの走りっぷりがまず思い浮かびます。

火野　撮影部の助手と「お前のピントが速いか、俺が速いか」って競争したことあるもんな。屋根の上を平気で走らされたり、しかも下駄だよ！　〝のめりの下駄〟ってやつで前の歯が斜めになってるから走りやすいんだ。それで鼻緒をカチカチに止めて、よく走ったたな。昔は走るのが楽しかった。風を切ると、耳元でゴーって聞こえてさ、いまは自転車だけど（笑）。

――たしかに、あの「タタタタッ！」という下駄の音がワンセットですね。

火野　あれは石っさんだったか、藤原三郎だったか、ラストで「つまんねーなー」って言いながら下駄をポーンと飛ばしたことがあって、ものの見事にズームでバーッと引いて画面に入れてくれたんだよな（『必殺商売人』第15話「証人に迫る脅しの証言無用」）。テストなしのアドリブだよ。あっちも楽しんでくれたのかな。あいつらホンなんてまともに読んでないと思うけど（笑）、よくわかってて、そういう心情の画を撮ってくれるんだ。

スタッフだと、だいたい照明部ってのは、おっかなかったな。子役のころバッテリーの上に座って休んでたら、ひっぱたかれたほうだから（笑）。「お前、自分を映してもらってんのに、なに座っとんや！」、パシーンって。だから最近の現場でそんなことやってる若い役者なんか見ると「もう怒られへんねんなぁ」って思うけど、まぁ俺が怒るわけにもいかないしな。

――必殺シリーズの照明技師といえば中島利男さん。

火野　あの人は下っ端のころから、長谷川明男さんの吹き替えばっかりやってたんだ。似てんだよ、本当に。だからみんな役者心があるんじゃないの。照明も水のゆらゆらを壁に映すとか、いろんなことを考えてやってたよ。録音部にもうるさいやつがいたな。「聞こえへん！」って言うんだよ。だから「こっち来いや！」って返すんだけど（笑）。セットの上に梁があって、そっからマイクを竿でこう落とすの……で、本番では逆側に動いてカメラのほうに行ったりして、怒られた。でも「こっちにも持ってこいや、竿！」って、まぁそんなことが平気で言えた間柄だったんだよ。「もう1本持ってきたらええやんか！」「なにー？　こらー！」って、だから楽しかったね。

――『新仕置人』の第1話「問答無用」は工藤栄一監督が手がけています。

火野　ガマガエルみたいなおっさんな。おもしろい監督だったよ。「正平、すいかを持って歩け。そこで立ち止まって、すいかをボンって落とせ」って言われたから、ボンって落とすと「はい、カメラここから」ってすいかナメで撮ったり。そんな自由な監督だったね。松野（宏軌）さんは「よーい、スタート」で、カチン！　カットかけたら石っさんに「ええか？　ええか？」って必ず聞いてた。それで「オッケー！」って（笑）。「監督やねんから、ええか悪いか自分で決めろや～」って思ったけど、そういう人やった。

――アドリブ満載ですが、演技指導が細かい監督はいましたか？

火野　ほとんどお任せだったね。みんなそうだったと思う。俺にケチつけた監督っていうのは、齋藤光正くらいちゃうかな。

――『長七郎江戸日記』（83～91年）や『八丁堀捕物ばなし』（93～94年）などで組んでいますね。

火野　みんなの前で怒るわけじゃないんだけど、照明を直してるときなんかに「正平、こういうことも考えられるだろう」とか「正平、主役をナメちゃダメだ」とか、小っちゃい声でブツブツ。ずいぶん一緒に仕事して、おもしろかったよ。もう亡くなったけど、光正さんとはまたやりたかったな。『たそがれに愛をこめて』（90年）ってドラマがあって、とくにこれが好きなんだ。

――東映や映像京都と京都映画の違いはありますか？

火野　映像京都は大映の流れだからセットがきれいやな。たとえば京都映画や東映はテストのとき足袋の上に白足袋をもういっこ履かないと、テストやってる間に真っ黒けになっちゃう。映像京都の場合は美術がすごいから、そのままできた。〝技術の大映〟なんだろうな。東映はとにかく衣裳や小道具が多かった。で、京都映画は適当（笑）。最近はちゃんとしてるけどな。

「かんのんホテル」の鍵開け係までやらされていたからね

――「代役無用」「夢想無用」などを執筆した脚本家の保利吉紀さんは、火野さんと「かんのんホテル」で出会って親しくなったそうです。

火野　ヘンなホテルだったよ。岡崎の連れ込み街にある普通のホテルだったから、よく間違えてアベックが入ってきて……で、「空いてるとこ、入れえ、入れえ」って（笑）。よぉ見学に行ったもん、（山城）新伍さんなんかと。当時は新伍さんと渡瀬の恒ちゃん（渡瀬恒彦）と俺、この3人がかんのんホテルに泊まってた。あとは脚本家と監督。ほとんど麻雀屋みたいなもんで、保利さんも麻雀のメンバーとしてしか見てなかった（笑）。

――火野さんは若いころ、麻雀で生計を立てていたそうですが。

火野　必死でやってたね。麻雀でお金回してたみたいなところあるから。いまは絶対ダメだけどね、そんなの。「麻雀にも品格がある。雀品をつけろ」……俺に教えてくれた人がね、そう言ってた。勝っても負けてもお前とまたやりたいと思うようになれと。あとは「麻雀と書いて辛抱と読め」とかね。これって芝居に通じるところがあるなぁと思ったもん。やっぱり辛抱だったり品格だったりは、どんな役をやっても必要だよ。俺ね、（樹木）希林さんに「あんたは最低の男だけど、あんたの芝居には品がある」って言われたの。でも、それ言うのが希林さんかぁ～と（笑）、ちょっと複雑だったけどな。

――脚本家だと中村勝行さんも火野さんの自伝『俺』に登場します。

火野　勝行さんは競艇でさ、競艇ばっかりだった。琵琶湖の競艇場に比叡山越えてしょっちゅう一緒に行ったよ。で、「火野さん、火野さん、至急撮影所にお電話を」って進行係から呼び出しがかかって「火野でやるなよ」って言ったら「二瓶さん、二瓶さん」と次から本名になった。みんなの金を集めては、しょっちゅう代表として行ってたもんな。「もう俺に乗れ！　儲かったら祇園やぞ！」っちゅうて。

――「琵琶湖で勝って雄琴に行こう」が、山城新伍さんの口ぐせだったとか。

火野　よう言うてた（笑）。あのおっさんはとにかくアタマがええ、機転が利くなって思ったのはね……あるときある女性が自分のパンツをボストンバッグの上のほうに入れ替えておいて、家に帰ったあと奥さんがそれを開けて「うん？　なにこれ？」。新伍さん青くなったけど、そのまま「また正平がこんなことやりよった！」って、なんで俺が出てくるねん（笑）。機転が利くよね。

俺はかんのんホテルの表に面した部屋に泊まってたの。あそこは門限があって鍵を閉めちゃうんだけど、俺の手に紐をつないでずっと下に垂らして、みんな酔っ払って帰ったら、その紐をガンガン引っぱる……そうしたら下に降りて鍵を開けてって、そんな係までやらされていたからね。

――てっきり火野さんが門限を破っているのかと！

火野　鍵開け係だよ！

ズラなしで時代劇に出たの、『斬り抜ける』の俺が最初じゃない？

――さかのぼりまして、本名の二瓶康一で活動していた子役時代のお話をうかがいます。朝日放送・山崎プロ制作による『わんぱく砦』（66〜67年）と『無敵！わんぱく』（68年）でブレイクを果たしますが。

火野　あれもむちゃくちゃだったな。靴を履いて出るような時代劇だしさ。ものすごい人気で、『無敵！わんぱく』のときは主役だからファンレターがすごかった。家の周りを女の子がウロウロして、でも番組が終わって3ヶ月でみんな消えた。「世の中の人気者なんてこういうもんや」と、そのころ学習した気がするな。一歩違えば豊中のチンピラになってたかもしれへんし。

――朝日放送の仲川利久さんが監督のひとり、山崎プロは下鴨の京都映画内に居を構えていました。

火野　山崎プロの社長がさ、「2シリーズ目になったらギャラを上げてやる」って言ったのに変わらんから「なんで上がらんのですか？」って言いに行ったら、言い値どおり出したろやないか、こっちにも考えがあるとか言われて、ムッカ〜となって、ハサミ持って追いかけ回した。大人ってイヤやなと思ったよ。社長の家に夕食に行ったら、ごはんの上に紙がパラパラ……そういう宗教でな。御霊紙が入ってて、それ取り出そうとしたらロックさんが「出したらあかん。出したらあかん」って言うから「食うの、これ⁉」って（笑）。

――古川ロックさんですね。『無敵！わんぱく』などで共演してします。

火野　大学のラグビー部あがりで、あの人と一緒にいて胃拡張になったもん。エースコックのワンタンメン10袋に油揚げ5枚、卵5個をガーッて混ぜて2人でぺろっと食べたりさ。京都に「眠眠」って中華料理屋があって、そこの餃子大食い大会でもダントツで1位（笑）。そんな人と一緒にいたから胃拡張になっちゃった。ロックさんが亡くなる前にも飲んだけど、最後ほとんど表にも出られなくなっちゃって、もう病気でヨレヨレやったな……。

――1973年のNHK大河ドラマ『国盗り物語』をきっかけに、火野正平に改名。『斬り抜ける』（74〜75年）では、よろずやの弥吉という火野さんによる〝走り屋〟の元祖のような役を演じています。

火野　あれは（近藤）正臣さんが主役だから、俺は星野事務所のバーターだよな。いたずら好きでさ、一緒に馬に乗ってるシーンで後ろの俺を落とそうとすんだもん（笑）。でも、あの人も俺が事務所クビになるのを守ってくれた。『国盗り物語』のとき、大河ってスタジオの前にロケーション部分を撮るので、正臣さんと地方ロケで同じ部屋に泊まったんだ。で、向こうはもう売れっ子だから「コンちゃん、俺はどうしたらええと思う？」みたいなことを相談したら「お前が考えて感じたとおりにやれ。なんも考えるな」……そう言ってくれて、ちょっと楽になった。〝役者は感性〟って正臣さんに教わったね。

ズラなしで時代劇に出たの、『斬り抜ける』の俺が最初じゃない？　あれね、最初は半ガツラというやつをかぶってたんだけど、しょっちゅう現場に忘れて、2個も3個もなくしちゃって、「地毛を結べ」って言われたんだけど、毛がシュルシュルやからすぐなくなるの。だからもうそのまま出た。そうしたら「できるやん！」って……三田村（邦彦）くんとか、みんなズラなしで出るようになったもんな。やっぱり京都映画っていい加減なんだよ。

――『傷だらけの天使』（74〜75年）で水谷豊さんが演じたアキラ役は、もともと火野さんが予定されていたそうですね。『斬り抜ける』とスケジュールが重なってしまい交代したという話は本当でしょうか？

火野　うん、ショーケン（萩原健一）と俺で考えたりしてたからな。「この役、子持ちにしようや」とかさ、いろんなことを話したよ。あのころ俺がやんなかった仕事を豊がやったり、豊がやんなかった仕事を俺がやったりしてたから、豊がやることにはなんの文句もなかった。ショーケンもおもしろいやつだったね。ツッパリでさ、死ぬ前にもう一度なんかやりたかったけど……でも問題ばっかり起こしてたな、あいつは。冗談じゃないよ、本当に（笑）。

とにかく楽なほう、楽なほうへ

――必殺シリーズの話に戻りますと、『必殺商売人』（78年）では『新仕置人』に続いて正八を演じています。

火野　草笛（光子）さんが出てたやつだよな。やっぱり山﨑さんや嘉葎雄さんのシリーズのほうが作品の印象は強いけど、あの人も大好きだよ。なんかの罰ゲームで俺が負けてさ、草笛さんがメイクをされているところに行って、あるお願いをしたら「本気かい、あんた？」、ピシャリと言われた（笑）。ま、向こうも冗談だとわかっているから。梅宮（辰夫）さんは、あだ名が「めん八珍」だからね。あの人のロッカー、めん八珍ってカップラーメンのフタだらけなんだ。夜の帝王、銀座の帝王だったのにさ。いや、俺なんか足元にも及ばないよ！

――『商売人』の現場の思い出はありますか？

火野　あれも高坂さんが監督だったかな。ゲストの女優さん（村田みゆき）と高灯台に監禁される話があってさ、目が見えない女の子の役だから、本番中チュッとキスして「え、なにがあったの？」「いや、お口がくっついちゃったの」（笑）、そんなのも平気でやらせてくれたよ。

――第15話「証人に迫る脅しの証言無用」、ラストで下駄を飛ばすエピソードもこの回でした。正八のトレードマークといえば、ひらひらした着物です。

火野　衣裳合わせもなにもなかったよ。「あんた、これ着ぃ」っていうのを着てて、俺の好みをわかってくれてたからさ。狙ったわけじゃないけど、半纏姿が好きだったんだ。帯も兵児帯じゃなくて自分でパパッと締められるやつ。

――『商売人』の後半からは真っ白な軽装で生足もろ出しです。

火野　金太郎みたいな腹掛けを着けて、下は木股を履いて……あれは暑いからやな、たぶん。夏だから、そうしたんだと思う。『斬り抜ける』のときはロケが寒くて、衣裳部にあった毛布にくるまって、「南蛮渡来じゃ」とかわけのわからんこと言ってたな（笑）。とにかく楽なほう、楽なほうへ。メイクなんてしたことないしさ。みんな1時間くらい前に入って、なんかこう一生懸命やってるからさ、「だって映ってるよ、俺。そんなんでも映るよ」って言ったことあるな。化粧好きな役者に。

敦夫さんは競輪で、勝行さんが競艇

――中村敦夫さん主演の『翔べ！必殺うらごろし』（78〜79年）は、超常現象をモチーフにした異色作です。

火野　大きな旗持って歩いてね、「かっこわる〜」って思ったよ。敦夫さんは競輪で、勝行さんが競艇……だから兄弟両方とも付き合うのは大変だった（笑）。あるとき、敦夫さんが「おい、正平。松山に行くぞ」って。行ったらショーのステージでなんか歌わされて、敦夫さんは立ち回りやってさ、次の日そのギャラで松山競輪に行ってすっからかん。「こうやって競輪行くんか」って勉強になったね。あの人、競輪の解説までやってたもんな。役者にならなかったら外務省に入ってたとか言ってたけど。

それで〝おばさん〟役が市原（悦子）さんだよな。市原さんは大好きな俳優さんで、でも思い出すのはやっぱり麻雀だな。まぁ弱かった。なのに負けず嫌いだから、あの人は勝つまでやめないの。敦夫さんもやるし、アッコもやるし、あの現場は麻雀ばっかりやってた（笑）。やらなかったのは鮎川いずみだけ。きれいな人だったよ。上のほうのウケがよかったんだろうな。ま、こんなこと言えるのも何十年も経ったからか。

――和田アキ子さんとは麻雀で喧嘩になり、現場でも尾を引いたとか。

火野　レートは安いんだよ。だけど〝握り〟を言ってくるんだよね。で、麻雀のメンツはアッコと俺と、あとは石っさんとか現場のスタッフだから、俺の味方に決まってるじゃん。俺が勝てばご相伴に預かれるわけだから（笑）。

それを最後まで見抜けなかったんだ。

——スタッフも火野さんが有利になるように……。

火野　やってるんだよ。ダメだよ、アッコに言っちゃ（笑）。あのころは撮影所の周りに麻雀屋さんが何軒もあって、終わったらそこへ行くのが普通だったからな。あるとき（松田）優作の奥さん……熊谷美由紀がさ、「正平さんって、ふら〜っと来て、ふら〜っと芝居して、ふら〜っと麻雀屋に入ってくけど、まるで〝風〟みたいね」って（笑）。俺、ようしゃべるな、おい。

——麻雀といえば『新麻雀放浪記』（98〜01年／五部作）というVシネのシリーズで主役の坊や哲を演じています。

火野　まぁ仕事は仕事だけど、あれは坂上也寸志っていう（坂上）忍のお兄ちゃんがプロデューサーだからな。忍ともよく麻雀してたし、「とにかく裸を出さないVシネ作ろうや」ってことで、だからストリッパー役の子でも脱がなかった。毎回ボコボコにされて、いつもションベンかけられてさ、「坊や哲ってこんなんやったかな?」って思いながら（笑）。

Vシネはさ、見るのも好きなんだ。俺もちょいちょい世話になってるから、たまたまあるヤクザものを見てたら、エンディングに流れる曲がステキで「なに、これ?」って、すぐ調べてもらったらRioさんというシンガーソングライターの「ホタル」という曲だった。で、いつも飲みに行く店でその話をしたら、何回か顔を合わせた国際弁護士のおじさんが知り合いで紹介してくれたんだ。俺はもともと大阪の歌が好きなのね。（やしき）たかじんだとか、古くはBOROだとかさ。ああいうのが好きで、で、何ヶ月かしてRioさんが俺のために曲を作ってくれたんだ。タイトルを見たら「あかんたれ」（笑）。「こんなふうに俺を見てたのか!」ってショックだったけどな、それでひさしぶりに歌手に復帰。ちょっと流すからさ、聞いてみてよ。いい曲なんだ。

やっぱり時代劇が続いてほしいなと思うわ

――火野さんいわくですが、必殺シリーズをクビになってしまいます。

火野　正十の次、正十一じゃおかしいしさ。別に揉めたわけじゃないよ。まぁ飽きられたんじゃない。なんでも飽きがくるから。あのころは主水さんも隠れて殺してたし、それぞれ暗殺だったけど、その後はだんだん『必殺』がきれいになって、普通の時代劇の立ち回りみたいになってきたときに、あんまりよくないなと思ったのは覚えてるけどね。「ま、俺はクビになったからいいや」って（笑）。だって堂々と殺したらあかんやろ。アウトローで汚いからおもしろかったのに、ちょっと違うんじゃないかなとは思ってた。

――その後も『必殺！　三味線屋・勇次』（99年）と『必殺仕事人２００９』の最終回に悪役としてゲスト出演しています。後者では不気味な拷問人の役でした。

火野　あれも牢屋で芝居するときにさ、「全シーン違うお菓子を持ってきてくれ」って言って。ものの見事に焼き芋を持ってきたり、餅を持ってきたり……そういうふうに注文をつけて困らせるのが好きなんだ。あそこのスタッフは、よくやってくれるしなぁ。

――どちらも石原興監督による作品です。

火野　名カメラマンやけど、監督としては優しい人だよ。ものすごい監督ばっかり見てきたから、齋藤光正や吉田啓一郎に比べたら優しい優しい。でも石っさんもまだ現役だし、タフだよな。みんな死んじゃったのにさ。

――火野さんは近年も京都映画あらため松竹撮影所の作品に出演しています。

火野　やっぱり時代劇が続いてほしいなと思うわ。めったに自分の作品は見ないんだけど、こないだの『武士とその妻』（22年）はオンエアを見て、やっぱり情緒があった。この情緒は大切にしていかんと……よう呼んでくれたと思う。だから俺も情緒あんのかなって（笑）。石っさんの一番弟子が藤原三郎で、そのあと何番目の子分かわからんけど、江原（祥二）ってカメラマンがいてさ、「京都の江原になったな」って言ったら「もう日本の江原ですよ」ってスタッフが言いやがった。おい、ほんまかって、そのくらいがんばってんだ。これからも時代劇には出たいし、なにができるわけでもないけど、呼んでくれればその一員になりたいと思う。

――また江戸の町を走っている姿を見たいです。

火野　73やで！（笑）　アホとしか考えられへん。

――NHKの『にっぽん縦断こころ旅』でも全国を回っていますし。

火野　13年目で、まだ自転車やれっていうからね。なにがおもろいねん。スタッフもどこがおもしろいのかわからない（笑）。あれも1人でさぁ。タモリでも（笑福亭）鶴瓶でも誰かと一緒なのに、俺だけ1人やんけって……あるときブコウスキーを読んでたら「考えるな、反応しろ」って書いてあったから、まぁ正臣さんが言うたんと同じようなもんやと思って、ちょっと楽になったりしたな。

――先ほど聞き忘れたのですが、走るシーンのコツはありますか？

火野　いや、ただ走ってるだけ。「かっこよく見えればいいな」と思ってたくらいで、深く考えたことはない。そういえば齋藤光正が言ってたけど、「全シーンがワンシーンなんだよ」って。だからその全シーンを通したときに物事を考えて、いいかどうかを自分で考えろって光正さんは言ってた。だから俺も「人生も全シーンがワンシーンかな」と思ったりしてるよ。

――まだまだあるわけですね、シーンが。

火野　「まだまだ」じゃない。「ま」くらいやけどな（笑）。

火野正平

［ひの・しょうへい］

1949年東京都生まれ。12歳のころから劇団こまどりに所属し、本名の二瓶康一として活動、67年の『わんぱく砦』と翌年の『無敵！わんぱく』で人気を博す。73年のNHK大河ドラマ『国盗り物語』をきっかけに火野正平に改名し、74年には映画『俺の血は他人の血』で初主演を務める。『斬り抜ける』『新必殺仕置人』『長七郎江戸日記』などのテレビ時代劇をはじめ、ドラマや映画で活躍。2011年からは『にっぽん縦断こころ旅』の旅人として全国をめぐっており、2023年には14年ぶりのCD「あかんたれ」をリリースした。

監督

大熊邦也

テレビはワンポイント なにを見せるべきかを大事にしました

朝日放送の社員として『必殺仕掛人』を演出した大熊邦也は、深作欣二、三隅研次に続く〝第三の監督〟であり、その後も『新必殺仕置人』まで一貫してテレビ的な個性を発揮した。局のディレクターという立場から振り返る現場の思い出、さらなるこぼれ話……本書のフィナーレを飾る15000字の回想録！

上司だった山内に仕掛人の話を持ちかけたんです

大熊　わたしは当時、朝日放送のディレクターとして局制作のドラマを演出していたんです。それから外部発注して松竹さんのほうで『必殺』をやることになって……テレビ局のスタジオドラマというのは限られた空間の中で、フィルムのように自由な撮影はできませんから、『必殺』は楽しかったし、局としてもずいぶん力を入れてました。

16ミリフィルムで撮るテレビ映画というのは映画監督が中心でしたから、わたしも「監督」として名前は出ますけど、やっぱりテレビの「ディレクター」という意識はありましたね。映画界の人間ではありませんから。だから今日の取材も監督ではなく、あくまでディレクターの話として聞いてください。

——よろしくお願いします。

大熊　ご存じのようにあのころ『木枯し紋次郎』（72〜73年）が非常にブームになりまして、その真裏で『必殺仕掛人』（72〜73年）がスタートしました。もともとね、テレビ局というのは自分たちで企画を立てて、それを演出するかたちで、はっきりプロデューサー／ディレクター制という分業ではなく、それぞれが企画を作る時代だったんですよ。山内久司とわたしのコンビもそうでした。

それで新しく時代劇を外注するのに、なんかええ企画ないかということでね、ちょうど1972年に池波正太郎さんの「殺しの四人」という小説が出た。まだ本になってなくて、雑誌に載っていたものです。わたしはそれを読んで、上司だった山内に仕掛人の話を持ちかけたんです。最初は「こんな金で人を殺すような話、テレビでできるかい」って、けんもほろろ。えらい否定してたんです。ところがなぜか豹変してね（笑）。時代の流れで実現することになりまして、そこは山内の手腕と政治力です。そういう経緯があって自分の企画から始まったもんですから、やはり演出してみたい気持ちはあったんですよ。

――大熊監督が原作を提案したのですか？　朝日放送の山内久司、井尻益次郎、仲川利久、村沢禎彦の各氏が旅館に集まり、時代小説を読みあさって見つけたというのが定説になっていますが。

大熊　公にはそうなってませんし、まったく会社内の話ですから世の中には出てませんけど、実際のところはそうなんです。おそらく山内も「自分が見つけた」とは言っていないでしょう。彼が亡くなったから勝手な作り話をしているわけではなくて、ずっと「黙っておけよ」と言われていた話なんです。それから外注先を決めるにあたって東映と松竹でコンペをやりましたが、もう内々には松竹で決まってたんじゃないですか。東映の企画書も見ましたけどね。それで松竹さんに現場をお願いして、局からはわたしと松本明が監督として『仕掛人』に参加することになったわけです。

「仕掛人の人間ドラマ」みたいなところに興味があった

大熊　従来の型にはまった時代劇というより、現代劇を撮るような感覚でやっていましたね、『仕掛人』は。だから時代劇のプロパーの脚本家より、早坂暁さんや石堂淑朗さん……当時、シナリオ作家協会で前衛や進歩派と言われていた脚本家と仕事をすることで、なにか新しい時代劇ができないかなという気持ちがありました。時代劇を通して現代をえぐる作品にしたかったんです。

もちろん山内がチーフプロデューサーとして全体のコンセプトやメインキャストはトータルで見ていましたが、早坂さんや石堂さんは、わたしのリクエストから脚本を書いてもらったんです。先ほども言ったように映画界と違ってディレクターが自分で企画を立てる時代だったものですから。

――第16話「命かけて訴えます」は百姓の直訴の話で、殺しが序盤にしか出てこない異色回です。

大熊　それこそ早坂さんに頼んだ狙いでね。要するに女郎に売られた恨みをはらすようなパターンではなく、仕掛人同士が対立しながらどうやって百姓を助けていくか……わりと「仕掛人の人間ドラマ」みたいなところに興味があったんです。緒形拳の梅安と林与一の左内、それぞれの生き方や考え方の違い。そういうのはドラマとしておもしろかったですけどね。

――深作欣二監督、三隅研次監督に続く〝第三の監督〟として大熊監督は『仕掛人』に参加しています。初登板の第5話「女の恨みはらします」は、まさにパターンの話であり、エログロと評された『仕掛人』を象徴するエピソードです。脚本はベテランの池上金男さんによるものです。

大熊　これは脚本にはノータッチ。松竹の発注でしょう。だけど、やってみるとおもしろかったですよ。パターンの時代劇もね。

――新番組としてスタートするにあたって、ほかの監督陣と打ち合わせなどはありましたか？

大熊　まったくない。やはりお互いに意識してましたし、映画界がだんだん廃れて、テレビが全盛期を迎える過渡期だったんですね。映画の人はテレビの人間をバカにしたり軽視してて、わたしも映画監督に教えを請うという気持ちはなかった。ただし深作さんとだけは交流があって、京都の宿が一緒だったんです。だから彼の奔放な生活を……たとえば宿に門限があって、12時過ぎたらシャッターが閉まる。だから酔っ払って、そのまま宿の外で朝まで寝ていたとか（笑）。いや、世間話ばっかりで、仕事の話はゼロですわ。

――おふたりが泊まっていたのは「かんのんホテル」ですか？

大熊「佐々木旅館」という日本旅館です。八坂神社をちょっと右へ行ったところにある旅館で、だいたい昔から役者が定宿にしてたんです。天知茂とか田村高廣とか。で、わたしも撮影所に行くのに大阪から通うのはかなわんのでね、必要なときは借りてたんです。そこに深作さんも泊まってた。

三隅さんの場合は大映のベテランで、現場をちょっと見学しました。ゲストの役者に口移しというんですか、自分で動いて「こうやってくれ」というような、演技を見せながらやっているところは印象が強かったですよね。

山内とはラジオ時代から兄弟のように仲がよかった

――藤枝梅安役の緒形拳さんはいかがでしたか？

大熊　ものすごくパワーのある人で、注文も多かった。要するに自分が表現できないことは「こうしてもらったらできる」とか、脚本の修正をよく要求してくるんです。現場でもそうだし、現場に入る前に直接わたしに申し出があったりね。非常に貪欲で、それが演技に活きてくるんです。本番でも恐ろしいほどの迫力がありましたし、表の顔と裏の顔の使い分けも見事でした。でも、ややこしいですけどね。やるほうは大変です（笑）。よく喧嘩もしたし、ずいぶん生意気でしたから。つかみ合いになりかけたこともある。コンプレックスが強いんですよ、緒形さんは。「家族でメシの取り合いをして大きくなった」とか、そういうことをよく言ってました。彼の生い立ちからくる劣等感が役者としてプラスになったんでしょうね。

――西村左内役は林与一さん。

大熊　林さんは対照的になんの注文もない人でした。あまり口出しもしない、静かでクールな感じ。緒形さんとは対照的にさわやかで、現場でのトラブルもほとんどない人でした。あと『仕掛人』はやっぱり山村聰さんがすごいですよ。見事なキャスティングだと思う。当時、ホームドラマのお父さん役でＴＢＳなんかに出ていて、日ごろはいいお父さんが突然殺し屋の元締に豹変するという怖さと演技力。それは感心しましたね。

だから最初の４人……緒形さん、林さん、山村さん、それから中村玉緒さん。元締夫婦は原作では「大女と小男」というふうになっていて、山村さんのような恰幅のいい人物ではないんです。でも映像にした場合、このキャストは見事やなぁと思います。山内久司というプロデューサーの功績です。

――『２時間ドラマ　40年の軌跡』という本によると、ラジオの制作部にいた山内プロデューサーをテレビに移籍させたのは大熊監督だったそうですね。

大熊　個人的なことを言いますと、ぼくらはラジオ時代から兄弟のように仲がよかった。後年はいろいろありましたけど（笑）。山内はラジオでもドラマじゃなくて、公開録音のお笑いのほうを専門でやってた人なんです。わたしが先にテレビの制作部に来たんですが、なかなか……はっきり言っていい人材がいないんです。それで当時の制作局長に頼んで山内をテレビに引っぱってもらい、一緒にドラマをやってたんです。ＴＢＳの東芝日曜劇場とかＡＢＣ（朝日放送）の近鉄金曜劇場とか、名コンビでしたよ。

――おふたりのコンビで『助左衛門四代記』（68年）、『戦国艶物語』（69～70年）といったスタジオドラマの時代劇も手がけています。

大熊　『助左衛門四代記』はとくに思い出深い作品ですね。大きなセットを組んで、すべて局内で撮りました。山内は歴史が大好きなの。もう大学の先生になってもええくらい、日本史についてはディテールに至るまで詳しかったですよ。ものを読む力が最高にある人で、口も達者。プロデューサーとしては、本当に優秀でした。権力志向もすごかったけど。

「こんなとこで仕事するんかぁ」

――さかのぼりまして、朝日放送に入ったきっかけは？

大熊　わたしは親父が毎日新聞の記者をやっていたものですから、新聞記者になろうと思っていたんです。で、新しくテレビというものが出てきて「これからはテレビの時代だな」と思って、そっちを選びました。もともと映画にはあんまり関心なかったですね。

――数多くのスタジオドラマを送り出したのち、必殺シリーズ以前には『女人平家』（71～72年）を松竹系の京都映画で監督しています。

大熊　朝日放送が最初に松竹さんに発注した1時間ドラマかな。吉屋信子さんの原作で、水木洋子さんが脚本、吉永小百合さんが主人公です。全編フィルムのテレビ映画を監督したのは『女人平家』が初めてでしたが、その前から局制作のドラマでときどきインサートを……どうしてもスタジオでは表現できないロケ部分だけフィルムで、京都映画さんでやったことはありましたね。

――当時の撮影所はどのような雰囲気でしたか？

大熊　まぁ悪い言い方になりますけど、オープンセットもスタジオも廃墟みたいな殺風景な感じでした。テレビ局というのはオール機械で清潔……要するに「きれい」なんですよ。それと比較すると、映画界が廃れていた時代の廃墟みたいなセットを見て、「こんなとこで仕事するんかぁ」というヘンな恐怖感みたいなものはありましたね。それこそ京都映画も隣の大映さんみたいな状況になったかもわかりません。惨憺たる風景でしたよ。

――テレビ局のディレクターがテレビ映画を監督する場合、映画人の洗礼を受けることもあったのでしょうか？

大熊　『女人平家』のときは、スタッフの多くから「テレビなんて……」という見下す雰囲気はずいぶん感じました。「大家の息子が来た」とか言われてね（笑）。陰口ですよ。やっぱり体質が古いんです。映画こそ最高だというプライドがあるでしょうし、映画で生きてきた人たちは、テレビ界の人間をよく思わなかった。それこそ撮影から大道具からすべて映画、映画のスタッフでしたから、なかなか大変ですよ。若いから神経が保ったんでしょう（笑）。撮り方も『女人平家』の場合は、背景まできれいに撮るのが前提でした。従来の映画の方法論です。

ただしフィルムという魅力はありました。まず黒の締まり。当時のビデオは映像が貧弱で、黒という色がなかなか出ないんです。フィルムは黒がキチッと出る。それとテレビ局だと順番に撮っていくわけですね。あるシーンがあったら順番どおり。〝順撮り〟というやり方ですが、だから流れがわかりやすい。ところがフィルムの場合は、俳優さんのスケジュールやセットの都合、照明の都合なんかがあって、都合のいいところから撮っていく。ある方向からのアングルをまとめて撮って、また違う方向に変える……ときにはシーンの後半部分から撮ったり、だからフィルムのやり方に慣れるのには苦労しましたね

――ずっとテレビの狭いスタジオでやってきて、ＴＢＳの実相寺昭雄監督が先に京都の撮影所で時代劇を撮っているのを見て、自分ならどう広い空間の中で小さなブラウン管に効果的な映像を撮るかを考えていたそうですが。

大熊　けっきょくね、テレビはワンポイントだと思うんです。いまでもそう思います。映画というのは隅々まできれいに撮る習慣がありましたが、テレビというのは、見る側もそうですけど、いま映っているワンポイントに集中するものだと思うんですね。そういう意味で大きなスクリーンに映す映画と画面の小さいテレビは表現が違う。わたしはフィルムでも背景のディテールより、なにを見せるべきかというワンポイントを大事にするのがテレビだと思ってました。

あとは一過性ですよね。1時間のものは1時間で消えてなくなる。映画はフィルムとして永遠に残せますけど、当時のテレビドラマは1回きりで、言い方は悪いですけど、その場限りのもの。だから、いちばんテレビ的なのは台風中継だと思っているんです（笑）。

――ワンポイントといえば、大熊監督回の特徴はテレビ的なケレン味です。初登板の「女の恨みはらします」でもシンボリックな真俯瞰やバックを白く飛ばしたり赤を強調したり、小さな画面特有の効果が随所にあります。

大熊　それは自分の考えでもありますし、石原興というカメラマンの優れた映像感覚です。そういうアングルで、非常に象徴的に登場人物の置かれた状況を捉える表現は石原のセンスが大きい。あんまり余計なものを映すより、象徴的に……そういう点で俯瞰の画というのは有効に使えたと思います。

――撮影の石原興さんと照明の中島利男さん、おふたりのコンビネーションはいかがでしたか？

大熊　『必殺』が始まって50年経って、いまでも続いているのは石原と中島の功績だと思いますね。やっぱりあの光と影、明と暗、独特の世界を見事に作り上げて、その功績はすごいと思います。『女人平家』は松竹の酒井忠さんがカメラマンで、映画育ちのきれいに美しい画面。石原と中島は次の世代、〝テレビ時代の映画のスタッフ〟ですからね。テレビに合わせた表現で、ポイントをそっちに置いてたんじゃないですか。

それと予算の問題がありますよね。すべてそのまま映すと金がかかる。だから必要な部分だけを映す。ワンショットで無駄なものを省いて、光と影の世界を作っていく。美術に関しては「とにかく金を使うたらいかん」という前提がありましたから、大きな注文はできなかった。局みたいにイチからセットを作るわけではなく、既存のものをアレンジしてやるのがほとんどでした。しかしドラマとして考えると、やはり人間には表と裏、明と暗があり、必殺シリーズは絶えずそのことがテーマになっていますから、あの表現が正解でした。

――「女の恨みはらします」の殺しのシーンには、いかにも『必殺』らしいシルエットのロングショットが登場します。

大熊　これこそ石原・中島の世界です。ぼくのほうからの提案ではない。カラーの時代に、あえて白と黒の世界を作ったんですね。『女人平家』のとき、石原・中島コンビは別の仕事をしてたんです。それを横目にしていて、たまたまラッシュを見たらぜんぜん感覚が違うからね。「これはすばらしいな。このコンビとやりたいな」と思いました。従来の手法を打ち消して、映像の改革をしてやろうという意気込みを感じました。

――フィルムとビデオで現場の違いはありますか？

大熊　ビデオの場合はディレクターがモニターを見ながら進めます。スタジオドラマだとマルチシステムでカメラが4台くらいあって、AからBとか自分で指示する。フィルムの場合はモニターもない時代ですから、どんな画を撮っているのかわからない。たまにはカメラをのぞきますが、ずっと映像をチェックするわけにもいかないから、そのギャップはありましたね。だからカメラマンの腕次第、そこに信頼関係があるかないかでえらい違ってくる。とくに『必殺』の場合、どんな画を撮ってるかわからないことがありますから。

――ラッシュを見て「あっ、こんな感じか」と。

大熊　それこそ顔半分の大胆なアップとかね。とくに石原・中島コンビはそういう映像が多いんです。ぼくは日大の教科書を見たことがあるけど、柱の前で人のアップを撮ってはいけないとか書いてある（笑）。

――柱が頭に突き刺さってるように見えるから？

大熊　そう。そんなことが書いてあるわけだけど、それの反対ばっかりだから。あと、あの当時の撮影所というのは、その手の本にもよく書いてありますけど、やくざ系のスタッフが多かったね。『女人平家』のときも、いきなり「金貸してくれ」というのがいた（笑）。まぁテレビ局というのはサラリーマンですから、そっちでは考えられないような人間が撮影所にはいた。石原や中島の前の世代はね、やくざまがいの人間も多かったんです。

『仕置人』では山﨑さんと喧嘩になってしばらく謹慎（笑）

――『必殺仕置人』（73年）では第5話「仏の首にナワかけろ」を演出しています。山﨑努さんが念仏の鉄、藤田まことさんが中村主水を演じたシリーズ第2弾です。

大熊　あの話はね、現実に自分の家で起きたことなんです。じわじわと土地を侵食してくるお隣さんがいて、あるとき地面を測ってもらったらだいぶ取られてるんですよ。抗議しても直らへん。その経験をヒントにしたんです。脚本の山田隆之さんは勝新太郎の『悪一代』（69年）を朝日放送でやった人。書くのは非常に遅いですけど、ひとつひとつ考え抜いたセリフを書いて、なかなかすばらしいライターでした。この『仕置人』では山﨑さんと喧嘩になってね、ぼくはしばらく謹慎することになったんです（笑）。

――えっ！

大熊　あの人も上手な俳優ですが、山﨑さんの芝居はわかりにくいんですよ。たとえば耳だけでリアクションしてみたりね。耳をぴくっと動かして、そんなんわからへん（笑）。だから「もうちょっとわかるように芝居してくれ」って言ったんだと思います。それで大喧嘩になって、しばらく『必殺』から外された。仲川（利久）が言ったのか、櫻井（洋三）が言ったのか、そのあたりは知りませんが、当時の局長にまで大げさにご注進がいって「こいつは休ませよう」ってなったんじゃないですか。

――ほかの作品とのスケジュールの兼ね合いで、1本しか撮ってないのかと思っていました。

大熊　いや、謹慎なんです。そのあとのシリーズ、『新必殺仕置人』（77年）のときは山﨑さんと中村嘉葎雄さんと非常にスムーズにやりましたけどね。毎日のように街に出かけては大酒飲んで、議論しながら（笑）。あの現場は楽しかったなぁ。

――現場のスタッフのみなさんも「大熊さんは役者に厳しい監督やった」という話をよくしていました。

大熊　いや、そんな厳しいとは思いませんけど。当たり前に指示を出していただけで、ごく普通の仕事ですよ。

――藤田まことさんにも厳しくダメ出しをしていたそうですが。

大熊　まぁ、まことさんとは仲がよかったですから、言いたいことを言ってたんじゃないですか。いまや「必殺＝藤田まこと」というのが決め事のようになっている。でも本当は相当努力して、あの地位を勝ち取ったように思いますね。まことさんは芝居がわかりやすいんです。表の顔と裏の顔で、なにを表現しているのかが伝わりやすい。それとコメディアン出身だから、嫌味のないユーモラスさがありますね。

自分の意見もどんどん言う俳優さんですよ。とくに中村家のシーンなんか脚本は無視でほとんどアドリブになっていきました。まことさんと一緒に昼めしを食いながら「ああなって、こうなって」と考えて、セットに戻ったら菅井（きん）さんと白木（万理）さんが受けとめて現場でどうにでも順応してくれました。

――中村主水は必殺シリーズを代表する存在になりますが、『仕置人』のころの藤田さんの印象は？

大熊　まことさんはね、もともとABCで大きくなった人なんです。白木みのるさんとのコンビで『てなもんや三度笠』（62〜68年）が大ヒットして、お笑い番組だからぼくはぜんぜん関係なかったけど、身内みたいな感じで付き合ってましたね。『必殺』に入ったころも彼の家が豊中にあって、近くでスナックみたいな店をやってたんです。

そのあと十三でも店をやって、よう行ってましたよ。だからあらためて付き合うという感じではなかったです。

製作主任の渡辺さんがキャスティングとスケジュール全般を仕切ってました

——朝日放送からは松本明監督も必殺シリーズに参加しています。

大熊　大学の1年先輩です。『必殺』を一緒に撮ってても、仕事の中身を「ああしたら」「こうしたら」という話より、プロデューサーに対する不満だったり、考え方の違いだったり、そういうことを話してましたね。

——ほかの監督との交流は？

大熊　なかった。でも工藤（栄一）さんなんかは、スタッフに評判がよかったよね。東映で鍛えた人だから、心得てるんじゃないですか。スタッフと一緒に働いたりもするし、そういう人心掌握術ですよね。あの松竹の監督……松野（宏軌）さんともしゃべったことはないです。予算調整監督ですから、ゲストでもスケジュールでも悪い条件を押しつけられて、気の毒でしたけど。

——撮影所での仕事は、局内より不自由な部分もありましたか？

大熊　それは不自由ですよ。映画界の個々の生き方までわかりませんから。局だといわゆるサラリーマンとして付き合えるところがありますけど。たとえばキャスティングにしても、局にいるときは自分で選ぶ権利があって、予算管理も自分でしてましたから。そういうところで『必殺』はゲストなんかでもなかなか思うようにいかない。もちろん予算の関係もあるし、松竹サイドの考えで予算管理がされていますからね。それは難しい面があります。

——ゲストに指名した俳優はいますか？

大熊　それは何人もいますよ。たとえば米倉斉加年、あのころ上手い役者として評判でしたからね。なかなかいやらしい感じがよく出ていて（笑）。吉田日出子もおもしろかったし、市原悦子や菅貫太郎も好きでしたね。そういうのは製作主任の渡辺（寿男）さんと相談して……あの人がキャスティングとスケジュール全般を仕切ってましたから、ぼくの場合は「この人にしてくれ」って渡辺さんにお願いしていました。

――山内久司さんとともに仲川利久さんが朝日放送のプロデューサーとして必殺シリーズを担当しています。おふたりの役割分担は？

大熊　山内がチーフプロデューサーで、責任者ですよね。で、彼が言ってることを松竹に伝えて実現させる……仲川は山内のいわゆる補佐役ですね。彼の意向を具体化するための助手の役割。ぼくや松本は仲川との折り合いはよくなかった。はっきり言うとプロデューサーだと思ってなかった。彼はわりと威張るタイプで、ぼくらには威張らないけど、現場に大げさにものを言うタイプなんだ。仲川も最初は櫻井洋三と仲がよかった。だから悪いところが共通していたんだ（笑）。後半は仲たがいしたみたいだけど。

――いろんな人間関係がありますね。

大熊　たとえば深夜食みたいなのがあるじゃない、撮影が遅くなったら。そうしたら、なぜか仲川がしょっちゅう通ってる祇園の喫茶店からサンドイッチが届く（笑）。撮影所の近くにいろんな店があるのに、なぜわざわざ遠くの店から取るのか。それは小さな話ですけどね、ほかにもいろんな噂を聞くことが増えました。ぼくにしても松本にしても、仲川に対してはアレで、以心伝心だから向こうもイヤやったんやろうな（笑）。もうひとつ話しますとね、仲川が自分の本を出したときも、やっぱり山内としては思うところがあったようです。

――松竹の櫻井洋三プロデューサーは、どのような方でしたか？

大熊　ノーコメント（笑）。あの人は局から発注された予算管理とスタッフの管理、ゲストのキャスティングですね。松竹側の代表ですから、局の意向を反映しながら松竹の利益は守っていく、そういう役割でしょう。『必殺』を通じて会社にはずいぶん貢献してるはずです。重役になりましたしね。
櫻井も親切なことは親切なんですよ、特別な人には。一定の出演者や「かんのんホテル」の脚本家にもずいぶん親切にしてたんじゃないかな。ただトラブルも多い人やったな。レギュラーの役者でも揉めて途中降板してる人がいましたから。ぼくは櫻井のお兄さんとは仲がよかったんですよ。

——櫻井秀雄監督ですね。

大熊　もう、会ったら弟の悪口ばっかり。2時間、3時間（笑）。ぼくがプロデューサーをやっていたドラマで、お兄さんと何回か仕事してましたから。お兄さんはとても温和な紳士なんです。

中村敦夫との個人的な思い出

——緒形拳さん二度目の主演作が『必殺必中仕事屋稼業』（75年）。シリーズ第5弾であり、大熊監督の復帰作です。

大熊　最初の『仕掛人』のパワーがすごかったから、あんまり印象に残っていませんね。林隆三さんも昔から付き合いがあるんだけど、この作品では鮮度が感じられなかった。うーん、ほとんど記憶にありませんね。派手さは少ないのかもしれませんが、やっぱり『仕掛人』が個々の役割や人間描写もいちばん優れていると思います。あとのシリーズは俳優のキャラクターに頼りすぎたり……どうしたって『仕掛人』がいちばんの思い出ですね。池波さんの原作を自分が山内に紹介したこともふくめて。

——『必殺仕置屋稼業』（75〜76年）と『必殺仕業人』（76年）では、藤田まことさんの中村主水が連続登場します。

大熊　『仕置屋』のロケーションに行くとき、まことさんや沖雅也と同じバスに乗ったんですよ。まことさんが沖に「なんで役者をやろうと思ったんだ？」という話をしたら、「大きなプール付きの家に住みたいんだ」と。そういうことを話していたのを思い出しますね。まぁ美少年でした。

――『仕業人』では中村敦夫さんが赤井剣之介を演じています。

大熊　敦夫さんとは仲良かったんですが、この作品も『紋次郎』のニヒルな感じがあまり活かしきれなかった、そんな感じがしますね。演技力よりも存在感の役者で、『仕業人』のときはもうひとつ魅力を感じませんでした。

環境問題の文章なんか書くと上手でしたけどね。敦夫さん自身も政治の道に進みましたし……個人的な話をすると、ぼくは兵庫2区という宝塚市に住んでるんですけど、いま都知事をやってる小池百合子がね、日本新党から衆議院に立候補してたんです。当時、彼女の選挙区でしたから。それで敦夫さんと「小池を落とさないといかん」と相談して（笑）、一緒に駅前で演説をやったりしていました。そういう思い出のほうが強いですね。あと、ぼくは敦夫さんの弟との仕事も多かった。

――中村勝行さんですね。

大熊　敦夫さんが山内に「弟の面倒を見てくれないか」ということで、それから付き合うようになりました。従来の時代劇のライターと違って、なにか新しいものをやろうという気持ちは強かった。それで勝行と一緒にやることが多かったですね。絶えず前向きだし、いい青年だと思いました。

――『仕業人』を6本監督していますが、すべて脚本は勝行さんです。

大熊　野上龍雄さんみたいなベテランとは組まさないようにしてたんじゃないですか。どういう意図があったのかは知りませんけど、そういう組み合わせでしたね。仕事は早かったんですが、勝行の脚本は少し荒っぽいところもあって、もうちょっと人物をしっかり描いたらいいのにという気はしましたが。しかし書くのは早い。ほかの監督がやりたくなかったのかな（笑）。ちょっと話が逸れますけど、『葉蔭の露』（79年）というドラマは野上さんが脚本で、山内がプロデューサーです。緒形拳と岸恵子、ふたりだけの芝居でなかなかよかった。これはスタジオ制作で、芸術祭賞の大賞をもらいました。

『必殺』は編集の園井も優秀でしたね

――『仕業人』の大熊監督回といえば、市原悦子さんと菅貫太郎さんがゲストの第15話「あんたこの連れ合いどう思う」。バイタリティあふれる共依存夫婦が江戸に出てきて一旗揚げようとして自滅する話です。

大熊　あれはよかったなぁ。ふたりとも好きな役者ですし、市原さんというのは思い切った芝居ができる人ですから。菅とは仲良かったんです。ちょっと〝キイさん〟やったけどね。すぐカーッとなる。いや、芝居の現場ではならないけど、酒を飲んだらクレイジー（笑）。キイさんや。

――菅さんが殺され、市原さんが絶叫しながら夜の町を駆け出すシーンでは、かなり長いオーバーラップを施しています。アップとロング、2つの画を組み合わせて、フィルムではあまり見かけない処理です。市原さんの演技と相まってテレビが壊れたのかと思いました。

大熊　まぁ、そういう誇張した狙いですね。ただフィルムでオーバーラップとかそういう凝った細工をするのは、当時の現像所の技術では難しいんです。ビデオだとわりに簡単にできるので、だからビデオの時代になってくるとスタジオでいろいろなことができるようになりました。フィルムで合成するのは効果も薄いし、手間もかかるし、きれいにできないので、だんだんビデオの時代になっていきましたね。機動力が増して、ドラマ自体もビデオ収録が増えていきました。

『必殺』は編集の園井（弘一）も優秀でしたね。編集に関してはお任せしておいても安心できたから。やっぱり間の取り方とか、ここはもうちょっとたっぷり見せてほしいとか、あとは歯切れよく次の展開にいくとか……フィルムの場合、１コマずつやるわけですからね。編集の大まかなことはスクリプターが報告しますが、やっぱりシーンごとの監督の狙いを実現させたり、全体の流れを見やすくするような作業ですね。地味だけど大事なポジションです。ビデオになってからも園井は一生懸命勉強してやってくれました。

――『仕業人』ではシリーズ200回記念の第24話「あんたこの替玉をどう思う」も演出。緒形拳さん、田村高廣さん、石坂浩二さん、沖雅也さん、草笛光子さん、野川由美子さんら歴代のレギュラー10人がカメオ出演しています。

大熊　なんか『紅白歌合戦』みたいなもんで（笑）、そんなしっかりした話じゃなかったような気がしますね。『必殺』の顔見世興行というか、あんまり覚えてません。そういう節目の回をやらせてもらったのはありがたいなとは思っていますけど、たまたま回ってきただけでしょう。自分で名乗りをあげたわけではないですし、山内の意図でもないでしょうし、よくわかりません。

――「あんたこの替玉をどう思う」では、クライマックスの処刑シーンに殺陣師の楠本栄一さんと美山晋八さんまで出演していています。ワルが傘を開いたら刀を抜いた主水のシルエットが浮かび上がったり、念仏の鉄の坊主頭を真俯瞰から撮ったりと、殺しのシーンにも創意工夫を感じます。

大熊　殺しに関しては、殺陣師がいろいろなサンプルを見せて、カメラの石原と「どうしたら印象が強いだろうな」ということで、相談しながらやってましたね。カメラワークでいかに迫力のあるユニークなものを見せるかということで、わたしのアイデアというより総合的な感じです。これはもう殺陣師とカメラマンのええとこ取りで、ぼくは殺陣なんかわからんから、かなりお任せでした。画になってどんな効果があるかは、カメラマンがいちばん理解してるわけですから。

――『おくどはん』（77〜78年）という連続ドラマでは、タイトルバックを京都映画の協力のもと撮ったそうですね。そこでビデオのシステムを覚えた技術スタッフもいたそうです。

『必殺仕業人』第15話「あんたこの連れ合いどう思う」の撮影風景。市原悦子と藤田まこと、2人の顔ではなく地面に伸びる影と舞い散る落ち葉を映すというトリッキーな移動撮影が行われた

大熊　石原に「タイトルバック、どんな画を撮ろう」と相談して、取材に一緒に行ってもらいました。糸を作る話だったからね。組紐問屋の話で、それと京都ということでアイデアを貸してくれって、付き合ってもらいました。
　石原の愛弟子の藤原三郎、石原が撮れないときは三郎が『必殺』やってました。なかなか上手いカメラマンで、石原みたいにホンが読める人ではなかったけど、画づくりの才能はありました。そう、東京で『新・二人の事件簿』（76〜77年）という刑事ものを撮ったときは三郎を連れて行きましたね。

――ベテランの中村富哉さんが撮影を担当した回で、本番中に太陽が出たか翳ったかして中村さんがカットをかけた。俳優の顔への光線が変わったということで。そうしたら「なんで止めるねん！」と大熊さんが怒ったというエピソードをスタッフの方からうかがったことがあります。

大熊　芝居が上手くいっているのになんで止めるんやと、そう思ったんでしょうね。別に光が入ったって、顔が潰れてしまうんだったら別ですが、そんなことはあんまり気にならん。そういう意味で「なんで止めるんや」って言ったんだと思いますけど。やっぱり芝居がしっかりしてないと、なんぼいいホンで映像がよくてもおもしろくないですからね。それを表現するのは、けっきょく役者が上手くないと。

――1977年の『新必殺仕置人』がシリーズ最後の監督作になります。

大熊　山﨑さんと嘉葎雄さんと飲みに行って、グダグダになるまで話をしたり、そうやって仲良く仕事をしたことしか覚えてないですね。嵐寛寿郎さんの回（第11話「助人無用」）、あれは当時アラカンがまた話題になってたんですよ。それで山内がゲストに呼んだんだと思います。そのあとかな、山内はアラカンさん本人でドラマを作ってますよ（『鞍馬天狗の「家」』）。

新しい仕事を開拓するために東京に行ったんです

――大熊監督が必殺シリーズを離れた理由は？

大熊　トラブルがあって降ろされたとか、そういうことではないですね。そのころ会社の方針で、東京から俳優を呼びよせたりスタッフの人件費もふくめての予算がバカにならないので、全国ネットの番組は東京で作ることになったんです。ちょうど山内の変貌にも嫌気が差していたので、ぼくは志願して東京に行きました。連続ドラマ、2時間ドラマ、ドキュメンタリー、情報番組、海外取材番組となんでも担当して、TBSの貸しスタジオや渋谷ビデオスタジオ、にっかつ、国際放映などを駆けめぐりました。「よろこんで」と言ったらおかしいですけど、新しい仕事を開拓するために東京に行ったんです。

『必殺』の中盤くらいから山内のやり方にぼくや松本は批判的でした。外注になってくると、いろいろと利害関係が変わってくるんです。山内とは親しかったから「なんで松竹の言いなりになるんだ」というようなことを言って、そのへんからだんだん関係が悪くなっていったように思います。山内は自分でホンを書いたりしてたじゃない。どうも、そのあたりもね。長期に外注するということは、なにかしらの問題は出てきますよ。それはテレビ界だけじゃなく一般社会でも同じです。だいたい局の人間なんて純粋培養で育ってますから……ぼくや松本が批判していたのはそういうことです。毒されるまでは仕事本位の人やったけど、自分が行きたい温泉を目当てに土曜ワイド劇場で混浴露天風呂のシリーズを続けたりね（笑）。それはもう、ある種の接待ですよ。

――朝日放送創立30周年記念ドラマ『額田女王』（80年）も山内プロデューサーとのコンビ作、京都映画と大阪東通の共同制作でした。

大熊　5時間ドラマだから、あの当時ですごい金を使ったし、キャスティングもすごかった。岩下志麻、京マチ子、三國連太郎、藤田まこと、近藤正臣、松平健……それと撮影が大変でした。40日くらい奈良に行ったり、京都もあちこち行って、強行スケジュールやったな。大阪に四天王寺という古いお寺があって、そこを貸し切りにしたり。

ビデオ撮りでカメラは石原、照明は中島、『額田女王』は京都映画に直接発注するということをやったわけです。わたしは監督の立場だから、山内と松竹との間でどんな話があったのかは知りません。なにかあったのかは知りませんけど、当然あるでしょう（笑）。

——後年、土曜ワイド劇場で『ジャンボ宝くじ1億5千万円が当たった女！連続殺人』（98年）を手がけていますが、これが最後の監督作でしょうか？

大熊　そうです。定年後に朝日放送と3年契約をしていまして、そのうちの1本ですね。これを最後にサラリーマンディレクターをやめようと決めていました。この作品もそうでしたが、けっきょく京都映画というのは石原・中島コンビとの出会いがいちばん印象が強いですよ。

わたしはね、とくにサラリーマンとして出世の対象にもなりませんでしたけど、まぁ自由に生きさせてもろうただけです（笑）。出世や権力、そっちに重点を置いたら、ものを作る仕事なんてできませんよ。

大熊邦也

［おおくま・くにや］

1935年兵庫県生まれ。早稲田大学卒業後、58年に朝日放送入社。ラジオドラマを経てテレビドラマを数多く演出する。おもな作品に『坊の岬物語』『助左衛門四代記』『戦国艶物語』『女人平家』『必殺仕掛人』『天皇の世紀』ほか。79年に『葉蔭の露』で芸術祭賞大賞を受賞。朝日放送創立30周年記念作品『額田女王』などの長時間ドラマを演出し、プロデューサーとして土曜ワイド劇場やドキュメンタリー番組を担当した。

校

おわりに

高鳥都

「この本は京都映画の同窓会やな」という言葉を当事者の方からいただいた『必殺シリーズ秘史』から一転、続編の『必殺シリーズ異聞』はバラエティに富んだ内容となりました。意固地なまでに「現場」にこだわった次は、櫻井洋三プロデューサーから大熊邦也監督まで、あらゆる角度からの乱反射でシリーズを見つめてみようと思いましたが、いかがだったでしょうか？

また前回と同じことを書きますが、立東舎の山口一光編集長と京都映画演出部出身の都築一興監督——ふたりの「イッコーさん」とともに作った1冊です。櫻井洋三プロデューサーのロングインタビューは双葉社から刊行されていた『映画秘宝』の連載をもとにしたものであり、この取材が実現したのも都築監督との出会いがきっかけでした。京都のホテルで5時間、89歳のノンストップ語りに圧倒されたのも、もはや懐かしい思い出です。先だっても91歳の櫻井節は健在、ようやく単行本にまとまるまでお待たせいたしました。岡本敦史氏、田野辺尚人氏、『映画秘宝』の歴代担当編集にもたいへんお世話になりました。

新規の取材も90歳前後とご高齢の方が何人もおられ、京阪神や関東各地を回る取材旅行となりました。ご自宅にうかがう機会も多く、それゆえの成果が本書の各所に残されているのではないかと思います。松竹撮影所のみなさんとの再会もうれしく、『必殺仕置人』第1話「いのちを売ってさらし首」を鑑賞しつつのスタッフ座談会という前回『秘史』の取材で果たせなかった企画を実現することができました。１９９５年冬、阪神・淡路大震災の直前に再放送で見た『仕置人』第1話の衝撃たるや。あれぞ原点、いまだに忘れられません。

まずシナリオありき、ホンがなければ現場は成立しない——本書最大のボリュームを占めた脚本家に関しては、すでに亡くなられている方も多く、２００８年に野上龍雄氏のインタビューを行った春日太一氏からは初公開の貴重な記事をご寄稿いただきました。さらに「必殺」研究会・音羽屋の代表であるライターの坂井由人氏には村尾昭氏、安倍徹郎氏、国弘威雄氏、石堂淑朗氏に徹底取材したＬＤ解説書の再録と一部再構成の承諾をいただきました。おふたりとも斯界の先達であり、あらためて感謝申し上げます。また早坂暁氏、南野梅雄監督のご遺族からは故人が残された文章をご提供いただき、みなさまとの事実上の共著として第2弾を世に出すことができました。

そのほか朝日放送テレビ、松竹の両社をはじめ多くの関係者の協力によって完成した３８４ページです。今回も予想を上回る人数となりました。このとおり、あとがきを見開きの2ページ確保できる程度の余裕はできたのですが、やっぱり必殺シリーズ同様ギリギリのスケジュールは変わりませんでした。二度あることは三度ある——そんな保証はありませんが、また、しあわせな旅が待っていることを願いながら「おわりに」の最後とします。

P３７４~３７５の書「必殺」は糸見溪南先生の揮毫によるもの
２０２３年２月５日の取材後に筆を執っていただきました

List

必殺シリーズ一覧

原則として当時の表記に準じる。キャストはクレジット順、脚本・監督は登板順

第1弾
必殺仕掛人
（1972年9月2日～1973年4月14日／全33話）
キャスト■林与一（西村左内）、緒形拳（藤枝梅安）、津坂匡章（千蔵）、太田博之（万吉）、野川由美子（おぎん）、中村玉緒（おくら）、山村聡（音羽屋半右衛門）
スタッフ■制作：山内久司、仲川利久（第13話より）、桜井洋三／原作：池波正太郎／脚本：池上金男、国弘威雄、安倍徹郎、山田隆之、石堂淑朗、早坂暁、松田司、山崎かず子、本田英郎、池田雄一、鈴木安、津田幸夫／監督：深作欣二、三隅研次、大熊邦也、松本明、松野宏軌、長谷和夫

池波正太郎の小説を原作にしたシリーズ第1弾。音羽屋半右衛門を元締に、浪人の西村左内、鍼医者の藤枝梅安が金をもらって、はらせぬ恨みをはらす。光と影のダイナミックな映像に平尾昌晃の音楽がマッチして人気番組となった。

第2弾
必殺仕置人
（1973年4月21日～1973年10月13日／全26話）
キャスト■山崎努（念仏の鉄）、沖雅也（棺桶の錠）、野川由美子（鉄砲玉のおきん）、白木万理（中村りつ）、津坂匡章（おひろめの半次）、高松英郎（天神の小六）、菅井きん（中村せん）、藤田まこと（中村主水）
スタッフ■制作：山内久司、仲川利久、桜井洋三／脚本：野上龍雄、国弘威雄、貞永方久、安倍徹郎、山田隆之、猪又憲吾、浅間虹児、松田司、三芳加也、桜井康裕、勝目貴久、鈴木安、鴨井達比古、松川誠、梅林貴久生／監督：貞永方久、松本明、三隅研次、大熊邦也、松野宏軌、工藤栄一、国原俊明、蔵原惟繕、田中徳三、長谷和夫

シリーズ第2弾にして中村主水が初登場。原作を持たないオリジナル企画であり、元締は存在せず、念仏の鉄や棺桶の錠といった無頼漢が合議制によって虐げられし者の恨みをはらしていく。鉄による骨外しのレントゲンも話題に。

第3弾
助け人走る
（1973年10月20日～1974年6月22日／全36話）
キャスト■田村高廣（中山文十郎）、中谷一郎（辻平内）、野川由美子（お吉）、中山しの（佐野厚子）、龍（宮内洋）、津坂匡章（油紙の利吉）、住吉正博（為吉）、山村聡（清兵衛）
スタッフ■制作：山内久司、仲川利久、桜井洋三／脚本：野上龍雄、国弘威雄、安倍徹郎、ジェームス三木、猪又憲吾、村尾昭、押川国秋、石川孝人、松原佳成、松田司／監督：蔵原惟繕、松野宏軌、三隅研次、工藤栄一、松本明、田中徳三

『仕置人』の放映中に起こった殺人事件の影響でタイトルから〝必殺〟の二文字が外れ、人助けをモチーフにした明るい作風に。第24話でシリーズ初となる仲間の惨死が描かれ、以降は裏稼業を強調したハードボイルドタッチとなった。

第4弾
暗闇仕留人
（1974年6月29日～1974年12月28日／全27話）
キャスト■石坂浩二（糸井貢）、近藤洋介（大吉）、野川由美子（おきん）、津坂匡章（半次）、白木万理（中村りつ）、菅井きん（中村せん）、藤田まこと（中村主水）
スタッフ■制作：山内久司、仲川利久、桜井洋三／脚本：国弘威雄、村尾昭、安倍徹郎、猪又憲吾、下飯坂菊馬、石川孝人、播磨幸治、野上龍雄、松原佳成、久礼秀夫、松田司／監督：工藤栄一、蔵原惟繕、松本明、田中徳三、松野宏軌、高橋繁男、渡邊祐介、三隅研次、倉田準二

藤田まことの中村主水が再登場。オイルショックの世情不安を反映し、黒船来航の幕末が舞台となった。『仕掛人』から連続出演の津坂匡章（現・秋野太作）と野川由美子は本作で降板。西崎みどりの主題歌「旅愁」が大ヒットを記録した。

第5弾
必殺必中仕事屋稼業
（1975年1月4日～1975年6月27日／全26話）
キャスト■緒形拳（半兵衛）、林隆三（政吉）、中尾ミエ（お春）、岡本信人（利助）、大塚吾郎（源五郎）、芹明香（おまき）、草笛光子（せい）
スタッフ■制作：山内久司、仲川利久、桜井洋三／脚本：野上龍雄、村尾昭、下飯坂菊馬、国弘威雄、松原佳成、播磨幸治、石川孝人、素一路、猪又憲吾、大工原正泰、安倍徹郎、横光晃、田上雄、中村勝行／監督：三隅研次、工藤栄一、松本明、松野宏軌、大熊邦也、蔵原惟繕

ギャンブルをテーマに緒形拳が復帰、初の女性元締役に草笛光子が配された。関東は20％、関西は30％超えの高視聴率を記録していたが、第14話より朝日放送がTBSからNET（現・テレビ朝日）の系列となり、土曜22時から金曜22時の放映に。

第6弾
必殺仕置屋稼業
（1975年7月4日～1976年1月9日／全28話）
キャスト■沖雅也（市松）、新克利（印玄）、渡辺篤史（捨三）、小松政夫（亀吉）、中村玉緒（おこう）、白木万理（りつ）、菅井きん（せん）、藤田まこと（中村主水）
スタッフ■制作：山内久司、仲川利久、桜井洋三／脚本：安倍徹郎、田上雄、村尾昭、中村勝行、国弘威雄、素一路、保利吉紀、野上龍雄、横光晃、猪又憲吾／監督：蔵原惟繕、松本明、松野宏軌、大熊邦也、三隅研次、工藤栄一、渡邊祐介、田中徳三

『仕事屋稼業』放映中に腸捻転解消（ネットチェンジ）が行われた影響で、視聴率は半分以下にまで下落。人気の高かった中村主水が再々登板、沖雅也がクールで美しき殺し屋・市松を演じ、全体に華やかな雰囲気のシリーズとなった。

第7弾
必殺仕業人
（1976年1月16日～1976年7月23日／全28話）
キャスト■中村敦夫（赤井剣之介）、大出俊（やいとや又右衛門）、中尾ミエ（お歌）、渡辺篤史（捨三）、菅井きん（せん）、白木万理（りつ）、藤田まこと（中村主水）
スタッフ■制作：山内久司、仲川利久、桜井洋三／脚本：安倍徹郎、田上雄、野上龍雄、中村勝行、保利吉紀、国弘威雄、猪又憲吾、村尾昭、松田司、横光晃、南谷ヒロミ／監督：工藤栄一、松本明、蔵原惟繕、大熊邦也、松野宏軌、渡邊祐介、高坂光幸

『仕置屋稼業』に続いて、藤田まことが連続出演。降格処分を受けた中村主水は、小伝馬町の牢屋見廻り同心に。貧しい暮らしのなか、無宿のワケあり男女やドライな仲間と組んで、毎週これでもかと殺伐としたストーリーが繰り広げられる。

第8弾
必殺からくり人
（1976年7月30日～1976年10月22日／全13話）
キャスト■緒形拳（夢屋時次郎）、森田健作（仕掛の天平）、ジュディ・オング（花乃屋とんぼ）、芦屋雁之助（八尺の藤兵ヱ）、間寛平（八寸のへろ松）、山田五十鈴（花乃屋仇吉）
スタッフ■制作：山内久司、仲川利久、桜井洋三／脚本：早坂暁、中村勝行、保利吉紀／監督：蔵原惟繕、工藤栄一、大熊邦也、松野宏軌

山田五十鈴がレギュラー入りを果たして元締に。「わたしたちは涙としか手を組まない」として依頼人から金を受け取らず、現代パートからドラマをスタートさせて江戸時代の史実と関連づけるなど、初のワンクール企画に実験を織り込んだ。

第9弾
必殺からくり人　血風編
（1976年10月29日～1977年1月14日／全11話）
キャスト■山崎努（土左ヱ門）、浜畑賢吉（直次郎）、ピーター（新之介）、吉田日出子（おいね）、熊谷隊長（桑山正一）、草笛光子（おりく）
スタッフ■制作：山内久司、仲川利久、桜井洋三／脚本：村尾昭、安倍徹郎、神代辰巳、保利吉紀、中村勝行、大和屋竺、播磨幸治、貞永方久、水原明人、工藤栄一／監督：蔵原惟繕、工藤栄一、貞永方久、渡邊祐介、松野宏軌

幕末の動乱を舞台にした全11話の異色作。『仕置人』で念仏の鉄を演じた山崎努が土左ヱ門なる正体不明の密偵として銃をぶっ放す。必殺シリーズの撮影を手がけてきた石原興が不参加という唯一の連続枠である。

第10弾
新必殺仕置人
（1977年1月21日～1977年11月4日／全41話）
キャスト■藤田まこと（中村主水）、中村嘉律雄（巳代松）、火野正平（正八）、中尾ミエ（おてい）、河原崎建三（死神）、藤村富美男（元締虎）、菅井きん（せん）、白木万理（りつ）、山崎努（念仏の鉄）、
スタッフ■制作：山内久司、仲川利久、桜井洋三／脚本：野上龍雄、村尾昭、安倍徹郎、中村勝行、大和屋竺、保利吉紀、松原佳成、松田司、嵯峨忍、和久田正明、岡本克己、古市東洋司、疋田哲夫、志村正浩／監督：工藤栄一、松野宏軌、大熊邦也、高坂光幸、渡邊祐介、原田雄一

中村主水としてシリーズを支えてきた藤田まことがクレジットのトップに。山崎努演じる念仏の鉄が復活し、闇の殺し屋組織「寅の会」が登場する。主水、鉄、巳代松、正八、おていという五人組のチームワークも抜群の自由気ままな人気作。

第11弾
新必殺からくり人
（1977年11月18日～1978年2月10日／全13話）
キャスト■近藤正臣（蘭兵衛／高野長英）、古今亭志ん朝（噺し家塩八）、ジュディ・オング（小駒）、緒形拳（安藤広重）、芦屋雁之助（ブラ平）、山田五十鈴（泣き節お艶）
スタッフ■制作：山内久司、仲川利久、桜井洋三／脚本：早坂暁、野上龍雄、安倍徹郎、村尾昭、保利吉紀、中村勝行／監督：工藤栄一、蔵原惟繕、南野梅雄、松野宏軌、森崎東

安藤広重の浮世絵「東海道五十三次」を使って毎週トリッキーな殺しの依頼を絵に仕込み、シリーズ初の〝旅もの〟として基礎を作りあげた。泣き節お艶一座に実在の人物である高野長英が殺し屋として加入するという奇想も見どころ。

第12弾
江戸プロフェッショナル
必殺商売人
（1978年2月17日～1978年8月18日／全26話）
キャスト■藤田まこと（中村主水）、梅宮辰夫（新次）、火野正平（正八）、鮎川いづみ（秀英尼）、菅井きん（せん）、白木万理（りつ）、草笛光子（おせい）
スタッフ■制作：山内久司、仲川利久、桜井洋三／脚本：野上龍雄、安倍徹郎、中村勝行、岡本克己、長田紀生、保利吉紀、国弘威雄、原田雄一、松原佳成、南谷ヒロミ、辻良／監督：工藤栄一、渡邊祐介、松野宏軌、原田雄一、高坂光幸、石原興、南野梅雄

『新仕置人』の続編。ふたつのチームが反目しながら殺しのプロフェッショナルとして悪を裁く。りつの懐妊による主水の葛藤が見もの。カラオケなど世相のパロディ化を強め、音楽が平尾昌晃から森田公一に交代して雰囲気も一変。

第13弾
必殺からくり人　富嶽百景殺し旅
（1978年8月25日～1978年11月24日／全14話）
キャスト■沖雅也（唐十郎）、芦屋雁之助（宇蔵）、高橋洋子（うさぎ／第4話まで）、真行寺君枝（うさぎ／第5話より）、江戸屋小猫（鈴平）、吉田日出子（おえい）、小沢栄太郎（葛飾北斎）、山田五十鈴（出雲のお艶）
スタッフ■制作：山内久司、仲川利久、桜井洋三／脚本：早坂暁、神波史男、国弘威雄、吉田剛、保利吉紀、山浦弘靖、松原佳成、武末勝、荒馬間／監督：黒木和雄、松野宏軌、工藤栄一、石原興、高坂光幸、原田雄一

葛飾北斎が描いた浮世絵「富嶽百景」（正しくは「富嶽三十六景」）をモチーフにした旅もの。『新からくり人』の延長線上にあるフォーマットであり、山田五十鈴や芦屋雁之助が続投。沖雅也が仕込み釣り竿を駆使する唐十郎を演じた。

第14弾
翔べ！必殺うらごろし
（1978年12月8日～1979年5月11日／全23話）
キャスト■中村敦夫（先生）、和田アキ子（若）、火野正平（正十）、鮎川いづみ（おねむ）、市原悦子（おばさん）
スタッフ■制作：山内久司、仲川利久、桜井洋三／脚本：野上龍雄、石川孝人、吉田剛、保利吉紀、猪又憲吾、山浦弘靖、荒馬間、白石裕巳／監督：森崎東、松野宏軌、工藤栄一、原田雄一、高坂光幸

当時のオカルトブームを反映した作風であり、アウトサイダーぞろいの異色作。各話ごとに怪奇現象が登場し、その謎を解きながら恨みをはらす旅が続く。第1話のタイトル「仏像の眼

から血の涙が出た」でおわかりいただけるだろうか。

第15弾
必殺仕事人

（1979年5月18日〜1981年1月30日／全84話）

キャスト■藤田まこと（中村主水）、伊吹吾郎（畷左門）、三田村邦彦（秀）、山田隆夫（半吉）、鮎川いづみ（加代）、三島ゆり子（おしま）、菅井きん（せん）、白木万理（りつ）、中村鴈治郎（鹿蔵）、山田五十鈴（おとわ）、木村功（六蔵）
スタッフ■制作：山内久司、仲川利久、桜井洋三／脚本：野上龍雄、尾中洋一、石森史郎、山浦弘靖、貞永方久、高坂光幸、吉田剛、松田司、石川孝人、国弘威雄、和久田正明、武末勝、南谷ヒロミ、松原佳成、筒井ともみ、東乃秋晶、大津一郎、林企太子、長瀬未代子／監督：松野宏軌、貞永方久、原田雄一、工藤栄一、山下耕作、高坂光幸、田中徳三、都築一興、石井輝男、岡本静夫、長谷川安人、井上梅次、家喜俊彦

『うらごろし』の視聴率低迷から原点回帰を目指して中村主水が復活し、全84話の大ヒット作に。飾り職人の秀を演じた三田村邦彦の人気が高まり、ドラマのパターン化が促進。音楽の平尾昌晃も復帰し現在まで続く仕事人シリーズの礎となった。

第16弾
必殺仕舞人

（1981年2月6日〜1981年5月1日／全13話）

キャスト■京マチ子（坂東京山）、本田博太郎（直次郎）、西崎みどり（おはな）、小柳圭子（おまつ）、原泉（善行尼）、高橋悦史（晋松）
スタッフ■プロデューサー：山内久司（第5話より「制作」）、仲川利久、桜井洋三／脚本：野上龍雄、吉田剛、保利吉紀、筒井ともみ、長瀬未代子、石森史郎、林企太子／監督：工藤栄一、松野宏軌、原田雄一、都築一興、黒田義之、井上梅次

京マチ子が初主演。各地をめぐる民謡手踊りの一座が、駆け込み寺に託された女の恨みをはらしていく。本作のスタート前に放送されたシリーズ初のスペシャルドラマ『特別編必殺仕事人 恐怖の大仕事』にも主人公の坂東京山が登場した。

第17弾
新必殺仕事人

（1981年5月8日〜1982年6月25日／全55話）

キャスト■藤田まこと（中村主水）、三田村邦彦（秀）、中条きよし（勇次）、鮎川いずみ（加代）、菅井きん（せん）、白木万理（りつ）、山田五十鈴（おりく）
スタッフ■制作：山内久司／プロデューサー：仲川利久、桜井洋三／脚本：野上龍雄、保利吉紀、石森史郎、工藤栄一、長瀬未代子、林企太子、南谷ヒロミ、高山由紀子、吉田剛、望木倶東子、高橋稔、篠崎好、福岡恵子、田上雄、松原佳成、藤城洋子、仁多雪郎、正中恵、加田藤穂／監督：貞永方久、松野宏軌、田中徳三、前田陽一、井上梅次、工藤栄一、水川淳三、松本明、黒田義之、松尾昭典、山本邦彦、水野純一郎

『仕事人』に続いて秀役の三田村邦彦が出演。新キャラクターとして、中条きよしがクールな三味線屋の勇次を演じた。主水・秀・勇次の3人は必殺シリーズを象徴するキャラクターとなり、ラストの中村家コントも定着した。

第18弾
新必殺仕舞人

（1982年7月2日〜1982年9月24日／全13話）

キャスト■京マチ子（坂東京山）、本田博太郎（直次郎）、西崎みどり（おはな）、花紀京（権太）、原泉（善行尼）、高橋悦史（晋松）
スタッフ■制作：山内久司／プロデューサー：仲川利久、桜井洋三／脚本：吉田剛、石森史郎、南谷ヒロミ、篠崎好、松原佳成、加田藤穂／監督：前田陽一、井上梅次、水川淳三、津島勝、田中徳三、松野宏軌

『仕舞人』の続編。坂東京山がふたたび殺しの旅路に。仕事の依頼方法は変更されたが、基本的なコンセプトは同じ、安心安定の旅ものシリーズとなった。高橋悦次演じる晋松の殺し技は頸動脈切断から拍子木での絞殺に変更された。

第19弾
必殺仕事人Ⅲ

（1982年10月8日〜1983年7月1日／全38話）

キャスト■藤田まこと（中村主水）、三田村邦彦（秀）、鮎川いずみ（加代）、ひかる一平（西順之助）、白木万理（りつ）、菅井きん（せん）、中条きよし（勇次）、山田五十鈴（おりく）
スタッフ■制作：山内久司／プロデューサー：仲川利久（第12話まで）、辰野悦央（第9話より）、桜井洋三／脚本：吉田剛、篠崎好、加田藤穂、石森史郎、仁多雪郎、三田純市、保利吉紀、中原朗、鶉野昭彦、林千代、萩田寛子／監督：田中徳三、松野宏軌、八木美津雄、黒田義之、貞永方久、家喜俊彦、水野純一郎、関本郁夫、広瀬襄、都築一興

必殺シリーズの人気絶頂を象徴する作品であり、第21話は歴代最高視聴率の37・1％を記録。ひかる一平演じる受験生の西順之助が仲間入りして賛否両論、何でも屋の加代役の鮎川いずみによる主題歌「冬の花」もヒット作となった。

第20弾
必殺渡し人

（1983年7月8日〜1983年10月14日／全13話）

キャスト■中村雅俊（惣太）、渡辺篤史（大吉）、藤山直美（お直）、西崎みどり（お沢）、高峰三枝子（鳴滝忍）
スタッフ■制作：山内久司／プロデューサー：辰野悦央、桜井洋三／脚本：吉田剛、篠崎好、中原朗、鶉野昭彦、三田純市、津島勝、萩田寛子／監督：田中徳三、原田雄一、松野宏軌、八木美津雄、津島勝、山根成之

シリーズ初参加の中村雅俊が主演、高峰三枝子が元締役に。ワンクール枠の旅ものシリーズから一転して舞台は江戸、主人公たちの長屋を中心にドラマが展開する。色ごとをめぐる事件が多く、ほかのシリーズに比べてエロティックな描写が連発された。

第21弾
必殺仕事人Ⅳ

（1983年10月21日〜1984年8月24日／全43話）

キャスト■藤田まこと（中村主水）、三田村邦彦（秀）、鮎川いずみ（加代）、ひかる一平（西順之助）、白木万理（りつ）、菅井きん（せん）、中条きよし（勇次）、山田五十鈴（おりく）
スタッフ■制作：山内久司／プロデューサー：辰野悦央、桜井洋三／脚本：吉田剛、鶉野昭彦、篠崎好、林千代、中原朗、保利吉紀、野上龍雄、三田純市／監督：田中徳三、原田雄一、広瀬襄、家喜俊彦、松野宏軌、黒田義之、八木美津雄

『仕事人Ⅲ』の続編。必殺シリーズの人気の勢いはテレビに留まらず、劇場用映画『必殺！THE HISSATSU』（84年）が公開されてヒットを記録、これまたシリーズとなった。ドラマ本編にはUFOらしきものやエリマキトカゲが登場した。

第22弾
必殺仕切人

（1984年8月31日〜1984年12月28日／全18話）

キャスト■京マチ子（お国）、小野寺昭（新吉）、西崎みどり（お清）、芦屋雁之助（勘平）、高橋悦史（龍之助）、中条

きよし（勇次）
スタッフ■制作：山内久司／プロデューサー：辰野悦央、桜井洋三／脚本：吉田剛、保利吉紀、中原朗、林千代、篠崎好、鶉野昭彦、三田純市／監督：松野宏軌、家喜俊彦、広瀬襄、八木美津雄、田中徳三

前作『仕事人Ⅳ』に続いて、中条きよし演じる三味線屋の勇次が登場。女性の元締というフォーマットは崩されず、京マチ子が三度目の出演を果たした。「もしもお江戸にピラミッドがあったら」など世相のパロディはどんどん加速する。

第23弾
必殺仕事人Ｖ

（1985年1月11日〜1985年7月26日／全26話）
キャスト■藤田まこと（中村主水）、鮎川いずみ（何でも屋の加代）、京本政樹（組紐屋の竜）、ひかる一平（西順之助）、白木万理（りつ）、村上弘明（花屋の政）、菅井きん（せん）、山田五十鈴（おりく）
スタッフ■制作：山内久司／プロデューサー：辰野悦央、桜井洋三／脚本：吉田剛、篠崎好、保利吉紀、中原朗、林千代、鶉野昭彦、三田純市／監督：広瀬襄、八木美津雄、田中徳三、松野宏軌、黒田義之、津島勝、家喜俊彦

組紐屋の竜を演じる京本政樹と花屋の政を演じる村上弘明がレギュラー入り、秀と勇次のコンビに続いてアイドル的人気を得た。山田五十鈴演じるおりくの最終作。藤田まことの娘・藤田絵美が主題歌「さよならさざんか」を歌った。

第24弾
必殺橋掛人

（1985年8月2日〜1985年11月8日／全13話）
キャスト■津川雅彦（柳次）、宅麻伸（新吉）、斉藤清六（松）、西崎みどり（お光）、萬田久子（おくら）
スタッフ■制作：山内久司／プロデューサー：辰野悦央、桜井洋三／脚本：吉田剛、野上龍雄、保利吉紀、篠崎好、中原朗、林千代、石森史郎／監督：工藤栄一、松野宏軌、津島勝、黒田義之

『新必殺からくり人』のように、ある手がかりをもとに事件が明らかにされるフォーマット。初期シリーズでインパクトあふれる悪役を何度も演じてきた津川雅彦を主人公に、シリアスな展開と凝った殺し技で全13話をまっとうした。

第25弾
必殺仕事人Ｖ　激闘編

（1985年11月15日〜1986年7月25日／全33話）
キャスト■藤田まこと（中村主水）、鮎川いずみ（何でも屋の加代）、京本政樹（組紐屋の竜）、村上弘明（鍛冶屋の政）、白木万理（りつ）、菅井きん（せん）、笑福亭鶴瓶（参）、梅沢富美男（弐）、柴俊夫（壱）
スタッフ■制作：山内久司／プロデューサー：辰野悦央、桜井洋三／脚本：吉田剛、保利吉紀、石川孝人、篠崎好、宮崎晃、中原朗、林千代、鶉野昭彦、足達りつこ、田上雄／監督：工藤栄一、松野宏軌、田中徳三、小原宏裕、津島勝、原田雄一、藤井克彦、水川淳三、都築一興

ハードボイルドな作風への原点回帰を目指し、マンネリ化に抵抗。はぐれ仕事人の壱、弐、参も加わり、ハード路線で始まったが、途中からは従来のパターンへと修正された。メンバーが多いので、殺しのシーンが長いのも特色のひとつ。

第26弾
必殺まっしぐら！

（1986年8月8日〜1986年10月31日／全12話）
キャスト■三田村邦彦（秀）、秋野暢子（桂馬のお銀）、大沢樹生（さぶ）、菅原昌子（若紫）、笑福亭鶴瓶（高天原綾麻呂）、西郷輝彦（香車の東吉）
スタッフ■制作：山内久司／プロデューサー：辰野悦央、桜井洋三／脚本：篠崎好、中原朗、石川孝人、保利吉紀、田上雄、江科利夫／監督：工藤栄一、原田雄一、松野宏軌、津島勝、水川淳三

三田村邦彦演じる飾り職人の秀を主役にした旅もの。当時、大ヒットしていたファミコンソフト『スーパーマリオブラザーズ』をモチーフに、秀がマリオ、恋人の若紫をピーチ姫として、各話ごとにミステリ仕立てのドラマが構築された。

第27弾
必殺仕事人Ｖ　旋風編

（1986年11月7日〜1987年3月6日／全14話）
キャスト■藤田まこと（中村主水）、村上弘明（鍛冶屋の政）、出門英（夜鶴の銀平）、かとうかずこ（便利屋お玉）、ひかる一平（西順之助）、白木万理（りつ）、菅井きん（せん）
スタッフ■制作：山内久司／プロデューサー：奥田哲雄、辰野悦央、桜井洋三／脚本：田上雄、保利吉紀、中原朗、林千代、篠崎好、安倍徹郎、吉田剛／監督：工藤栄一、水川淳三、田中徳三、松野宏軌、原田雄一、石原興

何でも屋の加代に代わって便利屋お玉が登場。中村主水は百軒長屋の番人に。後期の必殺シリーズらしい世相のパロディを盛り込み、当初は全26話を予定していたが視聴率は低迷、主水ものとしては異例の全14話で打ち切りとなった。

第28弾
必殺仕事人Ｖ　風雲竜虎編

（1987年3月13日〜1987年7月31日／全19話）
キャスト■藤田まこと（中村主水）、村上弘明（鍛冶屋の政）、かとうかずこ（お玉）、桂朝丸（絵馬坊主の蝶丸）、白木万理（りつ）、菅井きん（せん）、三浦友和（かげろうの影太郎）
スタッフ■制作：山内久司／プロデューサー：奥田哲雄、辰野悦央、桜井洋三／脚本：吉田剛、保利吉紀、篠崎好、鶉野昭彦、中原朗／監督：工藤栄一、原田雄一、松野宏軌、水川淳三、山根成之

『旋風編』の打ち切りによって制作。三浦友和が南京玉すだれを駆使する仕事人に。視聴率はやや持ち直したが、次作『必殺剣劇人』をもって『必殺仕掛人』以来15年続いた必殺シリーズのレギュラー放送は終了することが決定した。

第29弾
必殺剣劇人

（1987年8月8日〜1987年9月25日／全8話）
キャスト■近藤正臣（カルタの綾太郎）、田中健（早縄の清次）、工藤夕貴（お七）、二宮さよ子（お歌）、あおい輝彦（すたすたの松坊主）
スタッフ■制作：山内久司／プロデューサー：奥田哲雄、辰野悦央、桜井洋三／脚本：吉田剛、篠崎好、田上雄、保利吉紀／監督：石原興、津島勝、水川淳三、山根成之

連続ドラマ枠の必殺シリーズいったんの最終作。モノクロ・サイレントのチャンバラ映画を彷彿させる作風で、これまでの作品と異なりケレン味あふれる大立ち回りが繰り広げられた。最終回「あばよ！」には中村主水が登場し、殺しのシーンでは過去作を露骨にオマージュ、必殺シリーズこれにてお仕舞いを強調した。

第30弾
必殺仕事人　激突！

（1991年10月8日〜1992年3月24日／全21話）
キャスト■出演：藤田まこと（中村主水）、中村橋之助（夢次）、菅井きん（せん）、白木万理（りつ）、光本幸子（お歌）、滝田栄（山田朝右衛門）、酒井和歌子（初瀬）、三田村邦彦（秀）
スタッフ■制作：山内久司、櫻井洋三／プロデューサー：福永喜夫、高橋信仁、武田功／脚本：吉田剛、中村勝行、篠崎好、高山由紀子、保利吉紀、田上雄、いずみ玲、鴨井達比古、中原朗、佐藤五月／監督：原田雄一、石原興、松野宏軌、吉田啓一郎、津島勝

4年ぶりに連続枠で復活したシリーズ第30弾、放送時間は火曜21時に変更された。仕事人狩りのために組織された「覆面組」との死闘から始まり、その後は従来のパターンに。フィルム撮影ながらビデオ仕上げで画のトーンも変化した。

第31弾
必殺仕事人2009

（2009年1月9日〜2009年6月26日／全22話）
キャスト■東山紀之（渡辺小五郎）、松岡昌宏（経師屋の涼次）、大倉忠義（からくり屋の源太）、田中聖（仕立て屋の匳）、谷村美月（如月）、野際陽子（こう）、中越典子（ふく）、菅井きん（せん）、白木万理（りつ）、和久井映見（花御殿のお菊）、藤田まこと（中村主水）
スタッフ■企画：山本晋也、亀山慶二／チーフプロデューサー：森山浩一／プロデューサー：内山聖子、柴田聡、山川秀樹、武田功、三好英明／脚本：寺田敏雄、岡本さとる、前川洋一、森下直、後藤法子、瀧本智行／監督：石原興、原田徹、酒井信行、山下智彦、井上昌典

東山紀之演じる渡辺小五郎を主役にした大型ドラマ『必殺仕事人2007』でシリーズ復活。朝日放送・松竹にテレビ朝日が加わり、その2年後に17年ぶりの連ドラ版が作られた。撮影はフィルムからデジタルに、藤田まことと演じる中村主水最後の大仕事となった。そして2023年現在までスペシャル版が続いている。

放映時間
毎週土曜日22:00〜
『必殺仕掛人』〜『必殺必中仕事屋稼業』第13話
毎週金曜日22:00〜
『必殺必中仕事屋稼業』第14話〜『必殺剣劇人』
毎週火曜日21:00〜
『必殺仕事人　激突！』
毎週金曜日21:00〜
『必殺仕事人2009』

制作：朝日放送、松竹
制作協力（製作協力）：京都映画　『必殺仕掛人』〜『必殺仕事人　激突！』
制作：朝日放送、テレビ朝日、松竹
製作協力：松竹京都撮影所
『必殺仕事人2009』

テレビスペシャル

特別編必殺仕事人 恐怖の大仕事 水戸・尾張・紀伊
（1981年1月2日）
脚本：野上龍雄、大津一郎、筒井ともみ／監督：工藤栄一／主演：藤田まこと

必殺シリーズ10周年記念スペシャル 仕事人大集合
（1982年10月1日）
脚本：野上龍雄、高山由紀子／監督：工藤栄一／主演：藤田まこと

㊙必殺現代版 主水の子孫が京都に現われた 仕事人vs暴走族
（1982年12月31日）
脚本：吉田剛／監督：石原興／主演：藤田まこと

年忘れ必殺スペシャル 仕事人アヘン戦争へ行く 翔べ！熱気球よ香港へ
（1983年12月30日）
脚本：吉田剛／監督：松野宏軌／主演：藤田まこと

必殺仕事人意外伝 主水、第七騎兵隊と闘う 大利根ウエスタン月夜
（1985年1月4日）
脚本：吉田剛／監督：石原興／主演：藤田まこと

新装㊙必殺現代版 東京六本木・京都円山公園・大阪梅田 3元仕事人ナマ中継
（1985年10月4日）
脚本：吉田剛／監督：石原興／主演：藤田まこと

当たるトラ年！今年も大躍進 必殺&タイガース
（1986年1月3日）
構成：保利吉紀、本田順一／ディレクター：森本茂樹、山口信哉／主演：藤田まこと

新春仕事人スペシャル 必殺忠臣蔵
（1987年1月2日）
脚本：田上雄／監督：工藤栄一／主演：藤田まこと

必殺仕事人ワイド 大老殺し 下田港の殺し技珍プレー好プレー
（1987年10月2日）
脚本：吉田剛／監督：松野宏軌／主演：藤田まこと

必殺ワイド・新春 久しぶり！主水、夢の初仕事 悪人チェック!!
（1988年1月8日）
脚本：田上雄／監督：山根成之／主演：藤田まこと

お待たせ必殺ワイド 仕事人vs秘拳三日殺し軍団 主水、競馬で大穴を狙う!?
（1988年9月30日）
脚本：吉田剛／監督：原田雄一／主演：藤田まこと

必殺スペシャル・新春 決定版！大奥、春日野局の秘密 主水、露天風呂で初仕事
（1989年1月3日）
脚本：吉田剛／監督：石原興／主演：藤田まこと

必殺スペシャル・春一番 仕事人、京都へ行く 闇討人の謎の首領！
（1989年3月30日）
脚本：田上雄／監督：石原興／主演：藤田まこと

必殺スペシャル・秋 仕事人vs仕事人 徳川内閣大ゆれ！主水にマドンナ
（1989年10月6日）
脚本：保利吉紀／監督：松野宏軌／主演：藤田まこと

必殺スペシャル・新春 大暴れ仕事人！横浜異人屋敷の決闘
（1990年1月3日）
脚本：安倍徹郎／監督：松野宏軌／主演：藤田まこと

必殺スペシャル・春 勢ぞろい仕事人！春雨じゃ、悪人退治
（1990年4月6日）
脚本：保利吉紀／監督：石原興／主演：藤田まこと

必殺スペシャル・秋！仕事人vsオール江戸警察
（1990年10月5日）
脚本：保利吉紀／監督：原田雄一／主演：藤田まこと

必殺スペシャル・春 世にも不思議な大仕事 主水と秀 香港・マカオで大あばれ
（1991年4月5日）
脚本：吉田剛、中村勝行／監督：原田雄一／主演：藤田まこと

必殺スペシャル・新春 せんりつ誘拐される、主水どうする？江戸政界の黒幕と対決！純金のカラクリ座敷
（1992年1月2日）
脚本：保利吉紀／監督：松野宏軌／主演：藤田まこと

必殺仕事人2007
（2007年7月7日）
脚本：寺田敏雄／監督：石原興／主演：東山紀之

必殺仕事人2009 新春スペシャル
（2009年1月4日）
脚本：寺田敏雄／監督：石原興／主演：東山紀之

必殺仕事人2010
（2010年7月10日）
脚本：森下直／監督：石原興／主演：東山紀之

必殺仕事人2012
（2012年2月19日）
脚本：寺田敏雄／監督：石原興／主演：東山紀之

必殺仕事人2013
（2013年2月17日）
脚本：寺田敏雄／監督：石原興／主演：東山紀之

必殺仕事人2014
（2014年7月27日）
脚本：寺田敏雄／監督：石原興／主演：東山紀之

必殺仕事人2015
（2015年11月29日）
脚本：寺田敏雄／監督：石原興／主演：東山紀之

必殺仕事人2016
（2016年9月25日）
脚本：寺田敏雄／監督：石原興／主演：東山紀之

必殺仕事人
（2018年1月7日）
脚本：寺田敏雄／監督：石原興／主演：東山紀之

必殺仕事人2019
（2019年3月10日）
脚本：寺田敏雄／監督：石原興／主演：東山紀之

必殺仕事人2020
（2020年6月28日）
脚本：西田征史／監督：石原興／主演：東山紀之

必殺仕事人
（2022年1月9日）
脚本：西田征史／監督：石原興／主演：東山紀之

必殺仕事人
（2023年1月8日）
脚本：西田征史／監督：石原興／主演：東山紀之

劇場用映画

『必殺仕掛人』
（1973年6月9日公開／松竹）
原作：池波正太郎／脚本：安倍徹郎、渡邊祐介／監督：渡邊祐介／主演：田宮二郎

『必殺仕掛人 梅安蟻地獄』
（1973年9月29日公開／松竹）
原作：池波正太郎／脚本：宮川一郎、渡邊祐介／監督：渡邊祐介／主演：緒形拳

『必殺仕掛人 春雪仕掛針』
（1974年2月16日公開／松竹）
原作：池波正太郎／脚本：安倍徹郎／監督：貞永方久／主演：緒形拳

『必殺！THE HISSATSU』
（1984年6月16日公開／松竹・朝日放送）
脚本：野上龍雄、吉田剛／監督：貞永方久／主演：藤田まこと

『必殺！ブラウン館の怪物たち』
（1985年6月29日公開／松竹・朝日放送）
脚本：吉田剛／監督：広瀬襄／主演：藤田まこと

『必殺！Ⅲ 裏か表か』
（1986年5月24日公開／松竹・朝日放送・京都映画）
脚本：野上龍雄、保利吉紀、中村勝行／監督：工藤栄一／主演：藤田まこと

『必殺4 恨みはらします』
（1987年6月6日公開／松竹・朝日放送・京都映画）
脚本：野上龍雄、深作欣二、中原朗／監督：深作欣二／主演：藤田まこと

『必殺！5 黄金の血』
（1991年12月23日公開／松竹・朝日放送・京都映画）
脚本：吉田剛／監督：舛田利雄／主演：藤田まこと

『必殺！主水死す』
（1996年5月25日公開／松竹・松竹京都映画）
脚本：吉田剛／監督：貞永方久／主演：藤田まこと

『必殺始末人』
（1997年3月1日公開／衛生劇場）
脚本：鈴木生朗／監督：石原興／主演：田原俊彦

『必殺！三味線屋・勇次』
（1999年2月11日公開／松竹京都映画・グランプリ・ミュージアム）
脚本：野上龍雄／監督：石原興／主演：中条きよし

※映画『仕掛人』三部作は松竹大船による製作で京都映画のスタッフは関わっていない

オリジナルビデオシネマ

『必殺始末人Ⅱ 乱れ咲く女役者の夢舞台』
（1998年1月25日リリース／衛生劇場）
脚本：大津一瑯／監督：石原興／主演：田原俊彦

『必殺始末人Ⅲ 地獄に散った花びら二枚』
（1998年2月25日リリース／衛生劇場）
脚本：綾部伴子／監督：松島哲也／主演：田原俊彦

※そのほかの必殺シリーズとして舞台や劇画などがある。

協力　朝日放送テレビ株式会社
株式会社ABCフロンティア
松竹株式会社
株式会社松竹撮影所
合同会社オフィス秘宝
協同組合日本シナリオ作家協会
協同組合日本脚本家連盟
梨子田章敏
星 光一

企画協力　都築一興

写真協力　牧野譲

写真提供　ABCテレビ・松竹
（P002、P015、P025、P033、P060上、P081、P109、
P135、P153、P197、P235、P255、P279、P309、
P325、P337、P369、カバー）

デザイン／DTP　木村由紀（MdN Design）

担当編集　山口一光

必殺シリーズ異聞　27人の回想録

2023年 4月21日　第1版1刷発行
2023年 5月21日　第1版2刷発行

著者　高鳥都

発行人　松本大輔
編集人　野口広之

発行　立東舎
発売　株式会社リットーミュージック
〒101-0051
東京都千代田区神田神保町
一丁目105番地

印刷・製本　株式会社シナノ

【本書の内容に関するお問い合わせ先】
info@rittor-music.co.jp
本書の内容に関するご質問は、Eメールのみでお受けしております。お送りいただくメールの件名に「必殺シリーズ異聞　27人の回想録」と記載してお送りください。ご質問の内容によりましては、しばらく時間をいただくことがございます。なお、電話やFAX、郵便でのご質問、本書記載内容の範囲を超えるご質問につきましてはお答えできませんので、あらかじめご了承ください。

【乱丁・落丁などのお問い合わせ】
service@rittor-music.co.jp

Printed in Japan　ISBN978-4-8456-3886-4
定価はカバーに表示しております。